普通高等教育“十四五”经济类系列教材

审 计 学

赵婧宏 高 原◎主 编
李冬辉◎副主编

中国铁道出版社有限公司
CHINA RAILWAY PUBLISHING HOUSE CO., LTD.

内 容 简 介

本书以注册会计师全国统一考试中的“审计”为蓝本，以阐述审计原理和方法为基调，紧扣2021年修订的《中华人民共和国审计法》、2022年修订的《中国注册会计师审计准则》，以及2024年修订的《企业会计准则》，综合阐述了审计的基本理论、基本知识和基本方法，反映了截至2024年执行的企业会计准则与中国注册会计师审计准则，介绍了审计学的基本要求和该学科的最新进展。全书共十六章，包括审计概论、审计种类与方法、审计准则、审计职业道德与法律责任、审计程序、审计目标、审计计划、审计证据与审计工作底稿、风险评估、风险应对、销售与收款循环审计、采购与付款循环审计、生产与仓储循环审计、货币资金审计、审计报告、审计沟通。

本书适合作为应用型本科院校会计学专业、审计学专业、财务管理专业的教材，也可作为从事审计或会计工作人员的参考书。

图书在版编目（CIP）数据

审计学 / 赵婧宏，高原主编. -- 北京 : 中国铁道出版社有限公司，2024. 10. -- (普通高等教育“十四五”经济类系列教材). -- ISBN 978-7-113-31554-2

Ⅰ. F239.0

中国国家版本馆 CIP 数据核字第 2024WP2260 号

书　　名：审计学
作　　者：赵婧宏　高　原

策　　划：潘星泉　　**编辑部电话：**（010）51873090
责任编辑：潘星泉　贾淑媛
封面设计：高博越
责任校对：刘　畅
责任印制：赵星辰

出版发行：中国铁道出版社有限公司（100054，北京市西城区右安门西街8号）
网　　址：https://www.tdpress.com/51eds/
印　　刷：河北宝昌佳彩印刷有限公司
版　　次：2024年10月第1版　2024年10月第1次印刷
开　　本：787 mm×1 092 mm　1/16　**印张：**20.5　**字数：**496千
书　　号：ISBN　978-7-113-31554-2
定　　价：59.00元

前　言

2023年是我国国家审计机关成立40周年。习近平总书记在第二十届中央审计委员会第一次会议上指出:“审计是党和国家监督体系的重要组成部分，是推动国家治理体系和治理能力现代化的重要力量。”审计学作为高等院校会计、财务管理等专业的基础课程之一，不仅具有深厚的理论基础，更具有广泛的应用性。本书旨在为读者提供一个全面、系统的审计学知识体系，帮助读者了解审计学的本质、目标和功能，掌握审计的基本方法和技能，从而在实际工作中能够灵活运用审计知识，为企业的健康发展保驾护航。

本书以注册会计师全国统一考试中的“审计”为主线，对现代审计的基本原理、实务循环、审计报告等做了系统的阐述，兼顾政府审计和内部审计的基本知识。在编写过程中，编者紧紧围绕国家审计事业和经济社会发展的现实需要，充分考虑了本科层次审计专业与非审计专业的培养要求和教学特点，努力在知识结构、课程思政、难易程度、语言表达等方面增强教材的可读性和实用性。

与同类教材相比，本书具有以下特点:

1. 脉络清晰

以注册会计师中的“审计”为核心，对现代审计的基本原理、实务操作、审计报告等进行了系统的阐述，在实务循环部分，通过加入大量的案例业务对教学过程进行补充，通过数据分析、错误分录展示，使抽象的审计理论尽可能具体、形象，便于学生理解，易于教师授课。

2. 紧跟最新准则

本书在第十五章中充分体现了注册会计师执业准则及其指南的最新要求，使学习者能够及时熟悉和掌握本课程的最新变化，确保了教材的时效性和前瞻性。

3. 教学资源丰富

本书配有PPT课件、教案、习题、案例以及审计的历史发展阶段和红色审计人物介绍等丰富的教学资源，其在线开放课程已经在智慧树平台上线，不仅方便教师授课，还拓展了学生的视野，加深了学生对审计的了解，提升了学生对审计业务的责任心。有需要配套教学资源的读者可发送邮件到1172043649@qq.com向编者索取。

4. 课程思政融合

本书重视课程思政教学，在配套资源中结合审计的历史发展阶段，详述了新中国阶段的政府审计发展历程以及变化过程。同时通过对具有代表性的红色审计人物的介绍，一方面为教师提供思政素材，另一方面让学生在感受我国红色审计发展之路的过程中，将审计历史与审计知识融会贯通、学以致用，增强了教材的教育意义和启发性。

本书由哈尔滨金融学院赵婧宏、高原担任主编，李冬辉担任副主编。全书共十六章，其中：第二、第七、第十、第十二和第十五章由赵婧宏编写；第一、第三、第六、第十一和第十六章由李冬辉编写；第四、第五、第八、第九、第十三和第十四章由高原编写。全书由赵婧宏统稿和定稿。

由于编者水平有限，书中疏漏之处在所难免，期待广大读者批评指正。

编　者

2024年5月

目　录

第一章 审计概论

学习目标

了解审计基本概念及审计主体、对象和依据知识，掌握审计特征和职能，对审计分类和审计方法形成初步认识。

第一节 审计的产生与发展

一、审计产生的基础

在一定意义上讲，审计作为一种经济监督活动，自从有了社会经济管理活动，就自然存在了。所不同的是，在社会发展的各个时期，由于生产力发展水平不同，社会经济管理方式不同，审计的广度、深度和形式自然也各不相同。会计中需要审核稽查的因素，并非是导致审计产生的根本原因。审计是因授权管理经济活动的需要而产生，受托经济责任关系，才是审计产生的真正基础。

所谓受托经济责任，是指财产经营者接受财产所有者的委托，按照特定要求或原则经管受托经济资源和报告其经营状况的义务。受托经济责任的基本内容包括行为责任和报告责任两个方面，行为责任的主要内容是按照保全性、合法（规）性、经济性、效率性、效果性和社会性以及控制性等要求经管受托经济资源；而报告责任的主要内容是按照公允性或可信性的要求编报财务报表。在受托经济责任下，财产所有者需要定期或不定期地了解其授权或委托的代理人员是否忠于职守、尽职尽责地从事管理和经营，有无徇私舞弊及提供虚假财务报告等行为，这就有必要授权或委托熟悉会计业务的人员去审查代理人员所提供的会计资料及其他管理资料，以有助于在辨明真伪、确认优劣的基础上定赏罚，由此就产生了审计关系。具体如图 1-1 所示。

二、西方审计的产生与发展

西方审计起源于奴隶制度下的古罗马、古希腊和古埃及等国家，这种早期的审计主要在于维护作为财产所有者——奴隶主的利益。1640 年英国发生的资产阶级革命，取代专制，使“受托责任”关系发生了根本性的变化。

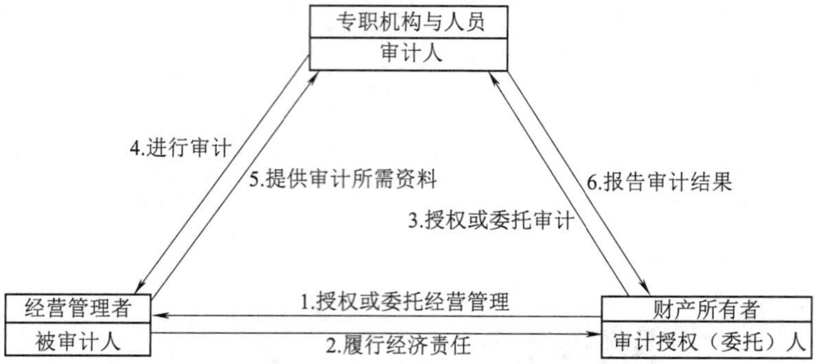

图 1-1　审计关系图

18 世纪中叶的英国工业革命导致以所有权和管理权相分离为重要特征的股份公司蓬勃出现，标志着社会经济领域中股东和债权人与企业管理人之间新型“经济责任关系”的确立，从而催生了民间领域的审计的产生和演化。以 1720 年英国“南海公司”舞弊案为起点，1721 年查尔斯・斯耐尔出具了世界第一份审计报告，正式揭开民间领域的审计走进现代经济社会的序幕。这种民间领域的审计主要由非官办的注册会计师来实施，具有广泛和深刻的社会影响，因此又称为注册会计师审计或社会审计。1844 年英国议会制定公司法，以法律制度的形式明确要求企业设置监事之职行使内部审计的权力，从而初步确立了近代内部审计制度。

当经济发展的重心从英国转到美国后，注册会计师审计的发展也由英国传到美国。美国的注册会计师审计是以 1748 年詹姆斯・帕克向富兰克林提出的《您与哈氏账目一览表》为起点而发展的。随后在 1882 年，美国第一个注册会计师审计组织“美国公共会计师协会”成立；1897 年，全美注册会计师协会成立；1916 年创立美利坚合众国会计师协会，到 1957 年这一民间组织改名为美国注册会计师协会（AICPA），至此美国建立了一套完整的现代注册会计师审计体系。总之，英式传统审计传播到美国后，自 19 世纪 40 年代起逐渐建立了一套被誉为现代审计的三大支柱——审计标准、会计原则和内部控制制度，使审计方法、目标、范围都发生了根本性的变化，实现了从传统审计到现代审计的转化。

20 世纪 40 年代以后，跨国公司迅速崛起，使公司管理环境更加复杂。为了提高内部经济效率，管理人员和内部审计师不得不寻求更好的管理制度，从而促使现代内部审计的产生。其标志是 1941 年维克多・布瑞克出版了世界第一部内部审计专著《内部审计——程序的性质、职能和方法》和约翰·瑟斯顿倡导下成立的世界第一个内部审计组织“内部审计师协会”，从此约翰·瑟斯顿被称为“内部审计师协会之父”。现代内部审计之父是美国的劳伦·B. 索耶，代表作包括《现代内部审计实务》（1973）、《现代内部审计》（1974）和《管理和现代内部审计》、《内部审计手册》。

从全球来看，注册会计师审计发展各阶段情况可总结为表 1-1。

表1-1　注册会计师审计发展各阶段情况

时　间	阶　段	审计对象	审计目的	审计方法	其　他	报表使用人
1844 年到 20 世纪初，形成于英国	详细审计	会计账目	查错防弊	对会计账目进行详细审计	注册会计师审计的法律地位得到了法律确认	股东

续表

时间	阶段	审计对象	审计目的	审计方法	其他	报表使用人
20世纪初到1933年，美国	资产负债表审计	账目及资产负债表	判断企业信用状况	从详细审计转向抽样审计	—	股东、债权人
1933年到二战结束	会计报表审计	以资产负债表和收益表为中心的全部会计报表及相关财务资料	对会计报表发表审计意见，以确定会计报表的可信性，差错防弊转为次要目的	测试相关的内控，广泛采用抽样审计	审计准则开始拟订，审计工作向标准化、规范化过渡，注册会计师资格考试制度广泛推行	社会公众
二战后	当代注册会计师审计	审计主体不同，审计对象有所区别，详见本章第三节	发表审计意见并与被审计单位沟通	抽样审计方法得到普遍运用，制度基础审计方法得到推广，计算机辅助审计技术得到广泛采用	业务扩大到代理纳税、会计服务、管理咨询等领域	投资者、债权人、企业管理者、供应商、政府及相关机构、雇员、中介机构等相关利害关系人

三、我国审计的产生与发展

我国审计的产生与发展经历了一个漫长的过程。

早在西周，我国就有了审计的萌芽。当时在天官之下设有“小宰”一职，小宰之下设有“宰夫”，负责对各级官府财物收支进行稽查，有“考其出入，而定刑赏”的职权，监视群吏执行朝法。“宰夫”标志着我国国家审计的产生。

秦汉时期，是我国国家审计初步确立阶段，其标志是“上计”制度的建立和日趋完善。所谓“上计”制度，就是皇帝亲自听取和审核各级地方官吏的财政会计报告，以确定赏罚的制度。秦还设御史大夫，掌管国家政治经济监察大权，三十六郡设监察御史，形成全国性的监察系统。汉承秦制，仍由御史大夫掌管审计监督大权。

隋唐至宋时代，是封建经济的鼎盛时期，我国审计也进入日臻完善的阶段。隋刑部下设比部，使审计成为国家司法监督部门的组成部分。唐除设比部外，还将稽查职能划归御史台，使比部和最高监察机关配合。宋设“审计院”,成为中国“审计”一词最早的来源。这一时期，不仅有独立行使经济监察职权的专门审计机构，如比部、审计院等，同时也出现了较为完善的监察制度和专职经济监察人员。

元明清三代，国家审计逐步衰退，专门的审计机构撤销了，户部自己行使“审计”权力，审计监督流于形式。这一时期审计停滞不前。

中华民国时期，封建帝制被推翻，审计进入近代演进时期。1912年北洋政府在国务院设立审计处，1914年颁布了《审计法》，这是我国历史上第一部审计法典。1928年国民政府成立审计院，后改为审计部，隶属监察院，形成了比较完整的国家审计体系。与此同时，我国资本主义工商业有所发展，注册会计师审计应运而生。1918年北洋政府颁布了我国第一部注册会计师法规——《会计师暂行章程》。著名会计学家谢霖先生成为我国第一位注册会计师，他创办了中国第一家会计师事务所“正则会计师事务所”，随后在一些大城市中相继成立了会计师事务所，注册会计师审计得到了发展。但在半殖民地半封建的旧中国，终因政治动荡，经济发展缓慢，审计工作没有长足的发展。

新中国成立初期，国家没有设置独立的审计机构。20 世纪 80 年代以后，为适应改革开放和经济建设的需要，我国全面开展审计工作。在 1980 年恢复注册会计师制度，1981 年"上海会计师事务所"成立；1986 年《注册会计师条例》的发布，成为我国注册会计师制度步入法制化道路的重要标志；1988 年中国注册会计师协会成立；1993 年发布了《注册会计师法》。与此同时，我国把建立政府审计机构、实行审计监督载入我国 1982 年修改的《中华人民共和国宪法》；1983 年成立了我国国家审计的最高机关——审计署，在地方设置各级审计机关；1985 年发布了《国务院关于审计工作的暂行规定》；1988 年颁发了《中华人民共和国审计条例》；1994 年发布了《中华人民共和国审计法》，并于 2006 年、2021 年进行了修订，从法律上进一步确立了国家审计的地位。2009 年 9 月 7 日审计署发布了《中华人民共和国国家审计准则（2009 年版征求意见稿）》。为加强部门、单位内部经济监督和管理，我国于 1984 年在部门、单位内部成立了审计机构，实行内部审计监督制度。1985 年、1995 年、2003 年先后几次发布了《审计署关于内部审计工作的规定》，规范了我国内部审计工作，建立健全了内部审计制度。财务审计已经逐步成为企事业单位日常性、基础性的工作，企事业单位普遍加大了经济责任审计力度，积极开展了专项审计、工程项目审计、物资采购审计等形式内容各异的经济效益审计，探索开展了企业内部控制有效性审计，加快了内部审计信息化建设。

至此，我国形成了国家审计、注册会计师审计和内部审计三位一体的审计监督体系，三者各司其职，在各自的领域实施审计，审计工作进入振兴时期。审计监督体系的构建和完善对我国的经济体制改革乃至整个国民经济的发展都起到了良好的促进作用。

从审计的产生与发展历程中我们可以看到：审计的产生与发展和经济环境密切相关，经济越发展，审计越重要。

第二节 审计的含义与特征

一、审计的含义

从审计的形成机制来看，主要涉及三方面关系人，即财产所有者、财产的经营管理者及专职机构与人员。其中，财产所有者一般是审计的授权人（委托人），财产的经营管理者是被审计者，专职机构与人员是审计行为的执行者，即审计者。

在审计产生之初，审计主要从审查会计资料入手，对会计资料中反映的问题进行审查。我国古代有"听其会计"之说，西方国家的"audit"一词也有"听审"的含义。当然，审计发展至今，早已超越了查账的范畴，涉及对各项活动的经济性、效率性和效果性的查核。审计实质上是对企业会计监督的内容进行再监督，对企业会计认定的内容进行再认定。

截至目前，国际上较有影响力的关于审计的定义来自美国会计学会 1972 年颁布的《基本审计概念公告》。该报告中指明："审计是指为了查明有关经济活动和经济现象的认定与所制定标准之间的一致程度，而客观地收集和评估证据，并将结果传递给有利害关系的使用者的系统过程。”

综合以上，我们对审计下的定义是：审计是指由独立的专门机构和人员，接受委托或根据授权，依法对国家行政、事业单位和企业单位及其他组织的会计报表和其他资料及其所反映的财政、财务收支及有关经济活动的真实性、合法性、效益性进行审查并发表意见的过程。审计的定义主要回答了与审计有关的三个问题：其一是谁来审计，即审计主体；其二是审计谁的什么，即审计客体和对象；其三是审计目标及结果怎样。

二、审计的特征

审计的特征主要表现在以下两个方面：

（一）独立性

独立性是审计的本质特征。

审计的独立性体现在审计关系之中。审计者作为独立的第三者，接受财产所有者的委托或授权来对财产管理者执行审计。审计者的审计监督权是审计授权人或委托人（财产所有者）所赋予的，同时，审计者不参与被审计者（财产管理者）的经营管理活动，与被审计者没有任何联系。因此，审计者相对于被审计者而言，始终处于独立的地位。在民间审计中，审计者不仅独立于被审计者，还独立于审计委托人。审计独立性是保证审计结论可靠的前提和基础。

（二）权威性

审计的独立性，决定了它的权威性。审计者以独立的身份对被审计者依法进行审计，这保证了审计结论的公正性，也就为审计的权威性奠定了基础。

为了有效地保障审计组织独立地行使审计监督权，我国的《中华人民共和国宪法》（以下简称《宪法》）、《中华人民共和国审计法》（以下简称《审计法》）、《中华人民共和国注册会计师法》（以下简称《注册会计师法》）等法律对实行审计制度，以及国家审计机关、会计师事务所、内部审计机构的设立、职权范围、审计人员依法执行业务等都作出了明确规定，从法律上保障了审计的权威性。

第三节　审计的主体、对象和依据

一、审计主体

审计主体是指审计行为的执行者，即审计机构和审计人员，为审计第一关系人。审计主体包括审计组织和审计人员。审计组织一般分为三类：政府审计组织、注册会计师审计组织和内部审计组织。相应地，审计人员也分为三类，即政府审计人员、注册会计师审计人员（以下均简称为注册会计师）和内部审计人员。

（一）政府审计组织和人员

政府审计组织也称作国家审计组织。政府审计组织是代表政府行使审计监督权的行政机关。政府审计组织在我国称为国家审计机关，分为两个层次：①国家最高审计机关——审计署，隶属于国务院，受国务院领导，属于行政模式，它负责组织领导全国的审计工作，对国务院各部门和地方各级政府的财政收支、国家金融机构和企事业组织的财务收支进行审计监督；②地方审计机关，受双重领导，在业务上受上一级审计机关的领导，在其他方面受本级人民政府的领导，它负责本级审计机关范围内的审计事项，对上级审计机关和本级人民政府负责并报告工作。

我国政府审计人员属于国家公务人员，且单独设置专业技术职称：高级审计师、审计师、助理审计师，通过全国统一的职称考试获得。

（二）注册会计师审计组织和人员

注册会计师审计组织也称作民间审计组织或社会审计组织。注册会计师审计组织是指由具有一定资格的专业人员组成，从事审计、咨询等业务的审计组织。注册会计师依法承办业务的机构是会计师事务所。我国会计师事务所有有限责任会计师事务所和合伙会计师事务所两种形式。合伙会计师事务所又分为普通合伙制与特殊普通合伙制会计师事务所。普通合伙制会计师事务所的合伙人承担无限连带责任。而在特殊普通合伙制企业中，承担的责任分为两类：①若是由于合伙人非故意或者非重大过失引起的损失，则全体合伙人承担无限连带责任。②若是由于合伙人故意或者重大过失引起的损失，则该合伙人承担无限连带责任而其余的合伙人承担有限责任，以其出资额为限。

要想成为注册会计师必须通过注册会计师全国统一考试，在我国一般分专业阶段和综合阶段考试两个阶段，专业阶段考试设“会计”“审计”“财务成本管理”“公司战略与风险管理”“经济法”“税法”六个科目，综合阶段考试设“职业能力综合测试”一个科目。参加注册会计师全国统一考试成绩合格，并从事审计业务工作两年以上的，可以向省、自治区、直辖市注册会计师协会申请注册。

（三）内部审计组织和人员

内部审计组织也称内部审计机构，是指本部门或本单位内部建立的审计机构。它负责执行内部审计。内部审计机构的设置主要有以下几种形式：受本单位总会计师或主管财务的副总裁领导；受本单位总裁或总经理领导；受本单位董事会领导或审计委员会领导。从审计的独立性和有效性来看，领导层次越高，内部审计工作就越有成效。

在我国，内部审计的从业人员要取得岗位资格证书。资格证书的取得采取资格认证和考试两种办法。凡具备下列条件之一者，可通过认证发给资格证书：①具有审计、会计、经济及相关专业中级或中级以上专业技术职称的人员；②具有国际注册内部审计师证书的人员；③具有注册会计师、造价工程师、资产评估师等相关执业证书的人员；④审计、会计及相关专业本科以上学历工作满两年以上，以及大专学历工作满 4 年以上的人员。不具备上述条件者，须参加中国内部审计协会统一组织的资格考试，考试合格者发给资格证书。资格证书考试内容有：内部审计原理与技术；有关法律法规与内部审计准则；计算机基础知识与应用。

二、审计对象

审计对象也称审计客体，即参与审计活动并享有审计权力和承担审计义务的主体所作用的对象，它是对被审计单位和审计的范围所作的理论概括。由其定义可知，审计对象包含两层含义：一是外延上的审计实体，即被审计单位；二是内涵的审计内容或审计内容在范围上的限定。

（一）政府审计对象

根据我国《宪法》第九十一条和第一百零九条的规定，以及《审计法》的具体规定，我国国家审计对象的实体即被审计单位是指所有作为会计单位的中央和地方的各级财政部门、中央银行和国有金融机构、行政机关、国家的事业组织、国有企业、基本建设单位等。审计对象的主要内容包括上述部门的财政预算、信贷、财务收支(资产、负债、损益)和决算，以及与财政财务收支有关的经济活动及其经济效益。

（二）注册会计师审计对象

根据《注册会计师法》及有关规章的规定，我国注册会计师审计的对象主要是注册会计师审计组织接受国家审计机关、企事业单位和个人的委托，可承办财务收支的审计查证事项、经济案件的鉴定事项、注册资金的验证和年检，以及会计、财务、税务和经济管理的咨询服务等。

（三）内部审计对象

根据《审计署关于内部审计工作的规定》，我国内部审计的对象是本部门、本单位及其所属单位的会计账目、相关资产，以及所反映的财政收支和财务收支活动。同时还包括本部门、本单位与境内外经济组织兴办合资、合作经营企业以及合作项目等的合同执行情况，投入资金、财产的经营状况及其效益。

尽管国家审计、注册会计师审计、内部审计具体的对象有所不同，但从其内容和范围上看，一般均包括被审计单位的会计资料及其他有关经济资料，以及所反映的财政收支、财务收支及相关的经济活动。

三、审计依据

审计依据是审计主体用来对审计客体进行判断和评价的根据，也就是审计人员对被审计事项是非曲直作出判断的准绳。审计依据一般包括下列内容：

（一）各种财经法律法规和规章制度

这类依据是指由国家立法机关制定的宪法、法律和由国家行政机关制定颁布的法令、条例、规则以及社会团体、企事业单位制定的各种规章、制度等。这类依据有着明显的层次性。第一层次包括全国人民代表大会通过并颁布的法律、全国人大常委会颁布的法律法规；第二层次是国务院颁布的行政法规；第三层次是中央政府各部门颁布的行政法规和各级地方政府颁布的地方性法规；第四层次是各单位内部制定的各种规章制度。

（二）国家各类经济政策

国家为实现一定历史时期的经济工作目标，会制定并发布相应的方针政策，它通常表现为各种政策文件。这些方针政策是国家管理经济工作的一种行政手段，对国民经济各部门和企事业单位都有约束力，因此也构成审计依据。

（三）单位的计划、预算和经济合同

被审计单位编制的计划和预算、被审计单位与其他单位签订的经济合同等文件，也是判断和评价被审计单位经济管理活动效益性与合理性的重要依据。

（四）各种业务规范和经济技术标准

国家经济管理部门、行业组织以及企业制定的各种经济定额指标和技术标准，都可以作为判断和评价经济活动是否有效的标准。如各种原材料消耗定额、能源消耗定额、工时定额等经济指标，又如各种技术标准、产品质量标准等等。

第四节　审计的职能和作用

一、审计的职能

审计具有经济监督、经济评价和经济鉴证的职能。

（一）经济监督

审计的经济监督职能是审计最基本的职能。审计的经济监督职能指的是，通过审计，监察和督促被审计单位的经济活动在规定的范围内，在正常的轨道上进行。审计工作的核心是审核检查，通过审计，了解被审计单位经济活动的真相，然后衡之以一定的标准，就能作出被审计单位经济活动是否合法、合规的结论，就能促使被审计单位的经济活动在国家允许的范围内进行。

（二）经济评价

审计的经济评价职能指的是，通过审核检查，评价被审计单位的经营决策、计划和方案等是否先进，内部控制系统是否健全，是否切实执行，财政财务收支是否按照计划、预算和有关规定执行，各项资金的使用是否合理、有效，经济效益是否较优，会计资料是否真实、正确等。

（三）经济鉴证

审计的经济鉴证职能指的是，通过鉴别被审计单位经济活动和有关资料的性质，然后作出书面证明。注册会计师审计是体现审计鉴证职能最典型的例子。例如：会计师事务所受中外合资经营企业的委托，对投入资本进行验资后出具验资报告，对年度报告审查后出具查账报告，对解散清算事项进行审核后出具清算报告等，都具有经济鉴证的职能。再如，国家审计机关对厂长（经理）的离任经济责任审计，对承包经营的经济责任审计，以及对国家利用国际金融组织的贷款项目、联合国专门机构援建项目的审计等，也都有属于审计鉴证的范围。

需要指出的是，审计的职能客观地存在于审计之中，但审计职能并非一成不变。随着社会经济的发展，审计的职能可以逐步被人们所发现、所认识。

二、审计的作用

审计的作用是指在审计实践中履行审计职能所产生的客观影响。审计的作用是由审计的职能所决定的。

（一）制约作用

制约作用是指审计工作在执行批判性的监督活动中，通过监督、鉴证和评价，来制约经济活动中的各种消极因素，有助于受托经济责任者正确履行经济责任和保证社会经济的健康发展。

（二）促进作用

促进作用是指审计在执行指导性的监督活动中，通过监督、鉴证和评价，对被审计单位存在的问题提出改进的建议与意见，从而使其经营管理水平与状况得到改善与提高。

第五节　审计假设

一、审计假设概念

所谓审计假设，是指有关审计事物产生、发展与存在的一些尚未确知或无法正面论证的前提条件，根据客观的正常情况或发展趋势所作的合乎事理、合乎逻辑的推断或认定。也就是说，审计假设所要揭示的是审计事物之前提条件，是对审计事物之前提条件所作的合乎事理、合乎逻辑的主观推断或认定。这种推断或认定构成审计推理论证的原始命题。审计假设是有条件的假设而不是随意的判断，它与审计推理、审计惯例、审计准则、审计观念等相关的审计概念有其本质的区别。审计假设只是审计推理的依据，而本身不是推理的过程。审计假设受审计环境的影响，并受制于审计目标，同时又是制定审计概念、审计规范的依据。

二、审计基本假设

在综合研究美英学派审计假设理论基础上，并结合我国审计人员的发现，本书认为能够构成审计基本假设的内容主要体现在以下方面：

（一）经济责任关系假设

经济责任关系假设是审计产生和发展的基础，是审计存在的前提。经济责任关系是财产的所有权与经营权相分离时，在所有者与经营者之间由于受托经营管理而形成的一种委托与受托的关系。委托人为了保证自己的财产和利益，就必然要对受托人的经营管理行为进行监督，而受托人则需要将自己的经济行为及经营成果记录下来，向委托人报告以解除经济责任。由委托人来亲自进行监督检查是不现实的，委托人不一定有时间、有能力，而且对受托人来说也有失公平。而由独立的第三方——审计师来进行公正、客观的评价则是最佳选择。由此产生了审计。尽管现代审计形式多样，内容丰富，但决定这些变化的内在因素仍然是经济责任。经济责任关系具有普遍性，一切审计活动都是以经济责任关系为前提的，没有经济责任关系假设，审计活动就难以存在。

（二）信息不对称假设

这一假设认为，信息不对称是审计存在的直接原因。在信息不对称的情况下，需要一个机构来解决在事前信息不对称的情况下提供真实信息（让人说真话）、在事后信息不对称的情况下确定履行责任（让人不偷懒）的问题。例如，在资本市场上，审计的功能实际上就是为企业外部的投资者和债权人承担起查账的任务，由审计师替全体出资人检查企业的经济活动，从而降低资金提供者的监督成本。这一假设主要解决为什么需要审计以及审计做什么的问题。

（三）信息不确定假设

财产所有者与经营者分离进而造成的信息不对称是审计产生的直接原因，而被审计单位管理层提供的财务报表和其他资料等所反映的信息的不确定性是审计产生的根本原因。我们知道，在社会经济生活中，任何一个国家、各种社会经济组织及个人时刻需要和获取各种各样的信息，其中主要的是经济信息。然而，诸多影响因素的存在却导致了信息的不确定性，这种不确定性导致可能呈现出真实有用的信息、错误的信息或虚假的信息三种情况。错误和虚假信息，会给信息使用者造成决策失误，从而导致巨大的经济损失。为了避免这种情况，信息使用者客观上需要一个来自外部的，持独立、客观、公正立场的第三方对被审计单位管理层提交的信息的公允性加以验证，这样就产生了审计。无论国家审计、内部审计还是注册会计师审计，都是由于信息的不确定性而产生的。如果信息是确定的，则审计也就不再存在。审计的性质、目标、任务以及各类审计概念都是从信息不确定假设中派生出来的，或者说是从这个假设中推导出来的。

（四）可验证性假设

可验证性假设是指经济责任可以验证，可以通过收集审计证据来确定被审计事项与既定标准之间的一致性程度。否则，要实施审计是困难的或不可能的。这一假设是针对复杂经济环境中许多事物是不可验证的而提出的。凡无法确认和验证的事物不应包括在审计之内。离开经济责任的可验证性这一假设，收集审计证据和制定审计评价依据的工作是毫无意义的。

随着审计实践的发展，审计的范围越来越广泛，内容越来越复杂。以前莫茨和夏拉夫考虑的仅是财务审计，后来又产生了“三 E”审计、管理审计、社会审计、内部审计等，这些审计的内容又各有其验证方法，例如：公认会计原则，一系列经济技术指标及优良管理的范例等。所以，无论何种经济责任关系都具有可验证性。

（五）内控有效性假设

内控有效性假设是指健全有效的内控能消除发生错弊行为的或然性。内控是受托人建立的保证受托经济责任的履行过程与既定目标相吻合的一种有效控制机制，有助于消除舞弊行为，但不能完全杜绝舞弊行为。内控有效性是审计的前提。这是因为假如舍弃这一假设，在内控无效的情况下，错误和舞弊行为的发生就难以避免，也就不可能合理地实施审计业务。因为此时要么放弃发现舞弊行为，要么实施极为细致的检查。在后一种情况下审计成本太高，很不现实。

（六）独立性假设

独立性假设是指审计机构和人员能够排除干扰、个人利害关系，不偏不倚地实施检查并提出客观、公正的审计报告，是审计的灵魂。若没有这一假设，如果审计人员的思想和行动受到制约，其独立性遭到破坏，那么他的审计意见也就失去了社会各方面的信任，随之审计也会失去存在的社会基础。在这里，独立性包含两方面的内容：一是审计人员与受托人之间不存在必然的利害冲突；二是在审计过程中审计人员自始至终在精神上和行为上不受干扰。独立性明确了审计存在和发展的社会基础，是公认审计标准和审计职业道德中关于审计工作独立性的基本依据。

（七）胜任力假设

胜任力假设是指审计人员具备执业所必需的专业知识、技术、经验和职业道德，从而能胜任审计工作并能对其工作的结果承担责任。同样，如果没有这一假设，审计人员的胜任力受到质疑，那么他们的审计结果也将失去可信性和权威性，审计人员的责任也无从谈起，审计的意义也将不复存在。

（八）信息重要性假设

信息重要性假设，是指经济信息的内涵微妙、复杂、重要，以致如果没有已经审计的信息，就无法作出合理的决策；而验证信息的真实、可靠是审计过程的主题。没有审计不可能正确地理解、评价或判断信息。

两权分离造成了被审计单位不可避免地负有经济责任，审计正是要审查这种经济责任。在经济社会中经济责任是普遍存在的，必须有这样的审计假设，在审计中才能明确经济责任，考核经济责任的履行情况，真正发挥审计的作用。

（九）认同一贯性假设

认同一贯性假设，是指如果没有确凿的反证，过去被认为是正确的，将来也会被认为是正确的。设定这一假设主要是为了解决企业经营业务的连续性与审计行为的阶段性之间的矛盾。任何企业的经营活动都是连续不断的，而会计是分期反映的，审计行为是阶段性的，财务信息是一个累积的结果，审计要鉴证的是期末余额，因而要假定前后会计期间反映的财务报表的逻辑关系都具有连续性。只有根据这一假设，审计师才能认为根据上期审计过的资产负债表的期末余额转记过来的本期期初余额是可信的，通过对本期发生的业务的真实性审查，即可鉴证本期期末余额。除非有确切的相反证据证明前期资料有误时，才对那些对本期有影响的前期资料作出调整。这一假设不仅为审计师执行所有验证工作提供了指南，而且在验证过程中，当被审计单位发生不可预见或意外的财务状况和经营变化时，为审计师提供一种必要的保护，从而使审计责任有了一个合理的界限。

（十）标准适当性假设

标准适当性假设，认为财务报表是否公允表述，其判断以是否遵守公认的会计原则为标准，如果没有公认的会计原则，审计师的意见就失去了通用的共同语言。因此，对任何人无价值可言。舍弃了这一假设，也将剥夺审计师所有判断公允性的标准。而适当的标准应当具备下列所有特征：①相关性。相关的标准有助于得出结论，便于预期使用者作出决策。②完整性。完整的标准不应忽略业务环境中可能影响得出结论的相关因素，当涉及列报时，还包括列报的基准。③可靠性。可靠的标准能够使能力相近的注册会计师在相似的业务环境中，对鉴证对象作出合理一致的评价或计量。④中立性。中立的标准有助于得出无偏向的结论。⑤可理解性。可理解的标准有助于得出清晰、易于理解、不会产生重大歧义的结论。

思考与练习

一、思考题

1. 什么是审计？简述我国国家审计产生和发展历程。

2. 审计主体、对象和审计依据分别指的是什么？

3. 审计的特征是什么？审计的职能有哪些？

4. 按照审计主体、内容和目的分别可以将审计分成哪些类别？

5. 简述审计证实客观事物的方法有哪些。

二、判断题

1. 审计和会计是一回事。（ ）

2. 审计是社会经济发展到一定阶段的产物，是在财产所有权与经营权相分离而形成的受托经济责任关系下，基于经济监督的客观需要而产生的。（ ）

3. 西周是我国审计制度初步形成阶段，民间审计与国家审计都在那时产生。（ ）

4. 民间审计是双向独立的。（ ）

5. 注册会计师依法承办业务的机构是会计师事务所。（ ）

6. 审计主体的独立性是指审计机构和人员依法独立行使审计监督权，不受其他行政机关、社会团体和个人的干涉。（ ）

7. 审计监督具有兼职特点，因为审计直接参与会计行业的经济管理。（ ）

8. 审计的职能不是一成不变的，它是随着经济的发展而发展变化的。（ ）

9. 内部审计的独立性强于注册会计师审计。（ ）

10. 政府审计、注册会计师审计和内部审计各自的审计对象没有分别。（ ）

三、单选题

1. 在我国审计一词最早出现于（ ）。

A. 西周　　B. 秦汉　　C. 唐代　　D. 宋代

2. (　　) 是指审计的执行者。

A. 审计主体　　B. 审计对象　　C. 审计委托人　　D. 被审计单位

3. 西方世界推动民间领域的审计走进现代经济社会的最重要的历史事件是 (　　)。

A. 以 1720 年英国“南海公司”舞弊案

B. 1640 年英国发生的资产阶级民主革命

C. 18 世纪中叶的英国工业革命

D. 1844 年英国议会制定公司法

4. (　　) 是国家审计的最终确立时期。

A. 西周　　B. 秦汉　　C. 唐代　　D. 宋代

5. 审计的最基本职能是 (　　)。

A. 经济监督　　B. 经济鉴证　　C. 经济评价　　D. 建设性

6. (　　) 审计模式代表了现代审计发展的方向。

A. 账项基础审计　　B. 制度基础审计

C. 风险基础审计　　D. 以上都不对

7. (　　) 是指在经济活动结束以后实施的审计，如财务报表审计。

A. 事前审计　　B. 事中审计　　C. 事后审计　　D. 全面审计

8. (　　) 主要监督检查各级政府及其部门的财政收支及公共资金的收支、运用情况。

A. 国家审计　　B. 注册会计师审计

C. 内部审计　　D. 独立审计

9. (　　) 假设是审计产生和发展的基础，是审计存在的前提。

A. 经济责任关系　　B. 可验证性　　C. 内控有效性　　D. 独立

四、多选题

1. 我国国家审计经历了萌芽、(　　) 几个发展阶段。

A. 初步确立　　B. 日臻完善　　C. 停滞不前　　D. 近代演进

2. 我国审计监督体系的组成内容包括 (　　)。

A. 专项审计　　B. 国家审计　　C. 内部审计　　D. 独立审计

3. 审计组织包括 (　　)。

A. 政府审计组织　　B. 内部审计组织

C. 公司经理　　D. 注册会计师审计组织

4. 审计的特征有 (　　)。

A. 独立性　　B. 单一性　　C. 权威性　　D. 兼职性

5. 目前我国会计师事务所主要有 (　　) 等形式。

A. 独资会计师事务所　　B. 合伙会计师事务所

C. 有限责任会计师事务所　　D. 无限责任会计师事务所

6. 审计的职能包括 (　　)。

A. 经济监督　　B. 经济鉴证　　C. 经济评价　　D. 制约性

7. 审计作用通常包括 (　　) 作用。

A. 监督　B. 保护　C. 制约　D. 促进

8. 注册会计师审计又称为（　　）等。

A. 民间审计　B. 国家审计　C. 独立审计　D. 社会审计

9. 审计的基本假设有（　　）。

A. 经济责任关系　B. 可验证性　C. 内控有效性　D. 独立性

第二章 审计种类与方法

学习目标

了解并掌握审计按照不同划分标准的分类名称；掌握审计常用的方法。

第一节 审计种类

一、审计的基本分类

（一）按审计主体分类

1．政府审计

政府审计又称国家审计，是指由政府审计机关代表政府依法对各级政府及其部门、国有企业的财政、财务收支及公共资金的收支与运用情况所实施的审计。其突出特点表现为审计的法定权威性和强制性。

2．注册会计师审计

注册会计师审计又称独立审计、民间审计或社会审计，是指由注册会计师及会计师事务所接受委托依法对委托人指定的被审计单位进行的审计。委托审计是注册会计师审计的显著特点，其审计意见具有法律效力和鉴证的作用。

3．内部审计

内部审计是指由组织内部独立的审计机构对本单位及其所属单位的经营活动的真实性、合法性和效益性及内部控制的健全性与有效性进行审查和评价的一种监督活动。

（二）按审计内容分类

1．财政财务审计

财政财务审计是指以被审计单位的财政收支或财务收支为审计内容，以查证财政财务收支是否合法、相关的会计记录是否真实正确为目的而进行的审计。

2．经济效益审计

经济效益审计是针对被审计单位的经营活动和管理活动实施的审计，其目的是进一步协调管理职能，提高生产经营活动的经济效益，并不断加强和完善内部控制。

3．财经法纪审计

财经法纪审计是指以被审计单位严重违纪违法行为为审查内容，以保障国家与集体财产的安全完整、维护国家与集体的经济利益、保证国家财经法纪的贯彻执行为目的而进行的审计。

4．经济责任审计

经济责任审计是审计机关对国家机关、企事业单位等负责人在任职期间应负的经济责任进行监督和评价。经济责任审计的结果可为组织人事部门、检察机关以及其他有关部门考核评价干部和企业负责人提供参考依据。

（三）按审计技术模式分类

1．账项基础审计

账项基础审计是指顺着或逆着会计报表的生成过程，通过对会计账簿和凭证进行详细审阅，对会计账表之间的勾稽关系进行逐一核实，来检查是否存在会计舞弊行为或技术性措施。适合专门的舞弊审计采用。

2．制度基础审计

制度基础审计是从对被审计单位内部控制系统的测试和评价出发，当评价结果表明被审单位的内部控制系统健全且运行有效、值得信赖时，可以在随后对报表项目的实质性测试工作中仅抽取小部分样本进行审查；相反，则需扩大实质性测试的范围。该审计模式能够提高审计的效率，并保证抽样审计的质量。

3．风险基础审计

风险基础审计是从对被审单位委托审计的动机、经营环境、财务状况等方面进行全面的风险评估出发，利用审计风险模型，规划审计工作，积极运用分析性复核，力争将审计风险控制在可以接受的水平上。该审计模式代表了现代审计发展的方向。

（四）按审计实施时间分类

1．事前审计

事前审计是指在经济活动开始以前实施的审计，一般对计划、预算的编制以及对经济事项的预测和决策进行的审计均属事前审计。开展事前审计，有利于被审计单位进行科学决策和管理，保证未来经济活动的有效性，避免因决策失误而遭受重大损失。一般认为，内部审计组织比较适合从事事前审计，这是由于内部审计组织熟悉本单位的活动，掌握的资料比较充分，且易于联系各种专业技术人员，有条件对各种决策、计划等方案进行事前分析比较，作出评价结论，形成改进意见。

2．事中审计

事中审计是指在经济活动正在进行中实施的审计，一般对费用预算、经济合同正在执行的情况进行审计均属事中审计。开展事中审计，有利于及时发现运行中的问题，尽早纠正偏差，保证经济活动按预期目标合法、合理和有效地进行。

3．事后审计

事后审计是指在经济活动结束以后实施的审计，大多数审计活动都属于事后审计。开展事后审计，有利于查实和监督经济活动的真实及合法性，有利于评价经济活动运行的效果和效益状况。

二、审计的其他分类

（一）按审计主体与被审计单位的关系分类

按审计主体与被审计单位的关系，审计可分为外部审计与内部审计。

1．外部审计

外部审计是指由独立于被审计单位之外的审计组织实施的审计。政府审计机关和注册会计师所实施的审计都属于外部审计。外部审计强调审计组织必须独立于被审计单位。

2．内部审计

内部审计是由部门或单位内部审计部门所进行的审计。内部审计主要监督本单位的财务收支和经济活动。内部审计强调审计组织隶属于被审计单位。

（二）按审计的间隔周期分类

按审计的间隔周期划分，审计可分为定期审计与不定期审计。

1．定期审计

定期审计是指审计组织按照预先规定的时间进行的审计。

2．不定期审计

不定期审计一般都是由于特殊需要或临时任务而进行的审计。如发现某部门或单位有违反财经法纪行为而对其实施的专案审查，就属不定期审计。

（三）按审计的范围分类

按审计的范围划分，审计可分为全面审计、局部审计与专项审计。

1．全面审计

全面审计是指对被审计单位一定时期的财政、财务收支及其经济活动的各个方面及其资料进行的审计。

2．局部审计

局部审计是指针对被审计单位部分经济活动、财务收支、部分资料进行的审计，比如对某企业的长期借款的审计。

3．专项审计

专项审计是指对被审计单位某一特定项目所进行的审计，比如对国债资金使用的审计。

（四）按审计的执行地点分类

按审计的执行地点划分，审计可分为就地审计与报送审计。

1．就地审计

就地审计是指由审计人员直接到达被审计单位进行的现场审计。

2．报送审计

报送审计是指由被审计单位将有关资料送达审计组织而进行的审计。

（五）按审计是否具有强制性分类

按审计是否具有强制性划分，审计可分为强制审计与委托审计。

1. 强制审计

强制审计是指审计机关根据法律规定行使的审查权而进行的审计。国家审计即属于强制性审计。

2. 委托审计

委托审计是指审计机构接受委托人的委托，对被审计单位进行的审计，一般适用于注册会计师审计。

（六）按审计是否初次实施分类

按审计是否初次实施，可将审计划分为初次审计、继续审计和后续审计。

1. 初次审计

初次审计是指审计机构对被审计单位第一次进行的审计。审计人员必须对被审计单位的审计环境做出详细的预备性调查，然后据以编制审计方案。初次审计结束后形成的审计档案，应成为以后各年度继续审计的重要参考。

2. 继续审计

继续审计是指审计机构对被审计单位实施初次审计以后的各年度所进行的历次审计。

3. 后续审计

后续审计是指审计机构对被审计单位执行审计决定的情况所进行的追踪审计。实施后续审计制度有助于巩固审计成果，落实改进措施，增强审计的权威性；同时，还有助于总结审计工作经验，提高审计质量。

（七）按审计的动机分类

按审计的动机，可以将审计划分为法定审计和任意审计。

1. 法定审计

法定审计是指根据国家法律规定，必须执行的带有强制性的审计。例如，《中华人民共和国外商投资企业法》、《中华人民共和国公司法》（以下简称《公司法》）等均规定，三资企业或股票上市的股份公司每年必须接受中国注册会计师的审计。

2. 任意审计

任意审计是指被审计单位出于某种自身的需要，自愿要求审计机构对其实施的审计。例如，企业为了取得银行贷款，自愿聘请社会审计机构对其财务报表进行审计鉴证。

随着社会主义市场经济的不断繁荣发展和科学技术水平的不断提高，审计的种类与形式也将日益繁多。

第二节 审计方法

一、传统财务审计方法

财务审计是指对企事业单位的资产、负债和损益的真实性和合法合规性进行审查。财务审计的对象主要是被审计单位会计资料及其他相关资料，需要大量从书面文件、单证和凭据中获取和加工信息，或者将账面信息与实物及实际发生信息进行比对。因此，其审计的方法主要划分为审查书面资料和证实客观事物两大类。

（一）审查书面资料的技术方法

1．审阅法

审阅法是指检查人员对被查单位的原始凭证、记账凭证、账簿和会计报表等会计资料及其他资料进行广泛、细致的阅读和检查的一种技术检查方法。

审阅法是会计检查工作的一项基本技术方法，几乎每一项会计检查工作都运用这种方法，因为会计检查工作一般必查会计凭证、账簿、会计报表及其他有关的经济活动资料，从中可以了解被查单位会计资料的真实性、正确性及其所反映的经济活动的合法性、效益性。通过审阅能够查证或发现有关错弊与问题。

1）原始凭证的审阅

对于原始凭证的审阅，检查时主要包括以下内容：

（1）审阅原始凭证的合法性。重点审阅原始凭证所记载的经济业务是否符合有关法令、制度的规定。例如，采购商品是否经过采购办公室审批，报销差旅费是否超过规定的标准等。对外来原始凭证，如购货发票和收据，还要注意审查是否属于合法会计凭证。

（2）审阅原始凭证的真实性。重点审查原始凭证的文字、数字是否清晰，有无刮擦、涂改的痕迹，凭证本身是否伪造。如果是复写的凭证，应审查反面复写字迹颜色是否一致，如果是某些内容有更正的凭证，应审查更正的方法是否符合规定。

（3）审阅原始凭证的正确性。重点审阅原始凭证所记录的数量、单价、金额等数字计算是否正确，各分项金额加总后是否等于总金额，大小写金额是否一致等。

（4）审阅原始凭证的完整性。重点审阅原始凭证的报销手续是否齐全，审批、转批是否符合规定，是否经有关负责人签字或盖章。

2）记账凭证的审阅

（1）审阅记账凭证编制手续。重点审阅记账凭证是否按有关规定编制、应填写的要素是否齐全、是否有有关人员的签字或印章。

（2）审阅记账凭证的填制要求。重点审阅记账凭证与所附原始凭证内容是否一致、金额是否相等、记账凭证上载明的所附原始凭证张数是否与原始凭证张数一致。

（3）审阅记账凭证的正确性。重点审阅记账凭证上会计分录的编制是否正确、应借应贷会计科目的确定是否正确、借贷金额是否与借贷科目相对应。

3）账簿的审阅

对账簿的审阅应注意检查账簿记录是否符合有关规定，所记入的内容与会计凭证是否相符，总分类账和明细分类账之间的有关内容是否相符，所反映的经济业务内容是否真实、正确。除此之外，还应重点审阅明细分类账，其内容如下：

（1）审阅明细分类账记录的合法性。重点审阅明细分类账记账的经济业务内容是否合法、合规，有无通过弄虚作假、巧立名目的手段把不应列支的费用记入费用账户。

（2）审阅明细分类账记录的真实性。重点审阅明细分类账摘要栏所记载的内容是否真实，有无例外情况。

（3）审阅明细分类账记录的正确性。重点审阅明细分类账的小计数和合计数是否与发生数相符，借、贷方的登记是否记反方向，是否登错栏次。

（4）审阅记账规则。重点审阅账簿启用时期初和期末余额的结转、承前页、转下页、月结和年结是否符合会计制度的规定，账簿应登记的内容是否登记齐全，错账是否按正确的方法予以更正等。

4）报表的审阅

（1）审阅会计报表的填制要求。重点审阅会计报表的填制是否符合会计制度的规定，有无任意增删表列项目的情况。

（2）审阅会计报表的真实性。结合对账簿的审阅，重点审阅会计报表中的项目有无虚列资产、隐瞒负债等虚增或虚减金额的情况。

（3）审阅会计报表的正确性。重点审阅会计报表中数字计算是否正确，表与表之间有关项目的金额是否相符，表中小计数是否等于各分项之和，合计数是否等于小计数之和，总计数是否等于合计数之和等。

（4）审阅会计报表对应的勾稽关系。重点审阅会计报表中有关项目是否对应相符，如审阅资产负债表中资产总额是否与负债及所有者权益总额相符，固定资产净值是否等于固定资产原值减累计折旧的差额等。审阅时还要注意报表与报表之间有关项目是否一致。

5）其他书面资料的审阅

除此之外，还需要经常审阅内部控制制度、经济合同、计划（或预算）、定额、质量检查记录、协议（或契约）等其他资料。审阅时应注意这些资料反映的内容是否真实、合法、合规、合理，必要时可与上述会计资料的审阅相联系。

2．核对法

核对法就是把两个或两个以上相互连结的不同会计记录之间的有关数据相互验证、对比，用以确定会计记录是否正确的一种技术核查方法。采用核对法可以证实各种会计资料之间衔接是否正确，有无差错和弊端。核对法包括证证、账证、账账、账表、表表等核对内容。

1）证证核对

证证核对是指凭证之间的核对，这是核对法最重要的环节。由于会计凭证种类很多，它的核对工作量最大，核对过程也比较复杂。证证核对包括的内容很多，其主要内容如下：

（1）相关原始凭证有关数据的核对。比如对支票的审核，至少应使用碳素墨水或墨汁填写，大小写金额、日期和收款人不得更改，其他内容如有更改，必须由出票人加盖预留银行的印鉴以证明。

（2）记账凭证与其所附原始凭证的核对。

第一，将记账凭证注明的所附原始凭证份数与所附的实际份数进行核对，检查是否相符。

第二，将记账凭证上所有的会计科目与原始凭证上所反映的业务内容进行核对。

第三，将记账凭证上所反映的金额与所附原始凭证上的金额合计数相核对，检查是否相符。

第四，将记账凭证上的制证日期与原始凭证上的日期相核对，检查有无二者相距太远的情况。

2）账证核对

账证核对是指各种会计账簿与会计凭证之间的核对，通过账证核对可以发现并查证有无多记、少记、重记、漏记、错记等会计错弊。核对时主要包括以下内容：

（1）核对记账凭证是否已过入总分类账和有关明细分类账，过入的方向和金额是否一致。

（2）核对汇总记账凭证或科目汇总表与登入总分类账的金额是否一致。

3）账账核对

账账核对是指各种会计账簿之间有关指标的核对。它主要包括以下内容：

（1）分别核对总分类账各账户的借方发生额合计数与贷方发生额合计数、期末借方余额合计数与贷方余额合计数是否相符。

（2）核对总分类账各账户期末余额与其所属各明细分类账余额之和是否相符。

（3）核对现金、银行存款日记账期末余额与其总分类账户期末余额是否相符。

（4）核对会计部门各种财产物资明细分类账期末余额与财产物资保管和使用部门的有关财产物资明细分类账期末余额是否相符。

（5）核对对应账户所登记的方向是否相反，金额是否相符。

4）账表核对

账表核对是指会计账簿与会计报表之间的核对。通过有关账簿记录与会计报表有关项目的核对，查明是否严格按照账簿记录编制会计报表，有无虚构、篡改会计报表项目数字，混淆会计期间的情况，以查证会计报表的正确性和真实性。账表核对主要包括以下内容：

（1）核对会计报表中某些数字是否与有关总分类账的期末余额相符。

（2）核对会计报表中某些数字是否与有关明细分类账的期末余额相符。

（3）核对会计报表中某些数字是否与有关明细分类账的发生额相符。

由此可知账表核对的重点是对账表所反映的金额进行核对，从中可发现或查证账表不符或虽相符但却不合理、不合法的会计错弊。

5）表表核对

表表核对是指会计报表之间的核对。通过表表核对，可以检查各报表之间有无不正常关系，那些应该存在勾稽对应关系的项目是否存在，据此检查被查单位有无会计错弊。

6）内外账务核对

内部对账指内部账账相符，外部对账其实就是和企业对账。根据国家财务会计制度的规定，任何企业和单位自成立起要在银行开设银行账户，企业的资金通过银行进行收付结转。银行作为国家金融机构，其最重要的一项职责就是保证企业资金的正常流转，同时，客观地记录下企业发生的每笔资金流转情况，并定期将企业在银行的资金流转情况打印出来，即银行对账单，以此为依据进行核对。

3．复算法

复算法是指查账人员通过重新计算有关数据指标，以验证其是否正确可靠的查账技术方法。会计工作中存在着大量的数字计划，会计人员在处理会计资料时，由于工作上的疏忽可能发生计划上的差错，这将直接影响着有关数据、指标的真实性、正确性。此外，在计算中有意错计数字，也常是舞弊的重要手段之一，因此在审计中可根据实际情况决定是否采用此种方法。

复算法内容包括对会计凭证、账簿、报表中的有关数据的合计、总计、百分比和预测分析、预算、计划等资料中有关数据的计算验证。

（二）审查书面资料的其他方法

1. 顺查法

顺查法是审计人员按照会计业务处理的先后顺序依次进行审查的方法。这种方法按照业务处理的顺序逐一核对、依次审查，操作简单，审查结果能够做到全面、系统、准确，但机械地审查核对费时费力，不易抓住重点，同时也不便于按照业务类别进行审查，不便于审计人员分工。由于早期的被审计单位规模较小、业务较少，被审单位管理制度和内部控制制度较差，存在的违纪事项需要逐一查实。所以，这种方法的运用有着必要性和重要性。随着审计对象的不断复杂，对审计效率和质量的更高要求，顺查法逐渐演进为逆查法。

2. 逆查法

逆查法是按照与会计核算相反的处理程序，依次对报表、账簿、凭证的各个环节进行审查的一种方法。这种方法能从全局出发，大处着手，只审查有问题的内容，抓住实质，主攻方向明确，能够节约一定的人力、物力，提高审计效率。

3. 抽查法

抽查法就是有选择地抽取某一段期间内某些业务或某一部分会计资料进行审查的一种审计方法。如果抽查的结果没有发现任何问题，那么其他业务和其他期间内的会计资料就可以不必进行审查；反之，如果抽查结果发现有问题，则须根据具体情况，适当扩大抽查范围；如果抽查结果发现有性质严重的问题，或者发现较多的问题，则宜改为详查法，以便把问题彻底清查出来。审计人员除了对特定业务进行详细审计，或从审计对象总体中选择有特殊重要性的项目进行全部审查外，均应采用抽查的方法进行审查。这种方法的关键在于抽取样本，故又称为抽样审计法，现代审计多用此法。

抽查法审查重点明确，如果选对目标，省时省力，具有事半功倍的效果，但如果目标和对象选择不当或缺乏代表性，往往不能发现问题，甚至前功尽弃。在财务收支审计和财经法纪审计中，抽查法往往不及详查法，因此它还是有一定的局限性。实际中常将其与其他方法配合运用。

4. 详查法

详查法通常也称精查法或细查法，就是指对被查单位一定范围内的会计凭证、会计账簿、会计报表等会计资料，以及计划、合同等其他资料进行全面、详细地检查的一种会计检查方法。

详查法是会计检查方法中最彻底的一种检查方法。这种方法检查的内容全面，检查结果可靠性较高，检查面广，往往需要花费较多的时间和较多的人力，因此检查费用支出比较大。

详查法的上述特点决定了详查法一般适用于小型企业的检查工作，这是因为小型企业规模小、人员少、经济业务不多、会计核算简单、内部控制一般比较薄弱，因此从成本效益的角度考虑，对小型企业比较适合实施详查法。而对于那些规模较大，经济业务繁杂的大中型企业，一般不宜采用这种方法。

（三）证实客观事物的方法

1. 盘点法

盘点法包括直接盘点法和间接盘点法。直接盘点法是指由审计人员亲自到现场盘点实物，以确定其实有数额的方法。间接盘点法是指审计人员通过观察盘点，借以确定实物实有数额的方法。实物盘点完毕，应填写盘存记录，由参加盘点的被审计机构的主管人员、经办人员、审计人员签章。审计人员应及时将盘点结果和处理意见记入审计工作底稿。

2. 调节法

调节法主要应用于证实财产物资账实是否相符、证实相关数据是否趋于一致。调节法公式：

被查日存量 = 盘点日存量 + 被查日至盘点日发出量 − 被查日至盘点日收入量

调节法常用于财产物资和银行存款余额的调节。

3. 观察法

观察法是指审计人员亲临审计现场对被审单位的经济管理及业务活动进行实地观察，借以查明被审事项的事实真相的一种审计方法。它适用于观察内部控制制度的执行情况及观察经济业务的运作过程。

4. 鉴定法

鉴定法是指通过物理、化学技术鉴别等手段来确定实物资产的性能、质量和书面资料真伪的一种方法。

5. 查询法

查询法是指通过询问、调查等方式，取得必要的审计资料，以证实某些事实的审计方法。查询法分为面询法和函询法。面询是审计人员对有关人员进行的书面或口头询问。函询是审计人员为印证被审计单位会计记录所载事项而向第三者发函询证。如果没有回函或审计人员对回函结果不满意，审计人员应实施替代审计程序，以获取必要的审计证据。

6. 函证法

函证法实际上也是一种查询法，它是指审计人员通过给有关单位和个人发函，以了解情况、取得证据的一种调查方法。这种方法多用于往来款项的查证，作为认证债权债务的必要手段。对被审计单位银行、保险公司、法律顾问处和其他单位的情况，也可以采用这种办法核对认证。函证法有很强的核对性，在查证方面非常有效，是审计工作必不可少的重要一环。

7. 分析法

分析法是通过对会计资料的有关指标的观察进行推理、分解和综合，以揭示其本质和了解其构成要素的相互关系的审计方法。审计分析法按是否存在数量说明，可分为定量分析法和定性分析法。定量分析法按其分析技术，可分为比较分析法、比率分析法、因素分析法等。

（1）比较分析法是通过某一会计报表项目与其既定标准的比较，以获取审计证据的一种技术方法。它包括本期实际数与计划数、预算数与审计人员计算结果之间的比较，以及本期实际数与同业标准之间的比较等。例如，银行通过贷款的投向结构、客户结构分析，可看出被审计银行的贷款投向、行业集中风险；对贷款期限结构进行分析，可看出贷款的币种结构与存款的币种结构是否对称，进而得知被审计金融机构的利率风险和汇率风险。通过对资产负债的对称结构分析，可以看出被审计金融机构的负债可用量是否充分利用或过度利用，各项贷款和其他资产是否均衡、合理分布，并与负债相适应。

（2）比率分析法是利用两个经济活动相关的数据，先计算出各种相关比率，再将这些比率与相应的参照系数进行比较，分析被审计机构的结构、效益、发展和变化情况的一种技术方法。比率分析是两个相关联的经济数据的相对比较。在对被审计机构进行分析性复核时，可以参照杜邦分析系统的思路来对一家金融机构整体情况进行分析评价。杜邦系统的核心是通过分解金融机构的资本收益率来分析影响金融机构盈利水平的各种因素。

（3）因素分析法是把反映经济现象变动的总量指标分解为相互联系的若干因素，然后按顺序将其中第一个因素作为可变因素，其他因素暂时作为不变因素，依次逐项替代，以测定各个因素差异对总量指标的影响程度，从而了解总量指标的变动原因，从中发现被审计金融机构的异常变动和差异，为现场审计提供指引。

二、绩效审计方法

绩效审计是指审计机关对被审计单位财务收支和有关经济活动的经济性、效率性和效果性进行的审查和评价。绩效审计的原理与传统审计的原理是相同的，即搜集某一经济活动及其相关陈述事项的数据，与既定标准相比较，将结论传递给有关各方的一个系统的过程。因此，在审计程序和方法上与传统审计具有相似性。但由于绩效审计的目标主要侧重于经济性、效率性和效果性，也就决定了绩效审计有其独特的程序和方法。

客观地收集和评价证据是审计的核心。绩效审计的技术方法可以分为两大类：一是信息收集方法，二是信息分析评价方法。

（一）信息收集方法

绩效审计中收集审计证据的方法有很多，而且在审计过程中运用非常灵活，它主要是沿用了一部分传统财务审计的方法，比如核对法、函询法、盘点法、抽样法等，也有自身独特的方法，比如面谈、调查问卷、案例研究、研讨会、座谈会等。而绩效审计最常用的方法是审阅法、实地观察法和访谈法。

1. 审阅法

审阅法是通过对书面文件资料进行审查、阅读而取得证据的一种方法。绩效审计中，审计人员可以根据需要，查阅被审计单位的报表、账册、财务收支计划、内部管理制度、重要会议记录、文件合同，调阅相关的审计档案、统计资料等。对文件资料的审阅和研究，有助于审计人员掌握有用的信息和数据，但必须紧密围绕审计目标，并需要对所用文件的可靠性作出适当评估。审阅法是绩效审计中获取数据最基本、最直接也是最有效的方法。

2. 实地观察法

实地观察法是通过实地观察来取得审计证据的一种方法。审计人员可以获得实物和行为的亲历证据，判断被审计单位行为的规范性和实物的真实性。为了增强证据的可信度与说明力，在实地观察中可以同时采用录音、录像、拍照等方式来取得审计证据。实地观察法经常用于从被审计单位的工作现场或被审计事项发生的现场获取第一手资料，如调查被审计单位的经营环境、内部控制制度的遵循情况和财产物资的管理等方面。

3．访谈法

访谈法是通过召开座谈会或个别访谈而取得证据的一种方法。访谈有多种方式，可以通过电话进行访谈，可以面对面进行访谈，也可以通过信函、网络的方式进行访谈。这种访谈可以一对一地进行，也可以一对多、多对多地召开座谈会的形式进行。访谈的对象既可以是被审计单位的领导和干部职工，也可以是被审计单位的上级主管部门、有关监管部门、组织人事部门及其他相关部门。运用这种方法，审计人员可以在更广的范围内收集信息，拓宽审计思路，发现重点关注领域。但应注意的是，访谈获取的证据一般不能作为事实性证据的唯一证据，就是说，访谈获取的证据还需要经过审计人员的进一步证实。

（二）信息分析评价技术

审计人员所取得的审计证据往往是一些原始数据，如何把一个个孤立、表面看数据之间没有相关意义的数据联系起来，得出结论，这就需要运用信息分析评价的方法。信息分析评价是指对已经取得的证据，运用一定的技术方法进行再加工，形成新的证据（即分析性证据）并从中得出结论。信息分析评价技术因具体情况而异，既有简单的技术，也有需要高水平数学知识的复杂技术。审计人员在评价经济性、效率性、效果性时，除了要运用财务审计和财经审计的方法外，还要运用其他方法，如经济活动分析方法、经济预测方法、现代管理方法等。常用的有比较分析法、统计分析法、量本利分析法、成本效果分析法等。

1．比较分析法

比较分析是通过对不同来源的有关指标、数字、情况等内容的对比，或通过与评价标准的对比来了解情况、获取证据或进行评价的方法。在应用比较分析法时，参照的评价标准的确立很关键，标准可以是国家标准、行业标准及企业内部制定的标准，如企业制定的各种定额。将审查获取的数据、情况与既定标准进行比较，发现差异并对差异进行分析，就能有助于达到审计目标。例如，可以将实际（决算）数据与计划（预算）数据的比较分析，也可以将不同分析期的数据进行比较。通过与参照标准的比对，就可以发现企业目标的实现程度、偏差程度。

2．统计分析法

统计分析方法是解决数值问题的最好工具，如总额分析、比例分析、结构分析，了解诸如设备完好率、使用率、成新率、故障率等。统计分析特别在对企业效益评价中能发挥独特的作用。统计分析的实施技术有很多，但最主要的是回归分析。回归分析是对两类或多类经济数据之间的因果关系进行分析，推导出相应回归方程，然后以此回归方程来推算自变量与因变量的变化规律。回归分析的实质是从观察数据中找出自变量与因变量之间的相关关系。

3．量本利分析法

量本利分析法也称盈亏平衡分析，通过计算保本点，来分析处于盈亏平衡点时的业务量水平，进而对项目的投入进行评价。当实际业务量超过盈亏平衡点时，就会有利润形成，业务量越大获利就越多，反之则会形成亏损。

4．成本效果分析法

成本效果分析法分析成本与效果之间的关系，以每单位效果消耗的成本来评价项目效益，寻找既定目标的最经济成本，或既定成本的最好效果。与成本收益分析不同的是，成本效果分析的成果是实物数量表示而非货币金额。在评价时有四种方式：一是将成本效果的比值与标准相对比；二是当成本相同或者比较固定时，可以只比较效果；三是当效果相同或者较固定时，只比较成本；四是可以比较每单位效果变化所引起的成本变化，即比较边际成本的变化。

5．抽样和案例分析法

在绩效审计中，由于审计资源有限，审计人员经常采用抽样调查的方法来获取审计证据。抽样调查法通过从总体中选取一定量的样本，根据对选取样本的调查来推断总体情况，获取有关被审计事项的信息。运用抽样调查方法，通常可以获取被审计事项的一般性总体信息（即一般性统计数据）。为了获取更多的深层信息，一般需要通过案例研究的方法对抽样调查的方法进行补充。通过将一般统计数据与深入的案例研究相结合，审计人员可以获取充分的抽样推断信息，从而可以得出比较准确的审计结论。

三、计算机审计方法

计算机审计通常是指将计算机技术应用于传统财务审计中，进而带来电子数据处理技术及审计线索和审计范围的改变所形成的新的审计过程和模式。审计人员需要结合被审计单位经营业务特征、计算机系统特征及其他审计要求，合理运用相应技术手段来获取审计证据。

（一）计算机辅助审计的一般方法

1．观察法

观察法是审计人员深入基层行业单位或计算机中心机房现场实际观察业务操作程序，以核实规章制度的贯彻落实情况的一种审计方法。计算机审计过程中要善于运用观察法观察计算机操作员是否按规定进行业务处理、操作员离岗时是否退出了业务画面、软件人员是否有到终端机代岗的现象等。

2．顺查法

顺查法又称正查法，它是按照记账程序从原始凭证开始到账表输出为止依次进行检查核对的一种方法。这种方法能够按照业务发生的实际流程、记账程序顺序地仔细进行核对，便于检查错误。在各个行业计算机会计、资金、融资、管理等应用系统中，这种方法是一种日常使用的普遍方法。

3．逆查法

逆查法又称倒查法，它是按记账程序相反的次序从审计输出报表入手进行检查的一种审计方法。这种方法，一般是在发现一疑点之后，再有重点、有针对性地查账、查凭证。

4．详查法

详查法就是对所有的凭证、账表及记账过程进行详细、全面稽查的方法。一般对重点项目或业务量小的单位，或已出现严重问题的单位审计时采用这种方法。

5．抽查法

抽查法是对某一段时期内业务处理过程或某一部分业务进行审计检查的一种方法。这种方法又称抽样法，以重点抽查某一段情况为样本来判断全面情况。这种方法，省时省力，效率高，在计算机审计中是一种常用的方法。

6．审阅法

审阅法是通过审查和阅读有关资料，以鉴别资料本身及所反映的经济活动是否正确、真实、合法、合规、合理、有效的一种方法。用审阅法进行计算机审计时，一般要做好机内流水账、原始凭证、记账凭证、各类账套、各类报表的审阅。

7．核对法

核对法是以两种或两种以上的资料相对照，以核实其内容是否一致、计算是否正确的一种审计方法。这是计算机审计工作中最常用的一种方法。

8．综合打分法

综合打分法这种方式就是采用询问法、观察法、比较法等方法，进行综合评价。具体做法是将审计要求制成打分表，对每一项工作给出满分标准，然后对实际情况进行评价打分，最后算总分。

（二）信息系统审计的一般方法

1．应用审计软件审计法

应用审计软件审计法是用审计软件对计算机应用系统软件功能进行审计的一种方法。这种审计软件是审计部门专门为稽查应用系统软件功能而设计的。一方面，它可以审计应用软件是否保持了当初推广时的原样而没有被修改过（例如一个程序有多少条语句，每条语句是否长短相同，字符位置相同等）；另一方面，它可以审计测试应用系统的处理过程是否正确。

2．“黑盒子”法

“黑盒子”法也称绕过计算机审计法。就是认为计算机的核算过程相当于一个“黑盒子”，不管它里面的设计流程、系统层次结构、核算子程序、处理过程怎样，而只考虑输入的数据是否能够输出正确结果。这种方法既是进行程序审计的一种主要方法，又是理解计算机的功能、相信其处理正确性的有效方法。在用这种方法进行计算机审计时，审计人员可以用事先准备的模拟数据进行输入和输出结果测试，以便评价程序功能的优劣。在这种审计过程中，可以预先核算出数据的核算结果，等测试完后，与程序运行结果进行比较。也可以在输出结果之后，利用输入数据来核算验证。

3．病毒审计测试法

病毒审计测试法即用病毒审计测试软件对计算机病毒进行审计测试的方法。这种审计测试软件是针对各种不同的计算机病毒（特殊的具有破坏性的程序）而设计的。在测试结束之后，就可以督促有关部门运用解除病毒的软件进行解毒处理。

4．磁道扫描法

磁道扫描法是用扫描程序对磁道进行扫描，以查出磁盘坏道的一种方法。一般的操作系统都提供了一种磁道扫描软件，计算机审计人员可借助这种扫描软件扫描出硬盘上的已有坏道，从而督促有关部门采用相应的方法对坏道进行处理，使数据不被存放在坏道上。

5．重新处理法

重新处理法就是对于查出的问题，在数据环境双备份安全的情况下，恢复出问题以前的数据环境，重新进行核算及结账处理，目的在于检查是否有人修改过机内账务。同时可以查阅当时的数据记录和日志记录。

6. 透视法

透视法也称透过计算机审计法。就是充分利用计算机专业知识，充分利用各个行业计算机应用软件系统所提供的各种可知信息及可利用的功能来进行单位内部的账务以及计算机内部数据文件正确性的审计。一般的计算机软件系统都提供了丰富的维护及查询命令，一些常用命令也可以用来进行审计测试。对于应用软件系统，其表现的菜单选择功能，以及各种查账、轧账、记账、复核、结账、打印程序都可以提供明确的审计线索。

另外，对于审计过程中的某些问题还可以通过在不同的机器环境下恢复数据环境并进行相同处理，检查是否是由于机器问题引起的。对于机器硬件故障的稽查可以采用硬件维修的一些方法。

思考与练习

一、思考题

1. 按照审计主体、内容和目的分别可以将审计分成哪些类别？
2. 简述审计证实客观事物的方法有哪些。
3. 传统财务审计的方法主要有哪些，绩效审计方法与财务审计方法有哪些相似及不同？
4. 什么是计算机审计？如何实现对计算机审计本身的审查？
5. 审计抽样过程中怎样合理确定样本规模？如何进行抽样结果的评价？
6. 简述详查法和抽查法的特征及优缺点。
7. 简述顺查法、逆查法的特征和优缺点。

二、判断题

1. 顺查法是审计人员按照会计业务处理的先后顺序依次进行审查的方法。（　　）
2. 逆查法是按照与会计核算相反的次序从审计输出报表入手进行检查的一种审计方法。（　　）
3. 详查法和顺查法一般结合比较紧密，二者的优缺点和适用范围也大致相同，只是审计方法的角度不同而已。（　　）
4. 对于现金、有价证券的盘点一般采用通知盘点法。（　　）
5. 采用查询法审计时，函证既可由审计人员直接收发和寄取，也可委托被审计单位代办。（　　）
6. 审阅法审阅的内容很多，既包括审阅财务会计及其有关资料，又包括审阅与管理行为有关的内容。（　　）
7. 询问属于审计取证的基本方法。（　　）
8. 审计人员对存货的监盘结果可以证明存货所有权的归属。（　　）
9. 详查法的缺点是费时费力。（　　）
10. 抽查法审查有一定局限性，实际中常与其他方法配合运用。（　　）

三、单选题

1. 顺查法的起点是对（　　）进行审查分析。

A. 明细账　　B. 总账　　C. 原始凭证　　D. 记账凭证

2. 函证是指通过向有关单位发函来了解情况取得审计证据的一种方法，一般用于（　　）。

A. 货币资金审查　　B. 期间费用审查

C. 长期资产审查　　D. 往来款项审查

3. 确定现金、有价证券、原材料和固定资产等实物实有数，应采用（　　）。

A. 盘点法　　B. 调节法　　C. 查询法　　D. 观察法

4. 下列选项中，采用检查有形资产方法的目的是（　　）。

A. 确定被审计单位以实物形态存在的资产是否具备相关所有权手续

B. 确定被审计单位以实物形态存在的资产的所有权证明是否真实

C. 确定被审计单位以实物形态存在的资产是否已经减值

D. 确定被审计单位以实物形态存在的资产是否真实存在

5. 审计人员通过现场监督被审计单位有形资产的盘点，并进行适当的抽查的取证方法是（　　）。

A. 观察　　B. 询问　　C. 函证　　D. 监盘

6. 在审计人员对被审计单位实施监盘时，进行盘点的是（　　）。

A. 审计人员　　B. 独立的第三人

C. 被审计单位　　D. 其他单位

7. 采用监盘方法的目的是（　　）。

A. 确定被审计单位以实物形态存在的资产是否具备相关所有权手续

B. 确定被审计单位以实物形态存在的资产的所有权证明是否真实

C. 确定被审计单位以实物形态存在的资产是否已经减值

D. 确定被审计单位以实物形态存在的资产是否真实存在

8. 审计人员对被审计单位本期财务报表和上期财务报表中相同项目的数据进行比较分析，并将异常变动作为下一步审计关注的重点内容，这种审计取证方法是（　　）。

A. 计算　　B. 观察　　C. 检查　　D. 分析性复核

9. 下列审计取证方法中所获得的审计证据可靠性较高的是（　　）。

A. 观察　　B. 函证　　C. 询问　　D. 检查记账凭证

10. 下列属于按审计范围大小对审计进行具体分类的是（　　）。

A. 抽查法　　B. 详查法　　C. 全部审计　　D. 顺查法

四、多选题

1. 下列关于监盘的说法中，正确的是（　　）。

A. 监盘是指审计人员亲自盘点被审计单位的各种实物资产

B. 监盘的目的是确定被审计单位以实物形态存在的资产是否真实存在

C. 监盘可以证实资产的所有权

D. 监盘不能为权利和义务提供可靠的审计证据

2. 审计人员对存货的监盘结果可以证明存货（　　）。

A. 计价的正确性　　B. 所有权的归属
C. 是否存在　　D. 是否毁损、短缺

3. 审阅法可用于以下书面资料的审核查阅（　　）。
A. 原始凭证　　B. 账簿　　C. 报表　　D. 方案

4. 下列关于函证的表述中，正确的有（　　）。
A. 函证可用于核实往来账目
B. 函证的全过程必须由审计人员进行控制
C. 与消极函证相比，积极函证获得的审计证据更可靠
D. 对于数额较大、有疑点的往来款项宜采用积极函证方法

5. 下列选项中，分析程序常用的方法有（　　）。
A. 风险分析法　　B. 比率分析法　　C. 比较分析法　　D. 趋势分析法

6. 下列选项中，关于顺查法的说法中正确的有（　　）。
A. 审计质量高
B. 工作量大，不利于提高审计工作效率
C. 适用于内控系统比较健全的被审计单位
D. 适用于规模较小的被审计单位

7. 下列选项中，属于详查法缺点的有（　　）。
A. 能够使审计质量有可靠的保证　　B. 审计成本相对较高
C. 费时费力　　D. 工作量大

8. 审计取证方法按审查经济业务和会计资料的范围大小可以分为（　　）。
A. 详查法　　B. 抽查法　　C. 顺查法　　D. 逆查法

9. 下列关于外部调查的说法中，正确的有（　　）。
A. 外部调查取得的证据可靠性较弱
B. 外部调查可分为现场调查和函证
C. 现场调查是审计人员为证明被审计单位会计资料所载事项而向其他有关单位或个人发函询证
D. 应对银行存款、借款及与金融机构往来的其他重要信息进行外部调查

第三章 审计准则

学习目标

掌握审计准则的概念和特征；了解我国审计准则的体系构成；了解我国国家审计准则；了解我国内部审计准则；了解注册会计师执业准则体系；了解鉴证业务。

第一节 审计准则概述

一、遵守审计准则

审计准则是衡量注册会计师执行财务报表审计业务的权威性标准，涵盖从接受业务委托到出具审计报告的整个过程，注册会计师在执业过程中应当遵守审计准则的要求。《注册会计师法》第二十一条规定："注册会计师执行审计业务，必须按照执业准则、规则确定的工作程序出具报告。"第三十五条规定："中国注册会计师协会依法拟订注册会计师执业准则、规则，报国务院被财政部门批准后施行。"

（一） 审计准则的概念

审计准则是审计人员执行审计工作时应遵循的行为规范，是衡量审计工作质量的标准。

（1）审计准则是审计实践经验的总结。审计准则是从理论上对审计实践的总结，是审计理论的重要组成部分。它反映了审计工作的客观规律和基本要求，同时，它又反过来指导审计实践，成为审计工作的原则和标准。

（2）审计准则是对审计人员行为的规范和要求。它对审计人员的素质和专业资格作了明确规定，并对审计人员的审计行为予以规范和指导，指明各项审计业务应当如何去做，哪些是可以做的，哪些是不能做的，哪些必须深入地去做，哪些可以只作一般的了解。

（3）审计准则是衡量、判断审计工作质量的专业标准和依据。由于审计准则提出了审计工作应达到的质量要求，所以，衡量审计质量的优劣就有了客观尺度，即使审计与被审计双方就某些问题发生了分歧意见，也容易在这种客观尺度的基础上统一起来。

（4）审计准则是由政府审计机关或会计师职业团体制定的具有权威性的专业性文件。

综上所述，比较完整的审计准则的含义是：审计准则是由政府审计机关或会计师职业团体制定的、审计人员在执行审计业务时必须遵循的行为规范和原则，是衡量和判断审计工作质量的权威性的专业标准。

（二） 审计准则的作用

审计准则的制定与实施，使审计人员在执业过程中有了工作规范和指南，对审计质量的提高和整个审计事业的发展起着积极的促进作用。

（1）实施审计准则，可以使审计工作规范化，有助于审计工作质量的提高。审计准则中规定了审计人员的任职条件、在执业时应保持的态度、审计过程中的程序与方法，如获取审计证据的原则与方法，审计工作底稿的编制、复核、使用与管理，审计报告的编写等。审计人员依照准则办事，谨慎工作，工作规范化、程序化、制度化，就容易提高质量。

（2）实施审计准则，可以赢得社会公众对审计工作的信任。审计准则是权威性的审计工作专业标准，人们对审计准则是信赖的。只要审计工作是按审计准则进行的，审计工作质量就有了保障，审计结论就会是可靠的，就能取信于经济利益各方，如委托单位的股东、债权人、未来投资者、银行、税务部门等。

（3）实施审计准则，可以维护审计组织和审计人员的正当权益。审计准则规定了审计人员的职责范围，审计人只要按照准则谨慎办事，就算尽到了职责。当审计委托人与审计人员就审计意见和审计结论发生纠纷，审计组织与审计人员受到不公正的指责和控告时，就可以援引审计准则来证明自己的意见是对的，从而免除这种指责和控告，维护自己的合法权益。

（4）实施审计准则，有利于国际间的审计经验交流。目前，各国都很重视审计准则的研究，国际间的相互交流是发展与完善审计准则的重要途径。实施审计准则，既促进了审计科研的发展，也有利于审计事业的国际化。

二、审计准则的特征

1．权威性

权威性主要是指审计准则对审计人员的行为具有普遍的约束力。权威性来源于审计准则的科学性。它不仅来源于审计实践，而且是整个审计职业界公认的惯例。权威性来源于审计职业界权威机构或政府机构对它的审定、完善、颁布和监督实施。

2．规范性

首先，审计准则本身就属于审计规范的范畴，它是规范体系中的具体规范，其次，审计准则本身必须具有统一性、条理性及准确性。统一性要求前后内容一致，相互协调；条理性要求审计准则结构严谨，条目清晰，层次分明；准确性要求审计准则用词恰当，表达准确，易于理解，方便使用。

3．可接受性

可接受性主要指审计准则应当为审计人员、审计对象和广大社会公众所乐于接受。

4．可操作性

可操作性主要指在审计工作中，审计准则可以直接用来指导审计实践。

5．相对稳定性

相对稳定性主要是指审计准则一旦确定和发布，就不能轻易改动，要保持一个相对稳定的时期。

第二节　中国审计准则体系

我国审计准则体系包括国家审计准则、内部审计准则和注册会计师执业准则。

一、国家审计准则

2010 年 9 月 8 日，审计署在其网站公布了新修订的《中华人民共和国国家审计准则》。新的审计准则已于 2011 年 1 月 1 日起施行，其主要结构如下：

1．国家审计基本准则

审计基本准则是审计准则的总纲，是审计机关和审计人员进行审计时应当遵循的基本规范，是制定审计具体准则和审计指南的基本依据。

我国审计基本准则内容包括：总纲、审计机关和审计人员、审计计划、审计实施、审计报告、审计质量控制和责任、附则，共七章。

2．通用审计准则与专业审计准则

通用审计准则是依据国家基本审计准则制定的，是审计机关和审计人员依法办理审计事项、出具审计报告、评价审计事项、作出审计决定时应当遵循的一般具体规范。

专业审计准则是根据国家基本审计准则制定的，是审计机关和审计人员依法办理不同行业的审计事项时，在遵循通用审计准则的基础上，同时应遵循的特殊具体规范，如发布施行的国家建设项目审计准则等。

3．审计指南

审计指南是对审计机关和审计人员办理审计事项提出的审计操作规程和方法，为审计机关和审计人员从事专门的审计工作提供可操作的指导性意见。

国家审计基本准则、通用审计准则和专业审计准则，是审计署依照《审计法》规定制定的部门规章，具有行政规章的法律效力。全国审计机关和审计人员依法开展审计工作时，必须遵照执行。

审计指南不具有行政规章的法律效力，全国审计机关和审计人员应参照执行。

二、内部审计准则

内部审计是与政府审计、注册会计师审计并列的三种审计类型之一。

内部审计准则是有关规范内部审计工作，提高内部审计工作的质量和效率，促进内部审计发展的准则。我国内部审计准则是依据《审计法》《审计署关于内部审计工作的规定》及相关法律法规。内部审计准则由内部审计基本准则、内部审计具体准则、内部审计实务指南三个层次组成。

三、注册会计师执业准则

我国已建立起一套适应我国国情、与国际审计准则趋同的中国注册会计师执业准则体系，以满足注册会计师业务多元化发展的需要。根据《注册会计师法》的有关规定，1995 年我国颁布了《中国注册会计师独立审计准则》。财政部又于 2010 年 9 月 8 日发布并于 2011 年 1 月 1 日实施了《中华人民共和国国家审计准则》（以下简称《审计准则》），共 48 项。中国注册会计师执业准则体系由注册会计师职业道德守则统御，包括注册会计师业务准则和会计师事务所质量控制准则。注册会计师业务准则包括鉴证业务准则和相关服务准则，如图 3-1 所示。本节将主要介绍中国注册会计师执业准则体系。

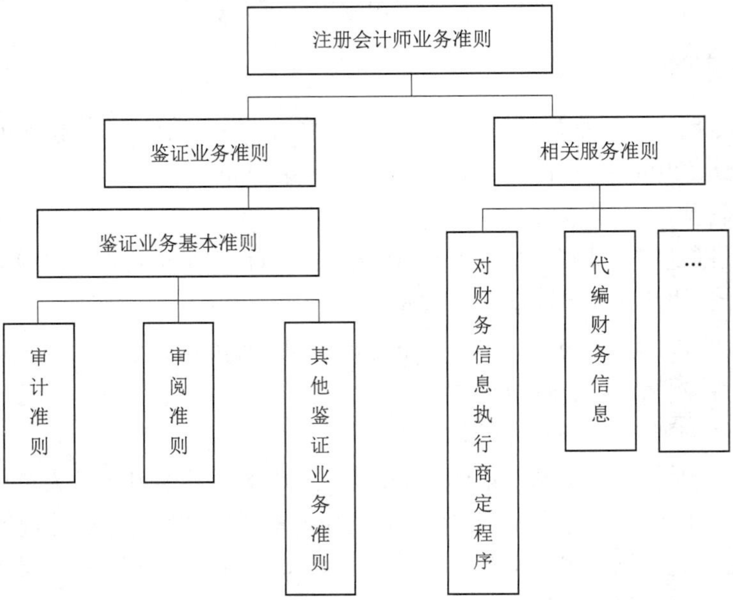

图 3-1　注册会计师业务准则体系

鉴证业务准则，是指注册会计师在执行鉴证业务的过程中所应遵守的职业规范。由鉴证业务基本准则统领，按照鉴证业务提供的保证程度和鉴证对象的不同，分为中国注册会计师审计准则、中国注册会计师审阅准则和中国注册会计师其他鉴证业务准则（以下分别简称审计准则、审阅准则和其他鉴证业务准则）。其中，审计准则是整个执业准则体系的核心。

审计准则，是注册会计师执行历史财务信息审计业务所应遵守的职业规范。在提供审计服务时，注册会计师对所审计信息是否不存在重大错报提供合理保证，并以积极方式提出结论。

审阅准则，是注册会计师执行历史财务信息审阅业务所应遵守的职业规范。在提供审阅服务时，注册会计师对所审阅信息是否不存在重大错报提供有限保证，并以消极方式提出结论。

其他鉴证业务准则，是注册会计师执行历史财务信息审计或审阅以外的其他鉴证业务所应遵守的职业规范。注册会计师执行其他鉴证业务，根据鉴证业务的性质和业务约定的要求，提供有限保证或合理保证。

相关服务准则是注册会计师代编财务信息、执行商定程序、提供管理咨询等其他服务所应遵守的职业规范。在提供相关服务时，注册会计师不提供任何程度的保证。

质量控制准则是会计师事务所在执行各类业务时应当遵守的质量控制政策和程序，是对会计师事务所质量控制提出的制度要求。

目前，中国注册会计师执业准则体系共包括 52 项准则，其具体构成是：

（1）中国注册会计师鉴证业务基本准则（1 项）。

（2）中国注册会计师审计准则第 1101 号—第 1633 号（45 项）。

（3）中国注册会计师审阅准则第 2101 号（1 项）。

（4）中国注册会计师其他鉴证业务准则第 3101 号—第 3111 号（2 项）。

（5）中国注册会计师相关服务准则第 4101 号—第 4111 号（2 项）。

（6）会计师事务所质量控制准则第 5101 号（1 项）。

在注册会计师执业准则体系中，准则编号由 4 位数组成。其中，千位数代表不同类别的准则："1"代表审计准则；"2"代表审阅准则；"3"代表其他鉴证业务准则；"4"代表相关服务准则；"5"代表质量控制准则。百位数代表某一类别准则中的大类。以审计准则为例，将审计准则分为 6 大类，分别用 1 至 6 表示。"1"代表一般原则与责任；"2"代表风险评估与应对；"3"代表审计证据；"4"代表利用其他主体的工作；"5"代表审计结论与报告；"6"代表特殊领域审计。十位数代表大类中的小类。个位数代表小类中的顺序号。例如，第 1311 号，千位数的"1"表示审计准则，百位数的"3"表示审计证据大类，十位数的"1"表示获取审计证据的某一小类，个位数的"1"表示某类审计程序的序号。

第三节　注册会计师执业准则体系

一、注册会计师业务准则的内容

注册会计师业务准则是注册会计师执行各类业务所应遵循的行业标准。

（一）注册会计师鉴证业务

鉴证业务，是指注册会计师对鉴证对象的信息提出结论，以增强除责任方之外的预期使用者对鉴证对象信息信任程度的业务。

鉴证业务包含 5 个要素，即鉴证业务的三方关系、鉴证对象、标准、证据和鉴证报告。

1. 三方关系

三方关系分别是注册会计师、责任方和预期使用者。是否存在三方关系人是判断某项业务是否属于鉴证业务的重要标准之一。如果某项业务不存在除责任方之外的其他预期使用者，那么该业务不构成一项鉴证业务。鉴证业务还会涉及委托人，但委托人不是单独存在的一方，委托人通常是预期使用者之一，委托人也可能由责任方担任。

（1）注册会计师。注册会计师是指取得注册会计师证书并在会计师事务所执业的人员，有时也指其所在的会计师事务所。注册会计师就是执行鉴证业务的主体。

（2）责任方。对责任方的界定与所执行鉴证业务的类型有关。责任方是指下列组织或人员：①在直接报告业务中，责任方的界定与所执行鉴证业务的类型有关；②在基于责任方认定的业务中，责任方是指对鉴证对象信息负责并可能同时对鉴证对象负责的组织或人员。责任方可能是鉴证业务的委托人，也可能不是委托人。

（3）预期使用者。预期使用者是指预期使用鉴证报告的组织或人员。责任方可能是预期使用者，但不是唯一的预期使用者。如企业向银行贷款，银行要求企业提供一份与贷款项目相关的预测性财务信息审核报告，那么银行就是该鉴证报告的预期使用者。

2. 鉴证对象

鉴证对象具有多种不同的表现形式，如财务或非财务的业绩或状况、物理特征、系统与过程、行为等。在鉴证业务中，存在着不同类型的鉴证对象，相应的鉴证对象信息也具有多种不同的形式，同样，不同的鉴证对象也具有不同的特征。

鉴证对象信息的形式主要包括：

（1）当鉴证对象为非财务业绩或状况时（如历史或预测的财务状况、经营成果和现金流量），鉴证对象信息是财务报表。

（2）当鉴证对象为非财务业绩或状况时（如企业的运营情况），鉴证对象信息可能是反映效率或效果的关键指标。

（3）当鉴证对象为物理特征时（如设备的生产能力），鉴证对象信息可能是有关鉴证对象物理特征的说明文件。

（4）当鉴证对象为某种系统和过程时（如企业的内部控制或信息技术系统），鉴证对象信息可能是关于其他有效性的认定。

（5）当鉴证对象为一种行为时（如遵守法律法规的情况），鉴证对象信息可能是对法律法规遵守情况或执行效果的声明。

适当的鉴证对象应当具备的条件包括以下几个方面：

（1）鉴证对象可以识别。

（2）不同的组织或人员对鉴证对象按照既定标准进行评价或计量的结果合理一致。

（3）注册会计师能够收集与鉴证对象有关的信息，获取充分、适当的证据，以支持其提出适当的鉴证结论。

不适当的鉴证对象可能会误导预期使用者。

3. 标准

标准即用来对鉴证对象进行评价或计量的基准。标准是鉴证业务不可或缺的一项要素。运用职业判断对鉴证对象做出评估或计量，离不开适当的标准。需要指出的是，对同一鉴证对象，进行评估或计量并不一定要选择同一个标准。如要评价消费者满意度这一鉴证对象，某些责任方或注册会计师可能会以消费者投诉的次数作为衡量标准，而另外的一些责任方或注册会计师可能会选择消费者在初始购买后三个月内重复购买的数量作为衡量的标准。

（1）标准的类型。正式的规定通常是一些“既定的”标准，是由法律法规规定的，或是由政府主管部门或国家认可的专业团体依照公开、适当的程序发布的。非正式的规定通常是一些“专门制定的”标准，是针对具体的业务项目“量身定做”的，包括企业内部制定的行为准则、确定的绩效水平或商定的行为要求等。标准的类型不同，注册会计师在评价标准是否适合于具体的鉴证业务时，所关注的重点也不同。

（2）适当的标准应当具备的特征。具体包括：①相关性，相关的标准有助于得出结论，便于预期使用者做出决策；②完整性，完整的标准不应忽略业务环境中可能影响得出结论的相关因素，当涉及列报时，还包括列报的基准；③可靠性，可靠的标准能够使能力相近的注册会计师在相似的业务环境中，对鉴证对象做出合理一致的评价或计量；④中立性，中立的标准有助于得出无偏向的结论；⑤可理解性，可理解的标准有助于得出清晰、易于理解、不会产生重大歧义的结论。注册会计师基于自身的预期、判断和个人经验对鉴证对象进行的评估和计量，不构成适当的标准。

4．证据

获取充分、适当的证据是注册会计师提出鉴证结论的基础。注册会计师应当以职业怀疑的态度计划和执行鉴证业务，获取有关鉴证对象信息是否不存在重大错报的充分、适当的证据。

职业怀疑态度是指注册会计师以质疑的思维方式评价所获取证据的有效性，并对相互矛盾的证据，以及引起对文件记录或责任方提供的信息的可靠性产生怀疑的证据保持警觉。

职业怀疑态度代表的是注册会计师执业时的一种精神状态，它有助于降低注册会计师在执业过程中可能遇到的风险。

5．鉴证报告

注册会计师应当针对鉴证对象信息在所有重大方面是否符合适当的标准，以书面报告的形式发布能够提供一定保证程度的结论。

在基于责任方认定的业务中，注册会计师的鉴证结论可以采用下列两种表述形式：

（1）明确提及责任方认定，如“我们认为，责任方作出的‘根据 ×× 标准，内部控制在所有重大方面是有效的’这一认定是公允的”。

（2）直接提及鉴证对象和标准，如“我们认为，根据 ×× 标准，内部控制在所有重大方面是有效的”。在直接报告业务中，注册会计师应当明确提及鉴证对象和标准。注册会计师可能无法从责任方获取其对鉴证对象评价或计量的认定；即使可以获取这种认定，该认定也无法为预期使用者获取，预期使用者只能通过阅读鉴证报告获取鉴证对象信息，因此，注册会计师应当直接对鉴证对象进行评价并出具报告，明确提及鉴证对象和标准。

注册会计师不能出具无保留结论的情况包括：工作范围受到限制；责任方认定未在所有重大方面作出公允表达；鉴证对象信息存在重大错报；标准或鉴证对象不恰当。

（二）鉴证业务的分类

鉴证业务按照保证程度不同分为合理保证的鉴证业务与有限保证的鉴证业务；按照预期使用者获取鉴证对象信息的方式不同分为基于责任方认定的业务和直接报告业务。

（三）鉴证业务的内容

注册会计师鉴证业务准则分为两个层次：第一层次是起统领作用的鉴证业务基本准则，是为了规范注册会计师执行鉴证业务；第二层次分为审计准则、审阅准则和其他鉴证业务准则。

（1）审计准则是审计人员实施审计工作时应遵循的行为规范，是衡量审计工作质量的标准，是规范注册会计师执行审计业务、获取审计证据、形成审计结论、出具审计报告的专业标准，是审计执业规范体系的核心内容和重点所在。中国注册会计师审计准则分为六大类：①一般原则与责任；②风险评估以及风险的应对；③审计证据；④利用其他主体的工作；

⑤审计结论与报告；⑥特殊领域。

（2）审阅业务准则用来规范注册会计师执行历史财务信息审阅业务时，要求注册会计师主要使用询问和分析程序，对财务报表获取有限程度的保证。

（3）其他鉴证业务准则是用来规范注册会计师执行除历史财务信息审计和审阅以外的非历史财务信息的鉴证业务。

二、会计师事务所质量管理体系

执业质量是会计师事务所的生命线，是注册会计师行业维护公众利益的专业基础和诚信义务。会计师事务所质量控制准则是规范会计师事务所执行历史财务信息审计和审阅业务、其他鉴证业务及相关服务业务时应遵守的质量控制政策和程序，是明确会计师事务所及其人员的质量控制责任的准则。会计师事务所应当按照《会计师事务所质量管理准则第5101号——业务质量管理》的要求，结合本会计师事务所及其业务的实际情况，设计、实施和运行适合本所的质量管理体系，并定期对质量管理体系进行评价。

（一）质量管理体系的目标

会计师事务所应当根据会计师事务所质量控制准则，制定质量控制制度，以约束会计师事务所与注册会计师在执业时遵守法律法规、职业道德规范及相应的业务准则，合理保证业务质量。

（1）会计师事务所及其人员按照适用的法律法规和职业准则的规定履行职责，并根据这些规定执行业务。

（2）会计师事务所和项目负责人根据具体情况出具恰当的报告。项目负责人，是指会计师事务所中负责某项业务及其执行，并代表会计师事务所在业务报告上签字的主任会计师或经授权签字的注册会计师。

（二）质量管理体系的框架

会计师事务所的质量控制制度应当包括针对下列八项要素而制定的政策和程序：

（1）会计师事务所的风险评估程序。

（2）治理和领导层。

（3）相关职业道德要求。

（4）客户关系和具体业务的接受与保持。

（5）业务执行。

（6）资源。

（7）信息与沟通。

（8）监控和整改程序。

会计师事务所应当将质量控制政策和程序形成书面文件，并传达到全体人员。在记录和传达时，应清楚地描述质量控制政策和程序及其拟实现的目标，包括适当信息指明每个人都负有各自的质量责任，并被期望遵守这些政策和程序。

思考与练习

一、思考题

1. 什么是审计准则？

2. 简述审计准则的特征和作用。

3. 我国注册会计师执业准则体系具体包括哪些内容？

4. 我国国家审计准则包括哪几个部分？有哪些内容？

二、判断题

1. 我国审计准则体系包括政府审计准则、注册会计师执业准则和内部审计准则。（ ）

2. 审计准则体系所规范的所有内容都属于法定要求，审计人员在执行审计业务和出具审计报告时，都必须遵照执行。（ ）

3. 保持合理的职业谨慎就是要求审计人员必须遵循审计准则。（ ）

4. 审计准则是用来规范注册会计师执业审计业务、获取审计证据、形成审计结论、出具审计报告的专业标准。（ ）

5. 中国注册会计师执业准则是依据《中华人民共和国审计法》制定的。（ ）

6. 鉴证业务是指注册会计师对鉴证对象信息提出结论，以增强除责任方之外的预期使用者对鉴证对象信息信任程度的业务。（ ）

7. 在鉴证业务中，责任方和预期使用者可能是同一方。（ ）

8. 审计准则为注册会计师执行审计业务提供了行为标准，而职业道德准则为注册会计师执行的各项业务符合相应的专业标准提供了保障。（ ）

9. 质量控制准则不能规范注册会计师执业审计业务。（ ）

10. 质量控制准则旨在规范会计师事务所建立并保持有关财务报表审计和审阅、其他鉴证和相关服务业务的质量控制制度。（ ）

三、单选题

1. 审计准则要求审计人员应保持合理的职业谨慎，就是要求审计人员必须（ ）。

A. 具备从事审计工作必要的技能和知识　B. 保持超然独立的态度

C. 严格遵循审计准则的各项要求　D. 谨慎小心地从事审计工作

2. 注册会计师执业准则体系的核心是（ ）。

A. 审计准则　B. 审阅准则

C. 其他鉴证业务准则　D. 质量控制准则

3. 注册会计师执行的下列业务中，保证程度最高的是（ ）。

A. 财务报表审计　B. 代编财务信息

C. 财务报表审阅　D. 对财务信息执行商定程序

4. 注册会计师审阅业务提供的是（ ）保证。

A. 绝对　B. 合理　C. 有限　D. 相对

5. 下列各项业务中，属于其他鉴证业务的是（ ）。

A. 历史财务信息审阅　B. 预测性财务信息审核

C. 代编财务信息　　　　　　　　D. 对财务信息执行商定程序

6. 会计师事务所的基本工作就是按专业标准提供专业服务，能为事务所完成这一基本工作提供合理保证的是（　　）。

A. 职业道德教育　　　　　　　　B. 质量控制体系
C. 遵循报表准则　　　　　　　　D. 同业检查

7. 以下对注册会计师提供的鉴证业务的理解中，不恰当的是（　　）。

A. 鉴证业务旨在增进某一鉴证对象信息的可信性
B. 鉴证业务是一种合理保证业务
C. 鉴证业务是对鉴证对象信息提出结论
D. 鉴证业务是注册会计师提供的有偿专业服务

8. 鉴证业务基本准则不包括（　　）。

A. 审阅准则　　　　　　　　B. 审计准则
C. 相关服务准则　　　　　　D. 其他鉴证业务准则

9. 鉴证业务的用户是（　　）。

A. 注册会计师　　　　　　　　B. 预期使用者
C. 管理者　　　　　　　　　　D. 债权人

10.（　　）是审计人员对所查明的事实与现行的各种规定进行比较、分析、判断和评价，并据以提出审计意见和建议、作出审计结论的衡量尺度，也就是审计人员对被审计事项是非曲直作出判断的准绳。

A. 审计主体　　B. 审计对象　　C. 审计依据　　D. 审计证据

四、多选题

1. 注册会计师执业准则体系包括（　　）。

A. 注册会计师业务准则　　　　B. 注册会计师职业道德规范
C. 会计师事务所质量控制准则　D. 后续教育准则

2. 注册会计师业务准则体系包括（　　）。

A. 相关服务准则　　　　　　　B. 注册会计师职业道德规范
C. 会计师事务所质量控制准则　D. 鉴证业务准则

3. 我国注册会计师鉴证业务准则体系包括（　　）。

A. 相关服务准则　　　　　　　B. 审计准则
C. 审阅准则　　　　　　　　　D. 其他鉴证业务准则

4. 历史财务报表审计业务属于（　　）。

A. 合理保证的鉴证业务　　　　B. 有限保证的鉴证业务
C. 基于责任方认定的业务　　　D. 直接报告业务

5. 如果注册会计师提供了某上市公司 2023 年财务报表审计业务，下列属于“预期使用者”的有（　　）。

A. 股东及潜在投资者　　　　　B. 债权人
C. 管理层　　　　　　　　　　D. 证券交易机构

6. 下列有关鉴证业务三方关系的说法中，恰当的有（　　）。

A. 在鉴证业务中，责任方就是仅对鉴证对象负责的组织和人员

B. 责任方和预期使用者可能是同一方，也可能不是同一方

C. 某些情况下责任方也会成为预期使用者

D. 是否存在三方关系人是判断某项业务是否属于鉴证业务的重要标志之一

7. 在确定鉴证标准是否恰当时，注册会计师应当考虑的因素有（　　）。

A. 中立性　　B. 完整性　　C. 相关性　　D. 客观性

8. 注册会计师为客户提供鉴证业务的目标有（　　）。

A. 合理保证　　B. 绝对保证　　C. 消极保证　　D. 有限保证

9. 下列事项中不符合会计师事务所承接鉴证业务的条件的有（　　）。

A. 鉴证对象适当

B. 有可能获取到足够的证据但不一定能够保证适当

C. 注册会计师的结论以书面报告形式表述，且表述与所提供的保证程度相适应

D. 使用的标准完全由客户提供，预期使用者无法获取该标准

10. 会计师事务所制定质量控制制度是为了合理保证下列（　　）目标的实现。

A. 保持独立性和提高专业胜任能力

B. 评价注册会计师的执行能力

C. 会计师事务所及其人员遵守职业准则和适用的法律、法规的规定

D. 会计师事务所和项目合伙人出具适合具体情况的报告

第四章 审计职业道德与法律责任

学习目标

了解注册会计师职业道德；了解注册会计师职业道德的基本要求；理解注册会计师法律责任的成因；掌握注册会计师法律责任的种类。

第一节　审计职业道德

注册会计师的职业道德，是指审计人员在执业过程中应遵循的道德要求和道德标准，包括职业品德、职业纪律、专业胜任能力和职业责任等。

注册会计师为实现执业目标，必须遵守一系列前提或基本原则，这些基本原则包括诚信、独立、客观公正、专业胜任能力和勤勉尽责、保密、良好职业行为。

一、注册会计师职业道德基本原则

（一）诚信

诚信，是指诚实、守信，即一个人言行与内心思想一致，不虚假；能够履行与别人的约定而取得对方的信任。诚信原则要求注册会计师应当在所有的职业关系和商业关系中保持正直和诚实，秉公处事、实事求是。当注册会计师在执行业务时认为报告、报表、沟通函件或其他文件存在下列情况时，应拒绝和其发生关联。

（1）含有重大虚假或误导性陈述。

（2）含有草率提供的陈述或信息。

（3）遗漏或掩盖应当包括的信息，而遗漏或掩盖这些信息将产生误导。

如注册会计师意识到其已经与上述信息发生关联，则应采取措施消除与该信息的关联。

（二）独立性

独立是指不受外来力量控制、支配，按照一定之规行事，是注册会计师执行鉴证业务的灵魂。独立性，是指实质上的独立和形式上的独立。

1．实质上独立

实质上独立就是要求注册会计师与委托人及被审计单位之间必须毫无利害关系，保持独立的精神态度和意志。如某注册会计师拥有被审计单位 5% 的股权，即注册会计师与客户有直接经济利益关系，实质上不独立，因此注册会计师应回避。

2．形式上独立

形式上独立就是指在第三者面前，注册会计师与委托人及被审计单位之间保持一种独立的身份。审计机构和审计人员必须在第三者面前呈现一种独立于被审计单位的身份，即在他人看来审计机构和审计人员是独立的。一是组织上独立，指审计机关与被审计单位没有组织上的隶属关系，审计机关单独设置；二是人员方面独立，审计人员必须有自主性，依法审计，公正无私，不偏不倚，不受委托人和被审计单位的干涉和影响；三是工作上的独立，是指审计人员依法独立行使审计监督权，独立作出职业判断，客观公正地报告审计结果；四是经济上的独立，是指审计机关与被审计单位没有财政上受制约的关系，其履行职责所必需的经费，应当列入国家预算，由政府予以保证。

独立原则通常是对注册会计师而非对执业会员提出的要求。

（三）客观公正

注册会计师应当力求公平，不因成见或偏见、利益冲突和他人影响而损害其客观性。客观是指注册会计师对有关事项的调查、判断和意见的发表应当基于客观的立场，实事求是，不为他人所左右，也不得因个人好恶影响其分析、判断的客观性。

（四）专业胜任能力和勤勉尽责

专业胜任能力和勤勉尽责原则要求注册会计师通过教育、培训和执业实践获取和保持专业胜任能力。注册会计师应当持续了解并掌握当前法律、技术和实务的发展变化，将专业知识和技能始终保持在应有的水平，确保为客户提供具有专业水准的服务。

在应用专业知识和技能时，注册会计师应当合理运用职业判断。专业胜任能力可分为两个独立阶段：专业胜任能力的获取；专业胜任能力的保持。注册会计师应当持续了解和掌握相关的专业技术和业务的发展，以保持专业胜任能力。持续职业发展能够使注册会计师发展和保持专业胜任能力，使其能够胜任特定业务环境中的工作。

勤勉尽责，要求注册会计师遵守法律法规、相关职业准则的要求并保持应有的职业怀疑，认真、全面、及时地完成工作任务。同时，注册会计师应当采取适当措施以确保在其授权下从事专业服务的人员得到应有的培训和督导。在适当时，注册会计师应当使客户、工作单位和专业服务的其他使用者了解专业服务的固有局限。

（五）保密

注册会计师有义务对其在专业服务中获得的有关客户的信息予以保密。注册会计师应当始终遵守保密原则，除非有专门的信息披露授权，或具有法定或专业披露责任。

注册会计师在以下情况下可以披露客户的有关信息：

（1）法律法规允许披露，并且取得客户或雇佣单位的授权。

（2）根据法律法规要求披露，包括为法律诉讼出示文件或提供证据，以及向有关监管机构报告发现的违法行为。

（3）会员有义务或权利披露且法律法规未予禁止，包括：①接受注册会计师协会或监管机构的质量检查；②答复注册会计师协会或监管机构的询问和调查；③在法律诉讼程序中维护自身的职业利益；④遵守执业准则或道德要求。

（六）良好职业行为

注册会计师应当遵守相关法律法规，避免发生任何可能损害职业声誉的行为。如果某些法律法规的规定与职业道德守则的相关条款不一致，注册会计师应当注意到这些差异。除非法律法规禁止，注册会计师应当按照较为严格的规定执行。

注册会计师在向公众传递信息以及推介自己和工作时，应当客观、真实、得体，不得损害职业形象。

注册会计师应当诚实、实事求是，不得有下列行为：

（1）夸大宣传提供的服务、拥有的资质或获得的经验。

（2）贬低或无根据地比较他人的工作。

（七）其他相关内容

1．收费与佣金

会计师事务所在确定收费时，一般考虑以下因素：

（1）专业服务所需要的知识和技能。

（2）所需专业人员的水平和经验。

（3）提供专业服务所需的时间。

（4）提供专业服务所需承担的责任。

会计师事务所不得以服务成果的大小或实现特定目的来决定收取费用的高低；不得降低收费而以牺牲审计质量为代价来应对业务竞争；不得为招揽客户而向推荐方支付佣金，也不得因向第三方推荐客户而收取佣金，不得因宣传他人的产品或服务而收取佣金。

2．与执行鉴证业务不相容的工作

注册会计师不得从事有损于或可能有损于其独立性、客观性、公正性或职业声誉的业务或活动。

（1）有些非鉴证服务与鉴证服务是不相容的。目前，我国不允许会计师事务所为同一家上市公司同时提供编制财务报表服务和审计服务，也不允许同时提供资产评估服务和审计服务。因为由于自我评价的威胁可能影响注册会计师的独立性。

（2）会计师事务所的高级管理人员或员工不得担任鉴证客户的高级管理人员职务。因为由于存在重大经济利益威胁导致影响注册会计师的独立性。

3．广告、业务招揽和宣传

（1）会计师事务所不得利用新闻媒体或以其他方式对其能力进行广告宣传，不得做诋毁同行或自我夸张、抬高自己、内容不实、容易引起误解的广告宣传，但刊登设立、合并、分立、解散、迁址、名称变更、招聘员工等信息以及注册会计师协会为会员所做的统一宣传不在此限。

（2）注册会计师在名片上可以印有姓名、专业资格、职务及其会计师事务所的地址和标识，但不得印有社会职务、专家称谓及所获荣誉等。

（3）会计师事务所和注册会计师不得采用欺诈、强迫、利诱等方式招揽业务。

（4）注册会计师执行的各项业务，均应由会计师事务所统一接受委托。注册会计师及其他有关人员不得以个人名义承接业务。

（5）会计师事务所和注册会计师不得允许其他单位和个人借用本所或本人的名义承接、执行业务。

二、识别对职业道德基本原则的不利影响

注册会计师应当识别对职业道德基本原则的不利影响。通常来说，一种情形可能产生多种不利影响，一种不利影响也可能影响多项职业道德基本原则。注册会计师识别不利影响的前提是了解相关事实和情况，包括了解可能损害职业道德基本原则的职业活动、利益和关系。

对职业道德基本原则的不利影响可能产生于多种事实和情况，并且，因业务的性质和工作任务不同，产生的不利影响的类型也可能不同。可能对职业道德基本原则产生不利影响的因素包括自身利益、自我评价、过度推介、密切关系和外在压力。

（一）因自身利益产生不利影响的情形

举例说明，因自身利益产生不利影响的情形主要包括：

（1）注册会计师在客户中拥有直接经济利益。

（2）会计师事务所的收入过分依赖某一客户。

（3）会计师事务所以较低的报价获得新业务，而该报价过低，可能导致注册会计师难以按照适用的职业准则要求执行业务。

（4）注册会计师与客户之间存在密切的商业关系。

（5）注册会计师能够接触到涉密信息，而该涉密信息可能被用于谋取个人私利。

（6）注册会计师在评价所在会计师事务所以往提供的专业服务时，发现了重大错误。

（二）因自我评价产生不利影响的情形

举例说明，因自我评价产生不利影响的情形主要包括：

（1）注册会计师在对客户提供财务系统的设计或实施服务后，又对系统的运行有效性出具鉴证报告。

（2）注册会计师为客户编制用于生成有关记录的原始数据，而这些记录是鉴证业务的对象。

（三）因过度推介产生不利影响的情形

举例说明，因过度推介产生不利影响的情形主要包括：

（1）注册会计师推介客户的产品、股份或其他利益。

（2）当客户与第三方发生诉讼或纠纷时，注册会计师为该客户辩护。

（3）注册会计师站在客户的立场上影响某项法律法规的制定。

(四) 因密切关系产生不利影响的情形

举例说明，因密切关系产生不利影响的情形主要包括：

（1）审计项目团队成员的近亲属担任审计客户的董事或高级管理人员。

（2）鉴证客户的董事、高级管理人员，或所处职位能够对鉴证对象施加重大影响的员工，最近曾担任注册会计师所在会计师事务所的项目合伙人。

（3）审计项目团队成员与审计客户之间存在长期业务关系。

近亲属包括主要近亲属和其他近亲属。主要近亲属是指配偶、父母或子女；其他近亲属是指兄弟姐妹、祖父母、外祖父母、孙子女、外孙子女。

审计项目团队成员是指所有审计项目组成员和会计师事务所中能够直接影响审计业务结果的其他人员，以及网络事务所中能够直接影响审计业务结果的所有人员。

(五) 因外在压力导致不利影响的情形

举例说明，因外在压力导致不利影响的情形主要包括：

（1）注册会计师因对专业事项持有不同意见而受到客户解除业务关系或被会计师事务所解雇的威胁。

（2）由于客户对所沟通的事项更具有专长，注册会计师面临服从该客户判断的压力。

（3）注册会计师被告知，除非其同意审计客户某项不恰当的会计处理，否则计划中的晋升将受到影响。

（4）注册会计师接受了客户赠予的重要礼品，并被威胁将公开其收受礼品的事情。

三、评价不利影响的严重程度

某些由法律法规、注册会计师协会或会计师事务所制定的，用于加强注册会计师职业道德的条件、政策和程序也可能有助于识别对职业道德基本原则的不利影响。这些条件、政策和程序也是在评价不利影响的严重程度时需要考虑的因素。这些条件、政策和程序可以分为：与客户及其经营环境相关的条件、政策和程序；与会计师事务所及其经营环境相关的条件、政策和程序。

(一) 与客户及其经营环境相关的条件、政策和程序

针对与客户及其经营环境相关的条件、政策和程序，注册会计师对不利影响严重程度的评价可能受下列因素的影响：

（1）客户是否属于审计客户，以及该客户是否属于公众利益实体。

（2）客户是否属于非审计的鉴证客户。

（3）客户是否属于非鉴证客户。

（4）客户是否要求由管理层以外的适当人员批准聘请会计师事务所执行某项业务。

（5）客户是否拥有具备足够经验和资历以及胜任能力的人员负责作出管理决策。

（6）客户是否执行相关政策和程序，以确保在招标非鉴证服务时作出客观选择。

（7）客户是否拥有完善的公司治理结构，能够对会计师事务所的服务进行适当的监督和沟通。

（二）与会计师事务所及其经营环境相关的条件、政策和程序

针对与会计师事务所及其经营环境相关的条件、政策和程序，注册会计师对不利影响严重程度的评价可能受到下列因素的影响：

（1）会计师事务所领导层是否重视职业道德基本原则，并积极引导鉴证业务项目团队成员维护公众利益。

（2）会计师事务所是否建立政策和程序，以对所有人员遵循职业道德基本原则的情况实施监督。

（3）会计师事务所是否建立与薪酬、业绩评价、纪律处分相关的政策和程序，以促进对职业道德基本原则的遵循。

（4）会计师事务所是否对其过分依赖从某单一客户处取得收入的情况进行管理。

（5）在会计师事务所内，项目合伙人是否有权作出涉及遵循职业道德基本原则的决策，包括与向客户提供服务有关的决策。

（6）会计师事务所对人员教育、培训和经验的要求。

（7）会计师事务所用于解决内外部关注事项或投诉事项的流程。

四、应对不利影响

注册会计师应当运用判断，确定如何应对超出可接受水平的不利影响，包括采取防范措施消除不利影响或将其降低至可接受的水平，或者拒绝或终止特定的职业活动。

举例来说，在特定情况下可能能够应对不利影响的防范措施包括：

（1）向已承接的项目分配更多时间和有胜任能力的人员，可能能够应对因自身利益产生的不利影响。

（2）由项目组以外的适当复核人员复核已执行的工作或在必要时提供建议，可能能够应对因自我评价产生的不利影响。

（3）向鉴证客户提供非鉴证服务时，指派鉴证业务项目团队以外的其他合伙人和项目组，并确保鉴证业务项目组和非鉴证服务项目组分别向各自的业务主管报告工作，可能能够应对因自我评价、过度推介或密切关系产生的不利影响。

（4）由其他会计师事务所执行或重新执行业务的某些部分，可能能够应对因自身利益、自我评价、过度推介、密切关系或外在压力产生的不利影响。

（5）由不同项目组分别应对具有保密性质的事项，可能能够应对因自身利益产生的不利影响。

注册会计师应当就其已采取或拟采取的行动是否能够消除不利影响或将其降低至可接受的水平形成总体结论。在形成总体结论时，注册会计师应当：

（1）复核所作出的重大判断或得出的结论。

（2）实施理性且掌握充分信息的第三方测试。

第二节　注册会计师的法律责任

注册会计师的法律责任是指注册会计师或会计师事务所在履行审计职责的过程中因损害

法律上的义务关系所应承担的法律后果。

一、注册会计师的法律责任的成因和种类

（一）注册会计师的法律责任的成因

注册会计师法律责任产生的原因有违约、过失和欺诈。

（1）违约。违约是指合同的一方或多方未能达到合同条款的要求。当违约给他人造成损失时，注册会计师应负违约责任。比如注册会计师未能在约定的时间内完成审计业务，或违反了为客户保密的规定。

（2）过失。过失是指在一定条件下注册会计师未能保持应有的职业怀疑态度。当过失给他人造成损失时，注册会计师应负违约责任。通常将过失按其程度不同分为一般过失和重大过失。

①一般过失又称普通过失，是指注册会计师没有完全遵循审计准则的要求执业。比如：未对特定审计项目取得充分、适当的审计证据就出具审计报告的情况。

②重大过失是指连起码的职业谨慎都没有保持。对注册会计师而言，则是指根本没有遵循专业准则或没有按专业准则的基本要求执行审计。

（3）欺诈。欺诈又称舞弊，是指为了达到欺骗或坑害他人的目的，注册会计师明知已审计财务报表有重大错误，却在审计报告中加以虚假的陈述，发表不恰当的审计意见。作案具有不良动机是欺诈的重要特征，也是欺诈与普通过失和重大过失的主要区别之一。下面通过表 4-1 来总结和对比注册会计师的法律责任的认定标准。

表4-1　注册会计师法律责任的认定标准

责任种类	通　常	针对注册会计师
违约	合同的一方或几方未能达到合同条款的要求	会计师事务所在商定期间内未按照业务约定书履行责任
普通过失	没有保持职业上应有的合理的谨慎	没有完全遵循专业准则的要求
重大过失	连起码的职业谨慎都不保持，对业务或事务不加考虑，满不在乎	根本没有遵循专业准则或没有按专业准则的基本要求执行审计
欺诈	注册会计师舞弊，是以欺骗坑害他人为目的的一种故意的错误行为	为了达到欺骗他人的目的，明知委托单位的财务报表有重大错报，却加以虚伪的陈述，出具无保留意见的审计报告

在实务中，关于注册会计师有无过失，是一般过失、重大过失还是欺诈是很难界定。下面列出其界定的一般原则，如图 4-1 所示。

（二）注册会计师的法律责任的种类

注册会计师的法律责任主要包括行政责任、民事责任和刑事责任。

1．行政责任

行政责任是指审计人员违反有关部门法规的规定，并给有关各方造成经济等方面的损害后，政府主管部门或自律组织对其所追究的具有行政性质的责任。对于个人来说，追究的行

政责任包括警告、暂停营业、吊销注册会计师证书等；对于审计机构而言，追究行政责任包括警告、没收违法所得、罚款、暂停营业、撤销等。

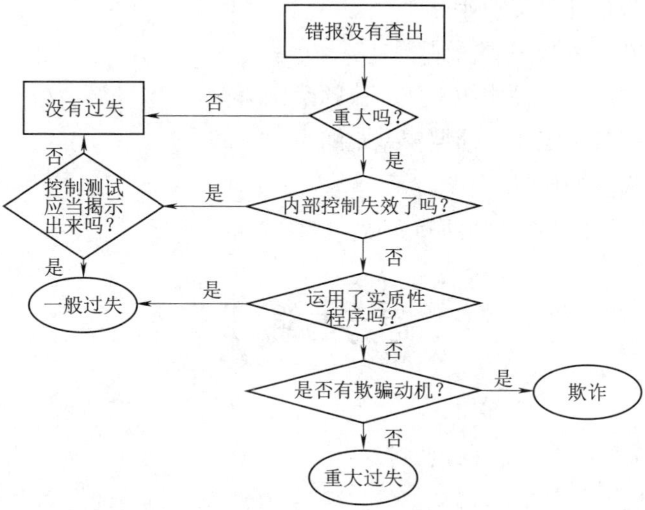

图 4-1　注册会计师没有过失、一般过失、重大过失和欺诈的界定

2. 民事责任

民事责任是指审计人员或审计机构因违反合同或法定民事义务所引起的法律后果，依法承担赔偿经济损失的法律责任。主要包括赔偿经济损失、支付违约金等。

3. 刑事责任

刑事责任是指审计人员由于重大过失、欺诈行为违反了刑法，所应承担的相应的法律责任。主要包括管制、拘留、判刑、剥夺政治权利和罚金、没收财产等。一般地，因违约和一般过失可能使审计人员负行政责任和民事责任，因重大过失和欺诈可能使审计人员负民事责任和刑事责任。

二、注册会计师如何避免法律诉讼

注册会计师的职业性质决定了注册会计师行业极易遭受法律诉讼。注册会计师要避免法律诉讼，就必须在执业时尽可能不发生过失，防止欺诈。

（一）注册会计师减少过失和防止欺诈的措施

注册会计师减少过失和防止欺诈的措施主要有以下几个方面：

（1）增强执业独立性。

（2）保持职业谨慎。

（3）强化执业监督。

（二）注册会计师避免法律诉讼的具体措施

注册会计师避免法律诉讼的具体措施主要有以下几个方面：

（1）严格遵循职业道德和专业标准的要求。

（2）建立健全会计师事务所质量控制制度。

（3）与委托人签订业务约定书。

（4）审慎选择被审计单位。

（5）深入了解被审计单位的业务。

（6）提取风险基金或购买责任保险。

（7）聘请熟悉注册会计师法律责任的律师。

（8）适当地开展宣传工作，使期望差距缩小。

（9）提高从业人员的质量。

（10）招收合格的注册会计师助理人员。

思考与练习

一、思考题

1. 普通过失与重大过失有什么区别？

2. 什么是注册会计师职业道德？简述注册会计师职业道德的基本要求。

3. 如何理解独立原则？应从哪些方面保持独立性？

4. 简述注册会计师法律责任的成因。

5. 简述注册会计师法律责任的种类。

二、判断题

1. 一般情况下，因违约可能使注册会计师承担民事责任，情节严重者应负刑事责任。（　　）

2. 警告不属于注册会计师或会计师事务所承担的行政责任。（　　）

3. 会计师事务所在任何情况下不得对外泄露审计过程中所涉及的商业秘密等有关内容。（　　）

4. 如果注册会计师没有完全遵循专业准则的要求执业，应当认定为普通过失。（　　）

5. 注册会计师要对审计业务中获取的信息保密。（　　）

6. 注册会计师在承接审计业务时，不能为被审计单位提供代为编制会计报表等专业服务。（　　）

7. 判断注册会计师是否有过失的关键是看注册会计师是否按照审计准则的要求执业.（　　）

8. 如果注册会计师未查出被审计单位财务报表中的错报，就应当承担法律责任。（　　）

9. 注册会计师的近亲属是被审计单位的普通员工，则注册会计师仍可执行该客户的审计业务。（　　）

10. 保密原则要求注册会计师对在执业过程中获知的信息保密。除非有法定的或专业的披露权力及义务，在未经正当或特别授权的情况下，注册会计师不得使用或披露任何类似信息。保密原则在注册会计师与客户的关系终止后仍应继续。（　　）

三、单选题

1. 独立性不包括（　　）。

A. 工作上的独立　　B. 组织上的独立

C. 经济上的独立　　D. 行为上的独立

2. 根据《中国注册会计师职业道德守则》，下列说法中正确的是（　　）。

A. 注册会计师在执业过程中，一定要保持实质上的独立性，但是形式上的独立性可以不需要保持

B. 注册会计师可以夸大宣传提供的服务、拥有的资质或获得的经验

C. 会计师事务所可以以或有收费的形式为客户提供鉴证服务

D. 在审计过程中，注册会计师应当保持职业怀疑态度，运用专业知识、技能和经验，获取和评价审计证据

3. 注册会计师的服务是一种有偿服务，下列不能成为会计师事务所收费依据的是（　　）。

A. 审计结果　　B. 服务性质

C. 工作量大小　　D. 参加人员层次的高低

4. 对注册会计师而言，如果注册会计师没有完全遵循专业准则的要求执业，应当认定为（　　）。

A. 普通过失　　B. 重大过失　　C. 欺诈　　D. 推定欺诈

5. 以下关于注册会计师过失的说法不正确的是（　　）。

A. 过失是指在一定条件下，缺少应具有的合理谨慎

B. 普通过失是指注册会计师没有完全遵循专业准则的要求

C. 重大过失是指注册会计师没有按专业准则的基本要求执行审计

D. 注册会计师一旦出现过失就要赔偿损失

6. A会计师事务所委派B注册会计师担任丙公司2023年度财务报表审计的项目负责人，在执业过程中B注册会计师发现自己不熟悉丙公司的会计电算化系统，以致无法对所形成的会计信息进行正确的判断，则B注册会计师的下列做法中正确的是（　　）（假设A会计师事务所中有熟悉会计电算化系统的其他注册会计师）。

A. 聘请相关专家协助工作

B. 请求会计师事务所改派其他胜任的注册会计师

C. 解除业务约定

D. 出具无法表示意见的审计报告

7. 下列描述中，属于自我评价导致对职业道德基本原则产生不利影响的情况是（　　）。

A. 被审计单位财务经理曾经是事务所审计项目组成员

B. 审计项目组成员曾经是被审计单位的出纳

C. 审计小组成员的妻子是被审计单位的独立董事

D. 审计小组成员担任被审计单位的辩护人

8. （　　）是指为了达到欺骗或坑害他人的目的，注册会计师明知已审计的财务报表有重大错报，却加以虚假地陈述，发表不恰当的意见。

A. 违约　　B. 一般过失　　C. 重大过失　　D. 欺诈

9. 注册会计师的下列行为中，违反职业道德守则的是（　　）。

A. 注册会计师应按照业务约定和专业准则的要求完成委托业务

B. 注册会计师应当对执行业务过程中知悉的商业秘密保密，并不得利用其为自己

或他人牟取利益

C. 除有关法规允许的情形外，会计师事务所不得以或有收费形式为客户提供各种鉴证服务

D. 注册会计师可以对其能够提供的服务、拥有的资质进行夸大宣传，但不得诋毁同行

四、多选题

1. 职业道德基本原则包括（　　）。

A. 诚信　　B. 客观公正

C. 专业胜任能力和勤勉尽责　　D. 良好职业行为

2. 下列描述中，不正确的有（　　）。

A. 注册会计师在执行鉴证业务时，不得因任何利害关系影响其客观、公正的立场

B. 前任注册会计师未经被审计单位同意提供给后任注册会计师工作底稿

C. 在终止与客户或雇佣单位的关系之后，注册会计师无须对在职业关系和商业关系中获知的信息保密

D. 注册会计师接受客户赠送的别墅，这种情况属于自我评价导致不利影响的情形

3. 审计结果需要传达的对象可能包括（　　）。

A. 被审计单位　　B. 审计委托人　　C. 债权人　　D. 股东

4. 下列行为中，注册会计师违反保密原则的有（　　）。

A. 与客户发生意见分歧时，诉诸媒体

B. 接受同业复核，提供审计工作底稿

C. 向监管机构报告发现的违反法规行为

D. 利用获知的客户信息买卖客户的股票

5. 会计师事务所对无法胜任或不能按时完成的审计业务，应该（　　）。

A. 减少审计收费　　B. 转包给其他会计师事务所

C. 聘请其他专业人员帮助　　D. 拒绝接受委托

6. 下列说法不正确的有（　　）。

A. 在任何情况下，注册会计师应当对执业过程中获知的客户信息保密

B. 在终止与客户或雇佣单位的关系之后，注册会计师仍然应当对在职业关系和商业关系中获知的信息保密，但是注册会计师无须对其预期的客户或雇佣单位的信息予以保密

C. 任何情况下，未经适当且特别授权，注册会计师均不可向会计师事务所或雇佣单位以外的第三方披露由于职业关系和商业关系获知的涉密信息

D. 会计师事务所和注册会计师不得为招揽客户而向推荐方支付佣金，但可以在不影响独立性的前提下因向第三方推荐客户而收取佣金

7. 注册会计师应当在所有的职业活动中保持正直、诚实、守信，如果认为业务报告、申报资料或其他信息存在下列（　　）问题，则不得与这些有问题的信息发生牵连。

A. 含有缺少充分依据的陈述或信息　　B. 含有严重虚假或误导性的陈述

C. 存在重大错报的财务报表　　D. 存在遗漏或含糊其词的信息

8. 注册会计师因为以下原因可能导致承担法律责任的有（　　）。

A. 重大过失　　B. 欺诈　　C. 行政责任　　D. 违约

9. 注册会计师的法律责任按其性质分为（　　）。

A. 民事责任　　B. 行政责任　　C. 违约责任　　D. 刑事责任

10. 下列有关注册会计师责任的提法中，正确的有（　　）。

A. 过失是指在一定条件下，注册会计师缺少应具有的合理谨慎

B. 如果注册会计师没有完全遵循专业准则的要求执行审计业务，可能构成普通过失

C. 如果注册会计师在审计过程中没有尽到应有的职业谨慎，就属于审计失败

D. 注册会计师一旦出现过失就要承担民事侵权赔偿损失

五、综合题

1. 龙江会计师事务所接受委托，承办A银行2023年度财务报表审计业务，并于2023年底与A银行签订了审计业务约定书。龙江会计师事务所指派李明和王辉两个注册会计师为该审计项目负责人。假定存在以下情况:

（1）A银行由于财务困难，应付龙江会计师事务所2022年度审计费用100万元一直没有支付。经双方协商，龙江会计师事务所同意A银行延期至2023年底支付。在此期间，A银行按银行同期贷款利率支付资金占用费。

（2）注册会计师王辉的妹妹在A银行财务部从事会计核算工作，且是财务部负责人，注册会计师王辉未予以回避。

（3）A银行由于财务人员短缺，2023年向龙江会计师事务所借用一名注册会计师，由该注册会计师将经会计主管审核的记账凭证录入计算机信息系统。龙江会计师事务所未将该注册会计师包括在开发银行2023年度财务报表审计项目组。

（4）由于计算机专家李先生曾在A银行信息部工作，且参与了其现行计算机信息系统的设计，龙江会计师事务所特聘李先生协助测试A银行的计算机信息系统。

（5）注册会计师李明妻子的弟弟担任A银行的独立董事，注册会计师李明未予以回避。

要求：根据以上情况，分别判断龙江会计师事务所和李明、王辉两个注册会计师是否违反中国注册会计师职业道德规范的相关规定，并简要说明理由。

2. 分析下列每一事项中注册会计师为保持独立性是否应该回避，为什么？

（1）注册会计师刘贵拥有天天公司超过10%的股权，天天公司聘请刘贵审计其2023年度的财务报表。

（2）天天公司聘请注册会计师刘贵审计其2023年度的财务报表，刘贵妻子的妹妹担任天天公司的独立董事。

（3）注册会计师刘贵已经担任天天公司年度财务报表审计业务的项目经理4年了，2023年天天公司仍聘请刘贵审计其财务报表。

（4）注册会计师刘贵长期为天天公司代理记账和代编财务报表，天天公司聘请刘贵审计其2023年度的财务报表。

3. 对遵循职业道德基本原则产生不利影响可能存在多种情形或关系。请回答对职业道德基本原则产生不利影响的因素具体可以归纳为哪几类，并完成下表。

对职业道德基本原则产生不利影响的具体情形	产生不利影响的因素
审计项目组成员与审计客户进行雇佣协商	
会计师事务所与鉴证业务相关的或有收费安排	
在鉴证客户与第三方发生诉讼或纠纷时，注册会计师担任该客户的辩护人	
会计师事务所编制用于生成有关记录的原始数据	
注册会计师接受客户的礼品或享受优惠待遇（价值重大）	
会计师事务所为鉴证客户提供的其他服务，直接影响鉴证业务中的鉴证对象信息	
项目小组成员的妻子是客户的出纳	
会计师事务所受到客户的起诉威胁	
注册会计师被会计师事务所合伙人告知，除非同意审计客户的不恰当会计处理，否则将不被提升	

第五章 审计程序

学习目标

了解国家审计、注册会计师、内部审计的审计程序上的异同，掌握审计准备阶段、计划阶段、实施阶段、完成审计阶段一般工作内容和步骤，能够正确认识审计程序的合理运用对于审计成败的重要作用。

第一节 审计准备阶段

一、国家审计准备阶段

（一）委派审计人员组成审计组

审计组是审计机关特派的实施审计活动的基本单位。审计事项确定以后，审计机关应根据审计事项的特点和要求，组织一定数量和质量的审计人员组成审计组。审计组在实施审计之前，应当明确审计任务，学习法规，熟悉标准。应通过收集查阅被审计单位平时上报的资料，走访有关部门，如主管部门、财税部门、工商、银行、物价等部门，听取各方面情况介绍，初步了解被审计单位的业务性质、生产经营特点、组织机构设置等。审计组实行组长负责制，其他组员在组长领导和协调下开展工作，并对分担的工作各负其责。

（二）签发审计通知书

审计机关签发的《审计通知书》是审计指令，不仅是对被审计单位进行的书面通知，而且也是审计组进驻被审计单位执行审计任务、行使国家审计监督的凭据和证件。根据《审计法》和《审计法实施条例》的规定，审计机关在实施审计三日前，向被审计单位送审计通知书。特殊情况下，经本级人民政府批准，审计机关可以直接持通知书实施审计。审计机关向被审计单位送达审计通知书时，应当书面要求被审计单位法定代表人和财务主要人员就与审计事项有关的会计资料的真实性、合法性作出承诺。

二、注册会计师审计准备阶段

（一）签约前的业务洽谈

在签订审计业务约定书前，会计师事务所应当委派注册会计师了解被审计单位的基本情况，初步评价审计风险。具体了解被审计单位的业务性质、经营规模和组织结构、经营情况及经营风险、以前年度接受审计情况、财务会计机构和工作组织及其他与签订业务约定书相关的基本情况。在初步了解情况、评价审计风险并充分考虑自身承受委托能力的基础上，与委托人就约定事项进行商谈。如洽谈审计的目的与范围，审计中所采用的程序与方法，完成的工作量与工作时限，要求客户提供的工作条件和配合的方法、程度，双方的权利与义务，收费标准和付费方式等。

（二）签订审计业务约定书

会计师事务所与被审计单位就约定事项达成一致意见后，即可接受委托，由会计师事务所和委托人双方的法定代表人或其授权的代表，正式签订审计业务约定书，并加盖委托人所在单位和会计师事务所的印章。审计业务约定书应当包括签约双方的名称、委托目的、审计范围、会计责任与审计责任、签约双方的义务、出具审计报告的时间要求、审计报告的使用责任、审计收费、审计业务约定书的有效期限、违约责任、签约时间以及签约双方认为应当约定的其他事项等内容。

三、内部审计准备阶段

部门、单位内部审计机构所进行的内部审计，在准备阶段的工作内容与国家审计大体相同，但审计项目的确定依据更多的是本部门、本单位实际经济情况，以及本部门、本单位领导交办的案件。内部审计人员一般熟悉本部门、本单位的内部情况，因此，可以不需要做很多的准备工作，便能迅速进入下一阶段工作。

第二节　审计计划阶段

一、国家审计计划阶段

一般地，审计计划即为审计机构或人员，为达到预期的审计目的，对审计工作或具体审计项目作出的事前安排。国家审计计划包括年度审计项目计划与具体审计工作方案两个层次。

审计机关应当根据法定的审计职责和审计管辖范围，编制年度审计项目计划。审计机关按照下列步骤编制年度审计项目计划：① 调查审计需求，初步选择审计项目；② 对初选审计项目进行可行性研究，确定备选审计项目及其优先顺序；③ 评估审计机关可用审计资源，确定审计项目，编制年度审计项目计划。审计机关年度审计项目计划的内容主要包括：① 审计项目名称；② 审计目标，即实施审计项目预期要完成的任务和结果；③ 审计范围，即审计项目涉及的具体单位、事项和所属期间；④ 审计重点；⑤ 审计项目组织和实施单位；⑥ 审计资源。

审计机关业务部门编制审计工作方案，应当根据年度审计项目计划形成过程中调查审计需求、进行可行性研究的情况，开展进一步调查，对审计目标、范围、重点和项目组织实施等进行确定。审计工作方案作为实施审计项目的具体安排，是保证审计工作取得预期效果的有效措施，也是审计机关据以检查、控制审计工作质量、进度的依据。审计工作方案是在综合已经取得的资料和掌握的情况，以及明确审计的重要问题的基础上形成的。其主要内容包括：审计项目名称；被审计单位名称；审计目标；审计方式；编制依据；审计的范围和内容；审计要点、步骤和方法；时间进度和人员分工等。审计工作方案的调整，应当按规定的程序进行修改，经派出审计组的审计机关主管领导同意后组织实施。

二、注册会计师审计计划阶段

就一次审计项目而言的，注册会计师审计计划具体包括总体审计策略与具体审计计划两个层次。

总体审计策略用以确定审计范围、时间和方向，并指导制定具体审计计划。总体审计策略的制定应当包括：①确定审计业务的特征，包括采用的会计准则和相关会计制度、特定行业的报告要求以及被审计单位组成部分的分布等，以界定审计范围；②明确审计业务的报告目标，以计划审计的时间安排和所需沟通的性质，包括提交审计报告的时间要求、预期与管理层和治理层沟通的重要日期等；③考虑影响审计业务的重要因素，以确定项目组工作方向，包括确定适当的重要性水平，初步识别可能存在较高的重大错报风险的领域，初步识别重要的组成部分和账户余额，评价是否需要针对内部控制的有效性获取审计证据，识别被审计单位、所处行业、财务报告要求及其他相关方面最近发生的重大变化等。

具体审计计划比总体审计策略更加详细，其内容包括为获取充分、适当的审计证据以将审计风险降至可接受的低水平，项目组成员拟实施的审计程序的性质、时间和范围。具体审计计划应当包括下列内容：①按照《中国注册会计师审计准则第 1211 号——了解被审计单位及其环境并评估重大错报风险》的规定，为了足够识别和评估财务报表重大错报风险，注册会计师计划实施的风险评估程序的性质、时间和范围；②按照《中国注册会计师审计准则第 1231 号——针对评估的重大错报风险实施的程序》的规定，针对评估的认定层次的重大错报风险，注册会计师计划实施的进一步审计程序的性质、时间和范围；③根据中国注册会计师审计准则（以下简称审计准则）的规定，注册会计师针对审计业务需要实施的其他审计程序。

计划审计工作并非审计业务的一个孤立阶段，而是一个持续的、不断修正的过程，贯穿于整个审计业务的始终。由于未预期事项、条件的变化或在实施审计程序中获取的审计证据等原因，注册会计师应当在审计过程中对总体审计策略和具体审计计划作出必要的更新和修改。

三、内部审计计划阶段

单位内部审计机构编制的审计计划一般包括年度审计计划和项目审计方案。年度审计计划是对年度预期要完成的审计任务所作的工作安排，是组织年度工作计划的重要组成部分。项目审计方案是对实施具体审计项目所需要的审计内容、审计程序、人员分工、审计时间等作出的安排。内部审计机构应当在本年度编制下年度审计计划，并报经组织董事会或者最高管理层批准；审计项目负责人应当在审计项目实施前编制项目审计方案，并报经内部审计机构负责人批准。内部审计机构应当根据批准后的审计计划组织开展内部审计活动。在审计计划执行过程中，如有必要，应当按照规定的程序对审计计划进行调整。

编制年度审计计划应当结合内部审计中长期规划，在对组织风险进行评估的基础上，根据组织的风险状况、管理需要和审计资源的配置情况，确定具体审计项目及时间安排。年度审计计划应当包括下列基本内容：①年度审计工作目标；②具体审计项目及实施时间；③各审计项目需要的审计资源；④后续审计安排。

审计项目负责人应当根据被审计单位的情况，编制项目审计方案，项目审计方案应当包括下列基本内容：①被审计单位、项目的名称；②审计目标和范围；③审计内容和重点；④审计程序和方法；⑤审计组成员的组成及分工；⑥审计起止日期；⑦对专家和外部审计工作结果的利用；⑧其他有关内容。

第三节　审计实施阶段

一、国家审计实施阶段

审计实施阶段是审计组进驻被审计单位，就地审查会计凭证、会计账簿、会计报表，查阅与审计事项有关的文件、资料，检查现金、实物、有价证券，并向有关单位和人员调查，以取得证明材料的过程。在审计实施阶段，审计组需要搜集大量审计证据，编制大量审计工作底稿，从而为揭查问题、形成审计意见和整改建议提供工作基础。

（一）获取资料，深入调查

审计组进驻被审计单位后，应向被审计单位领导说明审计的范围、内容与目的要求，争取他们的支持；约请被审计单位领导和有关部门负责人共同确定工作部署，确定与审计组的联系人和提供必要的资料等问题，听取被审计单位负责人及有关职能部门对单位情况的介绍；并采用适当方式，使单位职工了解审计目的、内容，以取得支持和协助。

审计组应获取的资料包括：被审计单位有关的规章、制度、文件、计划、合同文本；被查期间的各种审计资料、分析资料，上年度财务报表、分析资料以及以往接受各种检查、审计的资料；各种自制原始凭证的存根，未粘附在记账凭证上的各种支票、发票、收据等存根，以及银行账户、银行收账单、备查簿等相关的经济信息资料。获取的资料要当面清点，注意残缺页码，并列表登记，注明资料来源。移交与接收双方都要在移交表或调阅单上签名。

为了全面深入地了解被审计单位业务活动的一些具体规定、手续以及内控制度的执行情况，审计组在收集资料以后，应当通过查阅资料、观察、咨询等方式了解被审计单位的有关情况。特别是了解被审计单位的各项业务处理手续，有关财务会计业务处理和现金、物资管理方面的内控制度建立完善情况和实际贯彻执行情况。目的是进一步确定审计的范围、内容重点以及有效的方法。

（二）进行控制测试

审计组认为存在下列情形之一的，应当测试相关内部控制的有效性：①某项内部控制设计合理且预期运行有效，能够防止重要问题的发生；②仅实施实质性审查不足以为发现重要问题提供适当、充分的审计证据。

审计人员决定不依赖某项内部控制的，可以对审计事项直接进行实质性审查。被审计单位规模较小、业务比较简单的，审计人员可以对审计事项直接进行实质性审查。

进行控制测试的目的是对内控制度的有效性进行综合评价，从中发现内控制度的强点和弱点，并分析原因。根据内部控制的强弱点，对审计方案进行适当调整。将审查重点放在内部控制制度的弱点上，面对强点则进行一般审查，以尽可能高效、高质量地取得审计证明材料，提高审计工作效率。

（三）实施实质性程序

《审计法》第四十三条规定："审计人员通过审查财务、会计资料，查阅与审计事项有关的文件、资料、检查现金、实物、有价证券和信息系统，向有关单位和个人调查等方式进行审计，并取得证明材料。"根据以上规定，审计人员应做好以下各项工作：

（1）检查分析会计报表。要对其外观形式进行审查，看被审单位所编制的各种财务报表是否符合规定和要求，表页、表内项目、指标是否齐全。要审阅各报表之间勾稽关系，以及分析各报表内相关数字间的勾稽关系。

（2）审查分析各类账户。要判断容易发生差错或易于弄虚作假的账户；要审查分析各类账户记录的增减变动情况，判断业务的真实性和数据的真实性，如果材料账户的记录长期无变动，则应考察材料是否确实存在或是否能利用。要核实账户余额，包括总账和明细账，特别是结算类账户和跨期摊配账户。

（3）实物盘点与资产清查。审计人员在审查分析有关书面资料后，还应对有关盘存的账户所记录的内容进行实物盘点，以取得实物证据。如库存现金盘点、库存材料盘点、低值易耗品盘点、在产品盘点、产成品盘点、固定资产盘点等。如实物较多，审计人员应按可能性、必要性、重要性的原则，有选择地进行重点盘点。

（4）抽查有关凭证，以确定账簿记录的真实性，以及数据所反映的经济业务是否合理、合法。

（5）审计人员要对被审单位所计算的结果进行复算，以确定是否有故意歪曲计算结果的弊端或无意造成的计算差错。

（6）审计人员在审查中，发现有疑点时，可向有关单位和个人以函询或面询的方式进行调查。审计人员向有关单位和个人进行调查时，应当出示审计人员的工作证件和审计通知书副本，审计人员不少于两人。

（四）记录审计工作过程，编制和整理审计工作底稿

对审计中发现的问题，做出详细、准确的记录，并注明资料来源。在审计过程中，审计人员必须有详细的工作记录，以便反映出审计工作的全部过程。这些记录，有些可以直接作为正式的审计工作底稿，有些则要重新编写。审计工作底稿是审计证明材料的汇集，在汇集

证明材料时，应注明证明材料的来源。审计工作底稿是撰写审计报告的基础，是检查审计工作质量的依据，也是行使复议乃至再度审计时需要审阅的重要资料。审计组长应当对审计人员的审计工作底稿进行必要的检查和复核，并对审计组成员的工作质量和审计工作目标完成情况进行监督。审计工作就是不断搜集审计证据、整理分析证据、运用审计证据的过程，通过检查、复核和整理审计工作底稿，对汇集的审计证据要进行认真审查。鉴定证明材料的客观性、相关性和合法性，检查审计组是否已经收集到足以证明审计事实真相的证明材料，以便及时采取补救措施，保证审计组收集的证明材料的充分性。

二、注册会计师审计实施阶段

（一）实施风险评估程序

注册会计师必须实施风险评估程序，以此作为评估财务报表层次和认定层次重大错报风险的基础。所谓风险评估程序，是指注册会计师实施了了解被审计单位及其环境并识别和评估财务报表中的错报风险的程序。风险评估程序是必要程序，了解被审计单位及其环境为注册会计师在许多关键环节做出职业判断提供了重要基础。了解被审计单位及其环境实际上是一个连续和动态地收集、更新与分析信息的过程，贯穿于整个审计过程的始终。

一般来说，实施风险评估程序的主要工作包括：了解被审计单位及其环境；识别和评估财务报表层次以及各类交易、账户余额、列报认定层次的重大错报风险，包括确定需要特别考虑的重大错报风险以及仅通过实施实质性程序无法应对的重大错报风险等。

（二）进行控制测试

注册会计师实施风险评估程序本身并不足以为发表审计意见提供充分、适当的审计证据，注册会计师还应当实施进一步审计程序，包括实施控制测试和实质性程序。当存在下列情形之一时，注册会计师应当实施控制测试：①在评估认定层次重大错报风险时，预期控制的运行是有效的；②仅实施实质性程序并不能够提供认定层次充分、适当的审计证据。

实施控制测试的目的是测试内部控制在防止、发现并纠正认定层次重大错报方面运行的有效性，从而支持或修正重大错报风险的评估结果，据以确定实质性程序的性质、时间和范围。注册会计师在审计过程中发现内部控制重大缺陷时，应当向被审计单位报告，如有需要可出具管理建议书。注册会计师主要对财务报告相关控制进行测试，然后据以确定内部控制可信赖程度。为了取得满意的测试效果，应科学安排审计抽样及抽样结果的评价。

（三）实施实质性程序

注册会计师针对评估的重大错报风险实施实质性程序，以发现认定层次的重大错报。实质性程序包括对各类交易、账户余额、列报的细节测试及实质性分析程序。细节测试可以选择检查、观察、询问、重新计算等具体审计程序作为细节测试的执行程序，如：向债务人发函证实应收账款存在性，监督被审计单位对存货进行盘点等，而对在一段时期内存在可预期关系的大量交易，注册会计师可以考虑实施实质性分析程序。

注册会计师实施的实质性程序应当包括下列与财务报表编制完成阶段相关的审计程序：

①将财务报表与其所依据的会计记录相核对；②检查财务报表编制过程中作出的重大会计分录和其他会计调整。注册会计师对会计分录和其他会计调整检查的性质和范围，取决于被审计单位财务报告过程的性质和复杂程度以及由此产生的重大错报风险。无论评估的重大错报风险结果如何，注册会计师都应当针对所有重大的各类交易、账户余额、列报实施实质性程序。

（四）记录审计工作，编制和复核审计工作底稿

注册会计师需要基于审计过程中的发现，经过分析、整理并形成结论或审计建议，这一过程中要有大量的审计工作底稿的形成并辅以严格的管理制度。注册会计师编制或取得的审计工作底稿通常包括总体审计策略、具体审计计划、分析表、问题备忘录、重大事项概要、询证函回函、管理层声明书、核对表、有关重大事项的往来信件（包括电子邮件），以及对被审计单位文件记录的摘要或复印件等，这些工作底稿主要形成于审计实施阶段。编制审计工作底稿，应当包括被审计单位名称、审计项目名称、审计项目时点或期间、审计过程记录、审计标识及其说明、审计结论、索引号及页次、编制者姓名以及编制日期、复核者姓名及复核日期以及其他应说明事项。审计工作底稿中由被审计单位、其他第三者提供或代为编制的资料，注册会计师除应注明资料来源外，还要在实施必要的审计程序过程中，形成相应的审计记录。

会计师事务所应当建立审计工作底稿复核制度。各复核人在复核审计工作底稿时，应做出必要的复核记录，书面表示复核意见并签名。在复核中，各复核人如发现已执行的审计程序和做出的审计记录存在问题，应指示有关人员予以答复、处理，并形成相应的审计记录。

审计工作底稿的所有权属于接受委托进行审计的会计师事务所。注册会计师应对审计工作底稿进行分类整理，形成审计档案。审计档案分为永久性档案和当期档案。会计师事务所应当建立审计档案保管制度，以确保审计档案的安全、完整。会计师事务所应当建立审计工作底稿保密制度，对审计工作底稿中涉及的商业秘密保密。遇有特殊情况，例如法院、检察院以及其他部门依法办案需要，以及中国注册会计师协会检查等需要，可在会计师事务所协助下查阅审计工作底稿，及复印或摘录有关内容。

三、内部审计实施阶段

与国家审计和注册会计师审计相比，内部审计的实施阶段同样包含审计证据的搜集与形成审计工作底稿等工作。然而，由于内部审计人员依靠自己对本部门、本单位的了解，已经积累了对审计环境的认识，一般足以使他们于实施阶段一开始便径直着手深入的审核检查工作，即使有些一般情况需要了解，亦可与审核检查工作结合进行。对审计中发现的问题，亦可随时向有关单位和人员提出改进的建议。

在了解被审计单位及其内部控制阶段，审计人员应关注信息系统对业务活动、内部控制和风险管理的影响。应利用熟悉审计环境的优势条件，关注被审计单位业务活动、内部控制和风险管理中的舞弊风险，对舞弊行为进行检查和报告。内部审计人员可以运用审核、观察、监盘、访谈、调查、函证、计算和分析程序等方法，获取相关、可靠和充分的审计证据，以支持审计结论、意见和建议。内部审计人员应当在审计工作底稿中记录审计程序的执行过程，获取的审计证据，以及作出的审计结论。

内部审计人员在审计工作中应当编制审计工作底稿。在审计业务执行过程中，审计项目负责人应当加强对审计工作底稿的现场复核。内部审计人员在审计项目完成后，应当及时对审计工作底稿进行分类整理，按照审计工作底稿相关规定进行归档、保管和使用。审计工作底稿归组织所有，由内部审计机构或者组织内部有关部门具体负责保管。内部审计机构应当建立审计工作底稿保管制度。如果内部审计机构以外的组织或者个人要求查阅审计工作底稿，必须经内部审计机构负责人或者其主管领导批准，但国家有关部门依法进行查阅的除外。

第四节　完成审计工作阶段

一、国家审计完成阶段

审计的报告阶段，也称审计的终结阶段，是审计工作的总结阶段，这一阶段的工作主要是出具审计报告，做出审计决定。

（一）出具审计报告

按照《审计法》第四十四条规定："审计组对审计事项实施审计后，应当向审计机关提出审计组的审计报告。审计组的审计报告报送审计机关前，应当征求被审计单位的意见。被审计单位应当自接到审计组的审计报告之日起十日内，将其书面意见送交审计组。审计组应当将被审计单位的书面意见一并报送审计机关。"

按照审计法及其实施条例的规定，审计机关审定审计报告阶段的主要工作有四个方面：一是审定报告,对审计事项做出评价；二是出具审计意见书；三是对违反国家规定的财政收支、财务收支行为，需要依法给予处理、处罚的，在法定职权范围内做出审计决定或者向有关主管机关提出处理、处罚意见；四是提出审计结果报告和审计工作报告。

在完成审计报告审定工作后，就要进行资料处理和审计小结工作。如全部归还借阅的资料、整理审计过程中形成的资料。应将永久保存的资料、长期保存的资料以及短期保存的资料立卷归档，移交档案部门管理；将无保存价值的资料造册登记后销毁。

所有工作结束后，审计组应及时进行总结，以利于工作水平不断地提高。

（二）下达审计决定并检查决定执行

审计机关在审计小组提交的审计报告审定后，要根据被审计单位违法违纪的实际情况，对被审计单位的财务收支进行评价，提出应自行纠正的事项和改进建议，出具审计意见书。对违规需处理处罚的，做出处理、处罚决定，出具审计决定书。对违规负有直接责任的主管人员和其他直接责任人，审计机关认为应该由有关主管机关处理、处罚的，出具审计建议书。对涉嫌犯罪的，出具移送处理书，由司法机关追究刑事责任。

审计机关在做出审计决定前，应由专门机构对审计意见、建议、决定进行复核，经复核后将审计意见、决定等向被审计单位及有关部门下达。审计机关应在收到报告日 30 日内下达，90 日以内执行。特殊情况可以延长，但应经审计机关批准。审计机关在审计决定下达后应检查是否得到执行。如果在 90 日内，发现未执行，应报告人民政府或提请主管部门在法定职权范围内依法作出处理，或者向人民法院提出强制执行申请。

审计机关的审计决定送达后，被审计单位对地方审计机关做出的具体行政行为不服的，可以先向上一级审计机关或者本级人民政府申请复议；但对地方性法规规定或者本级人民政府交办的事项审计不服的，应当先向本级人民政府申请复议；对审计署做出的具体行政行为不服的，应当先向审计署申请复议。审计机关按照《行政复议条例》和其他有关法律、法规的规定，办理审计复议事项。被审计单位、个人对复议决定不服的，可以依法向人民法院起诉。

审计行政复议是指审计机关在行使审计职权做出具体审计行政行为时，与作为审计行政相对人的公民、法人或其他组织发生争议，根据审计行政相对人的申请，由审计行政复议机关对引起争议的具体审计行政行为进行审查并做出裁决的活动。简单地说，审计行政复议就是审计行政复议机关根据审计行政相对人的申请，依法解决审计行政争议的活动。

二、注册会计师审计完成阶段

（一）出具审计报告前必要事项

1．编制审计差异调整表

审计差异内容，按是否需要调整账户记录分为核算误差（由于不正确的会计核算）和重分类误差（未按准则制度编表）；对核算误差按重要性原则划分为建议调整的不符事项与未调整不符事项。单笔核算误差超过所涉及财务报表项目（或账项）层次重要性水平的，视为建议调整的不符事。确定建议调整的不符合事项和重分类误差后，应以书面方式及时征求意见。

2．评价被审计单位持续经营假设是否合理

一般地，只有当所有审计证据汇总完毕并且对财务报表按照审计师的意见进行了调整之后，才能对持续经营能力做出最终评价。在对被审计单位确实存在持续经营能力问题做出评价后，审计师还必须对管理层为规避破产而提出的发展计划进行评价，并对该计划的可行性做出评估。

3．复核或有事项和期后事项

常见的或有事项主要包括：未决诉讼或仲裁、债务担保、产品质量保证（含产品安全保证）、承诺、亏损合同、重组义务、环境污染整治等。注册会计师应当对或有事项实施必要的审计程序。特别需要指出的是，由于或有事项本质上属于不确定事项，相应地，其重大错报风险较高，需要注册会计师予以充分关注。常见的期后事项分为下列两类：一是对财务报表日已经存在的情况提供证据的事项，即对财务报表日已经存在的情况提供了新的或进一步证据的事项，这类事项影响财务报表金额，需提请被审计单位管理层调整财务报表及与之相关的披露信息；二是对财务报表日后发生的情况提供证据的事项，即表明财务报表日后发生的情况的事项。这类事项虽不影响财务报表金额，但可能影响对财务报表的正确理解，注册会计师需提请被审计单位管理层在财务报表附注中作适当披露。

4．对重要性和审计风险进行最终的评价

注册会计师应按财务报表项目确定可能的审计差异，即可能错报金额，可能错报金额由已知错报（已发现的错报）、估计、推断的错报和通过运用分析性复核程序发现和运用其他

审计程序所量化的其他估计错报三部分构成。在此基础上，注册会计师需要确定各财务报表项目可能错报总额对财务报表层次重要性水平和其他与这些错报有关的财务报表总额的影响程度。尽管注册会计师在审计计划阶段已确定了审计风险的可接受水平，随着可能错报总和的增加，财务报表可能被严重错报的风险也会增加：①如果注册会计师得出结论，审计风险处在一个可接受的水平，可以直接提出审计结果所支持的意见；②如果注册会计师认为审计风险不能接受，那么应追加实施额外的实质性程序或者说服被审计单位作必要调整，以便使重要错报的风险被降低到一个可接受的水平，否则应慎重考虑该审计风险对审计报告的影响。

5. 与客户沟通并获取管理层声明书

审计结束之后，审计师还应与被审计单位审计进行一些必要的双向沟通，所沟通的内容包括财务报告审计中就审计责任进行沟通，以及审计过程中发现的已更正的重大错报、审计师针对重大会计实务和估计等质量方面的看法以及与管理层之间的分歧等审计过程中遇到的重大困难等。关于审计过程中重大发现的沟通一般都以书面的形式进行，关于其他事项的沟通则可以采取口头或书面的形式，不过以口头形式进行的沟通必须记录在审计记录中。沟通必须及时，以便治理层能够采取适当的措施与行动。一般来说，关于审计师责任和审计范围与时间安排的沟通大多在审计过程的早期阶段，而关于重大发现结果的沟通则贯穿于审计整个过程。

（二）出具审计报告

注册会计师应当在实施必要的审计程序后，以经过核实的审计证据为依据，形成审计意见，出具审计报告。审计报告应说明审计范围、会计责任与审计责任、审计依据和已实施的主要审计程序等事项。审计报告应当说明被审计单位会计报表的编制是否符合国家有关财务会计法规的规定，在所有重大方面是否公允地反映了其财务状况、经营成果和资金变动情况，以及所采用的会计处理方法是否遵循了一贯性原则。注册会计师根据情况，出具无保留意见、保留意见、否定意见和无法表示意见审计报告时，应当明确说明理由，并在可能情况下，指出其对会计报表反映的影响程度。

三、内部审计完成阶段

（一）出具审计报告

内部审计的审计报告需由经办内部审计的审计人员提出后，征求被审计单位意见，并报送本部门、本单位领导审批。经批准的审计意见书和审计决定，送达被审计单位。被审计单位必须执行审计决定。对主要项目要进行后续审计，检查采纳审计意见后执行审计决定的情况，被审计单位对审计意见书和审计决定如有异议，可以向内部审计机构所在单位负责人提出，该负责人应当及时处理。国家审计机关派驻部门的审计机构代行所驻部门内部审计机构的职能，其做出的审计报告还应报送派出的审计机关。

（二）后续审计

内部审计人员应进行后续审计，促进本单位对审计发现问题及时采取合理、有效的纠正措施。后续审计，是指内部审计机构为检查被审计单位对审计发现的问题所采取的纠正措施是否及时、合理和有效。

内部审计机构应在规定或约定的期限内执行后续审计。内部审计机构负责人应根据被审计单位反馈意见，确定后续审计时间和人员安排，编制后续审计方案。在编制后续审计方案时应考虑：原审计决定和建议的重要性，纠正措施的复杂性，落实纠正措施所需要的期限和成本，纠正措施失败可能产生的影响，被审计单位的业务安排和时间要求等，应结合实际情况的变化考虑对原决定和建议进行修订。内部审计人员应根据后续审计的执行过程和结果，向被审计单位及组织适当管理层提交后续审计报告。

思考与练习

一、思考题

1. 什么是审计程序？广义的审计程序与狭义的审计程序有何不同？

2. 说明国家审计程序各阶段的主要工作内容。

3. 说明注册会计师审计程序各阶段的主要工作内容。

4. 说明内部审计程序各阶段的主要工作内容。

5. 国家审计与注册会计师审计程序主要有哪些区别？

二、判断题

1. 从某种意义上讲，审计过程就是收集、评价、鉴定审计证据，最后据以形成审计结论和审计意见的过程。（　　）

2. 国家审计小组审计方案经领导批准后，应当在实施审计五日前，向被审计单位送达审计通知书。（　　）

3. 内部审计过程不必包含审计计划阶段，可根据领导指派直接到现场组织实施。（　　）

4. 审计机关的审计决定送达后，被审计单位对审计机关做出的具体行政行为不服的，可以直接向上一级人民政府申请复议。（　　）

5. 内部审计人员实施的后续审计，有利于促进被审计单位对审计发现问题及时采取合理有效的纠正措施。（　　）

6. 期后事项是指资产负债表日至审计报告日之间发生的事项，以及审计报告日后发生的事实。（　　）

7. 审计业务约定书由被审计单位与注册会计师签订。（　　）

8. 审计计划一经编制完成，不允许再对审计计划进行修改。（　　）

9. 注册会计师在审计实施过程中必须实施风险评估程序。（　　）

10. 审计工作底稿只可以由审计人员亲自编制，不可以从被审计单位取得。（　　）

三、单选题

1. 在（　　）的审计类型下，需要由被审计单位与审计组织签订审计业务约定书。

A. 国家审计　　B. 注册会计师审计

C. 内部审计　　D. 以上都不对

2. 按照审计准则规定，在审计过程中，注册会计师若发现客户内部控制存在重大缺陷，应向客户提交（　　）。

A. 管理建议书　　B. 审计建议书

C. 审计意见书　　D. 内部控制审核建议书

3. 审计人员形成审计结论，发表审计意见的直接依据是（　　）。

A. 审计计划　　B. 审计业务约定书

C. 审计依据　　D. 审计工作底稿

4. 审计机关在审计决定下达后应检查是否得到执行，如果在90天内发现未执行，应报告（　　）在法定职权范围内依法做出处理，或者向人民法院提出强制执行申请。

A. 人民政府或提请主管部门　　B. 财政部门或税务部门

C. 上级审计机关　　D. 金融部门或证监会

5. 审计人员形成的大量业务类工作底稿，主要形成于审计过程的（　　）阶段。

A. 审计准备　　B. 审计计划　　C. 审计实施　　D. 审计终结

6. 以下（　　）事项，注册会计师在审计实施阶段不是必须实施的。

A. 风险评估程序　　B. 控制测试　　C. 实质性程序　　D. 收集审计证据

7. 下列有关审计计划的说法中，不正确的是（　　）。

A. 国家审计计划包括年度审计项目计划与具体审计工作方案两个层次

B. 就一次审计项目而言的，注册会计师审计计划具体包括总体审计策略与具体审计计划两个层次

C. 内部审计机构应当在本年度编制下年度审计计划，并报经组织董事会或者最高管理层批准

D. 国家审计的审计工作方案的修改和调整，在审计项目小组内部开会意见一致后，可立即组织实施

8. 下列不属于注册会计师审计实施阶段的工作内容的是（　　）。

A. 编制审计计划　　B. 实施风险评估程序

C. 实施控制测试　　D. 实施实质性程序

9. 下列不属于注册会计师审计终结阶段的工作内容的是（　　）。

A. 编制审计差异调整表　　B. 复核或有事项和期后事项

C. 对重要性和审计风险进行最终评价　　D. 出具审计决定书

10. 根据《审计法》和《审计法实施条例》的规定，审计机关在实施审计（　　）日前，向被审计单位送审计通知书。

A.2　　B.3　　C.5　　D.10

四、多选题

1. 广义的审计流程一般可以分为（　　）。

A. 准备阶段　　B. 计划阶段　　C. 实施阶段　　D. 终结阶段

2. 注册会计师进行控制测试的目的通常包括（　　）。

A. 被审计单位的业务处理是否符合内部控制制度的规定

B. 确定内部控制是否可以依赖及可以依赖的程度

C. 取得审计人员赖以做出审计结论的足够审计证据
D. 对内部控制的有效性做出评价，取得高信赖程度的证据

3. 下列（　　）情况下审计人员可不进行符合性测试，直接实施实质性测试流程。
A. 相关内部控制不存在
B. 相关内部控制存在，且得到有效运行
C. 控制测试的工作量可能大于进行控制测试所减少的实质性测试的工作量
D. 被审计单位内部控制制度健全，初步评价为较高信赖程度

4. 审计实施阶段的主要工作内容包括（　　）。
A. 对被审计单位内部控制的建立及遵循情况进行了解并进行控制测试
B. 根据控制测试结果修订审计计划
C. 对会计报表项目的数据进行实质性测试
D. 对所取得的证据发表审计意见

5. 下列有关审计师与被审计单位的审计沟通的说法中，正确的有（　　）。
A. 审计结束之后，审计师还应与被审计单位审计进行一些必要的双向沟通
B. 所沟通的内容包括财务报告审计中就审计责任进行沟通
C. 关于审计过程中重大发现的沟通一般都以书面的形式进行
D. 以口头形式进行的沟通不必留下书面形式的审计记录

6. 审计计划的繁简程度一般取决于（　　）。
A. 审计人员的审计经验　　B. 被审计单位的经营规模
C. 预定审计复杂程度　　D. 被审计单位内部控制制度的状况

7. 对注册会计师审计而言，审计准备与计划阶段的工作一般包括（　　）。
A. 调查了解被审计单位的基本情况　　B. 与被审计单位签订业务约定书
C. 编制审计计划　　D. 撰写审计报告

8. 注册会计师在审计终结阶段的主要工作有（　　）。
A. 签订审计业务约定书　　B. 审计期后事项
C. 汇总审计差异　　D. 撰写审计报告

9. 审计人员一般需了解被审计单位的（　　）。
A. 被审计单位的经营情况及经营风险　　B. 被审计单位的组织结构和内部控制制度
C. 以前年度接受审计情况　　D. 被审计单位的业务性质

10. 关于审计业务约定书应包括的内容是（　　）。
A. 签约双方的名称　　B. 签约双方的义务
C. 审计收费　　D. 违约责任

五、综合题

资料：注册会计师李正在一次财务报表审计过程中，参与了以下工作事项：

（1）出具审计报告。
（2）对存货进行监盘，并形成盘点表。
（3）对存货相关内部控制执行控制测试。
（4）了解被审计单位基本情况，包括业务性质、经营风险、组织结构等。

（5）签定审计业务约定书。

（6）编制总体审计策略与具体审计计划。

（7）编制审计差异汇总表。

（8）对被审计单位应收账款进行函证，并编制函证结果汇总表。

（9）了解被审计单位存货有关内部控制。

要求：试指出以上工作事项分别属于注册会计师财务报表审计的哪个阶段。

第六章 审 计 目 标

学习目标

了解审计目标的构成；理解审计目标与管理层认定的关系；掌握管理层认定的概念和分类。

第一节　财务报表审计总体目标与审计工作前提

一、财务报表审计目标

审计目标是在一定历史环境下，人们通过审计实践活动所期望达到的境地或最终结果，它包括财务报表审计目标以及与各类交易、账户余额和披露相关的审计目标两个层次。

（一）总体目标

审计的目的是提高财务报表预期使用者对财务报表的信赖程度。这一目的可以通过注册会计师对财务报表是否在所有重大方面按照适用的财务报告编制基础编制发表审计意见。因此，执行财务报表审计工作时，注册会计师的总体目标是：一是对财务报表整体是否不存在由于舞弊或错误导致的重大错报获取合理保证，使得注册会计师能够对财务报表是否在所有重大方面按照适用的财务报告编制基础编制发表审计意见；二是按照审计准则的规定，根据审计结果对财务报表出具审计报告，并与管理层和治理层沟通。

（二）评价财务报表的合法性

在评价财务报表是否按照适用的财务报告编制基础的规定编制时，注册会计师应当考虑下列内容：

（1）选择和运用的会计政策是否符合适用的财务报告编制基础，并适合于被审计单位的具体情况。

（2）管理层做出的会计估计是否合理。

（3）财务报表反映的信息是否具有相关性、可靠性、可比性和可理解性。

（4）财务报表是否做出充分披露，使财务报表使用者能够理解重大交易和事项对被审计单位财务状况、经营成果和现金流量的影响。

（三）评价财务报表的公允性

在评价财务报表是否做出公允反映时，注册会计师应当考虑下列内容：

（1）经管理层调整后的财务报表是否与注册会计师对被审计单位及其环境的了解一致。

（2）财务报表的列报、结构和内容是否合理。

（3）财务报表是否真实地反映了交易和事项的经济实质。

（四）财务报表审计的作用和局限性

财务报表审计属于鉴证业务。注册会计师作为独立的第三方，运用专业知识、技能和经验对财务报表进行审计并发表审计意见，旨在提高财务报表的可信赖程度。由于审计存在固有限制，审计工作不能对财务报表整体不存在重大错报提供绝对保证。虽然财务报表使用者可以根据财务报表和审计意见对被审计单位未来生存能力或管理层的经营效率、经营效果做出某种判断，但审计意见本身并不是对被审计单位未来生存能力或管理层经营效率、经营效果提供的保证。

（五）目标的导向作用

财务报表审计的目标对注册会计师的审计工作发挥着导向作用，它界定了注册会计师的责任范围，直接影响注册会计师计划和实施审计程序的性质、时间和范围，决定了注册会计师如何发表审计意见。如，既然财务报表审计目标是对财务报表整体发表审计意见，注册会计师就可以只关注与财务报表编制和审计有关的内部控制，而不对内部控制本身发表鉴证意见。同样，注册会计师关注被审计单位的违反法规行为，是因为这些行为影响到财务报表，而不是对被审计单位是否存在违反法规行为提供鉴证。

二、审计工作前提

法律法规可能规定了管理层和治理层与财务报告相关的责任。尽管不同国家或地区对这些责任的范围或表述方式的规定可能不尽相同，但注册会计师按照审计准则的规定执行审计工作的前提是相同的，即管理层和治理层已认可并理解其应当承担的责任。

（一）管理层和治理层的概念

企业的所有权与经营权分离后，经营者负责企业的日常经营管理并承担受托责任。管理层通过编制财务报表反映受托责任的履行情况，治理层对管理层编制财务报表的过程实施有效的监督。

管理层是指对被审计单位经营活动的执行负有管理责任的人员。治理层是指对被审计单位战略方向和管理层履行经营管理职责负有监督责任的组织和人员。在被审计单位治理层的监督下，按照适用的会计准则和相关会计制度的规定编制财务报表是被审计单位管理层的责任。

企业的所有权与经营权分离后，经营者负责企业的日常经营管理并承担受托责任。管理者通过编制财务报表反映受托责任的履行情况。管理层作为会计工作的行为人，对编制财务报表负有直接责任。为了借助公司内部之间的权力平衡和制约关系保证财务信息的质量，公司治理结构往往要求治理层对管理层编制财务报表的过程实施有效的监督。

（二）审计工作前提

财务报表是由被审计单位管理层在治理层的监督下编制的。管理层和治理层认可与财务报表相关的责任，是注册会计师执行审计工作的前提，构成注册会计师按照审计准则的规定执行审计工作的基础。

（三）注册会计师的责任

按照中国注册会计师审计准则（以下简称审计准则）的规定对财务报表发表审计意见是注册会计师的责任。注册会计师作为独立的第三方，对财务报表发表审计意见，有利于提高财务报表的可信赖程度。为履行这一职责，注册会计师应当遵守职业道德规范，按照审计准则的规定计划和实施审计工作，获取充分、适当的审计证据，并根据获取的审计证据得出合理的审计结论，发表恰当的审计意见。而注册会计师通过签署审计报告来确认其责任。

（四）管理层、治理层的责任与注册会计师责任的关系

两种责任不能相互取代。财务报表审计不能减轻被审计单位管理层和治理层的责任。管理层和治理层作为内部人员，对企业的情况更为了解，更能作出适合企业特点的会计处理决策和判断。因此，管理层和治理层理应对编制财务报表承担完全责任。尽管在审计过程中，注册会计师可能向管理层和治理层提出调整建议，甚至在不违反独立性的前提下为管理层编制财务报表提供协助，但管理层仍然对编制财务报表承担责任，并通过签署财务报表确认这一责任。

如果财务报表存在重大错报，而注册会计师通过审计没有能够发现，也不能因为财务报表已经注册会计师审计这一事实而减轻管理层和治理层对财务报表的责任。下面通过表 6-1 对比一下管理层和治理层的责任与注册会计师责任的关系。

表6-1 管理层、治理层责任与注册会计师责任的关系

责任	含义	关系	行为	影响
管理层、治理层责任	建立和健全本单位的内部控制制度；保护本单位的资产安全和完整；保证会计资料真实、合法和完整	注册会计师的审计责任不能替代、减轻和免除被审计单位管理层与治理层责任	错误、舞弊和违反法规行为	重要性水平
注册会计师的责任	按照注册会计师审计准则的要求出具审计报告，对所发表的意见负责	被审计单位承担管理层和治理层责任不能作为减少审计测试的理由	违约、过失和欺诈	注册会计师的专业判断

这里的“被审计单位管理层、治理层的责任”是指被审计单位管理层、治理层对财务报表的责任。

三、执行审计工作的基本要求

（一）相关的职业道德要求

注册会计师应当遵守与财务报表审计相关的职业道德要求，包括遵守有关独立性的要求。注册会计师受到与财务报表审计相关的职业道德要求的约束。根据职业道德守则，注册会计师应当遵循的基本原则包括下列内容。

（1）诚信。

（2）独立性。

（3）客观和公正。

（4）专业胜任能力和应有的关注。

（5）保密。

（6）良好的职业行为。

（二）职业判断

在计划和实施审计工作时，注册会计师应当运用职业判断。职业判断对于适当地执行审计工作是必不可少的。社会公众期望的职业判断是由具有胜任能力的注册会计师作出的。注册会计师具有的技能、知识和经验有助于形成必要的胜任能力以作出合理的判断。

（三）审计证据和审计风险

为了获取合理保证，注册会计师应当获取充分、适当的审计证据，以将审计风险降至可接受的低水平，使其能够得出合理的结论，作为形成审计意见的基础。审计证据对于支持审计意见和审计报告是必要的。

（四）审计的固有限制

审计的固有限制源于财务报告的性质、审计程序的性质和在合理的时间内以合理的成本完成审计的需要。

（1）财务报告的性质。管理层编制财务报表，需要根据被审计单位的事实和情况运用适当的财务报告编制基础的规定，在这一过程中需要作出判断。

（2）审计程序的性质。注册会计师获取审计证据的能力受到实务和法律上的限制。

（3）在合理的时间内以合理的成本完成审计需要。

（4）影响审计固有限制的其他事项。

（五）遵守审计准则

注册会计师应当按照审计准则的规定执行审计工作。审计准则作为注册会计师提供的审计服务质量的技术标准，对注册会计师在某一审计领域的责任、所需要达到的目标和核心要求、为达到这一目标所要实现的必要审计程序作出了明确规范。注册会计师应当按照审计准则的规定执行审计工作，以保证审计工作质量，维护社会公众利益，增进社会公众对注册会计师行业的信心。

为了确保注册会计师在执行审计业务时遵守审计准则，注册会计师应当遵守会计师事务所按照有关质量控制准则要求而建立的适合于本所的质量控制制度，包括适合于审计业务的质量控制程序。

（六）财务报表审计范围

财务报表的审计范围是指为实现财务报表审计目标，注册会计师根据审计准则和职业判断实施的恰当的审计程序的总和。恰当的审计程序是指审计程序的性质、时间和范围是恰当的。

注册会计师应当根据审计准则和职业判断确定审计范围。审计准则在规定注册会计师承担的责任和所要实现的目标的同时，还规定了为履行责任和实现目标所需实施的审计程序。因此，在确定拟实施的审计程序时，注册会计师应当遵守与财务报表审计相关的各项审计准则。换言之，注册会计师不能只遵守部分审计准则，而应当遵守与财务报表审计相关的所有审计准则。除非注册会计师完全遵守了与审计有关的所有准则，否则他不应声称遵守了中国注册会计师审计准则。

第二节　认定与具体审计目标

一、认定

（一）认定的含义

认定是指管理层对财务报表组成要素的确认、计量、列报做出的明确或隐含的表达。认定与审计目标密切相关，注册会计师的基本职责就是确定被审计单位管理层对其财务报表的认定是否恰当。保证财务报表公允反映被审计单位的财务状况和经营情况等是管理层的责任。管理层在财务报表上的认定有些是明确表达的，有些则是隐含表达的。

例如：兴华公司 2023 年 12 月 31 日部分资产负债表如下：

流动资产：
存货 ……………………………………………………………………1 000 000

那么，明确的认定包括：记录的存货是存在的；记录的存货的正确余额是 1 000 000 元。

隐含的认定包括：所有应列报的存货都包括在财务报表中；记录的存货全部由本公司所拥有；存货的使用不受任何限制。

（二）管理层认定的类别

注册会计师对所审计期间的各类交易和事项运用的认定通常分为下列类别：

1. 关于所审计期间各类交易、事项及相关披露的认定

（1）发生：记录或披露的交易和事项已发生，且这些交易和事项与被审计单位有关。

（2）完整性：所有应当记录的交易和事项均已记录，所有应当包括在财务报表中的相关披露均已包括。

（3）准确性：与交易和事项有关的金额及其他数据已恰当记录，相关披露已得到恰当地计量和描述。

（4）截止：交易和事项已记录于正确的会计期间。

（5）分类：交易和事项已记录于恰当的账户。

（6）列报：交易和事项已被恰当地汇总或分解且表述清楚，相关披露在适用的财务报表编制基础下是相关的、可理解的。

2. 关于期末账户余额及相关披露的认定

（1）存在：记录的资产、负债和所有者权益是存在的。

（2）权利和义务：记录的资产由本单位拥有或控制，记录的负债是本单位应当履行的偿还义务。

（3）完整性：所有应当记录的资产、负债和所有者权益均已记录。

（4）准确性、计价和分摊：资产、负债和所有者权益以恰当的金额包括在财务报表中，与之相关的计价或分摊调整已恰当记录，相关披露已得到恰当计量和描述。

（5）分类：资产、负债和所有者权益已记录于恰当的账户。

（6）列报：资产、负债和所有者权益已被恰当地汇总或分解且表达清楚，相关披露在适用的财务报告编制基础下是相关的，可理解的。

注册会计师可以按照上述分类运用认定，也可按照其他方式表述认定，但应涵盖上述所有方面。例如，注册会计师可以选择将有关交易、事项及相关披露类的认定与有关账户余额及相关披露类的认定综合运用。又如，当发生和完整性认定包含了对交易是否记录于正确会计期间的恰当考虑时，就可能不存在与交易和事项截止相关的单独认定。

二、具体审计目标

注册会计师了解了认定，就很容易确定每个项目的具体审计目标，并以此作为评估重大错报风险以及设计和实施进一步审计程序的基础。

（一）与各类交易、事项及相关披露的具体审计目标

（1）发生：由发生认定推导的审计目标是确认已记录的交易是真实的。发生认定所要解决的问题是管理层是否把那些不曾发生的项目列入财务报表，它主要与财务报表组成要素的高估有关。

（2）完整性：所有应当记录的交易和事项均已记录。例如，如果发生了销售交易，但没有在销售明细账和总账中记录，则违反了该目标。发生和完整性两者强调的是相反的关注点。发生目标针对潜在的高估，而完整性目标则针对漏记交易（低估）。

（3）准确性：与交易和事项有关的金额及其他数据是按正确金额反映的。如在销售交易中，发出商品的数量与账单上的数量不符，或是开账单时使用了错误的销售价格，或是账单中的乘积或加总有误，或是在销售明细账中记录了错误的金额，则违反了该目标。准确性与发生、完整性之间存在区别。例如，若已记录的销售交易是不应当记录的（如发出的商品是寄销商品），则即使发票金额是准确计算的，仍违反了发生目标。再如，若已入账的销售交易是对正确发出商品的记录，但金额计算错误，则违反了准确性目标，但没有违反发生目标。

在完整性与准确性之间存在同样的关系。

（4）截止：交易和事项已记录于正确的会计期间。例如，如果本期交易推到下期，或下期交易提到本期，均违反了截止目标。

（5）分类：交易和事项已记录于恰当的账户。例如，如果将现销记录为赊销，将出售经营性固定资产所得的收入记录为营业收入，则导致交易分类的错误，违反了分类的目标。管理层认定是确定具体审计目标的基础。

（6）列报：交易和事项已被恰当地汇总或分解且表述清楚，相关披露在适用的财务报表编制基础下是相关的、可理解的。

与各类交易、事项及相关披露的认定与具体审计目标的关系见表 6-2。

表6-2　与各类交易、事项及相关披露的认定与具体审计目标的关系

名称	含义	对应的审计目标	针对的具体问题
发生	记录的交易和事项已发生，且与被审计单位有关	已记录的交易是真实的	财务报表要素的高估
完整性	所有应当记录的交易和事项均已记录	已发生的交易确实已经记录	财务报表要素的低估
准确性	与交易和事项有关的金额及其他数据已恰当记录	已记录的交易是按正确的金额反映的	金额计算与勾稽关系
截止	交易和事项已记录于正确的会计期间	接近资产负债表日的交易记录于恰当的期间	交易所属的会计期间
分类	交易和事项已记录于恰当的账户	记录的交易经过适当的分类	事项涉及的会计科目
列报	交易和事项已被恰当地汇总或分解且表述清楚，相关披露在适用的财务报表编制基础下是相关的、可理解的	确认被审计单位的交易和事项已被恰当地汇总或分解且表述清楚，相关披露在适用的财务报表编制基础下是相关的、可理解的	事项涉及的会计科目

（二）与期末账户余额及相关披露的具体审计目标

（1）存在：记录的资产、负债和所有者权益是存在的。例如，如果不存在某顾客的应收账款，在应收账款明细表中却列入了对该顾客的应收账款，则违反了存在性目标。

（2）完整性：所有应当记录的资产、负债和所有者权益均已记录。例如，如果存在某顾客的应收账款，在应收账款明细表中却没有列入对该顾客的应收账款，则违反了完整性目标。

（3）权利和义务：记录的资产由被审计单位拥有或控制，记录的负债是被审计单位应当履行的偿还义务。例如，将他人寄售商品列入被审计单位的存货中，违反了权利目标；将不属于被审计单位的债务记入账内，违反了义务目标。

（4）准确性、计价和分摊：资产、负债和所有者权益以恰当的金额包括在财务报表中，与之相关的计价或分摊调整已恰当记录。

（5）分类：资产、负债和所有者权益已被记录于恰当的账户。例如，是否将一年内到期的长期负债列为流动负债，即是对分类认定的运用。

（6）列报：资产、负债和所有者权益已被恰当地汇总或分解且表达清楚，相关披露在适用的财务报告编制基础下是相关的，可理解的。例如，检查存货的主要类别是否已

披露。

与期末账户余额及相关披露的认定与具体审计目标见表6-3。

表6-3 与期末账户余额及相关披露的认定与具体审计目标的关系

名称	有关期末账户余额的认定	对应的审计目标	针对的具体问题
存在	记录的资产、负债和所有者权益是存在的	已记录的金额确实存在	财务报表要素的高估
完整性	所有应当记录的资产、负债和所有者权益均已记录	已存在的金额均已记录	财务报表要素的低估
权利和义务	记录的资产由被审计单位拥有或控制，记录的负债是被审计单位应当履行的偿还义务	资产归属于被审计单位，负债属于被审计单位的义务	对资产的权利与对负债的义务
准确性、计价和分摊	资产负债和所有者权益以恰当的金额包括在财务报表中，与之相关的计价或分摊调整已恰当记录	资产、负债和所有者权益以恰当的全额包括在财务报表中，相关的计价或分摊调整已恰当记录	金额计算与勾稽关系
分类	资产、负债和所有者权益已被记录于恰当的账户	确认资产、负债和所有者权益已被记录于恰当的账户	事项涉及的会计科目
列报	资产、负债和所有者权益已被恰当地汇总或分解且表达清楚，相关披露在适用的财务报告编制基础下是相关的、可理解的	确认资产、负债和所有者权益已被恰当地汇总或分解且表达清楚，相关披露在适用的财务报告编制基础下是相关的、可理解的	事项涉及的会计科目

通过上面的介绍可知，管理层认定是具体审计目标的基础。注册会计师通常将管理层认定转化为能够通过审计程序予以实现的审计目标。针对财务报表每一项目所表现出的各项认定，注册会计师相应的确定一项或多项审计目标，然后通过执行一系列审计程序获取充分、适当的审计证据以实现审计目标。

管理层认定、审计目标和审计程序之间的关系举例见表6-4。

表6-4 管理层认定、审计目标和审计程序之间的关系举例

管理层认定	审计目标	审计程序
存在性	资产负债表列示的存货存在	实施存货监盘程序
完整性	销售收入包括了所有已发货的交易	检查发货单和销售发票的编号以及销售明细账
准确性	应收账款反映的销售业务是否基于正确的价格和数量，计算是否准确	比较价格清单与发票上的价格、发货单与销售订购单上的数量是否一致，重新计算发票上的金额
截止	销售业务记录在恰当的期间	比较上一年度最后几天和下一年度最初几天的发货单日期与记账日期
权利和义务	资产负债表中的固定资产确实为公司拥有	查阅所有权证书、购货合同、结算单和保险单
准确性、计价和分摊	以净值记录应收款项	检查应收账款账的分析表、评估计提的坏账准备是否充足

思考与练习

一、思考题

1. 什么是审计目标？
2. 简述管理层的责任。
3. 简述治理层的责任。
4. 简述注册会计师的责任。
5. 如何理解管理层、治理层的责任与注册会计师的责任之间的关系？
6. 什么是管理层认定？包含哪些内容？
7. 管理层认定与具体审计目标有什么关系？

二、判断题

1. 财务报表审计能减轻被审计单位管理层和治理层的责任。 （　）
2. 审计目标包括总目标和具体审计目标。 （　）
3. 被审计单位管理当局在会计报表上的认定有些是明示性的，有些则是暗示性的。 （　）
4. 发生认定可能存在的问题是漏记交易（低估）。 （　）
5. 完整性认定可能存在的问题是管理层把那些不曾发生的项目记入财务报表，它主要与财务报表组成要素的低估有关。 （　）
6. 若已入账的销售交易是对正确发出商品的记录，但金额计算错误，则属于准确性认定错误。 （　）
7. 评价收益性是财务报表审计的目标。 （　）
8. 截止目标是确定交易是否已记入恰当的会计期间。 （　）
9. 注册会计师的责任是按照中国注册会计师审计准则的规定对财务报表发表审计意见。 （　）
10. 被审计单位管理层认定是对财务报表各组成要素的确认、计量、列报与披露作出的明确或隐含的表达。 （　）

三、单选题

1. 作为财务报表审计目标，（　）是指被审计单位的财务报表是否在所有重大方面公允反映其财务状况、经营成果和现金流量。

A. 合法性　　B. 公允性　　C. 一贯性　　D. 认定

2. “存在或发生”认定和“完整性”认定，分别与（　）有关。

A. 财务报表要素的低估和高估
B. 财务报表要素的高估和低估
C. 财务报表要素的缩小错误和夸大错误
D. 财务报表要素的错误、舞弊和不法行为

3. 审计过程中，审计人员应围绕（　）收集证据，对管理层的认定进行验证。

A. 审计总目标　　B. 具体审计目标
C. 审计程序　　D. 合法性

4. 被审计单位厂房于2023年建造完工，已投入使用并办理了固定资产竣工决算手续，但注册会计师在审计其2023年财务报表的过程中发现在建造厂房的“工程成本”中有多笔生产车间工人的职工福利开支费，显然，违反被审计单位固定资产项目的（　　）认定。

A. 发生　　B. 存在

C. 准确性、计价和分摊　　D. 完整性

5. 注册会计师在审计“应付账款”余额时，下列属于管理层明示性认定的是（　　）。

A. 存在　　B. 完整性

C. 权利和义务　　D. 列报

6. 下列各项中，违反了分类认定的是（　　）。

A. 把外单位寄存的商品记录在库存商品会计账簿中

B. 将已发生的销售业务不登记入账

C. 将属于本年度的接近资产负债日的交易记录于下年度

D. 将现销记录为赊销，将出售固定资产（并不是企业的日常活动）所得的收入记入主营业务收入

7. 如果被审计单位的存货存在漏记，则财务报表的以下认定会发生（　　）错误。

A. 完整性　　B. 存在性

C. 分类　　D. 截止

8. H公司将2024年度的主营业务收入列入2023年度的财务报表，则其2023年度财务报表存在错误的认定是（　　）。

A. 权利和义务　　B. 准确性

C. 发生　　D. 完整性

9. 下列各项中，（　　）与收入的截止目标相关。

A. 将下年度收入列入本期　　B. 将已发生的销售业务不登记入账

C. 将利息收入列入营业收入　　D. 将未曾发生的销售登记入账

10. 下列各项中，（　　）注册会计师应主要审查收入的截止目标。

A. 将未曾发生的销售登记入账　　B. 将已发生的销售业务不登记入账

C. 将下年度收入列入本期　　D. 将利息收入列入营业收入

四、多选题

1. 注册会计师财务报表审计目标对财务报表的（　　）发表审计意见。

A. 合法性　　B. 公允性

C. 重大错报风险　　D. 重要性水平

2. 被审计单位将固定资产已作抵押，但未在财务报表附注中披露，则注册会计师针对该项认定的审计目标是（　　）。

A. 权利和义务　　B. 分类

C. 准确性、计价和分摊　　D. 完整性

3. 某公司2023年12月31日资产负债表流动资产项下列示存货800 000元，则明确的认定包括（　　）。

A. 记录的存货是存在的

B. 记录的存货的正确余额是 800 000 元

C. 所有应列报的存货都包括在财务报表中了

D. 记录的存货全部由本公司所拥有且使用不受任何限制

4. 注册会计师对于被审计单位存货的列报，应提请其做到（　　）。

A. 账簿中登记的存货均是真实存在的

B. 存货主要种类和估价基础已揭示

C. 存货项目以恰当的金额在财务报表中反映

D. 存货的抵押已作揭示

5. 注册会计师通过审计发现的下列情况中，被审计单位没有违反权利和义务认定的有（　　）。

A. 将经营租入的设备作为自有固定资产

B. 将融资租入的设备作为自有固定资产

C. 将已经出租的专利权作为自有无形资产

D. 受托代销的商品作为企业的存货

6. 注册会计师对“固定资产”账户余额的认定审计时，应首先考虑验证的审计目标是（　　）。

A. 存在　　B. 准确性、计价和分摊

C. 权利和义务　　D. 完整性

7. 与各类交易和事项相关的认定有（　　）。

A. 发生　　B. 完整性　　C. 准确性　　D. 权利和义务

8. 注册会计师在审计“应付账款”余额时，下列属于管理层暗示性认定的是（　　）。

A. 存在　　B. 完整性　　C. 权利和义务　　D. 列报

9. 截止测试的目的主要是确定被审计单位的交易是否已计入恰当的会计期间。该程序可能与管理层对财务报表的（　　）认定相关。

A. 发生　　B. 完整性　　C. 截止　　D. 分类

10. 被审计单位将固定资产已作抵押，但未在财务报表附注中披露，则注册会计师针对该项认定的审计目标是（　　）。

A. 权利和义务　　B. 列报

C. 准确性、计价和分摊　　D. 完整性

五、分析题

注册会计师在审查时实施了如下审计程序，请指出每一项审计程序主要针对的是项目的哪项认定。

情形	项目	认定
（1）检查资产负债表日前后的营业收入是否已经计入恰当的会计期间	营业收入	
（2）将员工工薪表中列示的员工总人数与经实际清点并确认的员工人数比较	应付职工薪酬	
（3）针对资产负债表日后付款事项，检查银行对账单及有关付款凭证	应付账款	
（4）针对融资租入的固定资产，验证有关租赁合同，证实其并非经营租赁	固定资产	

续表

情形	项目	认定
（5）A公司向关联方销售货物，信用期1年，远超行业标准；注册会计师留意到A公司未真实发货即确认了营业收入	营业收入	
（6）B公司是玩具生产企业，某批次电动小汽车因存在安全隐患被监管机构要求停售排查，注册会计师留意到B公司尚未对此进行任何会计处理	存货	
（7）C公司研发一项新型专利，目前处于研究阶段，注册会计师留意到C公司将相关支出均确认为无形资产	无形资产	
（8）D公司使用母公司的注册商标生产商品，母公司在本期无条件豁免了本应支付的商标使用费，注册会计师留意到D公司将豁免的金额计入营业外收入	营业外收入	

第七章 审计计划

学习目标

了解初步业务活动的目的和内容；掌握审计业务约定书；掌握总体审计策略和具体审计计划；掌握重要性和审计风险。

凡事预则立、不预则废，审计工作也不例外。计划审计工作对于注册会计师顺利完成审计工作和控制审计风险具有非常重要的意义。充分的审计计划有助于注册会计师关注重点审计领域、及时发现和解决潜在问题及恰当地组织和管理审计工作，以使审计工作更加有效。同时充分的审计计划还可以帮助注册会计师对项目组成员进行恰当分工和指导监督，并复核其工作，还有助于协调其他注册会计师和专家的工作。

审计计划是指审计人员为了完成审计业务、达到预期的审计目的，在具体执行审计程序之前编制的工作计划。

第一节 初步业务活动

一、初步业务活动的目的和内容

（一）初步业务活动的目的

注册会计师在计划审计工作前，需要开展初步业务活动，以实现以下三个主要目的：

（1）注册会计师已具备执行业务所需要的独立性和专业胜任能力。

（2）不存在因管理层诚信问题而影响注册会计师保持该项业务意愿的情况。

（3）与被审计单位不存在对业务约定条款的误解。

（二）初步业务活动的内容

注册会计师在本期审计业务开始时应当开展下列初步业务活动：

1．针对保持客户关系和具体审计业务实施相应的质量控制程序

针对保持客户关系和具体审计业务实施质量控制程序，并且根据实施相应程序的结果作

出适当的决策是注册会计师控制风险的重要环节。

2. 评价遵守职业道德规范的情况，包括评价独立性

评价遵守职业道德规范的情况也是一项非常重要的初步业务活动。职业道德规范要求项目组成员恪守独立、客观、公正的原则，保持专业胜任能力和应有的关注，并对审计过程中获知的信息保密。

由于在审计工作中情况会发生变化，注册会计师对保持客户关系及具体审计业务和评价职业道德的考虑应当贯穿审计业务的全过程。而且初始这两项活动需要安排在其他重要审计工作之前，以确保注册会计师已具备执行业务所需要的独立性和专业胜任能力，且不存在因管理层诚信问题而影响注册会计师保持该项业务意愿等情况。

二、审计业务约定书

审计业务约定书，是指会计师事务所与被审计单位签订的，用以记录和确认审计业务的委托与受托关系、审计目标和范围、双方的责任以及报告的格式等事项的书面协议。审计业务约定书一经双方签字认可，即具有法定约束力。会计师事务所承接任何审计业务，都应与被审计单位签订审计业务约定书。

（一）审计业务约定书的内容

审计业务约定书的具体内容可能因被审计单位的不同而存在差异，但应当包括下列主要内容：

（1）财务报表审计的目标与范围。

（2）注册会计师的责任。

（3）管理层的责任。

（4）指出用于编制财务报表所适用的财务报告编制基础。

（5）提及注册会计师拟出具的审计报告的预期形式和内容，以及对在特定情况下出具的审计报告可能不同于预期形式和内容的说明。

（二）审计业务约定书的特殊考虑

如果情况需要，注册会计师应当考虑在审计业务约定书中列明下列内容：

（1）详细说明审计工作的范围，包括提及适用的法律法规、审计准则，以及注册会计师协会发布的职业道德守则和其他公告。

（2）对审计业务结果的其他沟通形式。

（3）关于注册会计师按照《中国注册会计师审计准则第 1504 号——在审计报告中沟通关键审计事项》的规定，在审计报告中沟通关键审计事项的要求。

（4）说明由于审计和内部控制的固有限制，即使审计工作按照审计准则的规定得到恰当的计划和执行，仍不可避免地存在某些重大错报未被发现的风险。

（5）计划和执行审计工作的安排，包括审计项目组的构成。

（6）预期管理层将提供书面声明。

（7）预期管理层将允许注册会计师接触管理层知悉的与财务报表编制相关的所有信息

(包括与披露相关的所有信息)。

(8)管理层同意向注册会计师及时提供财务报表草稿(包括与财务报表及披露的编制相关的所有信息)和其他所有附带信息(如有),以使注册会计师能够按照预定的时间表完成审计工作。

(9)管理层同意告知注册会计师在审计报告日至财务报表报出日之间注意到的可能影响财务报表的事实。

(10)收费的计算基础和收费安排。

(11)管理层确认收到审计业务约定书并同意其中的条款。

(12)在某些方面对利用其他注册会计师和专家工作的安排。

(13)对审计涉及的内部审计人员和被审计单位其他员工工作的安排。

(14)在首次审计的情况下,与前任注册会计师(如存在)沟通的安排。

(15)说明对注册会计师责任可能存在的限制。

(16)注册会计师与被审计单位之间需要达成进一步协议的事项。

(17)向其他机构或人员提供审计工作底稿的义务。

通常把这些内容称为审计业务约定书的约定条款。

(三)审计业务约定书的变更

对于连续审计,注册会计师并不需要在每一期间与客户签订新的审计业务约定书。但如果出现原约定事项或背景发生变化的情况,注册会计师应当考虑重新签订审计业务约定书。

(四)审计业务约定书范例

审计业务约定书格式如下:

审计业务约定书

甲方:H股份有限公司

乙方:××会计师事务所

兹由甲方委托乙方对其202×年度财务报表进行审计,经双方协商,达成以下约定:

一、业务范围与审计目标

1. 乙方接受甲方委托,对甲方按照企业会计准则和《××会计制度》编制的202×年12月31日的资产负债表,202×年度的利润表、股东权益变动表和现金流量表以及财务报表附注(以下统称财务报表)进行审计。

2. 乙方通过执行审计工作,对财务报表的下列方面发表审计意见:

(1)财务报表是否按照企业会计准则和《××会计制度》的规定编制;(2)财务报表是否在所有重大方面公允反映被审计单位的财务状况、经营成果和现金流量。

二、甲方的责任与义务

(一)甲方的责任

1. 根据《中华人民共和国会计法》及《企业财务会计报告条例》,甲方及甲方负责人有责任保证会计资料的真实性和完整性。因此,甲方管理层有责任妥善保存和提供会计记录(包括但不限于会计凭证、会计账簿及其他会计资料),这些记录必须真实、完整地反映甲方的财务状况、经营成果和现金流量。

2. 按照企业会计准则和《×× 会计制度》的规定编制财务报表是甲方管理层的责任，这种责任包括:（1）设计、实施和维护与财务报表编制相关的内部控制，以使财务报表不存在由于舞弊或错误而导致的重大错报;（2）选择和运用恰当的会计政策;（3）作出合理的会计估计。

（二）甲方的义务

1. 及时为乙方的审计工作提供其所要求的全部会计资料和其他有关资料（在 202× 年 × 月 × 日之前提供审计所需的全部资料），并保证所提供资料的真实性和完整性。

2. 确保乙方不受限制地接触任何与审计有关的记录、文件和所需的其他信息。

3. 甲方管理层对其作出的与审计有关的声明予以书面确认。

4. 为乙方派出的有关工作人员提供必要的工作条件和协助，主要事项将由乙方于外勤工作开始前提供清单。

5. 按本约定书的约定及时足额支付审计费用以及乙方人员在审计期间的交通、食宿和其他相关费用。

三、乙方的责任和义务

（一）乙方的责任

1. 乙方的责任是在实施审计工作的基础上对甲方财务报表发表审计意见。乙方按照中国注册会计师审计准则（以下简称审计准则）的规定进行审计。审计准则要求注册会计师遵守职业道德规范，计划和实施审计工作，以对财务报表是否不存在重大错报获取合理保证。

2. 审计工作涉及实施审计程序，以获取有关财务报表金额和披露的审计证据。选择的审计程序取决于乙方的判断，包括对由于舞弊或错误导致的财务报表重大错报风险的评估。在进行风险评估时，乙方考虑与财务报表编制相关的内部控制，以设计恰当的审计程序，但目的并非对内部控制的有效性发表意见。审计工作还包括评价管理层选用会计政策的恰当性和作出会计估计的合理性，以及评价财务报表的总体列报。

3. 乙方需要合理计划和实施审计工作，以使乙方能够获取充分、适当的审计证据，为甲方财务报表是否不存在重大错报获取合理保证。

4. 乙方有责任在审计报告中指明所发现的甲方在重大方面没有遵循企业会计准则和《×× 会计制度》编制财务报表且未按乙方的建议进行调整的事项。

5. 由于测试的性质和审计的其他固有限制，以及内部控制的固有局限性，不可避免地存在着某些重大错报在审计后可能仍然未被乙方发现的风险。

6. 在审计过程中，乙方若发现甲方内部控制存在乙方认为的重要缺陷，应向甲方提交管理建议书。但乙方在管理建议书中提出的各种事项，并不代表已全面说明所有可能存在的缺陷或已提出所有可行的改善建议。甲方在实施乙方提出的改善建议前应全面评估其影响。未经乙方书面许可，甲方不得向任何第三方提供乙方出具的管理建议书。

7. 乙方的审计不能减轻甲方及甲方管理层的责任。

（二）乙方的义务

1. 按照约定时间完成审计工作，出具审计报告。乙方应于 202× 年 × 月 × 日前出具审计报告。

2. 除下列情况外，乙方应当对执行业务过程中知悉的甲方信息予以保密:（1）取得甲方的授权;（2）根据法律法规的规定，为法律诉讼准备文件或提供证据，以及向监管机构报告发现的违反法规行为;（3）接受行业协会和监管机构依法进行的质量检查;（4）监管机构对乙方进行行政处罚（包括监管机构处罚前的调查、听证）以及乙方对此提起行政复议。

四、审计收费

1. 本次审计服务的收费是以乙方各级别工作人员在本次工作中所耗费的时间为基础计算的。乙方预计本次审计服务的费用总额为人民币 ×× 万元。

2. 甲方应于本约定书签署之日起 × 日内支付 ×% 的审计费用，剩余款项于［审计报告草稿完成日］结清。

3. 如果由于无法预见的原因，致使乙方从事本约定书所涉及的审计服务实际时间较本约定书签订时预计的时间有明显的增加或减少时，甲乙双方应通过协商，相应调整本约定书第四条第 1 项下所述的审计费用。

4. 如果由于无法预见的原因，致使乙方人员抵达甲方的工作现场后，本约定书所涉及的审计服务不再进行，甲方不得要求退还预付的审计费用；如上述情况发生于乙方人员完成现场审计工作，并离开甲方的工作现场之后，甲方应另行向乙方支付人民币 × 元的补偿费，该补偿费应于甲方收到乙方的收款通知之日起 × 日内支付。

5. 与本次审计有关的其他费用（包括交通费、食宿费等）由甲方承担。

五、审计报告和审计报告的使用

1. 乙方按《中国注册会计师审计准则第 1501 号——审计报告》和《中国注册会计师审计准则第 1502 号——非标准审计报告》规定的格式和类型出具审计报告。

2. 乙方向甲方出具审计报告一式 ×× 份。

3. 甲方在提交或对外公布审计报告时，不得修改或删节乙方出具的审计报告；不得修改或删除重要的会计数据、重要的报表附注和所作的重要说明。

六、本约定书的有效期间

本约定书自签署之日起生效，并在双方履行完毕本约定书约定的所有义务后终止。但其中第三（二）2、四、五、八、九、十项并不因本约定书终止而失效。

七、约定事项的变更

如果出现不可预见的情况，影响审计工作如期完成，或需要提前出具审计报告时，甲乙双方均可要求变更约定事项，但应及时通知对方，并由双方协商解决。

八、终止条款

1. 如果根据乙方的职业道德及其他有关专业职责、适用的法律、法规或其他任何法定的要求，乙方认为已不适宜继续为甲方提供本约定书约定的审计服务时，乙方可以采取向甲方提出合理通知的方式终止履行本约定书。

2. 在终止业务约定的情况下，乙方有权就其于本约定书终止之日前对约定的审计服务基础上所做的工作收取合理的审计费用。

九、违约责任

甲乙双方按照《中华人民共和国民法典》的规定承担违约责任。

十、适用法律和争议解决

本约定书的所有方面均应适用中华人民共和国法律进行解释并受其约束。本约定书履行地为乙方出具审计报告所在地，因本约定书所引起的或与本约定书有关的任何纠纷或争议（包括关于本约定书条款的存在、效力或终止，或无效之后果），双方选择第______种解决方式：

（1）向有管辖权的人民法院提起诉讼；

（2）提交 ×× 仲裁委员会仲裁。

十一、双方对其他有关事项的约定

本约定书一式两份，甲乙方各执一份，具有同等法律效力。

甲方：H股份有限公司（盖章）　　　乙方：××会计师事务所（盖章）

授权代表：（签章）　　　授权代表：（签章）

二〇二×年×月×日　　　二〇二×年×月×日

第二节　总体审计策略和具体审计计划

审计计划分为总体审计策略和具体审计计划。

一、总体审计策略

总体审计策略用以确定审计范围、时间和方向，并指导制定具体审计计划。在制定总体审计策略时，注册会计师应考虑以下主要事项：

（一）审计范围

在确定审计范围时，注册会计师需要考虑下列事项：

（1）编制财务报表适用的会计准则和相关会计制度。

（2）特定行业的报告要求，如某些行业的监管部门要求提交的报告。

（3）预期的审计工作涵盖范围，包括被审计单位各组成部分的数量及所在地点。

（4）内部审计工作的可利用性及内部审计工作的拟依赖程度。

（5）信息技术对审计程序的影响，包括数据的可获得性和预期使用计算机辅助审计技术的情况。

（6）与被审计单位提供其他服务的会计师事务所人员讨论可能影响审计的事项。

（7）被审计单位的人员和相关数据的可利用性。

（二）报告目标、时间安排及所需沟通

在确定报告目标、时间安排及所需沟通时注册会计师需要考虑下列事项：

（1）被审计单位的财务报告时间表。

（2）与管理层和治理层就审计工作的性质、范围和时间所举行的会议的组织工作。

（3）与管理层讨论在整个审计过程中通报审计工作进展及审计结果的预期方式。

（4）项目组成员之间预期沟通的性质和时间安排，包括项目组会议的性质和时间安排及复核工作的时间安排。

（5）提交审计报告的时间要求。

（三）审计方向

在确定审计方向时，注册会计师需要注意以下事项：

（1）确定适当的重要性水平。

（2）重大错报风险较高的审计领域。

（3）评估财务报表层次的重大错报风险对指导、监督和复核的影响。

（4）项目组成员的选择（在必要时包括项目质量控制复核人员）和工作分工，包括向重大错报风险较高的审计领域分派具有适当经验的人员。

（5）项目预算，包括考虑重大错报风险可能较高的审计领域分配适当的工作时间。

（6）对内部控制重要性的重视程度。

（7）会计准则及会计制度的变化。

（8）重大行业发展状况，如行业法规变化和新的报告规定。

（9）其他重大变化，如影响被审计单位的法律环境的变化。

（四）审计资源

在确定审计资源时，注册会计师需要注意下列事项：

（1）向具体审计领域调配的资源，包括向高风险领域分派有适当经验的项目组成员，就复杂的问题利用专家工作等。

（2）向具体审计领域分配资源的数量，包括安排到重要存货存放地观察存货盘点的项目组成员的数量，对其他注册会计师工作的复核范围，对高风险领域安排的审计时间预算等。

（3）何时调配这些资源，包括是在期中审计阶段还是在关键的截止日期调配资源等。

（4）如何管理、指导、监督这些资源的利用，包括预期何时召开项目组预备会和总结会，预期项目负责人和经理如何进行复核，是否需要实施项目质量控制复核等。

总体审计策略的详略程度应当随被审计单位的规模及该项审计业务的复杂程度的不同而变化。在小型被审计单位审计中，全部审计工作可能由一个很小的审计项目组执行，项目组成员间容易沟通和协调，总体审计策略可以相对简单。

（五）总体审计策略的范例

总体审计策略的参考格式如下：

总体审计策略目录

1. 审计工作范围（见表 7-1）。
2. 重要性（见表 7-2）。
3. 报告目标、时间安排及所需沟通（见表 7-3）。
4. 人员安排（见表 7-4）。
5. 对专家或有关人士工作的利用（如适用）（见表 7-5）。

总体审计策略参考格式

被审计单位：________ 索引号：________
项目：________ 财务报表截止日/期间：________
编制：________ 复核：________
日期：________ 日期：________

表7-1 审计范围

报告要求	
适用的会计准则或制度	企业会计准则及会计制度
适用的审计准则	中国注册会计师审计准则
与财务报告相关的行业特别规定	[如监管机构发布的有关信息披露法规、特定行业主管部门发布的与财务报告相关的法规等]
需审计的集团内组成部分的数量及所在地点	
需要阅读的含有已审计财务报表文件中的其他信息	[如上市公司年报]
制定审计策略需考虑的其他事项	[如单独出具报告的子公司范围等]

表7-2 重要性

重要性	确定方法
[按照《中国注册会计师审计准则第1221号——重要性》确定]	

表7-3 报告目标、时间安排及所需沟通

（1）对外报告	时间
（2）执行审计时间安排	时间
[期中审计，包括：	
一、制定总体审计策略及具体审计计划	
二、制定具体审计计划	
一 ……]	
[期末审计，包括：	
一 监盘	
一 ……]	
（3）所需沟通	时间
[与管理层及治理层的会议]	
[项目组会议（包括预备会和总结会）]	
[与专家或有关人士的沟通]	
[与其他注册会计师沟通]	
[与前任注册会计师沟通]	
[……]	

表7-4　人员安排

职位	姓名	主要职责

表7-5　对专家或有关人士工作的利用（如适用）

对内部审计工作的利用 …
对其他注册会计师工作的利用 …
对专家工作的利用 …

二、具体审计计划

注册会计师应当为审计工作制定具体审计计划。具体审计计划是依据总体审计策略制定的，比总体审计策略更加详细，其内容包括为获取充分、适当的审计证据以将审计风险降至可接受的水平，项目组成员拟实施的审计程序的性质、时间和范围。

可以说，为获取充分、适当的审计证据，而确定审计程序的性质、时间和范围的决策，是具体审计计划的核心。具体审计计划包括风险评估程序、计划实施的进一步审计程序和其他审计程序。

（一）风险评估程序

具体审计计划应当包括按照《中国注册会计师审计准则第1211号——了解被审计单位及其环境并评估重大错报风险》的规定，为了充分识别和评估财务报表重大错报风险，注册会计师计划实施的风险评估程序的性质、时间和范围。

（二）计划实施的进一步审计程序

针对评估的认定层次的重大错报风险，注册会计师计划实施的进一步审计程序的性质、时间和范围。进一步审计程序包括控制测试和实质性程序。

通常，注册会计师计划的进一步审计程序可以分为进一步审计程序的总体方案和拟实施的具体审计程序两个层次。进一步审计程序的总体方案主要是指注册会计师针对各类交易、账户余额和列报决定采用的总体方案。具体审计程序则是对进一步审计程序的总体方案的延伸和细化。在实务中，注册会计师通常单独编制一套包括具体程序的“进一步审计程序表”来体现，待具体实施审计程序时，注册会计师将基于所计划的具体审计计划，进一步记录所实施的审计程序及结果，并最终形成有关进一步审计程序的审计工作底稿。

（三）计划其他审计程序

具体审计计划应当包括根据审计准则的规定，注册会计师针对审计业务需要实施的其他审计程序。包括上述进一步程序的计划中没有涵盖的、根据其他审计准则的要求注册会计师应当执行的既定程序。

（四）审计过程中对计划的更改

计划审计工作并非审计业务的一个孤立阶段，而是一个持续的、不断修正的过程，贯穿于整个审计业务的始终。注册会计师应当在审计过程中对总体审计策略和具体审计计划做出必要的更新和修改。

（五）指导、监督与复核

对项目组成员工作的指导、监督与复核的性质、时间和范围主要取决于下列因素：

（1）被审计单位的规模和复杂程度。

（2）审计领域。

（3）重大错报风险。

（4）执行审计工作的项目组成员的素质和专业胜任能力。

下面通过表 7-6 对总体审计策略与具体审计计划的内容及关系进行比较。

表7-6　总体审计策略与具体审计计划的比较

项目	总体审计策略	具体审计计划
内容	总体审计策略用以确定审计范围、时间和方向，并指导制定具体审计计划	风险评估程序 计划实施的进一步审计程序 计划其他审计程序
关系	确定重要性水平；评估重大错报风险	风险评估程序
	存在较高的重大错报风险	计划实施的进一步审计程序

（六）具体审计计划范例（见表7-7）

表7-7　具体审计计划

1. 风险评估程序 （1）一般风险评估程序 （2）针对特别项目的程序
2. 了解被审计单位及其环境 （1）行业状况、法律环境与监管环境及其他外部因素 （2）被审计单位的性质 （3）会计政策的选择和运用 （4）目标、战略及相关经营风险 （5）财务业绩的衡量和评价
3. 了解内部控制 （1）控制环境 （2）被审计单位的风险评估过程 （3）信息系统与沟通 （4）控制活动 （5）对控制的监督
4. 对风险评估及审计计划的讨论

续表

5. 评估的重大错报风险 （1）评估的财务报表层次的重大错报风险 （2）评估的认定层次的重大错报风险
6. 计划的进一步审计程序 （1）重要账户或列报的计划总体方案 （2）计算机辅助审计技术的应用
7. 其他程序

第三节　审计重要性和审计风险

一、审计重要性

审计重要性是审计学的一个基本概念，对它的运用贯穿于整个审计过程。

（一）重要性的含义

重要性取决于在具体环境下对错报金额和性质的判断。如果一项错报单独或连同其他错报可能影响财务报表使用者依据财务报表作出的经济决策，则该项错报是重大的。

为了更清楚地理解重要性的概念，需要注意把握以下几点：

（1）判断一项错报重要与否，应视其对财务报表使用者依据财务报表做出经济决策的影响程度而定。如果财务报表中的某项错报足以改变或影响财务报表使用者的相关决策，则该项错报就是重要的，否则就不重要。

（2）重要性受到错报的性质或数量的影响，或者受到两者的共同影响。首先，所谓数量方面是指错报的金额大小。一般而言，金额大的错报比金额小的错报更重要。仅从数量角度考虑，重要性水平只是提供了一个门槛或临界点。在该门槛或临界点之上的错报就是重要的；反之，该错报则不重要。其次，所谓性质方面是指错报的性质。在有些情况下，某些金额的错报从数量上看并不重要，但从性质上考虑，则可能是重要的。对于某些财务报表披露的错报，难以从数量上判断是否重要，则应从性质上考虑其是否重要。

（3）判断一个事项对财务报表使用者是否重大，是将使用者作为一个群体对共同性的财务信息的需求来考虑的。没有考虑错报对个别特定使用者可能产生的影响，因为个别特定使用者的需求可能及其不同。

（4）重要性的确定离不开具体环境。由于不同的被审计单位面临不同的环境，不同的报表使用者有着不同的信息需求，因此注册会计师确定的重要性也不相同。某一金额的错报对某被审计单位的财务报表来说是重要的，而对另一个被审计单位的财务报表来说可能不重要。例如，10 万元的错误对于一个小规模的企业来说，可能是重要的，而对一个大规模企业来说则可能是不重要的。

（5）对重要性的评估需要运用职业判断。影响重要性的因素很多，注册会计师应当根据被审计单位面临的环境，并综合考虑其他因素，合理确定重要性水平。不同的注册会计师在确定同一被审计单位财务报表层次和认定层次的重要性水平时，得出的结果可能不同。主要是因为对影响重要性的各因素的判断存在差异。因此，注册会计师需要运用职业判断来合理评估重要性。

（二）重要性水平的确定

在计划审计工作时，注册会计师应当确定一个可接受的重要性水平，以发现在金额上重大的错报。注册会计师在确定计划的重要性水平时，需要考虑对审计单位环境的了解，审计的目标，财务报表各项目的性质及其相互关系，财务报表项目的金额及其波动幅度。同时，还应从数量和性质两个方面合理确定重要性水平。

1．重要性数量上的考虑

注册会计师应当考虑财务报表层次和各类交易、账户余额、列报认定层次的重要性。

（1）财务报表层次的重要性水平。财务报表层次的重要性水平即总体重要性水平。财务报表的累计错报金额超过这一重要性水平，就可能造成财务报表使用者的判断失误，应当认为是重要的；反之，则认为错报金额不重要。

注册会计师通常先选择一个恰当的基准（被审计单位规模越大，这个比率要求越小），再选用适当的百分比乘以该基准，从而得出财务报表层次的重要性水平。

报表层重要性水平＝恰当的基准×恰当的百分比

恰当的基准 → 可作为基准的项目

恰当的百分比 → 参考指标

当同一时期各个财务报表的重要性水平不相同时，应取最低的作为财务报表层次的重要性水平。实务中用来判断重要性水平的有一些参考数值，见表7-8。

表7-8　判断重要性水平的参考数值

项　目	指　标	比　例
1	税前净利润	5%~10%
2	资产总额	0.5%~1%
3	净资产	1%
4	营业收入	0.5%~1%

（2）各类交易、账户余额、列报认定层次的重要性水平。财务报表的信息来源于各账户和交易，因此还需要确定账户与交易层次的重要性水平，这一层次的重要性水平亦称为“可容忍错报”。可容忍错报的确定以注册会计师对财务报表层次重要性水平的初步评估为基础。它是在不导致财务报表存在重大错报的情况下，注册会计师对各类交易、账户余额、列报确定的可接受的最大错报。低于这一水平的错报是可容忍的；反之，高于这一水平的错报是不可接受的。

在确定各类交易、账户余额、列报认定层次的重要性水平时，注册会计师应当考虑以下主要因素：①各类交易、账户余额、列报的性质及错报的可能性；②各类交易、账户余额、列报的重要性水平与财务报表层次重要性水平的关系。

2．从性质方面考虑重要性

在某些情况下，金额相对较少的错报可能会对财务报表产生重大影响。下列描述了可能构成重要性的因素：

（1）对财务报表使用者需求的感知。

（2）获利能力趋势。

（3）因没有遵守贷款契约、合同约定、法规条款和法定的或常规的报告要求而产生错报的影响。

（4）关联方关系。

（5）通过一个账户处理大量的、复杂的和相同性质的个别交易。

（6）可能的违法行为、违约和利益冲突。

（7）个别及其重大但不同的错报抵消产生的影响。

（三）评价错报的影响

1．尚未更正错报的汇总数

尚未更正错报的汇总数包括已经识别的具体错报和推断误差，分别说明如下：

（1）已经识别的具体错报。已经识别的具体错报是指注册会计师在审计过程中发现的，能够准确计量的错报，包括下列两类：

①对事实的错报。这类错报产生于被审计单位收集和处理数据的错误，对事实的忽略或误解，或故意舞弊行为。例如，注册会计师在审计测试中发现最近购入存货的实际价值为 20 000 元，但账面记录的金额却为 15 000 元。因此，存货和应付账款分别被低估了 5 000 元，这里被低估的 5 000 元就是已识别的对事实的具体错报。

②涉及主观决策的错报。这类错报产生于两种情况：一是管理层和注册会计师对会计估计值的判断差异，例如，由于包含在财务报表中的管理层做出的估计值超出了注册会计师确定的一个合理范围，导致出现判断差异；二是管理层和注册会计师对选择和运用会计政策的判断差异，由于注册会计师认为管理层选用会计政策造成错报，管理层却认为选用会计政策适当，导致出现判断差异。

（2）推断误差。也称“可能误差”，是注册会计师对不能明确、具体地识别的其他错报的最佳估计数。推断误差通常包括下列内容：

①通过测试样本估计出的总体的错报减去在测试中发现的已经识别的具体错报。例如，应收账款年末余额为 2 000 万元，注册会计师抽查 10% 样本发现金额有 100 万元的高估，高估部分为账面金额的 20%，据此注册会计师推断总体的错报金额为 400 万元（即 2 000 × 20%），那么上述 100 万元就是已识别的具体错报，其余 300 万元即推断误差。

②通过实质性分析程序推断出的估计错报。例如，注册会计师根据客户的预算资料及行业趋势要素，对客户年度销售费用独立做出估计，并与客户账面金额比较，发现两者间有 50% 的差异；考虑到估计的精确性有限，注册会计师根据经验认为 10% 的差异通常是可接受的，而剩余 40% 的差异需要有合理解释并取得佐证性证据；假定注册会计师对其中的 10% 的差异无法得到合理解释或不能取得佐证，则该部分差异金额即为推断误差。

2．评价尚未更正错报的汇总数的影响

注册会计师应当评估在审计过程中已识别但尚未更正错报的汇总数是否重大。

注册会计师需要在出具审计报告之前，评估尚未更正错报单独或累积的影响是否重大。在评估时，注册会计师应当从特定的某类交易、账户余额及列报认定层次和财务报表层次考虑这些错报的金额和性质，以及这些错报发生的特定环境。

注册会计师在评估未更正错报是否重大时，不仅需要考虑每项错报对财务报表的单独影响，而且需要考虑所有错报对财务报表的累积影响及其形成原因，尤其是一些金额较小的错报，虽然单个看起来并不重大，但是其累计数却可能对财务报表产生重大的影响。为全面地评价错报的影响，注册会计师应将审计过程中已识别的具体错报和推断误差进行汇总。

尚未更正错报与财务报表层次重要性水平相比，可能出现以下两种情况：

（1）尚未更正错报的汇总数低于重要性水平(并且特定项目的尚未更正错报也低于考虑其性质所设定的更低的重要性水平，下同)。如果尚未更正错报汇总数低于重要性水平，对财务报表的影响不重大，注册会计师可以发表无保留意见的审计报告。

（2）尚未更正错报的汇总数超过或接近重要性水平。如果尚未更正错报汇总数超过了重要性水平，对财务报表的影响可能是重大的，注册会计师应当考虑通过扩大审计程序的范围或要求管理层调整财务报表降低审计风险。在任何情况下，注册会计师都应当要求管理层就已识别的错报调整财务报表。如果管理层拒绝调整财务报表，并且扩大审计程序范围的结果不能使注册会计师认为尚未更正错报的汇总数不重大，注册会计师应当考虑出具非无保留意见的审计报告。

如果已识别但尚未更正错报的汇总数接近重要性水平，注册会计师应当考虑该汇总数连同尚未发现的错报是否可能超过重要性水平，并考虑通过实施追加的审计程序，或要求管理层调整财务报表降低审计风险。

为了便于记忆，我们对上述内容进行一下总结，见表7-9。

表7-9 尚未更正错报汇总不同情况应采取的措施

尚未更正错报汇总	措 施
低于重要性水平	注册会计师可以发表无保留意见的审计报告
超过重要性水平	注册会计师应当考虑通过扩大审计程序的范围或要求管理层调整财务报表降低审计风险
接近重要性水平	通过实施追加的审计程序，或要求管理层调整财务报表降低审计风险

二、审计风险

在执行审计业务时，注册会计师应当考虑重要性与审计风险的关系。

审计风险是指财务报表存在重大错报，而注册会计师发表不恰当审计意见的可能性。审计业务是一种保证程度高的鉴证业务，可接受的审计风险应当足够低，以使注册会计师能够合理保证所审计财务报表不含有重大错报。审计风险取决于重大错报风险和检查风险。

（一）重大错报风险

重大错报风险是指财务报表在审计前存在重大错报的可能性。注册会计师应从两个层次考虑重大错报风险。

1．财务报表层次重大错报风险

财务报表层次的重大错报风险与财务报表整体存在广泛联系，可能影响多项认定。财务报表层次重大错报很可能来源于薄弱的控制环境，难以限于某类交易、账户余额、列报与披露，审计人员应当采取总体应对措施。如经济危机、管理层缺乏诚信、治理层形同虚设等，可能引发舞弊风险，与财务报表整体相关。

2．各类交易、账户余额、列报认定层次重大错报风险

认定层次的重大错报风险与特定的各类交易、账户余额、列报与披露相关。如被审计单位存在复杂的联营或合资，这一事项表明长期股权投资账户的认定可能存在重大错报风险。

认定层次的重大错报风险又可进一步细分为固有风险和控制风险。

（1）固有风险。固有风险是指假设不存在相关的内部控制，某一认定发生重大错报的可能性，无论该错报单独考虑，还是连同其他错报构成重大错报。例如，会计人员在记录金额过程中多写或少写了一个零。

（2）控制风险。控制风险是指某项认定发生了重大错报，无论该错报单独考虑，还是连同其他错报构成重大错报，而该错报没有被企业的内部控制及时防止、发现和纠正的可能性。例如，记录的金额多写了一个零却没有被复核人员所发现。控制风险取决于与财务报表编制有关的内部控制的设计和运行的有效性。由于控制的固有局限性，某种程序的控制风险始终存在。

需说明的是，由于固有风险和控制风险不可分割地交织在一起，有时无法单独进行评估，本书通常不再单独提到固有风险和控制风险，而只是将这两者合并称为“重大错报风险”。但这并不意味着，注册会计师不可以单独对固有风险和控制风险进行评估，相反，注册会计师既可以对两者进行单独评估，也可以对两者进行合并评估。

（二）检查风险

检查风险是指某一认定存在错报，该错报单独或连同其他错报是重大的，但审计人员没有发现各种错报的可能性。例如，记录的金额多写了一个零，复核没有发现、纠正，审计也未能检查出来。检查风险取决于审计程序设计的合理性和执行的有效性。由于注册会计师通常并不对所有的交易、账户余额和列报进行检查，以及其他原因，检查风险不可能降低为零。

其他原因包括注册会计师可能选择了不恰当的审计程序、审计过程执行不当，或者错误解读了审计结论。这些因素可以通过适当计划、在项目组成员之间进行恰当的职责分配、保持职业怀疑态度以及监督、指导和复核助理人员所执行的审计工作得以解决。下面通过表7-10对固有风险、控制风险与检查风险进行一下比较。

表7-10 固有风险、控制风险、检查风险的对比

类别	固有风险	控制风险	检查风险
概念	又称内在风险	又称制度风险	又称测试风险
特征	注册会计师无法控制，但可评估		注册会计师可控制

（三）检查风险与重大错报风险的反向关系及运用

1．检查风险与重大错报风险的反向关系

在既定的审计风险水平下，可接受的检查风险水平与认定层次重大错报风险的评估结果成反向关系。评估的重大错报风险越高，可接受的检查风险越低；评估的重大错报风险越低，可接受的检查风险越高。这两者风险的关系可用图 7-1 表示。

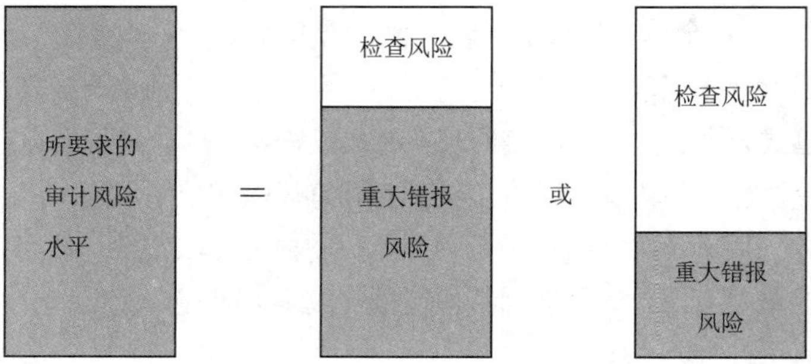

图 7-1　检查风险与重大错报风险的反向关系

检查风险与重大错报风险的反向关系用数字模型表示如下：

审计风险＝重大错报风险 × 检查风险＝固有风险 × 控制风险 × 检查风险

这个模型也就是审计风险模型。实务中，注册会计师不一定用绝对数量表达这些风险水平，而选用“高”“中”“低”等文字描述。

2．运用

（1）在计划阶段，运用审计风险模型确定可接受的检查风险水平。

$$可接受的检查风险水平 = \frac{可接受的审计风险}{重大错报风险}$$

（2）在终结阶段，运用审计风险模型评估实际审计风险水平，并将实际审计风险水平与可接受的审计风险水平相比较，若前者高出后者，就需要重新确定审计范围，调整审计程序，或者重新考虑准备发表的审计意见类型。审计风险模型的这种运用延续于整个审计过程。审计风险各要素之间存在表 7-11 所示的变动关系。

表7-11　审计风险各要素之间的变动关系及与审计证据之间的关系

审计人员对报表层次重大错报风险的评估	审计人员对认定层次重大错报风险的评估			审计证据需要的数量
	高	中	低	
	审计人员可接受的检查风险			
高	最低	较低	中等	多
中	较低	中等	较高	中
低	中等	较高	最高	少

从表 7-11 中可以看出，在既定的审计风险水平下，可接受的检查风险水平与重大错报风险的评估结果呈反向关系。具体情况如下：

（1）评估的重大错报风险越高，可接受的检查风险越低，为此必须扩大审计程序的范围，获取更多的审计证据，从而降低检查风险实际水平，以将实际审计风险控制在可接受的水平，确保审计效果。

（2）评估的重大错报风险越低，可接受的检查风险越高，则可适当缩小审计程序的范围，获取较少的审计证据，以提高审计效率。

（3）审计人员对重大错报风险估计水平同所需审计证据的数量之间呈同向变动。也就是说，重大错报风险水平的评估水平不能偏离其实际水平，估计水平偏高或偏低都是不利的。偏高会导致审计成本的加大，偏低则会导致审计风险加大。审计人员应该保持应有的职业怀疑态度，合理地估计重大错报风险水平，从而合理地设计审计程序的性质、时间和范围并有效执行，将检查风险降到可接受的水平。

三、重要性与审计风险和审计证据之间的关系

（一）重要性与审计风险之间存在反向关系

重要性水平越高，审计风险越低；重要性水平越低，审计风险越高。这里所说的重要性水平高低指的是金额的大小。通常，10 000 元的重要性水平比 2 000 元的重要性水平高。在理解两者之间的关系时，必须注意，重要性水平是注册会计师从财务报表使用者的角度进行判断的结果。如果重要性水平是 10 000 元，则意味着低于 10 000 元的错报不会影响到财务报表使用者的决策，此时注册会计师需要通过执行有关审计程序合理保证能发现高于 10 000 元的错报。如果重要性水平是 2 000 元，则金额在 2 000 元以上的错报就会影响财务报表使用者的决策，此时注册会计师需要通过执行有关审计程序合理保证能发现金额在 2 000 元以上的错报。显然，重要性水平为 2 000 元时审计不出这样的重大错报的可能性即审计风险，要比重要性水平为 10 000 元时的审计风险高。二者关系我们通过表 7-12 来展示一下。

表7-12　重要性与审计风险的关系

审计证据的实际量→	实际审计重要性水平→	实际审计风险水平
不变	低	高
不变	高	低

（二）重要性与审计证据之间呈反向关系

重要性水平越低，应获取的审计证据越多。例如，为合理保证存货账户的错报不超过 20 000 元所需收集的审计证据比为了合理保证该账户错报不超过 200 000 元所需收集的审计证据要多。在理解这一关系时，必须注意，重要性水平不同于重要的审计项目。审计项目越重要，所需收集的审计证据越多。例如，占资产总额 40% 的审计项目比占 10% 的审计项目需要更多的审计证据。

审计重要性与审计风险和审计证据的关系如图 7-2 所示。

值得注意的是，注册会计师不能通过不合理地人为调高重要性水平，降低审计风险。因为重要性是依据重要性概念中所述的判断标准确定的，而不是由主观期望的审计风险水平决定。

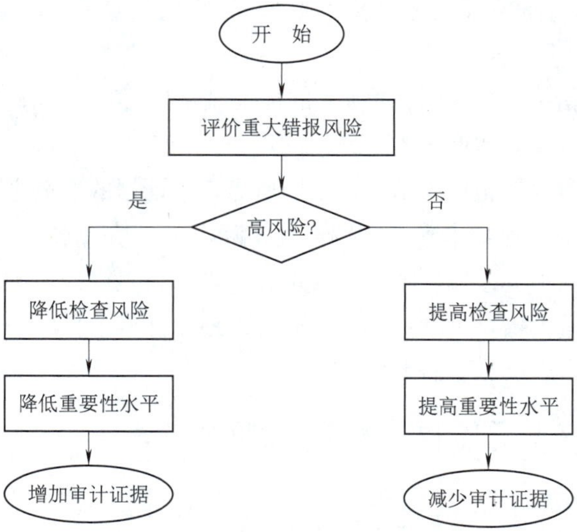

图 7-2 重要性、审计风险和审计证据三者之间的关系

思考与练习

一、思考题

1. 什么是审计计划?
2. 签订审计业务约定书前应做哪些准备工作?
3. 什么是审计业务约定书?简要表述哪些是必备条款,哪些是约定条款。
4. 总体审计策略包括哪些内容?
5. 具体审计计划包括哪些主要内容?
6. 什么是审计重要性?如何评估财务报表层次的重要性水平?
7. 什么是审计风险?其构成要素有哪些?各自存在什么关系?
8. 试分析审计重要性、审计风险与审计证据之间的关系。

二、判断题

1. 审计计划在执行中可以在适当条件下进行修改。 ( )
2. 审计业务约定书适用于单位内部审计人员执行的内部业务。 ( )
3. 审计业务约定书是由注册会计师与委托人签订的书面协议。 ( )
4. 注册会计师可以同被审计单位就总体审计策略进行沟通,并协调工作,因此,审计计划可以由注册会计师同被审计单位共同编制。 ( )
5. 理解和应用重要性需要站在被审计单位管理层的视角去判断。 ( )
6. 即使同一位注册会计师,在不同时间确定的同一被审计单位的重要性也可能是不同的。 ( )
7. 审计重要性是客观存在的,因此,注册会计师不应当运用职业判断来合理确定重要性水平。 ( )
8. 注册会计师可以人为地适当调高重要性水平,以降低审计风险。 ( )

9. 注册会计师对审计重要性水平估计得越高，所需收集的审计证据的数量就越少。
（ ）

10. 注册会计师可接受的审计风险水平越低，所需收集的审计证据数量就越多。（ ）

三、单选题

1. 会计师事务所接受审计委托时，应同委托客户签订（ ）。

A. 审计准则 B. 审计业务约定书

C. 审计通知书 D. 审计报告

2. 下列有关审计重要性的表述中，错误的是（ ）。

A. 在考虑一项错报是否重要时，既要考虑错报的金额，又要考虑错报的性质

B. 如果一项错报单独或连同其他错报可能影响财务报表使用者依据财务报表做出的经济决策，则该项错报是重要的

C. 如果已识别但尚未更正的错报汇总数接近但不超过重要性水平，注册会计师无须要求管理层调整

D. 重要性的确定离不开职业判断

3.（ ）是指财务报表在审计前存在重大错报的可能性。

A. 审计风险 B. 检查风险

C. 重大错报风险 D. 被审计单位经营风险

4. 注册会计师对重大错报风险的估计水平与所需审计证据数量之间（ ）。

A. 呈同向变动 B. 呈反向变动

C. 呈比例变化 D. 不存在关系

5. 在财务报表重大错报风险的评估过程中，注册会计师识别的重大错报风险与财务报表整体广泛相关，进而影响多项认定，则属于（ ）的重大错报风险。

A. 某类交易、账户余额的认定层次 B. 财务报表层次

C. 认定层次 D. 列报层次

6. 如果同一期间不同财务报表的审计重要性水平不同，作为财务报表层次的重要性水平，注册会计师应取其（ ）。

A. 最高者 B. 最低者 C. 平均数 D. 加权平均数

7. 注册会计师通过设计的审计程序未能检查出财务报表中存在重大错误的可能性是（ ）。

A. 固有风险 B. 重大错报风险 C. 经营风险 D. 检查风险

8. 在审计风险一定条件下，重大错报风险与检查风险之间（ ）。

A. 呈同向变动 B. 呈反向变动

C. 有时有关系有时无关系 D. 不存在关系

9. 如果某一审计项目可接受的审计风险为 5%，重大错报风险为 76%，则可接受的检查风险应为（ ）。

A. 12% B. 6.6% C. 8.92% D. 13%

10. 重要性水平与审计证据的关系是（ ）。

A. 审计项目越重要，所需的证据越少 B. 重要性水平与所需证据没有关系

C. 重要性水平与所需证据成正比　　D. 重要性水平越低，所需证据就会越多

四、多选题

1. 总体审计策略的内容包括（　　）。
   A. 向具体审计领域调配的资源　　B. 向具体审计领域分配资源的数量
   C. 何时调配这些资源　　D. 如何管理、指导、监督这些资源的利用
2. 具体审计计划应包括下列（　　）内容。
   A. 风险评估程序　　B. 计划实施的进一步审计程序
   C. 计划其他审计程序　　D. 及时签订或修改审计业务约定书
3. 下列对重要性概念理解正确的有（　　）。
   A. 判断一个事项对财务报表使用者是否重大，是将使用者作为一个群体对共同性的财务信息的需求来考虑的
   B. 判断一项错报重要与否，应视其对财务报表使用者依据财务报表做出经济决策的影响程度而定
   C. 重要性的确定离不开具体环境
   D. 对重要性的评估需要运用职业判断
4. 可以用作确定财务报表层次重要性水平基准的指标有（　　）。
   A. 总资产　　B. 总负债　　C. 销售收入　　D. 净利润
5. 确定计划重要性水平时应考虑（　　）。
   A. 对被审计单位及环境的了解　　B. 审计目标
   C. 财务报表各项目性质及相互关系　　D. 财务报表项目的金额及波动幅度
6. 注册会计师应考虑两个层次的重大错报风险，即（　　）。
   A. 财务报表层次　　B. 认定层次　　C. 账簿层次　　D. 凭证层次
7. 审计人员不能控制的风险有（　　）。
   A. 固有风险　　B. 检查风险　　C. 控制风险　　D. 重大错报风险
8. 审计风险的构成要素包括（　　）。
   A. 重大错报风险　　B. 检查风险　　C. 审计重要性　　D. 合理保证
9. 关于审计风险的下列说法中，正确的有（　　）。
   A. 审计人员确实遵循了执业准则，但却提出了错误的审计意见的可能性
   B. 会计报表存在重大错报，审计人员审计后发表不恰当审计意见的可能性
   C. 审计风险与审计重要性存在反向关系
   D. 重大错报风险或检查风险水平越高，审计风险水平也越高
10. 对于特定的被审计单位而言，审计风险和审计证据的关系可以表述为（　　）。
   A. 要求的审计风险越低，所需的审计证据数量就越多
   B. 要求的检查风险越高，所需的审计证据数量就越少
   C. 评估的重大错报风险越低，所需的审计证据数量就越少
   D. 评估的重大错报风险越高，所需的审计证据数量就越多

五、综合题

1. 某注册会计师在评估被审计单位的审计风险时，分别设计了以下四种情况（见下表），

以帮助决定可接受的检查风险水平。

风险类别	情况一	情况二	情况三	情况四
可接受的审计风险	5%	3%	2%	4%
重大错报风险	30%	100%	40%	100%

请回答：

（1）上述四种情况下的可接受检查风险水平分别是多少？

（2）哪种情况需要注册会计师获取最多的审计证据？为什么？

2. A 和 B 注册会计师对甲股份有限公司 2023 年度财务报表进行审计，其未经审计的有关会计的报表项目金额见下表。

会计报表项目名称	金额（万元）
资产总计	190 000
股东权益合计	87 000
主营业务收入	230 000
利润总额	38 000
净利润	24 200

要求：

（1）如以资产总额、净资产、主营业务收入和净利润作为判断基础，采用固定比率法，并假定资产总额、净资产、主营业务收入和利润的固定百分比数值分别为 0.5%、1%、0.5% 和 5%，请代 A 和 B 注册会计师计算确定甲公司 2023 年度财务报表层次的重要性水平（请列示计算过程）。

（2）简要说明重要性水平与审计风险之间的关系。

3. 红达会计师事务所为了提高业务质量，委派了项目经理、注册会计师刘某对业务人员进行“审计重要性”的后续教育。刘某准备就以下问题进行讲授。请代注册会计师刘某回答下列问题：

（1）什么是审计重要性水平？

（2）注册会计师如何合理确定重要性水平？

（3）审计重要性与审计风险、审计证据之间关系如何？

第八章 审计证据与审计工作底稿

学习目标

掌握审计证据的含义和种类；掌握各类证据与具体审计目标的关系；掌握审计证据的基本特征；掌握获取审计证据的程序；了解审计工作底稿的定义；了解审计工作底稿的编制要求和性质；掌握审计工作底稿的格式、内容和范围；掌握审计工作底稿的归档要求。

第一节 审计证据

审计是凭证据“说话”的，因此收集和评价审计证据是注册会计师得出审计结论、支撑审计意见的基础，也是整个审计工作的核心。

一、审计证据的概念和种类

（一）审计证据的概念

审计证据是指注册会计师为了得出审计结论、形成审计意见而使用的所有信息，包括财务报表依据的会计记录中含有的信息和其他信息。审计证据的内容如图 8-1 所示。

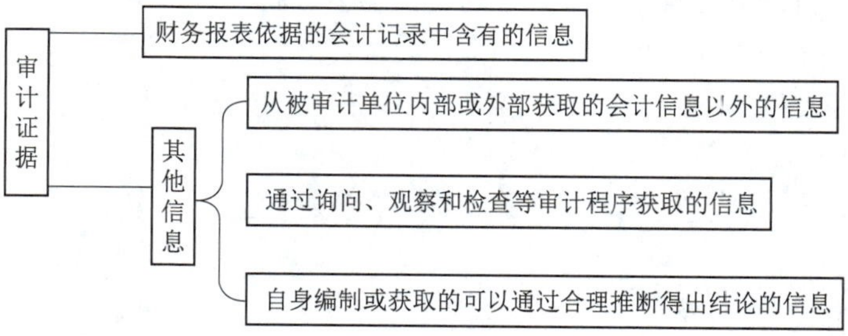

图 8-1 审计证据的内容

1. 会计记录

会计记录是编制财务报表的基础，是注册会计师执行财务报表审计业务所获取的审计证据的最重要组成部分，主要包括原始凭证、记账凭证、总分类账和明细分类账、未在记账凭证中反映的对财务报表的其他调整、手工计算表和电子计算表等。

2．其他信息

其他信息是注册会计师从被审计单位内部或外部获取的会计记录以外的信息，主要包括会计记录、内部控制手册、询证函的回函、分析师的报告、与竞争者的比较数据等。

图 8-1 中会计记录和其他信息共同构成了审计证据，二者缺一不可。如果没有前者，审计工作无法进行；如果没有后者，可能无法识别重大错报风险。依据会计记录编制财务报表是被审计单位管理层的责任，审计人员应当测试会计记录以获取审计证据。如果会计记录中含有的信息本身不足以提供充分的审计证据作为对财务报表发表审计意见的基础，审计人员还应当获取用作审计证据的其他信息。

只有将两者结合在一起，才能将审计风险降至可接受的低水平，为注册会计师发表审计意见提供合理的保证。

（二）审计证据的种类

1．按审计证据的形式分类

1）实物证据

实物证据又称物证，是审计人员通过实地观察、检查等方法确定某些实物资产存在性的证据。通常对现金、有价证券、存货、固定资产等的审计需要实物证据。在审计实务中，实物证据一般是以各类盘点表的形式加以记录的。

通常实物证据被认为是最可靠的证据，具有很强的证明力。但实物证据也有一定的局限性。它仅适用于资产负债表中的部分资产项目，有些资产如应收账款、银行存款等，无法找到实物证据。而且有些资产即使通过实地观察、清点，也很难证明实物证据是否真实。

2）书面证据

书面证据又称文件证据，是指审计人员获取的各种以书面记录为形式的证据。书面证据是审计证据的主要组成部分。它包括审计人员从被审计单位、其他单位取得或审计人员自己编制的各种以书面记录为形式的证据，如各种原始凭证、会计记录（记账凭证、会计账簿和各种明细表等）、各种会议记录和文件、各种合同、报告及函件等。

书面证据的可靠性取决于两个因素。首先取决于证据本身是否易于涂改和伪造。若易于涂改和改造，则可靠性差，审计人员执行审计的过程中应格外注意。其次取决于证据的来源。一般来说，来自企业外部直接交给审计人员的证据，可靠性最高；来自企业内部但送给外部背书或加工的证据，因受外部组织的严格审查，可靠性居第二；来自企业外部但为企业掌握的证据以及来自企业内部的证据，其可靠性则分居第三、第四位。

3）口头证据

口头证据是经注册会计师询问而由被审计单位有关人员或其他人员进行口头答复所形成的审计证据。在审计过程中，注册会计师往往要就以下事项向有关人员进行询问：①被审事项发生时的实况；②对特别事项的处理过程；③采用特别会计政策和方法的理由；④对舞弊事实的追溯调查；⑤可能事项的意见或态度；等等。通常，口头证据本身不能完全证明事实的真相，因为被调查或询问人可能有意隐瞒实情或由于对过去事情记忆上的模糊或遗漏而导致口头证据不准确、不完整。因此，获取口头证据的同时，还应实施其他审计程序以获取其他形式的审计证据。

往往，注册会计师获取口头证据的目的不外乎两个方面。其一，为了印证某一结果是否与注册会计师的判断相一致。其二，注册会计师获得口头证据的目的在于发掘一些新的重要审计线索，从而有利于对有关事项进行进一步调查取证。无论出于何种目的，注册会计师获取口头证据时一定要讲究技巧性，不可逼供，更不可恫吓威胁，但应讲明原则和要求，循循启导，对各种重要的口头答复做好笔录，注明被询问人姓名、时间、地点和背景，必要时应要求被询问人确认并签名。

虽然口头证据可靠性较低，需要其他证据的支持和佐证，但如果不同的被询问人员对同一问题在同一时间所做的口头陈述一致时，其可靠性则显得较强，可以作为审计结论的依据。

4）环境证据

环境证据是指对被审计单位产生影响的各种情况，如：

（1）被审计单位内部控制状况。如果被审计单位的内部控制健全、有效，并得到一贯遵守，就可以提高其所提供的资料的可靠程度，相应地，审计人员收集的其他审计证据就可适当减少。如果被审计单位内部控制制度较弱，注册会计师就必须获取更多数量的其他审计证据以支持审计结论。

（2）被审计单位管理人员的素质。被审计单位管理人员素质的高低在很大程度上将影响其所提供资料的可信赖程度。被审计单位管理人员的素质越高，其所提供的证据发生差错的可能性就越小，注册会计师就可以获取较少的其他审计证据；否则，就需获取更多的其他审计证据。

（3）被审计单位的管理条件和管理水平。被审计单位各种管理条件的优劣和管理水平的高低对被审计单位所提供资料的可靠程度会产生很大的影响。如果被审计单位管理条件较好和管理水平较高，其所提供的证据发生差错的可能性就越小，注册会计师就可以获取较少的其他审计证据；否则，就需更多地获取其他审计证据。

（4）外部环境。如行业状况，市场供求与竞争，监管环境，环保要求等。环境证据也不属于基本证据，但它有助于审计人员了解被审计单位的状况及环境，在审计中也是不可缺少的证据。

5）视听或电子证据

视听或电子证据是指以录音带、录像带、磁盘及其他电子计算机储存形式存在的用于证明审计事项的证据。如，与审计事项相关的当事人讲话的录音带、经济业务发生时现场的录像带、计算机中储存的资料等。随着科学技术和审计技术方法的发展，此类证据将成为经常运用的审计证据。

6）鉴定和勘验证据

鉴定和勘验证据是指因特殊需要审计机关指派或聘请专门人员对某些审计事项进行鉴定而产生的证据。这种证据实际上是书面证据的特殊形式。如，对某些书面资料字迹的鉴定、票据真伪的鉴定、产品或工程质量的鉴定证明等。

2．按审计证据的来源分类

1）内部证据

内部证据是指由被审计单位内部机构或职员编制并提供的有关书面证据。内部书面证据的可靠性一般不如外部书面证据强，而且内部书面证据由于形式的不同其可靠性也不尽相同。

根据内部书面证据可靠性的强弱，可以划分以下三类：

（1）由被审计单位外部组织或部门规定统一格式和填制要求的，而由被审计单位内部职员填制并提供的有关书面证据，如由税务监制的销货发票(含普通发票和增值税专用发票)、由银行统一印制的各种支票和汇票、由财政部门监制的财政收费收据等，这类证据的可靠性相对各种内部证据而言是最强的，因为这类证据资料的填制情况往往要受到相应管理部门突击性或定期检查监督，当被审计单位内部控制较为健全有效时，这类证据仍不失为一种可靠性强的审计证据。

（2）由被审计单位有关人员编制和填报,用于对外公布但无格式和规范要求的内部证据，如经济业务合同、文件和内部定额标准等。这类证据虽不一定要接受外界的监督检查，但在一定程度上要受到有关业务单位或主管部门的制约，经过他们的审批，对其的公正性、严肃性和科学性有严格的要求。因此，当企业内部控制健全有效时，第二类证据仍具有一定可靠性，但始终较第一类内部书面证据可靠性低。

（3）内部书面证据是那些既无规范要求或者无任何外部单位制约，且无须公开的由被审计单位有关人员填制并出具的资料，如自制的原始凭证、记账凭证、会计账簿记录等。这类证据的可靠性完全取决于经手人员的素质、内部控制的有效制约程度，因而它的可靠性程度为最低。但是不能否定的是：当内部控制健全有效，而且相关的内部证据能相互印证时，注册会计师仍然可以信赖其可靠性。

内部书面证据从其反映的内容来看包括：反映会计核算处理情况的会计记录，反映被审计单位管理当局责任、态度和意图的管理当局声明书以及其他的书面文件。其中，会计记录包括各种原始凭证、记账凭证、账簿记录、试算平衡表、科目汇总表、项目明细表等。它是注册会计师取自被审计单位内部的一种数量最多且最为重要的审计证据，其可靠性关键取决于被审计单位内部控制的完善程度。注册会计师在取得这类证据时往往要相互联系、按其勾稽关系相互印证地寻找和评价，必要时应视被审项目的重要程度和审计环境状况，按其会计业务处理过程顺查或逆查所有的详细资料，甚至要进一步审查业务发生时各种获准手续文件作为审计证据。

对于被审计单位管理当局声明书，由于它涉及被审计单位在会计报表审计过程中所做的重要陈述或保证，是一种态度或意图的反映，主观色彩十分浓厚，因而其可靠性较低，这便要求注册会计师不能一味地信赖这份声明书，而应该通过实施其他必要的审计程序来判断会计报表的合法性、公允性和会计处理的一贯性程度如何。综上所述，注册会计师获取内部书面证据不仅要求有较强的专业水平和科学的审计程序，而且它将花费整个审计工作的绝大部分时间，是审计工作的重心和核心过程。

2）外部证据

外部证据是指由被审计单位以外的单位或人士所编制的书面证据，其证明力较强。它又可以分为三类：

（1）由审计人员直接编制的审计证据，如审计人员通过分析性复核所作的各种分析表、计算表等。

（2）产生于被审计单位外部并由其直接交给审计人员的审计证据，如应收账款函证的回函、被审计单位律师的证明函件、银行回函、保险公司的证明等。

（3）由被审计单位人员处理或保存的证据，如银行对账单、购货发票等。这类产生于外部的证据具有较强的证明力，但经被审计单位过手后，就有可能被处置不当或被修改，因而降低了其可靠程度。

3）亲历证据

亲历证据是指由注册会计师(包括助理人员、外聘专家)通过运用专业判断和相应的程序与方法，对被审事项的有关资料进行计算和分析而得到的证据，包括注册会计师动手编制的各种计算表、分析表等。对于书面证据而言，亲历证据强调的是注册会计师对有关基础资料(证据)必须进行重新加工，按照既定的目标所确定的程序进行计算和分析，因此，它具有较其他来源形式证据更为可靠的证明力。

3. 按审计证据的重要性分类

1）基本证据

基本证据又称主要证据，是指对应证实的事物具有直接证明力的重要的原始证据。如对于财务报表来说，总分类账是其编制的基本依据，因而也是证明其是否正确的基本证据。实物证据和书面证据都属于基本证据。

2）辅助证据

辅助证据又称补充证据，是指能佐证或支持基本证据或能证明应证实的事项有关细节和侧面的证据，这种证据对基本证据起补充、强化作用。口头证据和环境证据都属于辅助证据。

二、审计证据的特征

审计证据要具有较强的证明力，就必须具有充分性和适当性两个特征。

（一）审计证据的充分性

审计证据的充分性是对审计证据数量的衡量，影响因素如下：

（1）与注册会计师确定的样本量有关。例如，对某个审计项目实施某一选定的审计程序，从1 000个样本中获得的证据要比从500个样本中获得的证据更充分。

（2）注册会计师需要获取的审计证据的数量受重大错报风险评估和审计证据质量的影响。错报风险越大，需要的审计证据可能越多；审计证据质量越高，需要的审计证据数量可能越少。

例如，注册会计师对某个生产手机的公司进行审计，经过分析认为，受被审计单位行业性质的影响，存货陈旧的可能性相当高，存货计价的错报可能性就比较大。为此，注册会计师在审计中，就要选取更多的存货样本进行测试，以确定存货陈旧的程度，从而确认存货的价值是否被高估。

（二）审计证据的适当性

审计证据的适当性是对审计证据质量的衡量，包括相关性和可靠性两层含义。

1. 审计证据的相关性

审计证据的相关性是指用作审计证据的信息与审计程序的目的和所考虑的相关认定之间的逻辑联系。用作审计证据的信息的相关性可能受测试方向的影响。例如：如果某审计程序的目的是测试应付账款的计价高估，则测试已记录的应付账款可能是相关的审计程序；另一方面，如果某审计程序的目的是测试应付账款的计价低估，则测试已记录的应付账款不是相关的审计程序，相关的审计程序可能是测试期后支出、未支付发票、供应商结算单以及发票未到的收货报告单等。

2. 审计证据的可靠性

审计证据的可靠性是指审计证据的可信度。例如，注册会计师亲自检查存货所获得的证据，就比被审计单位管理层提供给注册会计师的存货数据更可靠。审计证据的可靠性取决于审计证据的来源和性质，并取决于取证环境的影响。参考标准如下：

（1）外部证据比从其他来源获取的审计证据更可靠。

（2）以文件、记录形式存在的审计证据比口头形式的审计证据更可靠。

（3）直接获取的审计证据比间接获取或推论得出的审计证据更可靠。

（4）内部控制有效时内部生成的审计证据比内部控制薄弱时内部生成的审计证据更可靠。

（5）从原件获取的审计证据比从传真或复印件获取的审计证据更可靠。

（三）充分性和适当性的关系

充分性和适当性是审计证据的两个重要特征，两者缺一不可，只有充分且适当的审计证据才是有证明力的。注册会计师需要获取的审计证据的数量也受审计证据质量的影响。审计证据质量越高，需要的审计证据可能越少。也就是说，审计证据的适当性会影响审计证据的充分性。需要注意的是，尽管审计证据的充分性和适当性相关，但如果审计证据的质量存在缺陷，那么注册会计师仅靠获取更多的审计证据可能无法弥补其质量的缺陷。例如，被审计单位内部控制健全时生成的审计证据更可靠，注册会计师只需获取适量的审计证据，就可以为发表审计意见提供合理的基础。所以审计证据并不是越多越好。

（四）评价充分性和可靠性时的特殊考虑

1. 对文件记录可靠性的考虑

审计工作通常不涉及鉴定文件记录的真伪，注册会计师也不是鉴定文件记录真伪的专家，但应当考虑用作审计证据的信息的可靠性，并考虑与这些信息生成和维护相关控制的有效性。

2. 使用被审计单位生成信息时的考虑

注册会计师为获取可靠的审计证据，实施审计程序时使用的被审计单位生成的信息需要足够完整和准确。

3. 证据相互矛盾时的考虑

如果针对某项认定从不同来源获取的审计证据或获取的不同性质的审计证据能够相互印证，与该项认定相关的审计证据则具有更强的说服力。如果从不同来源获取的审计证据或获取的不同性质的审计证据不一致，表明某项审计证据可能不可靠，注册会计师应当追加必要的审计程序。

4. 获取审计证据时对成本的考虑

注册会计师可以考虑获取审计证据的成本与所获取信息的有用性之间的关系，但不应以获取审计证据的困难和成本为由减少不可替代的审计证据。在保证获取充分、适当的审计证据的前提下，控制审计成本也是会计师事务所增强竞争能力和获利能力所必需的。

三、获取审计证据的审计程序

（一）检查

检查是指注册会计师对被审计单位内部或外部生成的，以纸质、电子或其他介质形式存在的记录和文件进行审查，或对资产进行实物审查。检查记录或文件可以提供可靠程度不同的审计证据，审计证据的可靠性取决于记录或文件的性质和来源，而在检查内部记录或文件时，其可靠性则取决于生成该记录或文件的内部控制的有效性。将检查用作控制测试的一个例子，是检查记录以获取关于授权的审计证据。

检查有形资产可为其存在提供可靠的审计证据，但不一定能够为权利和义务或计价等认定提供可靠的审计证据。对个别存货项目进行的检查，可与存货监盘一同实施。

（二）观察

观察是指注册会计师察看相关人员正在从事的活动或执行的程序。例如，对客户执行的存货盘点或控制活动进行观察。观察提供的审计证据仅限于观察发生的时点，并且在相关人员已知被观察时，相关人员从事活动或执行程序可能与日常的做法不同，从而影响注册会计师对真实情况的了解。因此，注册会计师有必要获取其他类型的佐证证据。

（三）询问

询问是指注册会计师以书面或口头方式，向被审计单位内部或外部的知情人员获取财务信息和非财务信息，并对答复进行评价的过程。

知情人员对询问的答复可能为注册会计师提供尚未获悉的信息或佐证证据，也可能提供与已获悉信息存在重大差异的信息；注册会计师应当根据询问结果考虑修改审计程序或实施追加的审计程序。

询问本身不足以发现认定层次存在的重大错报，也不足以测试内部控制运行的有效性，注册会计师还应当实施其他审计程序获取充分、适当的审计证据。

（四）函证

1．函证的含义

函证是指注册会计师为了获取影响财务报表或相关披露认定的项目的信息，通过直接来自第三方对有关信息和现存状况的声明，获取和评价审计证据的过程。通过函证获取的证据可靠性较高，因此，函证是受到高度重视并经常被使用的一种重要程序。例如，对应收账款余额或银行存款的函证。

通过函证获取的证据可靠性较高，因此，函证是受到高度重视并被经常使用的一种重要程序。

2．函证决策

注册会计师应当确定是否有必要实施函证以获取认定层次的充分、适当的审计证据。在作出决策时，注册会计师应当考虑以下两个因素：

1）评估的认定层次重大错报风险

评估的认定层次重大错报风险水平越高，注册会计师对通过实质性程序获取的审计证据的相关性和可靠性的要求越高。因此，随着评估的认定层次重大错报风险的增高，注册会计师就要设计实质性程序获取更加相关和可靠的审计证据，或者更具说服力的审计证据。在这种情况下，函证程序的运用对于提供充分、适当的审计证据可能是有效的。反之评估的认定层次重大错报风险水平越低，注册会计师需要从实质性程序中获取的审计证据的相关性和可靠性的要求越低。

2）通过实施其他审计程序获取的审计证据

针对同一项认定可从不同来源获取审计证据或获取不同性质的审计证据。这里的其他审计程序是指函证审计程序以外的其他审计程序。

3．函证的内容

（1）函证银行存款、借款（包括零余额账户和在本期内注销的账户）及与金融机构往来的其他重要信息（见表8-1）。

表8-1　函证项目与函证内容

函证项目	函证内容
银行存款、借款及与金融机构往来的其他重要信息	了解实际存在的银行存款余额、借款余额以及抵押、质押及担保情况
零余额账户	银行存款或借款
在本期内注销的账户	银行存款或借款

（2）可以实施函证的其他项目。注册会计师也可以根据具体情况和实际需要对下列内容（包括但并不限于）实施函证：交易性金融资产；应收票据；其他应收款；应付账款；预收账款；预付账款；保证、抵押或质押；由其他单位代为保管、加工或销售的存货等。

可见，函证通常适用于账户余额及其组成部分，但不一定限于这些项目。如，为确认合同条款没有发生变动及变化细节，注册会计师可以函证被审计单位与第三方签订的合同条款，注册会计师还可以向第三方函证是否存在影响被审计单位收入确认的背后协议或某项重大交易的细节。

4．函证程序实施的范围

注册会计师根据对被审计单位的了解、评估的重大错报风险以及所测试总体的特征等确定从总体中选取特定项目进行测试。选取的特定项目包括以下几个方面：

（1）金额较大的项目。

（2）账龄较长的项目。

（3）交易频繁但期末余额较小的项目。

（4）重大关联方交易。

（5）重大或异常的交易。

（6）可能存在争议以及产生重大弊端或错误的交易。

5．函证的时间和方式

注册会计师通常以资产负债表日为截止日，在资产负债表日后适当时间内实施函证。如果重大错报风险评估为低水平，注册会计师可选择资产负债表日前适当日期为截止日实施函证，并对所函证项目自该截止日起至资产负债表日止发生的变动实施实质性程序。

函证分为积极式函证和消极式函证两种。

（1）积极式函证。积极式函证也称肯定式函证，是指对于印证事项，无论是否相符，都要求被询证单位或个人在限定的时间内回函。

（2）消极式函证。消极式函证也称否定式函证，是指对于印证事项，在不相符的情况下才要求被询证单位或个人在限定的时间内回函。当同时存在下列情况时，注册会计师可考虑采用消极式函证的方式：①涉及大量余额较小的账户；②没有理由相信被询证者不认真对待函证；③重大错报风险评估为低水平；④预期不存在大量的错误。

在实务中，注册会计师可采用积极的或消极的函证方式实施函证，也可将两种方式结合使用。

6. 其他有关实施函证注意事项

注册会计师应当对函证实施过程进行有效控制，以及对函证实施结果进行评价，对不符事项要给予关注和处理。

（五）重新计算

重新计算是指注册会计师以人工方式或使用计算机辅助审计技术，对记录或文件中的数据计算的准确性进行核对。例如，计算销售发票和存货的总金额，加总日记账和明细账，检查折旧费用和预付费用的计算，检查应纳税额的计算等。

（六）重新执行

重新执行是指注册会计师以人工方式或使用计算机辅助审计技术，重新独立执行作为被审计单位内部控制组成部分的程序或控制。例如，注册会计师利用被审计单位的银行存款日记账和银行对账单，重新编制银行存款余额调节表，并与被审计单位编制的银行存款余额调节表进行比较。

（七）分析程序

分析程序是指注册会计师通过研究不同财务数据之间以及财务数据与非财务数据之间的内在关系，对财务信息作出评价。分析程序还包括调查识别出的、与其他相关信息不一致或与预期数据严重偏离的波动和关系。关于分析程序的运用见表 8-2。

表8-2 分析程序运用的过程及要求

过程	要求
风险评估过程	强制使用
进一步审计程序	任意选择
完成审计工作	强制使用

分析程序可贯穿于财务报表审计的全过程，目的在于发现异常情况。具体方法：趋势分析法、比率分析法、合理性测试法和回归分析法等。

【例 8-1】注册会计姚铭对 A 公司 2023 年会计报表进行审计，获得了以下相关数据（见表 8-3）；2022 年数据已经会计师事务所审计。要求：为确定重大审计领域，注册会计姚铭拟实施分析程序，请对资料进行分析，指出利润表中的异常波动项目，并写出分析过程；对表 8-4 进行分析后，指出需重大审计的销售费用项目，并写出分析过程。

表8-3　A公司2023年度利润表和2022年度利润表

单位：万元

项　目	2023 年度（未审数）	2022 年度（已审数）
一、营业收入	58 000	41 000
减：营业成本	40 000	33 000
营业税金及附加	1 000	900
销售费用	4 000	3 200
管理费用	（5 000）	2 000
财务费用	1 000	900
资产减值损失		
加：投资收益	5 000	2 000
公允价值变动损益		
二、营业利润	22 000	3 000
加：营业外收入	1 000	1 500
减：营业外支出	2 000	2 000
三：利润总额	21 000	2 500
减：所得税费用（25%）	5 250	625
四、净利润	15 750	1 875

表8-4　A公司2023年度及2022年度销售费用明细

单位：万元

项目	2023 年度（未审数）	2022 年度（已审数）
广告费用	1 400	1 200
产品质量保证	500	—
运输费用	1 100	1 000
工资	1 000	1 000
合计	4 000	3 200

【分析要点】（1）利润表中的异常波动项目：营业收入、营业成本、管理费用、投资收益、所得税费用。报表显示，营业收入比上年增加了 17 000（58 000–41000）万元，增幅为 17 000 ÷ 41 000=41.26%；营业成本增加了 7 000 万元，增幅为 21.21%；2023 年毛利率 =18 000 ÷ 58 000=31.03%；2022 年毛利率 =8 000 ÷ 41 000=19.51%；所以营业收入和营业成本异常。收入在增加，而管理费用在 2023 年冲销过多，是最异常的项目；投资收益比上年增加了 3 000 万元，增幅为 150%；所得税费用比上年增加了 2 300 万元，增幅为 328.57%，且计算的所得税税率为 3 000 ÷ 21 000=14.29%，与给出的所得税税率 25% 相差较大。而注册会计师了解到，A 公司 2023 年度的经营形势、管理及组织结构上与上年度比

较未发生重大变化（与收入费用等有关），且未发生重大重组行为（与投资收益有关），这些项目波动的幅度较大，应认为异常。

（2）需重点审计的销售费用项目：产品质量保证费用。由于产品质量保证费用一般按销售额的百分比提取，2022 年的营业收入为 41 000 万元，没有质量保证费用，而 2023 年的营业收入为 58 000 万元，却增加了质量保证费用 500 万元，应重点审计，检查是否存在人为调节费用的情况。

上述审计程序单独或组合起来，可以作为风险评估程序、控制测试和实施程序。

审计程序与审计证据的关系如图 8-2 所示。

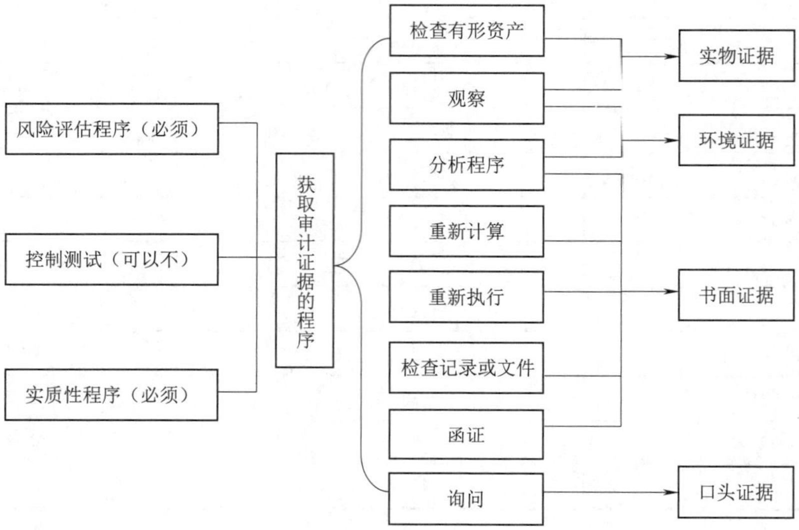

图 8-2　审计程序与审计证据的关系图

如图 8-2 所示，审计程序同审计证据并不是一一对应的关系，一种审计程序可以产生多种审计证据，而要获得一种审计证据也可选用多种审计程序。

四、审计证据的综合

（一）审计证据整理与分析的方法

审计人员应对收集到的分散的原始状态的审计证据按一定的方法进行加工整理，使其成为充分、适当的审计证据，以便形成恰当的审计意见。

一般情况下，审计证据整理的方法如下：

1．分类

分类是将各个审计证据按其证明力或按其与认定的关系进行分类排序。一般情况下，首先将审计证据按每一会计报表项目进行分类；其次，再按每一个审计目标将审计证据进行再次分类；最后再将其按与审计目标的关系或证明力的强弱进行排序。

2．计算

按照一定的方法对数据方面的审计证据进行计算，得出新的审计证据。

3．比较

比较包括两个方面：一方面，要将各种审计证据进行反复比较，从中分析出被审计单位经济业务的变动趋势及其特征；另一方面，还要与审计目标进行比较，判断其是否符合要求，是否需要补充收集审计证据。

4. 小结

小结是指审计证据在分类、计算和比较的基础上，注册会计师对审计证据进行归纳、总结，得出具有说服力的局部审计结论。

5. 综合

综合是指注册会计师对各类审计证据及其所形成的局部审计结论进行综合分析，最终形成整体的审计意见。

（二）审计证据整理与分析应注意的问题

1. 审计证据的取舍

注册会计师不可能将所获取的全部审计证据都反映到审计报告中去，因此在编写审计报告之前，必须对反映不同内容的审计证据做适当的取舍，只选择那些具有代表性的、典型的审计证据在审计报告中加以反映。其取舍标准如下：

（1）金额大小。对于金额较大、足以对被审计单位的财务状况或经营成果的反映产生重大影响的证据，应当作为重要证据保留。

（2）问题性质的严重程度。金额虽不大，但揭示的问题性质较严重，则应作为重要的审计证据。

2. 分清事实的现象与本质

在审计实务中，常常会遇到收集的审计证据所反映的情况只是一种表象，如果注册会计师的经验不够或者没有保持应有的职业怀疑态度，就很容易被表象所迷惑而看不清事实的真相，当然也就不可能得出正确的审计结论。

3. 排除伪证

所谓伪证是审计证据的提供者出于某种动机而伪造的证据或是提供的假证。如不排除伪证，注册会计师就无法得出正确的审计结论。

第二节　审计工作底稿

审计工作底稿是指注册会计师对制定的审计计划、实施的审计程序、获取的相关审计证据，以及得出的审计结论作出的记录。审计工作底稿是审计证据的载体，具有法律效力，是注册会计师在审计过程中形成的审计工作记录和获取的资料。它形成于审计过程，也反映整个审计过程。

一、审计工作底稿的性质

（一）审计工作底稿存在的形式

审计工作底稿可以以纸质、电子或其他介质的形式存在。

（二）审计工作底稿包括的内容

审计工作底稿通常包括总体审计策略、具体审计计划、分析表、问题备忘录、重大事项概要、询证函回函、管理层声明书、核对表、有关重大事项的往来信件（包括电子邮件），以及对被审计单位文件记录的摘要或复印件等。

此外，审计工作底稿通常还包括业务约定书、管理建议书、项目组内部或项目组与被审计单位举行的会议记录、与其他人士（如其他注册会计师、律师、专家等）的沟通文件及错报汇总表等。

二、审计工作底稿的要素及编制要求

（一）审计工作底稿的要素

1. 审计工作底稿的标题

每张底稿通常包括以下内容：

（1）被审计单位名称。

（2）索引号。在实务中，注册会计师可以按照所记录的审计工作的内容层次进行编号。例如，固定资产汇总表的编号为 C1，按类别列示的固定资产明细表的编号为 C1-1，以及列示单个固定资产原值及累计折旧的明细表编号，包括房屋建筑物（编号为 C1-1-1）、机器设备（编号为 C1-1-2）、运输工具（编号为 C1-1-3）及其他设备（编号为 C1-1-4）。相互引用时，需要在审计工作底稿中交叉注明索引号。

下面举例说明不同审计工作底稿之间的相互索引，使相关审计工作底稿之间保持清晰的勾稽关系，见表 8-5 固定资产汇总表工作底稿与表 8-6 固定资产明细表工作底稿。

表8-5　固定资产汇总表（节选）

被审计单位：		索引号：	
项目：		财务报表截止日期 / 期间：	
编制人员：		复核人员：	
编制日期：		复核日期：	
审计过程：			
C1–1	原值	××× G	×××
C1–1	累计折旧	××× G	×××
	净值	××× T/B Λ	××× B Λ
审计说明：			

表8-6　固定资产明细表（工作底稿索引号：C1-1）（节选）

被审计单位：		索引号：	
项目：		财务报表截止日	
编制人员：		复核人员：	
编制日期：		复核日期：	
审计过程：			

续表

工作底稿索引号	固定资产	期初余额	本期增加	本期减少	期末余额
	原值				
C1-1-1	1. 房屋建筑物	×××		×××	××× S
C1-1-2	2. 机器设备	×××	×××		××× S
C1-1-3	3. 运输工具	×××			××× S
C1-1-4	4. 其他设备	×××			××× S
	小计	×××B ∧	××× ∧	××× ∧	×××<C1 ∧
	累计折旧				
C1-1-1	1. 房屋建筑物	×××			××× S
C1-1-2	2. 机器设备	×××	×××		××× S
C1-1-3	3. 运输工具	×××			××× S
C1-1-4	4. 其他设备	×××			××× S
	小计	××× B ∧	××× ∧	××× ∧	××× <C1 ∧
	净值	×××B ∧			××× C1 ∧
审计说明：					

（3）审计项目名称。

（4）底稿覆盖的会计期间。

（5）编制人员及日期。

（6）复核人员及日期。

2. 审计过程记录

审计过程记录包括以下三个方面：

（1）记录实施审计程序的性质、时间和范围。

（2）记录特定项目或事项的识别特征。根据这一识别特征可以从总体中找到该项目或事项。

（3）重大事项：是指对整个审计工作和审计结论会产生重大影响的事项。通常包括以下内容：

①引起特别风险的事项。

②实施审计程序的结果，该结果表明财务信息可能存在重大错报，或需要修正以前对重大错报风险的评估和针对这些风险拟采取的应对措施。

③导致注册会计师难以实施必要审计程序的情形。

④导致出具非标准审计报告的事项。

3．审计结论

注册会计师恰当地记录审计结论非常重要，注册会计师需要根据所执行的审计程序及获取的审计证据得出结论，并以此作为对财务报表形成审计意见的基础。在记录审计结论时需注意，在审计工作底稿中记录审计程序和审计证据是否足以支持所得出并记录的审计结论。

4．审计标识及其说明

审计标识是注册会计师为了便于表达审计含义而采用的符号。为便于他人理解，注册会计师应在审计工作底稿中说明各种标识所代表的含义，审计标识应前后一致。

常用的审计标识如下：

· Λ：纵加核对。

· <：横加核对。

· B：与上年结转数核对一致。

· T：与原始凭证核对一致。

· G：与总分类账核对一致。

· S：与明细分类账核对一致。

· T/B：与试算平衡表核对一致。

· C：已发询证函。

· C\：已收回询证函。

（二）编制审计工作底稿的基本要求

注册会计师编制的审计工作底稿，应当使未曾接触该项审计工作的有经验的专业人士清楚地了解以下内容：

（1）按照审计准则和相关法律法规的规定实施的审计程序的性质、时间安排和范围。

（2）实施审计程序的结果和获取的审计证据。

（3）审计中遇到的重大事项和得出的结论，以及在得出结论时作出的重大职业判断。

三、审计工作底稿的复核

审计工作底稿的复核制度就是会计师事务所对有关复核人级别、复核程序与要点、复核人职责等做出的明文规定。

（一）项目组成员实施的复核

《中国注册会计师审计准则第 1121 号——历史财务信息审计的质量控制》规定，由项目组内经验较多的人员（包括项目负责人）复核经验较少人员的工作时，复核人员应当考虑以下内容：

（1）审计工作是否已按照法律法规、职业道德规范和审计准则的规定执行。

（2）重大事项是否已提请进一步考虑。

（3）相关事项是否已进行适当咨询，由此形成的结论是否得到记录和执行。

（4）是否需要修改已执行审计工作的性质、时间和范围。

（5）已执行的审计工作是否支持形成的结论，并已得到适当记录。

（6）获取的审计证据是否充分、适当，足以支持审计报告。

（7）审计程序的目标是否已经实现。

为了监督审计业务的进程，并考虑助理人员是否具备足够的专业技能和胜任能力，以执行分派的审计工作，了解审计指令及按照总体审计策略和具体审计计划执行工作，有必要对执行业务的助理人员进行适当的督导和复核。

复核人员应当知悉并解决重大的会计和审计问题，考虑其重要程度并适当修改总体审计策略和具体审计计划。此外，项目组成员与客户的专业判断分歧应当得到解决，必要时，应考虑寻求恰当的咨询。

对工作底稿实施的复核必须留下证据，一般由复核者在相关审计工作底稿上签名并署明日期。

（二）项目质量控制复核

《中国注册会计师审计准则第 1121 号——历史财务信息审计的质量控制》规定，注册会计师在出具审计报告前，会计师事务所应当指定专门的机构或人员对审计项目执行的审计实施项目质量控制复核。

项目负责人有责任采取以下措施：

（1）确定会计师事务所已委派项目质量控制复核人员。

（2）与项目质量控制复核人员讨论在审计过程中遇到的重大事项，包括项目质量控制复核中识别的重大事项。

（3）在项目质量控制复核完成后，才能出具审计报告。

项目质量控制复核应当包括客观评价下列事项：

（1）项目组做出的重大判断。

（2）在准备审计报告时得出的结论。

会计师事务所采用制衡制度，以确保委派独立的、有经验的审计人员作为其所熟悉行业的项目质量控制复核人员。复核范围取决于审计项目的复杂程度以及未能根据具体情况出具审计报告的风险。

项目质量控制复核与项目组内部复核在内容和目的等方面具有一定的相似性，但存在以下主要区别：

（1）复核主体不同。项目组内部复核是项目组内部成员实施的复核，包括项目负责人实施的复核；项目质量控制复核则是会计师事务所挑选不参与该业务的人员独立地对特定业务实施的复核。后者的独立性和客观性高于前者。

（2）复核对象不同。对每项审计业务都应当进行项目组内部复核；而会计师事务所只对特定业务才实施独立的项目质量控制复核。如对上市公司财务报表审计，就必须进行项目质量控制复核，原因在于上市公司财务报表涉及社会公众利益的范围广泛，审计一旦出现问题，社会经济影响比较重大。

（3）复核要求不同。对每项审计业务实施项目组内部复核的内容比较广泛；会计师事务所对特定业务实施项目质量控制复核的重点，是客观评价项目组作出的重大判断和在准备审计报告时形成的结论。

四、审计工作底稿的管理

（一）审计工作底稿的所有权

审计工作底稿的所有权属于会计师事务所。

（二）审计工作底稿的归档和保管期限

注册会计师应当按照会计师事务所质量控制政策和程序的规定，及时将审计工作底稿归整为最终审计档案。审计工作底稿的归档期限为审计报告日后60天内。如果注册会计师未能完成审计业务，审计工作底稿的归档期限为审计业务中止后的60天内。

会计师事务所应当自审计报告日起，对审计工作底稿至少保存10年。如果注册会计师未能完成审计业务，会计师事务所应当自审计业务中止日起，对审计工作底稿至少保存10年。

（三）审计档案的结构

对每项具体审计业务，注册会计师应当将审计工作底稿归整为审计档案。在实务中，审计档案可以分为永久性档案和当期档案。

1．永久性档案

永久性档案是指那些记录内容相对稳定，具有长期使用价值，并对以后审计工作具有重要影响和直接作用的审计档案，应当永久保存。分为以下几类：

（1）审计项目管理。如被审计单位地址、主要联系人、职位、电话，审计业务约定书原件，参与审计的注册会计师或专家的姓名和地址，各期审计档案清单等。

（2）被审计单位背景资料。如被审计单位的组织结构、业务介绍、关联方资料、历史发展资料、董事会成员清单等。

（3）法律事项资料。如批准证书、营业执照、章程、验资报告、重要资产所有权或使用权的证明文件复印件等。

2．当期档案

当期档案是指那些记录内容经常变化，主要供当期审计使用和下期使用的审计档案，主要由业务类工作底稿组成。例如，总体审计策略和具体审计计划。

以某会计师事务所为例，当期档案清单包括下列内容：

（1）沟通和报告相关工作底稿，主要包括：

①审计报告和经审计的财务报表。

②与主审注册会计师的沟通和报告。

③与治理层、管理层的沟通和报告。

④管理建议书。

⑤其他。

（2）审计完成阶段工作底稿，主要包括：

①审计工作完成核对表。

②管理层声明书原件。

③有关列报的工作底稿。

④重大事项摘要。

⑤其他。

（3）审计计划阶段工作底稿，主要包括：

①总体审计策略和具体审计计划。

②对内部审计职能的评价。

③预备会会议纪要。

④其他。

（四）审计工作底稿归档后的变动

在完成最终审计档案的归整工作后，注册会计师不应在规定的保存期限届满前删除或废弃任何性质的审计工作底稿。

（1）注册会计师已实施了必要的审计程序，取得了充分、适当的审计证据并得出了恰当的审计结论，但审计工作底稿的记录不够充分。

（2）审计报告日后，发现例外情况要求注册会计师实施新的或追加审计程序，或导致注册会计师得出新的结论。

（3）变动审计工作底稿时的记录要求。

在完成最终审计档案的归整工作后，如果发现有必要修改现有审计工作底稿或增加新的审计工作底稿，无论修改或增加的性质如何，注册会计师均应当记录下列事项：

（1）修改或增加审计工作底稿的理由。

（2）修改或增加审计工作底稿的时间和人员，以及复核的时间和人员。

（五）审计工作底稿范例

审计工作底稿参考格式如下：

实质性分析程序工作底稿

被审计单位名称：H公司
财务报表期间：[截至××年×月×日止]
审计项目名称：应收账款

	签名	日期	索引号
编制人			
复核人[如项目负责人]			页次
项目质量控制复核人			

1. 实质性分析程序的目标

实质性分析程序的目标	进一步审计程序索引号
[审计目标：坏账准备的计价和分摊，管理费用——坏账的准确性]	[L1第4.2部分]
重大错报风险评估结果	[高]

2. 分析程序

预期：

[该公司前两年的应收账款周转天数分别是 55 天和 60 天。通过询问销售部门负责人，获知本期提供给客户的信用条件没有变化，均为 60 天。因此，预期本期的应收账款周转天数为 60 天。]

可接受的差异额：

[基于重要性水平和计划的保证水平，确定可接受的差异额为：应收账款周转天数与预期值相差 6 天。]

项目	本期	预期值	差异	可接受的差异额
[应收账款周转天数]	[70 天]	[60 天]	[10 天]	[6 天]

3. 对偏离预期数据的重大波动或关系实施的审计程序

发现的偏离预期数据的重大波动或关系及实施的审计程序
[应收账款周转天数的重大波动主要原因是：A 公司为扩大销售吸引了一批新的客户，部分新客户的应收账款账龄超过了 A 公司提供的还款期。管理层已对这些客户的资信状况进行了跟进了解，这些新客户多为房地产企业，资金周转周期较长。通过检查这些新客户资信状况资料，没有发现重大的支付能力异常情况。]

4. 结论

[基于以上的分析程序，应收账款的实际周转情况与预期数据之间没有重大异常情况。]

思考与练习

一、思考题

1. 什么是审计证据？
2. 什么是实物证据、书面证据、口头证据、环境证据？
3. 简述审计证据的特征和种类。
4. 简述获取审计证据的程序。
5. 简述审计证据整理与分析的原则。
6. 什么是审计工作底稿？
7. 简述审计工作底稿的复核过程。
8. 如何区分永久性档案和当期档案？
9. 简述审计工作底稿的归档和保管期限。

二、判断题

1. 审计证据既包括财务报表依据的会计记录中含有的信息，也包含其他信息。（ ）

2. 注册会计师 L 在对 Z 企业进行年报审计时，直接根据存货的收、发、结存的会计记录计算出来的存货的账面价值确认资产负债表中的存货项目。（ ）

3. 实物证据可以证明资产的存在性，但不可以证实资产的所有权的归属。（ ）

4. 如果审计证据不可靠，审计证据数量多也不能起到证明作用。（ ）

5. 审计证据要满足充分性，因此审计证据数量越多越好。（ ）

6. 函证应由注册会计师直接发出。 ( )

7. 重新执行是指注册会计师查看相关人员正在从事的活动或执行的程序。 ( )

8. 审计工作底稿是审计证据的载体，具有法律效力。 ( )

9. 审计工作底稿的资料大多来自被审计单位，因此，审计工作底稿是注册会计师和被审计单位共同享有的。 ( )

10. 审计工作底稿必须有编制人和复核人签章。 ( )

三、单选题

1. 收集（ ）是审计工作的核心。

A. 审计证据　B. 审计工作底稿　C. 审计计划　D. 审计依据

2. 在确定审计证据的数量时，下列表述中错误的是（ ）。

A. 错报风险越大，需要的审计证据可能越多

B. 审计证据质量越高，需要的审计证据可能越少

C. 审计证据的质量存在缺陷，可能无法通过获取更多的审计证据予以弥补

D. 通过调高重要性水平，可以降低所需获取的审计证据的数量

3. 将审计证据划分为内部证据和外部证据的依据是（ ）。

A. 审计证据的作用　B. 审计证据的形态

C. 审计证据的关系　D. 审计证据的来源

4. 属于内部证据的是（ ）。

A. 火车票　B. 购货发票

C. 函证信回函　D. 材料出库单

5. 下列关于审计证据的充分性和适当性的说法中，不正确的是（ ）。

A. 审计证据的充分性是对审计证据数量的衡量

B. 审计证据的适当性是对审计证据质量的衡量

C. 错报风险越大，需要的审计证据可能越多

D. 审计证据的数量可以弥补质量上的不足

6. 在确定审计证据的可靠性时，下列表述中错误的是（ ）。

A. 以电子形式存在的审计证据比口头形式的审计证据更可靠

B. 从外部独立来源获取的审计证据比从其他来源获取的审计证据更可靠

C. 从复印件获取的审计证据比从传真件获取的审计证据更可靠

D. 直接获取的审计证据比推论得出的审计证据更可靠

7. 函证的所有权归（ ）所有。

A. 注册会计师　B. 会计师事务所

C. 被审计单位　D. 被审计单位的管理层

8. 注册会计师对被审计单位重要的比率或趋势进行分析以获取审计证据的方法属于（ ）。

A. 计算　B. 检查　C. 分析程序　D. 比较

9. 注册会计师获取的下列以文件记录形式的证据中，证明力最强的是（ ）。

A. 银行存款函证回函　B. 购货发票

C. 产品入库单　　D. 应收账款明细账

10. 甲会计师事务所于2024年2月15日对A公司2023年度财务报表完成了审计工作并出具了审计报告，该审计报告副本作为审计档案应（　　）。

A. 至少保存至2025.2.15　　B. 至少保存至2034.2.15

C. 至少保存至2033.2.15　　D. 长期保存

四、多选题

1. 审计证据最基本的分类是按其形态分为（　　）。

A. 实物证据　　B. 书面证据　　C. 口头证据　　D. 环境证据

2. 实物证据有时无法证明（　　）。

A. 实物资产的价值　　B. 实物资产是否存在

C. 实物资产是否抵押　　D. 实物资产是否为被审计单位所有

3. 下列各项审计证据中，属于来自被审计单位内部证据的有（　　）。

A. 被审计单位已对外报送的财务报表

B. 被审计单位提供的银行对账单

C. 被审计单位律师关于未决诉讼的声明书

D. 被审计单位管理层声明书

4. 审计证据的质量特征有（　　）。

A. 客观性　　B. 相关性　　C. 充分性　　D. 可靠性

5. 可以运用（　　）获取书面证据。

A. 存在性　　B. 计算　　C. 分析程序　　D. 函证

6. 审计证据的可靠性受（　　）的影响。

A. 证据的性质　　B. 获取证据的环境

C. 证据的来源　　D. 被审计单位的业务性质

7. 可以实施函证的项目有（　　）。

A. 应收票据　　B. 其他应收款　　C. 预付账款　　D. 应付账款

8. 通常情况下，注册会计师需要对（　　）特定项目实施函证。

A. 金额较小的项目

B. 账龄较长的项目

C. 可能存在争议以及产生重大舞弊或错误的交易

D. 重大或异常的交易

9. 下列各项属于永久性档案的是（　　）。

A. 被审计单位背景资料　　B. 审计完成阶段工作底稿

C. 法律事项资料　　D. 审计计划阶段工作底稿

10. 注册会计师确定是否有必要实施函证以获取认定层次的充分、适当的审计证据应当考虑的因素有（　　）。

A. 评估的财务报表层次重大错报风险　　B. 评估的认定层次重大错报风险

C. 被审计单位的经营环境　　D. 实施其他审计程序获取的审计证据

五、综合题

1. 注册会计师在对某企业现金业务审查时，发现出纳员在审计期间有一张未经批准而私自借出现金的白条，金额合计为 6 000 元，经过盘点证明白条所列现金 6 000 元确实不在库。注册会计师由此认定该出纳员挪用库存现金 6 000 元，该出纳员亦承认这一事实。请指出该审计事项中的审计证据有哪些？各属何种证据？运用了哪些审计程序？

2. 以下 10 项为注册会计师获取的审计证据，试分析各属于什么类型证据，再将它们与右边的审计证据类型用“线”连接起来。

①被审计单位的销售发票	实物证据
②被审计单位管理当局的声明书	
③审计人员实地观察被审计单位的内部控制运行取得的证据	书面证据
④被审计单位律师的声明书	
⑤审计人员对存货监盘取得的证据	口头证据
⑥审计人员亲自对固定资产折旧重新计算取得的证据	
⑦关于应收账款函证的回函	环境证据
⑧审计人员了解被审计单位管理条件较好和管理水平较高取得的证据	
⑨审计人员对被审计单位有关人员的口头询问	
⑩银行存款对账单	

3. 注册会计师在对昌盛公司进行审计时，发现该公司内部控制制度具有严重缺陷，与管理层沟通相关问题时，其眼神飘忽不定，逻辑混乱。在此情况下，注册会计师能否依赖下列证据：

（1）销货发票副本。

（2）监盘客户的存货（不涉及检查相关的所有权凭证）。

（3）外部律师提供的声明书。

（4）管理层声明书。

（5）会计记录。

4. 注册会计师张杰在对恒基公司 20×× 年度财务报表进行审计时，收集到以下六组证据：

（1）收料单与购货发票。

（2）销货发票副本与产品出库单。

（3）领料单与材料成本计算表。

（4）工资计算单与工资发放单。

（5）存货盘点表与存货监盘记录。

（6）银行询证函回函与银行对账单。

要求：

请分别说明每组证据中哪项审计证据较为可靠，并简要说明理由。

5. 以下审计程序属于哪一种实质性程序？获取了哪一种类的证据？与哪些具体目标相关？填入相应的表格中。

序　号	审计程序	实质性程序的名称	审计证据的类型	具体审计目标
1	从有关记录审查至“已付款”支票			
2	重新计算应付利息费用			
3	向管理当局询问存货过时情况			
4	计算存货周转率并与同行资料比较			
5	向债务人函证应收账款余额			
6	从销货记录审查至销货发票			
7	审查应予资本化却计入修理费的证据			
8	分析行业成本数据变化趋势			
9	审查年度中所购买的土地所有权合同			
10	抽查报表日后销售收入、退货记录、发货单和货运凭证			
11	盘点库存现金			

第九章 风险评估

学习目标

了解风险评估目的、内容，熟悉风险评估程序；掌握内部控制要素及了解内部控制具体流程和方法。通过本章学习，对注册会计师实施风险评估程序在技术上有深刻认知，并能够从中感受到风险导向审计模式给注册会计师审计带来的困难与挑战。

第一节 实施风险评估程序和组织项目组讨论

一、实施风险评估程序

风险导向审计是当今主流的审计方法，它要求注册会计师评估财务报表重大错报风险，设计和实施进一步审计程序以应对评估的错报风险。注册会计师为了解被审计单位及其环境而实施的程序称为风险评估程序。注册会计师应当依据实施这些程序所获取的信息，评估重大错报风险。

注册会计师应当实施下列风险评估程序，以了解被审计单位及其环境：

（一）询问被审计单位管理层和内部其他相关人员

注册会计师可以向管理层和财务负责人询问下列事项：①管理层所关注的主要问题，如新的竞争对手、主要客户和供应商的流失、新的税收法规的实施以及经营目标或战略的变化等；②被审计单位最近的财务状况、经营成果和现金流量；③可能影响财务报告的交易和事项，或者目前发生的重大会计处理问题，如重大的购并事宜等；④被审计单位发生的其他重要变化，如所有权结构、组织结构的变化，以及内部控制的变化等。注册会计师还应当询问内部注册会计师、采购人员、生产人员、销售人员等其他人员，并考虑询问不同级别的员工，以获取对识别重大错报风险有用的信息。

（二）实施分析程序

分析程序是指注册会计师通过研究不同财务数据之间以及财务数据与非财务数据之间的内在关系，对财务信息做出评价。分析程序还包括调查识别出的、与其他相关信息不一致或与预期数据严重偏离的波动和关系。在实施分析程序时，注册会计师应当预期可能存在的合理关系，并与被审计单位记录的金额、依据记录金额计算的比率或趋势相比较。如果发现异常或未预期到的关系，注册会计师应当在识别重大错报风险时考虑这些比较结果。

（三）观察和检查

本程序可以印证对管理层和其他相关人员的询问结果，并可提供有关被审计单位及其环境的信息，一般实施下列观察和检查程序：①观察被审计单位的生产经营活动；②检查文件、记录和内部控制手册；③阅读由管理层和治理层编制的报告；④实地察看被审计单位的生产经营场所和设备；⑤追踪交易在财务报告信息系统中的处理过程（穿行测试）。通过追踪某笔或某几笔交易在业务流程中如何生成、记录、处理和报告，以及相关控制如何执行，注册会计师可以确定被审计单位的交易流程和相关控制是否与之前通过其他程序所获得的了解一致，并确定相关控制是否得到执行。

二、组织项目组讨论

（一）项目组讨论的实质

（1）项目组讨论是注册会计师了解被审计单位及其环境、评估重大错报风险、制定总体应对措施、设计并实施进一步审计程序，甚至评价审计证据、形成审计结论、出具审计报告等整个审计工作过程中的一种专业工作要求。

（2）项目组讨论的实质是整合项目组内部资源，保持项目组成员的职业谨慎，在确保审计报告质量的同时提高审计效率。

（二）项目组讨论的目标

实施项目组讨论的目的在于明确以下方面：

（1）了解在各自负责的领域中，由于舞弊或错误导致财务报表重大错报的可能性。

（2）了解各自实施审计程序的结果如何影响审计的其他方面，包括对确定进一步审计程序的性质、时间安排和范围的影响。

（三）项目组讨论的内容

（1）被审计单位面临的经营风险。

（2）财务报表容易发生错报的领域以及发生错报的方式，特别是由于舞弊导致重大错报的可能性。

（四）参与讨论的人员

项目组的关键员应当参与讨论，如果项目组需要拥有信息技术或其他特殊技能的专家，这些专家也应参与讨论。

（五）项目组讨论的时间

在整个审计过程中持续交换有关财务报表发生重大错报可能性的信息。

（六）项目组讨论的方式

项目组在讨论时应当调在整个计过程中保持职业怀疑，警惕可能发生重大错报的迹象，并对这些迹象进行严格追踪。

第二节 了解被审计单位及其环境和适用的财务报告编制基础

一、总体要求

注册会计师应当实施风险评估程序，以了解下列三个方面：

1．被审计单位及其环境

被审计单位及其环境主要包括：

（1）组织结构、所有权和治理结构、业务模式（包括该业务模式利用信息技术的程度）。

（2）行业形势、法律环境、监管环境和其他外部因素。

（3）财务业绩的衡量标准，包括内部和外部使用的衡量标准。

2．适用的财务报告编制基础、会计政策以及变更会计政策的原因

基于对被审计单位及其环境和适用的财务报告编制基础、会计政策以及变更会计政策的原因的了解，被审计单位在按照适用的财务报告编制基础编制财务报表时，固有风险因素怎样影响各项认定易于发生错报的可能性以及影响的程度。

3．被审计单位内部控制体系各要素

具体内容见后面的介绍。

二、组织结构、所有权结构、治理结构、业务模式

1．组织结构

复杂的组织结构可能导致某些特定的重大错报风险。注册会计师应当了解被审计单位的组织结构，考虑复杂组织结构可能导致的重大错报风险，包括财务报表合并、商誉减值以及长期股权投资核算等问题。

2．所有权结构

对被审计单位所有权结构的了解有助于注册会计师识别关联方关系并了解被审计单位的决策过程。注册会计师应当了解所有权结构以及所有者与其他人员或单位之间的关系，考虑关联方关系是否已经得到了识别，以及关联方交易是否得到恰当核算。同时，注册会计师可能需要对其控股母公司（股东）的情况做进一步的了解。

3．治理结构

良好的治理结构可以对被审计单位的经营和财务运作实施有效的监督，从而降低财务报表发生重大错报的风险。注册会计师应当了解被审计单位的治理结构。例如：董事会的构成情况、董事会内部是否有独立董事;治理结构中是否设有审计委员会或监事会，以及其运作情况。

4．业务模式

了解业务模式主要是为了了解和评价被审计单位经营风险可能对财务报表重大错报产生的影响。

注册会计师了解被审计单位的目标、战略和业务模式有助于从战略层面和整体层面了解被审计单位，并了解被审计单位承担和面临的经营风险。由于多数经营风险最终都会产生财务后果，从而影响财务报表，因此，了解影响财务报表的经营风险有助于注册会计师识别重大错报风险。例如，不同业务模式的被审计单位可能以不同方式依赖对信息技术的使用：

（1）被审计单位在实体店销售 A 产品，并使用先进的库存和销售终端系统记录产品的销售。

（2）被审计单位在线销售 A 产品，所有销售交易均在信息技术环境中处理，包括通过网站发起交易。

对于以上两类被审计单位，尽管二者都从事 A 产品销售，但由于业务模式明显不同，因此产生的经营风险也有显著差异。

注册会计师并非需要了解被审计单位业务模式的所有方面。经营风险比财务报表重大错报风险范围更广，注册会计师没有责任了解或识别所有的经营风险，因为尽管多数经营风险最终都会导致财务后果，从而影响财务报表，但并非所有的经营风险都会导致重大错报风险。

三、行业形势、法律环境和监管环境、其他外部因素以及了解的重点和程度

1．行业形势

注册会计师需要了解被审计单位所处的行业状况，主要包括：被审计单位所处行业的总体发展趋势；所处市场的需求、市场容量和价格竞争如何；该行业是否受经济周期波动的影响，以及采取哪种行动使波动产生的影响最小化；该行业受技术发展影响的程度等。

2．法律环境和监管环境

注册会计师应当了解被审计单位所处的法律环境及其监督环境，主要包括：适用的会计准则、会计制度和行业特定惯例；对经营活动产生重大影响的法律法规及监督活动；对开展业务产生重大影响的政府政策；与被审计单位所处行业和所从事经营活动相关的环保要求等。

3．其他外部因素

注册会计师应当了解影响被审计单位经营的其他外部因素，主要包括：宏观经济的景气度、利率和资金供求状况、通货膨胀水平及币值变动、国际经济环境和汇率变动。

4．了解的重点和程度

注册会计师对上述外部因素了解的范围和程度，因被审计单位所处行业、规模以及其他因素（如市场地位）的不同而不同。例如，对从事计算机硬件制造的被审计单位，注册会计师可能更关心市场和竞争以及技术进步的情况；对金融企业，注册会计师可能更关心宏观经济走势以及货币、财政等方面的宏观经济政策；对化工等产生污染的行业，注册会计师可能更关心相关环保法规。注册会计师可以考虑将了解的重点放在对被审计单位的经营活动可能产生重要影响的关键外部因素，以及与前期相比发生的重大变化上。

注册会计师应当考虑被审计单位所在行业的性质或监管程度是否可能导致特定的重大错报风险，并考虑项目组是否配备了具有相关知识和经验的成员。例如：建筑行业长期

合同涉及收入和成本的重大估计，可能导致重大错报风险；银行监管机构对商业银行的资本充足率有专门规定，不能满足这一监管要求的商业银行可能有操纵财务报表的动机和压力。

四、被审计单位财务业绩的衡量标准

被审计单位管理层经常会衡量和评价关键业绩指标（包括财务的和非财务的）完成情况、预算及差异分析报告、分部信息和分支机构、部门或其他层次的业绩报告以及与竞争对手的业绩比较信息等。主要了解以下几个方面：

（1）关键业绩指标（财务的或非财务的）、关键比率、趋势和经营统计数据。

（2）同期财务业绩比较分析。

（3）预算、预测、差异分析，分部信息与分部、部门或其他不同层次的业绩报告。

（4）员工业绩考核与激励性报酬政策。

（5）被审计单位与竞争对手的业绩比较。

五、适用的财务报告编制基础、会计政策及变更会计政策的原因

在了解被审计单位适用的财务报告编制基础，以及如何根据被审计单位及其环境的性质和情况运用该编制基础时，注册会计师可能需要考虑的事项包括：

（1）被审计单位与适用的财务报告编制基础相关的财务报告实务。主要包括下列事项：

①会计政策和行业特定惯例，包括特定行业财务报表中的“相关交易类别、账户余额和披露”（如银行业的贷款和投资、医药行业的研究与开发活动）。

②收入确认。

③金融工具以及相关信用损失的会计处理。

④外币资产、负债与交易。

⑤异常或复杂交易（包括在有争议或新兴领域的交易）的会计处理（如对加密币的会计处理）。

（2）就被审计单位对会计政策的选择和运用（包括发生的变化及变化的原因）获得的了解。主要包括下列事项：

①被审计单位用于确认、计量和列报（包括披露）重大和异常交易的方法。

②在缺乏权威性标准或共识的争议或新兴领域采用重要会计政策产生的影响。

③环境变化，例如适用的财务报告编制基础的变化或税制改革可能导致被审计单位的会计政策变更。

④新颁布的会计准则、法律法规，被审计单位采用的时间以及如何采用或遵守这些规定。

值得注意的是，这里的“相关交易类别、账户余额和披露”，是指存在“相关认定”的交易类别、账户余额和披露。

了解被审计单位及其环境，可能有助于注册会计师考虑被审计单位财务报告预期发生变化（如相比以前期间）的领域。例如，如果被审计单位在本期发生重大企业合并，则注册会计师可以预期与该企业合并相关的各类交易、账户余额和披露发生变化。相反，如果财务报

告编制基础在本期未发生重大变化，则注册会计师的了解可能有助于其确认上期获取的了解仍然适用。

第三节 被审计单位的内部控制

一、内部控制的含义和局限性

内部控制是被审计单位为了合理保证财务报告的可靠性、经营的效率和效果以及对法律法规的遵守，由治理层、管理层和其他人员设计和执行的政策和程序。

内部控制的目标是合理保证：①财务报告的可靠性，这一目标与管理层履行财务报告编制责任密切相关；②经营的效率和效果，即经济有效地使用企业资源，以最优方式实现企业的目标；③遵守适用的法律法规的要求，即在法律法规的框架下从事经营活动。设计和实施内部控制的责任主体是治理层、管理层和其他人员。实现内部控制目标的手段是设计和执行控制政策和程序。

内部控制存在固有局限性，无论如何设计和执行，只能对财务报告的可靠性提供合理的保证。内部控制存在的固有局限性包括：在决策时人为判断可能出现错误和由于人为失误而导致内部控制失效，可能由于两个或更多的人员进行串通或管理层凌驾于内部控制之上而被规避；行使控制职能的人员素质不适应岗位要求；对内部控制成本效益问题的考虑；对不经常发生或未预计到的业务，原有控制可能不适用。

二、内部控制要素

内部控制包括五要素，即：控制环境；风险评估过程；信息系统与沟通；控制活动；对控制的监督。

（一）控制环境

控制环境是指对企业控制的建立和实施有重大影响的因素的统称。控制环境包括治理职能和管理职能，以及治理层和管理层对内部控制及其重要性的态度、认识和措施。控制环境设定了被审计单位的内部控制基调，影响员工对内部控制的认识和态度。良好的控制环境是实施有效内部控制的基础。实际上，在审计业务承接阶段，注册会计师就需要对控制环境做出初步了解和评价。

注册会计师应当了解被审计单位对诚信和道德价值观念的沟通与落实、对胜任能力的重视、治理层的参与程度、管理层的理念和经营风格、组织结构及职权与责任的分配及人力资源政策与实务等状况。

（二）风险评估过程

被审计单位的风险评估过程包括识别与财务报告相关的经营风险，以及针对这些风险所采取的措施。注册会计师应当了解被审计单位的风险评估过程和结果。可能产生风险的事项和情形包括：

（1）监管及经营环境的变化。监管和经营环境的变化会导致竞争压力的变化以及重大的相关风险。

（2）新员工的加入。新员工可能对内部控制有不同的认识和关注点。

（3）新信息系统的使用或对原系统进行升级。信息系统的重大变化会改变与内部控制相关的风险。

（4）业务快速发展。快速的业务扩张可能会使内部控制难以应对，从而增加内部控制失效的可能性。

（5）新技术。将新技术运用于生产过程和信息系统可能改变与内部控制相关的风险。

（6）新生产型号、产品和业务活动。进入新的业务领域和发生新的交易可能带来新的与内部控制相关的风险。

（7）企业重组。重组可能带来裁员以及管理职责的重新划分，将影响与内部控制相关的风险。

（8）发展海外经营。海外扩张或收购会带来新的并且往往是特别的风险，进而可能影响内部控制，如外币交易的风险。

（9）新的会计准则。采用新的或变化了的会计准则可能会增大财务报告发生重大错报的风险。

（三）信息系统与沟通

与财务报告相关的信息系统，包括用以生成、记录、处理和报告交易、事项和情况，对相关资产、负债和所有者权益履行经营管理责任的程序和记录。与财务报告相关的信息系统所生成信息的质量，对管理层能否做出恰当的经营管理决策以及编制可靠的财务报告具有重大影响。

与财务报告相关的沟通包括使员工了解各自在与财务报告有关的内部控制方面的角色和职责、员工之间的工作联系，以及向适当级别的管理层报告例外事项的方式。

注册会计师应当了解与财务报告相关的信息系统及与财务报告相关的沟通情况。

（四）控制活动

控制活动是指有助于确保管理层的指令得以执行的政策和程序，包括与授权、业绩评价、信息处理、实物控制和职责分离等相关的活动。

1．授权

注册会计师应当了解与授权有关的控制活动，包括一般授权和特别授权。授权的目的在于保证交易在管理层授权范围内进行。一般授权是指管理层制定的要求组织内部遵守的普遍适用于某类交易或活动的政策。特别授权是指管理层针对特定类别的交易或活动逐一设置的授权，如重大资本支出和股票发行等。

2．业绩评价

注册会计师应当了解与业绩评价有关的控制活动，主要包括被审计单位分析评价实际业绩与预算（或预测、前期业绩）的差异，综合分析财务数据与经营数据的内在关系，将内部数据与外部信息来源相比较，评价职能部门、分支机构或项目活动的业绩，以及对发现的异常差异或关系采取必要的调查与纠正措施。

3．信息处理（凭证和记录）

注册会计师应当了解与信息处理有关的控制活动，包括信息技术的一般控制和应用控制。被审计单位通常执行各种措施，检查各种类型信息处理环境下的交易的准确性、完整性和授权。信息处理控制可以是人工的、自动化的，或是基于自动流程的人工控制。信息处理控制分为两类，即信息技术的一般控制和应用控制。

4．实物控制

注册会计师应当了解实物控制，主要包括了解对资产和记录采取适当的安全保护措施，对访问计算机程序和数据文件设置授权，以及定期盘点并将盘点记录与会计记录相核对。例如，现金、有价证券和存货的定期盘点控制。实物控制的效果影响资产的安全，从而对财务报表的可靠性及审计产生影响。

5．职责分离

注册会计师应当了解职责分离，主要包括了解被审计单位如何将交易授权、交易记录以及资产保管等职责分配给不同员工，以防范同一员工在履行多项职责时可能发生的舞弊或错误。

（五）对控制的监督

对控制的监督是指被审计单位评价内部控制在一段时间内运行有效性的过程，该过程包括及时评价控制的设计和运行，以及根据情况的变化采取必要纠正措施。例如，管理层对是否定期编制银行存款余额调节表进行复核、内部审计人员评价销售人员是否遵守公司关于销售合同条款的政策。

三、在整体层面和业务流程层面了解内部控制

（一）在整体层面了解内部控制

在整体层面对被审计单位内部控制的了解和评估，通常由项目组中对被审计单位比较了解且较有经验的成员负责，同时需要项目组其他成员的参与和配合。注册会计师可以考虑将询问被审计单位人员、观察特定控制的应用、检查文件和报告以及执行穿行测试等风险评估程序相结合，以获取审计证据。在了解内部控制的各构成要素时，注册会计师应当对被审计单位整体层面的内部控制的设计进行评价，并确定其是否得到执行。这一评价过程需要大量职业判断。注册会计师应当将对被审计单位整体层面内部控制各要素的了解要点和实施的风险评估程序及其结果等形成审计工作记录。

（二）在业务流程层面了解内部控制

在初步计划审计工作时，注册会计师需要确定在被审计单位财务报表中可能存在重大错报风险的重大账户及其相关认定。为实现此目的，通常采取下列步骤：

（1）确定被审计单位的重要业务流程和重要交易类别。在实务中，将被审计单位的整个经营活动划分为几个重要的业务循环，有助于注册会计师更有效地了解和评估重要业务流程及相关控制。通常，对制造业企业，可以划分为销售与收款循环、采购与付款循环、生产与存货循环、货币资金循环等。

（2）了解重要交易流程，并记录获得的了解。在确定重要的业务流程和交易类别后，注

册会计师便可着手了解每一类重要交易在自动化或人工系统中生成、记录、处理及在财务报表中报告的程序，即重要交易流程，并综合运用文字说明、流程图等方法记录获得的了解。这是确定在哪个环节或哪些环节可能发生错报的基础。

（3）确定可能发生错报的环节。注册会计师需要确认和了解错报在什么环节发生，即确定被审计单位应在哪些环节设置控制，以防止或发现并纠正各重要业务流程可能发生的错报。注册会计师所关注的控制，是那些能通过防止错报的发生，或者通过发现和纠正已有错报，从而确保每个流程中业务活动的具体流程能够顺利运转的人工或自动化控制程序。

（4）识别和了解相关控制。通过对被审计单位的了解，包括在被审计单位整体层面对内部控制各要素的了解，以及在上述程序中对重要业务流程的了解，注册会计师可以确定是否有必要了解在业务流程层面的控制。

如果注册会计师计划对业务流程层面的有关控制进行了解和评价，在了解业务流程中容易发生错报的环节后，注册会计师应当确定：①被审计单位是否建立了有效的控制，以防止或发现并纠正这些错报；②被审计单位是否遗漏了必要的控制；③被审计单位是否识别了可以最有效测试的控制。

（5）执行穿行测试，证实对交易流程和相关控制的了解。

（6）进行初步评价和风险评估。在识别和了解控制后，注册会计师要对内部控制进行初步评价。根据上述执行的程序和获取的审计证据，注册会计师需要评价控制的设计并确定其是否得到执行。

注册会计师对控制的初步评价结论可能是：①内部控制设计合理（即单独或连同其他控制能够有效防止或发现并纠正重大错报），并得到执行；②控制本身的设计是合理的，但没有得到执行；③控制本身的设计就是无效的或缺乏必要的控制。

（7）对财务报告流程的了解。由于财务报告流程将直接影响财务报告，因此，注册会计师应重视对这一重要流程的了解。流程包括：①将业务数据汇总记入总账的程序，即如何将重要业务流程的信息与总账和财务报告系统相连接；②在总账中生成、记录和处理会计分录的程序；③记录对财务报表常规和非常规调整的程序，如合并调整、重分类等；④草拟财务报表和相关披露的程序。

在了解财务报告流程的过程中，注册会计师应当考虑对以下方面做出评估：①主要的输入信息、执行的程序、主要的输出信息；②每一财务报告流程要素中涉及信息技术的程度；③管理层的哪些人员参与其中；④记账分录的主要类型，如标准分录、非标准分录等；⑤适当人员（包括管理层和治理层）对流程实施监督的性质和范围。

第四节　评估重大错报风险

注册会计师通常需要在了解被审计单位内部控制基础上，评估其财务报表存在的重大错报风险。

一、识别两个层次的重大错报风险

在对重大错报风险进行识别和评估后，注册会计师应当确定，识别的重大错报风险是与财务报表整体广泛相关，进而影响多项认定，也即财务报表层次的重大错报风险，还是与特定的某类交易、账户余额、列报的认定相关，也即认定层次的重大错报风险。

（1）财务报表层次的重大错报风险。薄弱的控制环境带来的风险可能对财务报表产生广泛影响，难以限于某类交易、账户余额、列报，注册会计师应当采取总体应对措施。例如，被审计单位治理层、管理层对内部控制的重要性缺乏认识，没有建立必要的制度和程序，这个缺陷源于薄弱的控制环境可能对财务报表产生广泛影响，需要注册会计师采取总体应对措施。再如，管理层缺乏诚信或承受异常的压力可能引发舞弊风险，这些风险与财务报表整体广泛相关。

（2）认定层次的重大错报风险。财务报表认定层次错报常常与缺乏相应的控制或控制失效有关；相反，有效的控制会减少错报发生的可能性。控制可能与某一认定直接相关，也可能与某一认定间接相关。例如，被审计单位存在复杂的联营或合资，这一事项表明其长期股权投资账户的认定可能存在重大错报风险。

二、评估重大错报风险的审计程序

（1）在了解被审计单位及其环境的整个过程中识别风险，并考虑各类交易、账户余额、列报。注册会计师应当运用各项风险评估程序，在了解被审计单位及其环境的整个过程中识别风险，并将识别的风险与各类交易、账户余额和列报相联系。

（2）结合对拟测试的相关控制的考虑，将识别的风险与认定层次可能发生错报的领域相联系。

（3）评估识别出的风险，并评价其是否更广泛地与财务报表整体相关，进而潜在地影响多项认定。

（4）考虑发生错报的可能性（包括发生多项错报的可能性），以及潜在错报的重大程度是否足以导致重大错报。

三、可能表明被审计单位存在重大错报风险的事项和情况

（1）开发新产品或提供新服务，或进入新的业务领域，或行业环境发生变化和供应链发生变化。

（2）缺乏具备胜任能力的会计人员和关键人员变动。

（3）在严厉、复杂的监管环境中开展业务。

（4）持续经营和资产流动性出现问题，包括重要客户流失。

（5）事项或交易在计量时存在重大不确定性。

（6）经营活动或财务报告受到监管机构的调查及内部控制薄弱。

（7）融资能力受到限制和发生重大收购、重组或其他非经常性事项及拟出售分支机构或业务分部。

（8）发生重大的非常规交易或会计计量过程复杂。

（9）开辟新的经营场所和复杂的联营或合资及重大的关联方交易。

（10）信息技术战略与经营战略不协调或信息技术环境发生变化。

（11）以往存在重大错报或本期期末出现重大会计调整。

（12）应用新颁布的会计准则或相关会计制度及安装新的与财务报告有关的重大信息技术系统。

（13）存在未决诉讼和或有负债。

四、需要特别考虑的重大错报风险

特别风险是指注册会计师识别和评估的、根据判断认为需要特别考虑的重大错报风险。

（1）确定特别风险时应考虑的事项：①风险是否属于舞弊风险；②风险是否与近期经济环境、会计处理方法或其他方面的重大变化相关，因而需要特别关注；③交易的复杂程度；④风险是否涉及重大的关联方交易；⑤财务信息计量的主观程度，特别是计量结果是否具有高度不确定性；⑥风险是否涉及异常或超出正常经营过程的重大交易。

（2）非常规交易和判断事项导致的特别风险。非常规交易是指由于金额或性质异常而不经常发生的交易。非常规交易导致特别风险的原因有：①管理层更多地干预会计处理；②数据收集和处理进行更多的人工干预；③复杂的计算或会计处理方法；④非常规交易的性质可能使被审计单位难以对由此产生的特别风险实施有效控制。

判断事项通常包括做出的会计估计，判断事项导致特别风险的原因有：①对涉及会计估计、收入确认等方面的会计原则存在不同的理解；②所要求的判断可能是主观和复杂的，或需要对未来事项作出假设。

注册会计师应考虑与特别风险相关的控制，由于与重大非常规交易或判断事项相关的风险很少受到日常控制的约束，注册会计师应当了解被审计单位是否针对该特别风险设计和实施了控制。

五、仅实施实质性程序不能获取充分适当审计证据的处理

作为风险评估的一部分，如果认为仅通过实质性程序获取的审计证据无法将认定层次的重大错报风险降至可接受的低水平，注册会计师应当评价被审计单位针对这些风险设计的控制，并确定其执行情况。

在被审计单位对日常交易采用高度自动化处理的情况下，审计证据可能仅以电子形式存在，其充分性和适当性通常取决于自动化信息系统相关控制的有效性，注册会计师应当考虑仅通过实施实质性程序不能获取充分、适当审计证据的可能性。

六、注意财务报表可审计性不足的情形

注册会计师在了解被审计单位内部控制后，可能对被审计单位财务报表的可审计性产生怀疑。例如，对被审计单位会计记录的可靠性和状况的担心可能会使注册会计师认为可能很难获取充分、适当的审计证据，以支持对财务报表发表意见。再如，管理层严重缺乏诚信，注册会计师认为管理层在财务报表中做出虚假陈述的风险高到无法进行审计的程度。因此如果通过对内部控制的了解发现下列情况，并对财务报表局部或整体的可审计性产生疑问，注册会计师应当考虑出具保留意见或无法表示意见的审计报告。

思考与练习

一、填空题

1. 注册会计师为了解被审计单位及其环境而实施的程序称为________，包括询问、分

析、________和________程序。

2. ________是指对企业控制的建立和实施有重大影响的因素的统称。________是指有助于确保管理层的指令得以执行的政策和程序，包括与授权、业绩评价、________实物控制和________等相关的活动。

3. 注册会计师应从整体层面和________层面了解被审计单位内部控制。

4. 在对重大错报风险进行识别和评估后，注册会计师应当识别的重大错报风险是与财务报表整体广泛相关，也即________，还是与特定的某类交易、账户余额、列报的认定相关，也即________。

5. 如果被审计单位日常交易采用高度自动化，注册会计师应考虑通过实施________不能获取充分适当的审计证据的可能性，这时可能需要依赖________。

二、判断题

1. 被审计单位的风险评估过程包括识别与财务报告相关的经营风险，以及针对这些风险所采取的措施。 (　　)

2. 项目组的关键成员应当参与讨论，所聘请的专家不应当参与讨论。 (　　)

3. 被审计单位建立授权控制的目的在于保证交易在管理层授权范围内进行。 (　　)

4. 财务报表相关内部控制能够为财务报表可靠提供绝对保证。 (　　)

5. 控制环境薄弱将直接导致认定层次的重大错报。 (　　)

6. 将存货放入加锁的仓库并由称职的保管员来管理，这属于职责分工控制。 (　　)

7. 管理层对是否定期编制银行存款余额调节表进行复核，体现的是对控制的监督。 (　　)

8. 如果出现不经常发生或未预计到的业务，原有控制就可能不适用。 (　　)

9. 当注册会计师了解到被审计单位管理层缺乏诚信或承受异常的压力可能引发舞弊风险，那么这些风险就与财务报表整体广泛相关。 (　　)

10. 非常规交易的性质可能使被审计单位难以对由此产生的特别风险实施有效控制。 (　　)

三、单选题

1. 注册会计师了解被审计单位所处的法律与监管环境时，应当了解（　　）。

A. 生产产品的市场信息

B. 适用的会计准则、制度和行业特定惯例

C. 生产设施、仓库的地理位置及办公地点

D. 从事电子商务的情况

2. 注册会计师了解到被审计单位重要会计政策的选择和运用时，可能无须关注（　　）。

A. 存货的计价　　B. 投资的核算

C. 借款费用的资本化　　D. 营业外收入的确认

3. 如果了解到被审计单位在全行业销售状况出现普遍下滑的宏观经济环境下，提出了营业收入比上年增长 20% 的经营目标、注册会计师应将（　　）重大情报风险评估为高水平。

A. 营业收入的发生认定　　B. 营业收入的完整性认定

C. 营业成本的准确性认定　　D. 利润总额的发生认定

4. (　　) 是为了确定内部控制存在且正在使用。

A. 了解内部控制　B. 控制测试　C. 实质性程序　D. 双重目的测试

5. 在了解内部控制时，注册会计师一般不实施 (　　) 程序。

A. 询问　B. 检查　C. 穿行测试　D. 重新执行

6. (　　) 设定了被审计单位的内部控制基调，影响员工对内部控制的认识和态度。

A. 控制活动　B. 控制监督　C. 控制环境　D. 控制检查

7. 下列不属于控制活动的是 (　　)。

A. 授权　B. 实物控制　C. 对控制的监督　D. 职责分离

8. 在被审计单位财务报表上列示的营业收入比上年大幅上升的情况下，下列各项中最有可能导致注册会计师将营业收入项目的重大错报风险评估为高水平的是 (　　)。

A. 销售人员奖金比上年小幅下降　B. 销售费用比上年大幅上升

C. 营业成本与营业收入同步上升　D. 年末存货余额比上年大幅下降

9. (　　) 属于不相容职责。

A. 总经理与营销经理　B. 出纳员与记录银行存款日记账

C. 记录日记账和记录总账　D. 采购员与采购经理

10. 如果被审计单位存在复杂的联营或合营，表明其财务报表的 (　　) 项目的相关认定可能存在重大错报风险。

A. 交易性金融资产　B. 投资性房地产

C. 长期股权投资　D. 持有至到期投资

四、多选题

1. 注册会计师为了解被审计单位及其环境，应当实施的风险评估程序包括: (　　)。

A. 函证

B. 询问管理层和被审计单位内部其他人员

C. 分析程序

D. 观察和检查

2. 识别和评估重大错报风险时，项目组内部讨论为项目组成员提供了交流信息和分享见解的机会。按规定，项目组进行讨论时，(　　) 必须参加。

A. 项目组助理人员　B. 项目合伙人

C. 项目组聘请的专家　D. 项目组全体成员

3. 下列有关经营风险的说法中，正确的有 (　　)。

A. 所有经营风险都会导致重大错报

B. 注册会计师应识别或评估所有经营风险

C. 多数经营风险都会影响财务报表

D. 了解经营风险有助于识别重大错报风险

4. 下面观点中正确的有 (　　)。

A. 建立健全内部控制是被审计单位管理层的责任

B. 建立内部控制的目的在于消除一切错弊的发生

C. 内部控制存在固有的局限性

D. 建立健全被审计单位内部控制是注册会计师的责任

5. 内部控制的固有局限性表明（ ）。

A. 控制风险不能降低到零

B. 注册会计师不能完全依赖内部控制

C. 不能取消控制测试

D. 注册会计师不能不实施实质性程序

6. 下面属于内部制要素的有（ ）。

A. 控制环境

B. 风险评估过程

C. 控制活动

D. 信息系统与沟通

7. 注册会计师在了解被审计单位的内部控制时，需要了解的被审计单位的控制活动主要包括（ ）。

A. 风险评估

B. 授权和业绩评价

C. 实物控制

D. 职责分离

8. 实物控制是为了保证资产与记录的安全而采取的各项措施，包括（ ）。

A. 实物防护措施

B. 对接触资产与记录设置授权

C. 对访问计算机程序和数据文件设置授权

D. 账实定期核对

9. 下列（ ）情况或事项可能导致 × 公司的财务报表存在特别风险。

A. 管理层凌驾于内部控制之上

B. 频繁发生的交易

C. 会计处理依赖高度的主观判断

D. 异常的重大交易

10. 注册会计师负责审计甲公司 2023 年度财务报表，在了解内部控制时，A 注册会计师遇到下列事项，请代为做出正确的专业判断。在应对仅通过实质性程序无法应对的重大错报风险时，A 注册会计师应当考虑的主要因素有（ ）。

A. 甲公司是否针对这些风险设计了控制

B. 相关控制是否可以信赖

C. 相关交易是否采用高度自动化的处理

D. 会计政策是否发生变更

五、简答题

1. 什么是风险评估程序？注册会计师应当实施哪些风险评估程序以了解被审计单位及其环境？

2. 什么是内部控制？内部控制包括哪几方面要素？

3. 什么是控制活动？控制活动具体指与哪些方面相关的活动？

4. 注册会计师应评估哪两个层次的重大错报风险？试举例说明可能导致重大错报风险的事项或迹象。

5. 什么是特别风险？试说明可能导致特别风险的情形有哪些。

六、综合题

1. 东方贸易公司就员工职责分工问题寻求咨询服务。该公司有三位员工必须分担下列工作：

（1）记录并保管总账。

（2）记录并保管应付账款明细账。

（3）记录并保管应收账款明细账。

（4）记录货币资金日记账。

（5）保管、填写支票。

（6）发出销货退回及折让的贷项通知单。

（7）调节银行存款日记账与银行存款对账单。

（8）保管并送存现金收入。

以上工作中。除（6）、（7）两项工作量小外，其余各项工作量大体相当。

要求：假如这三位员工都具备相应的能力，而且只需要他们做上述所列的工作。请根据上述资料，说明如何将这八项工作分配给三位员工才能达到内部控制制度的要求。

2. 大兴公司是一个中小型贸易企业，注册会计师小王在对其审计中发现出纳员李红有以下舞弊行为：

从公司收发室截取了顾客 A 公司给大兴公司的分期付款的 3 600 元支票，存入了由李红负责的公司零用金银行存款户中。然后，李红在存款户中以支付劳务费为由，开了一张以自己为收款人的 3 600 元支票，签名后从银行中兑取了现金。

在与客户对账时，李红将“应收账款——A 公司”账户余额扣减 3 600 元后作为对账金额发给 A 公司对账单，表示 3 600 元已经收到。12 天后，李红编制了一笔会计分录，借记“银行存款”，贷记“应收账款——A 公司”3 600 元，将“应收账款——A 公司”账户调整到正确余额，但银行存款账面余额却比银行对账单多列了 3 600 元。

月底，在编制银行存款余额调节表时，李红在调节表上虚列了两笔未达账项（企业已收款，银行未办理收款账项），将银行存款余额调节表调平。

如果你是注册会计师小王，会给大兴公司提出哪些改善内部控制方面的建议？

3. U 会计师事务所的 A 注册会计师担任 X 公司 2023 年度财务报表审计业务的项目合伙人，通过对 X 公司及其环境的了解和实施风险评估程序，A 注会注意到了以下情况：

（1）X 公司 2023 年度毛利率为 8%，比上年的 4% 大幅提升，但同期市场情况平稳、生产成本基本稳定，X 公司也没有其他令人信服的说明和解释。

（2）以前年度控制测试结果显示，X 公司常常疏于对客户信用状况的调查且不严格执行赊销审批制度。对内部控制的了解表明这种情况在 2023 年未见好转。

（3）A 注会计算了 2023 年度发生的财务费用占各月短期借款平均余额的比率，并与上期比较，发现比上年显著上升，据了解，从 2022 年初到 2023 年末，银行贷款利率没有变化。

要求：分别判断上述每种是否可能表明存在重大错报风险，简要说明理由，如认为存在，请指出所涉及的财务报表项目（限一项）和认定（限一项）。

4. 甲公司是 ABC 会计师事务所的常年审计客户，主要从事 a、b 和 c 三类石化产品的生产和销售。A 注册会计师负责审计甲公司 2023 年度财务报表，按照税前利润的 5% 确定财务报表整体的重要性为 60 万元。（本题资料包括资料一、资料二）

资料一：A 注册会计师在审计工作底稿中记录了所了解的情况及其环境、部分内容如下：

（1）甲公司利用 ERP 系统核算生产成本，在以前年度，利用 ERP 系统之外的 G 软件手工输入相关数据后进行存货账龄的统计和分析，2023 年，信息技术部门在 ERP 系统中开发了存货账龄分析子模块，于每月末自动生成存货账龄报告，甲公司会计政策规定，应当结合存账龄等因素确定存货期末可变现净值，计提存货跌价准备。

（2）与以前年度相比，甲公司2023年度固定资产未大幅变动，与折旧相关的会计政策和会计估计未发生变更。

（3）甲公司委托第三方加工生产a产品。自2023年2月起，新增乙公司为委托加工方，甲公司支付给乙公司的单位产品委托加工较其他加工方高20%。管理层解释，由于乙公司加工的产品质量较好，因此委托乙公司加工产品并向其支付较高的委托加工费。A注册会计师发现，2023年a产品的退货大部分由乙公司加工。

（4）b产品5月至8月的直接人工成本总额较其他月份有明显增加，单位人工成本没有明显变化，销售部，生产部和人力资源部经理均解释由于b产品有季节性生产的特点，需要雇用大量临时工，这与A注册会计师在以前年度了解的情况一致。

（5）为方便安排盘点人员，甲公司将a和b产品的年度盘点时间确定为2023年12月31日，将c产品的年度盘点时间确定为2023年12月20日，自2023年12月25日起，由新入职的存货管理员负管理c产品并在ERP系统中记录其数量变动。

（6）甲公司租用丙公司独立仓库储存部分产成品，2023年12月31日，该部分产成品的账面价值为300万元。甲公司与丙公司在年末对账时发现80万元的差异，两公司解释，该差异是由于甲公司客户于2023年12月30日已提货，而相关单据尚未传至甲公司所致。

资料二：A注册会计师在审计工作底稿中记录了有关制造费用数据，部分内容摘录如下：

金额单位：万元

明细项目	未审数	已审数
	2023年	2022年
折旧费用	1 000	1 200
修理费	300	310
物料消耗	200	210
水电费	150	130
间接人工成本	100	90
其他	50	60
总计	1 800	2 000

要求：针对资料一第（1）~（6）项，结合资料二，假定不考虑其他条件，逐项指出资料一所列事项是否可能表明存在重大错报风险，如果认为存在重大错报风险，简要说明理由，并说明该风险主要与哪些财务报表项目（仅限于营业收入、营业成本、资产减值损失、应收账款、存货、固定资产和应付职工薪酬）的哪些认定相关。

第十章 风险应对

学习目标

了解总体应对措施与进一步审计程序的基本含义与内容；理解控制测试与实质性程序的目的与实施过程；掌握控制测试、实质性程序的性质、时间和范围的知识，以及审计抽样技术应用要点。通过本章学习，对风险导向审计模式下风险应对思路与过程操作要点有清楚地认识与理解，能够对控制测试与实质性程序的设计与实施过程形成较完整的理解。

第一节 总体应对措施

注册会计师对被审计单位编制的财务报表重大错报风险评估的结果影响风险应对。注册会计师应当针对评估的财务报表层次重大错报风险制定总体应对措施，应当针对评估的认定层次重大错报风险设计和实施进一步审计程序，以将审计风险降至可接受的低水平。

一、针对财务报表层次重大错报风险的总体应对措施

（1）向项目组强调在收集和评价审计证据过程中保持职业怀疑态度的必要性。

（2）分派更有经验或具有特殊技能的注册会计师，或利用专家的工作。由于各行业在经营业务、经营风险、财务报告、法规要求等方面具有特殊性，注册会计师的专业分工细化成为一种趋势。审计项目组成员中应有一定比例的人员曾经参与过被审计单位以前年度的审计，或具有被审计单位所处特定行业的相关审计经验。必要时，要考虑利用信息技术、税务、评估、精算等方面的专家的工作。

（3）提供更多的督导。对于财务报表层次重大错报风险较高的审计项目，项目组的高级别成员，如项目负责人、项目经理等经验较丰富的人员，要对其他成员提供更详细、更经常、更及时的指导和监督，并加强项目质量复核。

（4）在选择进一步审计程序时，应当注意使某些程序不被管理层预见或事先了解。要考虑使某些程序不被审计单位管理层预见或事先了解，可以通过以下方式：①对某些未测试过的低于设定的重要性水平或风险较小的账户余额和认定实施实质性程序；②调整实施审计程序的时间，使被审计单位不可预期；③采取不同的审计抽样方法，使当期抽取的测试样本

与以前有所不同；④选取不同的地点实施审计程序，或预先不告知被审计单位所选定的调试地点。

（5）对拟实施审计程序的性质、时间和范围做出总体修改。财务报表层次的重大错报风险很可能源于薄弱的控制环境。如果控制环境存在缺陷，注册会计师在对拟实施审计程序的性质、时间和范围做出总体修改时应当考虑：①在期末而非期中实施更多的审计程序。控制环境的缺陷通常会削弱期中获得的审计证据的可信赖程度。②主要依赖实质性程序获取审计证据。良好的控制环境是其他控制要素发挥作用的基础。控制环境存在缺陷通常会削弱其他控制要素的作用，导致注册会计师可能无法信赖内部控制，而主要依赖实施实质性程序获取审计证据。③修改审计程序的性质，获取更具说服力的审计证据。修改审计程序的性质主要是指调整拟实施审计程序的类别及组合，比如原先可能主要限于检查某项资产的账面记录或相关文件，而调整审计程序的性质后可能意味着更加重视实地检查该项资产。④扩大审计程序的范围。例如，扩大样本规模，或采用更详细的数据实施分析程序。

二、针对认定层次重大错报风险的进一步审计程序

（一）进一步审计程序的含义和要求

进一步审计程序相对于风险评估程序而言，是指注册会计师针对评估的各类交易、账户余额、列报认定层次重大错报风险实施的审计程序，包括控制测试和实质性程序。

注册会计师应当针对评估的认定层次重大错报风险设计和实施进一步审计程序，包括审计程序的性质、时间和范围。应当与评估的认定层次重大错报风险具备明确的对应关系。注册会计师实施的审计程序应具有目的性和针对性，有的放矢地配置审计资源，有利于提高审计效率和效果。关于进一步审计程序内容的界定如图 10-1 所示。

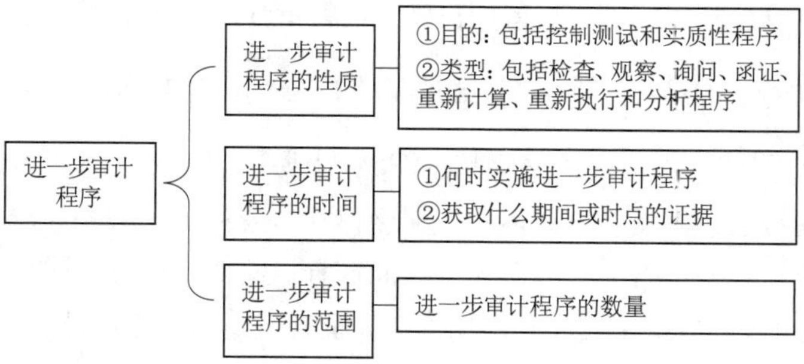

图 10-1　进一步审计程序内容的界定

在设计进一步审计程序时，注册会计师应当考虑风险的重要性、重大错报发生的可能性、涉及的各类交易、账户余额和列报的特征、被审计单位采用的特定控制的性质、对被审计单位内部控制有效性的预期等因素。例如注册会计师经过评估，认为被审计单位应收账款发生认定重大错报可能性较大，且后果影响较大，则需要扩大应收账款函证范围，且在函证之外加强与销售、回款有关交易支持性证据的审查。

注册会计师对重大错报风险的评估毕竟是一种主观判断，可能无法充分识别所有的重大错报风险，同时内部控制存在固有局限性（特别是存在管理层凌驾于内部控制之上的可能性），因此，无论选择何种方案，注册会计师都应当对所有重大的各类交易、账户余额、列报设计

和实施实质性程序。

（二）进一步审计程序的性质

进一步审计程序的性质是指进一步审计程序的目的和类型。其中进一步审计程序的目的包括通过实施控制测试以确定内部控制运行的有效性，通过实施实质性程序以发现认定层次的重大错报。进一步审计程序的类型包括检查、观察、询问、函证、重新计算、重新执行和分析程序。

如前所述，在应对评估的风险时，合理确定审计程序的性质是最重要的。这是因为不同的审计程序应对特定认定错报风险的效力不同。例如：对于与收入完整性认定相关的重大错报风险，控制测试通常更能有效应对；对于与收入发生认定相关的重大错报风险，实质性程序通常更能有效应对。再如：实施应收账款的函证程序可以为应收账款在某一时点存在的认定提供审计证据，但通常不能为应收账款的准确性认定提供审计证据；对应收账款的准确性认定，注册会计师通常需要实施其他更为有效的审计程序，如审查应收账款账龄和期后收款情况，了解欠款客户的信用情况等。

（三）进一步审计程序的时间

进一步审计程序的时间是指注册会计师何时实施进一步审计程序，或审计证据适用的期间或时点。因此，当提及进一步审计程序的时间时，在某些情况下指的是审计程序的实施时间，在另一些情况下是指需要获取的审计证据适用的期间或时点。

有关进一步审计程序的时间的选择问题，第一个层面是注册会计师选择在何时实施进步审计程序的问题；第二个层面是选择获取什么期间或时点的审计证据的问题。

注册会计师在确定何时实施审计程序时应当考虑的几项重要因素：

1．控制环境

良好的控制环境可以抵消在期中实施进一步审计程序的局限性，使注册会计师在确定实施进一步审计程序的时间时有更大的灵活度。

2．何时能得到相关信息

例如，某些控制活动可能仅在期中（或期中以前）发生，而之后可能难以再被观察到；再如，某些电子化的交易和账户文档如未能及时取得，可能被覆盖。在这些情况下，注册会计师如果希望获取相关信息，则需要考虑能够获取相关信息的时间。

3．错报风险的性质

例如，被审计单位可能为了保证盈利目标的实现，而在会计期末以后伪造销售合同以虚增收入，此时注册会计师需要考虑在期末（即资产负债表日）这个特定时点获取被审计单位截至期末所能提供的所有销售合同及相关资料，以防范被审计单位在资产负债表日后伪造销售合同虚增收入的做法。

4．审计证据适用的期间或时点

注册会计师应当对根据需要获取的特定审计证据确定何时实施进一步审计程序。例如，为了获取资产负债表日的存货余额证据，显然不宜在与资产负债表日间隔过长的期中时点或期末以后时点实施存货监盘等相关审计程序。一些限制选择的情况：①某些审计程序只能在期末或期末以后实施，包括将财务报表与会计记录相核对，检查财务报表编制过程中所作的会计调整等；②如果被审计单位在期末或接近期末发生了重大交易，或重大交易在期末尚未完成，注册会计师应当考虑交易的发生或截止等认定可能存在的重大错报风险，并在期末或期末以后检查此类交易。

（四）进一步审计程序的范围

进一步审计程序的范围是指实施进一步审计程序的数量，包括抽取的样本量，对某项控制活动的观察次数等。

确定进一步审计程序的范围时考虑的因素：

（1）确定的重要性水平。确定的重要性水平越低，注册会计师实施进一步审计程序的范围越广。

（2）评估的重大错报风险。评估的重大错报风险越高，对拟获取审计证据的相关性、可靠性的要求越高，因此注册会计师实施的进一步审计程序的范围也越广。

（3）计划获取的保证程度。计划获取的保证程度越高，对测试结果可靠性要求越高，注册会计师实施的进一步审计程序的范围越广。

三、应对评估的由于舞弊导致的重大错报风险

注册会计师识别和评估由于舞弊导致的重大错报风险工作基本流程如图 10-2 所示。

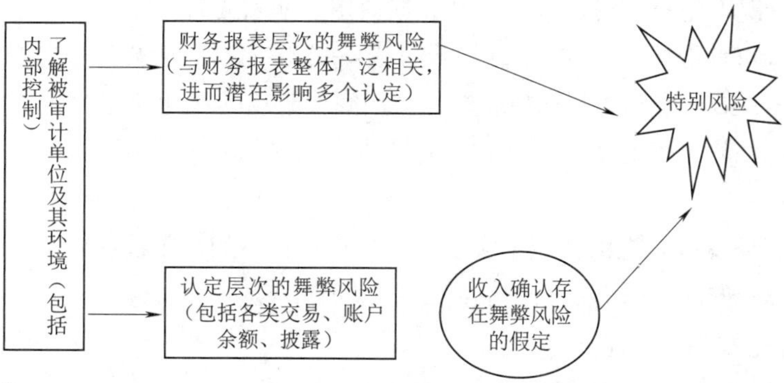

图 10-2　识别和评估舞弊风险工作流程示意图

注册会计师应当针对评估的由于舞弊导致的财务报表层次重大错报风险确定总体应对措施。在针对评估的由于舞弊导致的财务报表层次重大错报风险确定总体应对措施时，注册会计师应当：①在分派和督导项目组成员时，考虑承担重要业务职责的项目组成员所具备的知识、技能和能力，并考虑由于舞弊导致的重大错报风险的评估结果；②评价被审计单位对会计政策（特别是涉及主观计量和复杂交易的会计政策）的选择和运用，是否可能表明管理层通过操纵利润对财务信息作出虚假报告；③在选择审计程序的性质、时间安排和范围时，增加审计程序的不可预见性。

注册会计师应当设计和实施进一步审计程序，审计程序的性质、时间安排和范围应当能够应对评估的由于舞弊导致的认定层次重大错报风险。例如，针对由于舞弊导致的认定层次重大错报风险，注册会计师应当考虑实施函证程序以获取更多的相互印证的信息。注册会计师在识别和评估由于舞弊导致的重大错报风险时，应当“基于收入确认存在舞弊风险”的假

定，评价哪些类型的收入或认定导致舞弊风险。如果认为收入确认存在舞弊风险的假定不适用于业务的具体情况，从而未将收入确认作为由于舞弊导致的重大错报风险领域，注册会计师应当在审计工作底稿中记录得出该结论的理由。由于管理层凌驾于控制之上的行为发生方式不可预见，这种风险属于由于舞弊导致的重大错报风险，从而也是一种特别风险。无论对管理层凌驾于控制之上的风险的评估结果如何，注册会计师都应当设计和实施审计程序，用以：①测试日常会计核算过程中作出的会计分录以及编制财务报表过程中作出的调整是否适当；②复核会计估计是否存在偏向，并评价产生这种偏向的环境是否表明存在由于舞弊导致的重大错报风险；③对于超出被审计单位正常经营过程的重大交易，或基于对被审计单位及其环境的了解以及在审计过程中获取的其他信息而显得异常的重大交易，评价其商业理由（或缺乏商业理由）是否表明被审计单位从事交易的目的是对财务信息作出虚假报告或掩盖侵占资产的行为。

第二节　控制测试

一、控制测试概述

（一）控制测试的含义和要求

控制测试是为了获取关于控制防止或发现并纠正认定层次重大错报的有效性而实施的测试。注册会计师应当选择为相关认定提供证据的控制进行测试。

控制测试指的是测试控制运行的有效性，这一概念与“了解内部控制”有明显区别。在测试控制运行的有效性时，注册会计师应当从下列方面获取关于控制是否有效运行的审计证据：①控制在所审计期间的不同时点是如何运行的；②控制是否得到一贯执行；③控制由谁执行；④控制以何种方式运行（如人工控制或自动化控制）。在测试控制运行的有效性时，注册会计师需要抽取足够数量的交易进行检查或对多个不同时点进行观察。而在了解控制是否得到执行时，注册会计师只需抽取少量的交易进行检查或观察某几个时点。作为进一步审计程序的类型之一，控制测试并非在任何情况下都需要实施。当存在下列情形之一时，注册会计师应当实施控制测试：①在评估认定层次重大错报风险时，预期控制的运行是有效的；②仅实施实质性程序不足以提供认定层次充分、适当的审计证据。

（二）控制测试的性质

控制测试的性质是指控制测试所使用的审计程序的类型及其组合。计划从控制测试中获取的保证水平是决定控制测试性质的主要因素之一。计划的保证水平越高，对有关控制运行有效性的审计证据的可靠性要求就越高。

虽然控制测试与了解内部控制的目的不同，但两者采用审计程序的类型通常相同，包括询问、观察、检查和重新执行。

1. 询问

注册会计师可以向被审计单位适当员工询问，获取与内部控制运行情况相关的信息。例如，询问信息系统管理人员有无未经授权接触计算机硬件和软件，向负责复核银行存款余额调节表的人员询问如何进行复核，包括复核的要点是什么，发现不符事项如何处理等。

2．观察

观察是测试不留下书面记录的控制（如职责分离）的运行情况的有效方法。例如，观察存货盘点控制的执行情况。观察也可运用于实物控制，如查看仓库门是否锁好，或空白支票是否妥善保管。通常情况下，注册会计师通过观察直接获取的证据比间接获取的证据更可靠。但是，注册会计师还要考虑其所观察到的控制在注册会计师不在场时可能未被执行的情况。

3．检查

对运行情况留有书面证据的控制，检查非常适用。书面说明、复核时留下的记号，或其他记录在偏差报告中的标志都可以被当作控制运行情况的证据。例如，检查销售发票是否有复核人员签字，检查销售发票是否附有客户订购单和出库单等。

4．重新执行

通常只有当询问、观察和检查程序结合在一起仍无法获得充分的证据时，注册会计师才考虑通过重新执行来证实控制是否有效运行。例如，为了合理保证准确性认定，被审计单位的一项控制是由复核人员核对销售发票上的价格与商品价目表上的价格是否一致。但是，要检查复核人员有没有认真执行核对，仅仅检查复核人员是否在相关文件上签字是不够的，注册会计师还需要自己选取一部分销售发票进行核对，这就是重新执行程序。但是，如果需要进行大量的重新执行，注册会计师就要考虑通过实施控制测试以缩小实质性程序的范围是否有效率。

（三）控制测试的时间

控制测试的时间包含两层含义：一是何时实施控制测试；二是测试所针对的控制适用的时点或期间。一个基本的原理是：如果测试特定时点的控制，注册会计师仅得到该时点控制运行有效性的审计证据；如果测试某一期间的控制，注册会计师可获取控制在该期间有效运行的审计证据。因此，注册会计师应当根据控制测试的目的确定控制测试的时间，并确定拟信赖的相关控制的时点或期间。

（四）控制测试的范围

对于控制测试的范围，其含义主要是指某项控制活动的测试次数。注册会计师应当设计控制测试，以获取控制在整个拟信赖的期间有效运行的充分、适当的审计证据。注册会计师在确定某项控制的测试范围时通常考虑下列因素：

（1）在拟信赖的期间，被审计单位执行控制的频率。控制执行的频率越高，控制测试的范围越大。

（2）在所审计期间，注册会计师拟信赖控制运行有效性的时间长度。拟信赖控制运行有效性的时间长度不同，在该时间长度内发生的控制活动次数也不同。注册会计师需要根据拟信赖控制的时间长度确定控制测试的范围。拟信赖期间越长，控制测试的范围越大。

（3）控制的预期偏差。预期偏差可以用控制未得到执行的预期次数占控制应当得到执行次数的比率加以衡量（也可称为预期偏差率）。控制的预期偏差率越高，需要实施控制测试的范围越大。如果控制的预期偏差率过高，注册会计师应当考虑控制可能不足以将认定层次的重大错报风险降至可接受的低水平，从而针对某一认定实施的控制测试可能是无效的。

（4）通过测试与认定相关的其他控制获取的审计证据的范围。针对同一认定，可能存在不同的控制。当针对其他控制获取审计证据的充分性和适当性较高时，测试该控制的范围可适当缩小。

（5）拟获取的有关认定层次控制运行有效性的审计证据的相关性和可靠性。

二、审计抽样技术在控制测试中的运用

控制测试的目的是测试内部控制是否有效运行，结果只有有效和无效两种，因此常使用属性抽样法，其通常有固定样本量抽样法、停－走抽样法、发现抽样法三种抽样方法。此处仅介绍固定样本量抽样法在控制测试中的应用要点。

（一）样本设计阶段

1．确定测试目标

实施控制测试的目标是提供关于控制运行有效性的审计证据，以支持计划的重大错报风险评估水平。例如，注册会计师拟测试客户 2023 年度的外购存货的“验收手续”这一控制是否有效执行，可把具体目标定为检查存货验收单和购货发票是否相符。

2．定义总体和抽样单元

总体应与特定的审计目标相关，并具有完整性。如前例，可将抽样总体确定为 2023 年度的所有购货发票。抽样单元是构成总体的个体项目。注册会计师应根据所测试的控制定义抽样单元。

3．定义误差

在控制测试中，误差是指控制偏差，即控制失效的事件。注册会计师要根据对内部控制的理解，确定哪些特征能够显示所测试控制的运行情况，然后据此定义控制偏差。接前例，若发现下列情况之一，即可界定为一个偏差：①发票未附验收单据；②发票附有不属于它本身的验收单据；③发票和验收单据记载的数量不符。

4．定义测试期间

注册会计师通常在期中实施控制测试。由于期中测试获取的证据只与控制截止期中测试时点的运行有关，注册会计师需要确定如何获取关于剩余期间的证据。接前例，客户前 10 个月取得了 1 000 张发票，注册会计师可以根据客户的经营周期估计，剩下两个月还会取得 2 350 张发票，因此，前 1 000 个样本项目在期中审计时进行检查，剩余的样本项目将在期末审计时进行检查。

（二）选取样本阶段

1．确定样本规模

（1）影响样本规模的因素。在控制测试中影响样本规模的因素如下：

①可接受的信赖过度风险。在实施控制测试时，注册会计师主要关注抽样风险中的信赖

过度风险。可接受的信赖过度风险与样本规模反向变动。控制测试中选取的样本旨在提供关于控制运行有效性的证据。由于控制测试是控制是否有效运行的主要证据来源，因此，可接受的信赖过度风险应确定在相对较低的水平上。

②可容忍偏差率。在确定可容忍偏差率时，注册会计师应考虑计划评估的控制有效性。计划评估的控制有效性越低，注册会计师确定的可容忍偏差率通常越高，所需的样本规模就越小。一个很高的可容忍偏差率通常意味着控制的运行不会大大降低相关实质性程序的程度。在这种情况下，由于注册会计师预期控制运行的有效性很低，特定的控制测试可能不需进行。反之，如果注册会计师在评估认定层次重大错报风险时预期控制的运行是有效的，注册会计师必须实施控制测试。表 10-1 列示了在实务中可容忍偏差率与计划评估的控制有效性之间的关系。

表10-1　可容忍偏差率与计划评估的控制有效性之间的关系

计划评估的控制有效性	可容忍偏差率（近似值，%）
高	3~7
中	6~12
低	11~20
最低	不进行控制测试

③预计总体偏差率。在实施控制测试时，注册会计师通常根据对相关控制的设计和执行情况的了解，或根据从总体中抽取少量项目进行检查的结果，对拟测试总体的预计误差率进行评估。注册会计师可以根据上年测试结果和控制环境等因素对预计总体偏差率进行估计。考虑上年测试结果时，应考虑被审计单位内部控制和人员的变化。

④总体规模。在使用统计抽样时，注册会计师应当对影响样本规模的因素进行量化。

（2）确定样本规模。

公式法：在控制测试中，可以建立基于泊松分布的统计模型，使用统计公式计算样本容量。样本量的计算公式如下：

$$样本量（n）=\frac{可接受的信赖过度风险系数（R）}{可容忍偏差率（TR）}$$

式中，“可接受的信赖过度风险系数（R）”取决于特定的信赖过度风险和预期将出现偏差的个数。控制测试中常用的风险系数见表 10-2。

表10-2　控制测试中常用的风险系数表

样本中发现偏差的数量	信赖过度风险		样本中发现偏差的数量	信赖过度风险		样本中发现偏差的数量	信赖过度风险	
	5%	10%		5%	10%		5%	10%
0	3.0	2.3	4	9.2	8.0	8	145	13.0
1	4.8	3.9	5	10.5	9.3	9	15.7	14.2
2	6.3	5.3	6	11.9	10.6	10	17.0	15.4
3	7.8	6.7	7	13.2	11.8			

表 10-3 所示为信赖过度风险为 10% 时的控制测试统计抽样样本规模。

表10-3　控制测试统计抽样样本规模——信赖过度风险为10%（括号内是可接受的偏差数）

预计总体偏差率 /%	可容忍偏差数										
	2%	3%	4%	5%	6%	7%	8%	9%	10%	15%	20%
0.00	114（0）	76（0）	57（0）	45（0）	38（0）	32（0）	28（0）	25（0）	22（0）	15（0）	11（0）
0.25	194（1）	129（1）	96（1）	77（1）	64（1）	55（1）	48（1）	42（1）	38（1）	25（1）	18（1）
0.50	194（1）	129（1）	96（1）	77（1）	64（1）	55（1）	48（1）	42（1）	38（1）	25（1）	18（1）
0.75	265（2）	129（1）	96（1）	77（1）	64（1）	55（1）	48（1）	42（1）	38（1）	25（1）	18（1）
1.00		176（2）	96（1）	77（1）	64（1）	55（1）	48（1）	42（1）	38（1）	25（1）	18（1）
1.25		221（3）	132（2）	77（1）	64（1）	55（1）	48（1）	42（1）	38（1）	25（1）	18（1）
1.50			132（2）	105（2）	64（1）	55（1）	48（1）	42（1）	38（1）	25（1）	18（1）
1.75			166（3）	105（2）	88（2）	55（1）	48（1）	42（1）	38（1）	25（1）	18（1）
2.00			198（4）	132（3）	88（2）	75（2）	48（1）	42（1）	38（1）	25（1）	18（1）
2.25				132（3）	88（2）	75（2）	65（2）	42（2）	38（2）	25（1）	18（1）
2.50				158（4）	110（3）	75（2）	65（2）	58（2）	38（2）	25（1）	18（1）
2.75				209（6）	132（4）	94（3）	65（2）	58（2）	52（2）	25（1）	18（1）
3.00					132（4）	94（3）	65（2）	58（2）	52（2）	25（1）	18（1）
3.25					153（5）	113（4）	82（3）	58（2）	52（2）	25（1）	18（1）
3.50					194（7）	113（4）	82（3）	73（3）	52（2）	25（1）	18（1）
3.75						131（5）	98（4）	73（3）	52（2）	25（1）	18（1）
4.00						149（6）	98（4）	73（3）	65（3）	25（1）	18（1）
5.00							160（8）	115（6）	78（4）	34（2）	18（1）
6.00								182（11）	116（7）	43（3）	25（2）
7.00									199（14）	52（4）	25（2）

2．选取样本和实施审计程序

控制测试中，当样本量确定以后，就要选择适当的选样方法，选取足够的样本，然后实施审计程序。

（三）评价样本结果阶段

1．计算总体偏差率

将样本中发现的偏差数量除以样本规模，就可以计算出样本偏差率。样本偏差率就是注册会计师对总体偏差率的最佳估计。

2．分析偏差的性质和原因

控制测试中，不仅要考虑偏差的次数，还需要考虑偏差的性质和原因。若发现被审计单位有舞弊情况或相关控制无效时，无论其偏差率是高是低，可能都要提高重大错报风险评估水平，并相应调整实质性程序。

3．推断总体结论

注册会计师使用统计抽样方法时通常使用公式、表格或计算机程序直接计算在确定的信赖过度风险水平下可能发生的偏差率上限，即估计的总体偏差率与抽样风险允许限度之和。

（1）公式法。总体偏差率上限的计算公式为：

$$\text{总体偏差率上限} = \frac{\text{风险系数}（R）}{\text{样本量}（n）} \times 100\%$$

例如，风险系数根据可接受的信赖过度风险为 10%，且偏差数量为 2，在表 10-2 中查得为 5.3。这意味着，如果样本量为 56 且有两个偏差，总体实际偏差率超过 9.5% 的风险为 10%。在可容忍偏差率为 7% 的情况下，注册会计师可以得出结论，总体的实际偏差率超过可容忍偏差率的风险很大，因而不能接受总体。也就是说，样本结果不支持注册会计师对控制运行有效性的估计和评估的重大错报风险水平。注册会计师应当扩大控制测试范围，以证实初步评估结果，或提高重大错报风险评估水平，并增加实质性程序的数量，或者对影响重大错报风险评估水平的其他控制进行测试，以支持计划的重大错报风险评估水平。

（2）样本结果评价表法。注册会计师也可以使用样本结果评价表评价统计抽样的结果（见表 10-4）。

表10-4　控制测试中统计抽样结果评价——信赖过度风险10%时的偏差率上限（%）

样本规模	实际发现的偏差数										
	0	1	2	3	4	5	6	7	8	9	10
20	10.9	18.1									
25	8.8	14.7	19.9								
30	7.4	12.4	16.8								
35	6.4	10.7	14.5	18.1							
40	5.6	9.4	12.8	16.0	19.0						

续表

样本规模	实际发现的偏差数										
	0	1	2	3	4	5	6	7	8	9	10
45	5.0	8.4	11.4	14.3	17.0	19.7					
50	4.6	76	10.3	12.9	15.4	17.8					
55	4.1	6.9	9.4	11.8	14.1	16.3	18.4				
60	3.8	6.4	8.7	10.8	12.9	15.0	16.9	18.9			
70	3.3	5.5	7.5	9.3	11.1	12.9	14.6	16.3	17.9	19.6	
80	2.9	4.8	6.6	8.2	9.8	11.3	12.8	14.3	15.8	17.2	18.6
90	2.6	4.3	5.9	7.3	8.7	10.1	11.5	12.8	14.1	15.4	16.6
100	2.3	3.9	5.3	6.6	7.9	9.1	10.3	11.5	12.7	13.9	15.0
120	2.0	3.3	4.4	5.5	6.6	7.6	8.7	9.7	10.7	11.6	12.6
160	1.5	2.5	3.3	4.2	5.0	5.8	6.5	7.3	8.0	8.8	9.5
200	1.2	2.0	2.7	3.4	4.0	4.6	5.3	5.9	6.5	7.1	7.6

例如，样本规模为 55，当样本中未发现偏差时，应选择偏差数为 0 的那一列，两者交叉处的 4.1% 即为总体偏差率上限，与利用公式计算的结果 4.1% 相同。此时，由于总体偏差率上限小于本例中的可容忍偏差率 7%，总体可以接受。也就是说，样本结果证实注册会计师对控制运行有效性的估计和评估的重大错报风险水平是适当的。

当样本中发现两个偏差时，应选择偏差数为 2 的那一列，两者交叉处的 94% 即为总体偏差率上限，与利用公式计算的结果 95% 相近。此时，总体偏差率上限大于可容忍差率，因此不能接受总体。也就是说，样本结果不支持注册会计师对控制运行有效性的估计和评估的重大错报风险水平。注册会计师应当扩大控制测试范围，以证实初步评估结果，或提高重大错报风险评估水平，并增加实质性程序的数量，或者对影响重大错报风险评估水平的其他控制进行测试，以支持计划的重大错报风险评估水平。

第三节　实质性程序

一、实质性程序概述

（一）实质性程序的含义和要求

实质性程序是用于发现认定层次重大错报的审计程序，包括对各类交易、账户余额和披露的细节测试以及实质性分析程序。

实施的实质性程序应当包括：①将财务报表与其所依据的会计记录相核对或调节；②检查财务报表编制过程中做出的重大会计分录和其他调整。

注册会计师对会计分录和其他会计调整检查的性质和范围，取决于被审计单位财务报告过程的性质和复杂程度以及由此产生的重大错报风险。由于注册会计师对重大错报风险的评估是一种判断，可能无法充分识别所有的重大错报风险，并且由于内部控制存在固有局限性，无论评估的重大错报风险结果如何，注册会计师都应当针对所有重大的各类交易、账户余额、列报实施实质性程序。

（二）实质性程序的性质

实质性程序的性质是指实质性程序的类型及其组合。实质性程序的两种基本类型包括：

1. 细节测试

细节测试是针对各类交易、账户余额、列报的具体细节进行测试，目的在于直接识别财务报表认定是否存在错报。通常可采用检查记录或文件、检查有形资产、观察、询问、函证、重新计算等审计程序。

2. 实质性分析程序

实质性分析程序通常针对在一段时期内存在预期关系的大量交易，通过研究数据间关系评价信息，用以识别各类交易、账户余额、列报及相关认定是否存在错报。

（三）实质性程序的时间

1. 期中测试

在期中实施实质性程序，并针对剩余期间实施进一步的实质性程序，或将实质性程序和控制测试结合使用，以将期中测试得出的结论合理延伸至期末。

2. 期末测试

如果针对剩余期间注册会计师认为还需要消耗大量审计资源才有可能降低期末存在错报而未被发现的风险，甚至没有把握通过适当的进一步审计程序降低期末存在错报而未被发现的风险，注册会计师就不宜在期中实施实质性程序。

（四）实质性程序的范围

实质性程序的范围取决于评估的认定层次重大错报风险和实施控制测试的结果。注册会计师评估的认定层次的重大错报风险越高，需要实施实质性程序的范围越广。如果对控制试结果不满意，注册会计师应当考虑扩大实质性程序的范围。

二、实质性程序中审计抽样技术的运用

（一）样本设计阶段

1. 确定审计目标

例如，审计目标为确定期末应收账款余额是否存在。

2. 根据审计目标确定审计对象总体与抽样单位

总体的确定也是要满足相关性与完整性。例如：若审计目标在于审查应收账款余额是否

存在，则审计对象总体应确定为应收款明细账；若审计的目标是应付账款是否完整，则审计对象总体不仅包括应付账款明细账，还应包括期后付款、未付发票等。

3．界定误差

在细节测试中，误差是指错报，注册会计师应根据审计目标，确定什么构成错报。例如。函证应收账款“存在”，顾客在函证日之前支付、被审计单位在函证日之后不久收到的款项不构成误差。而且，被审计单位在不同顾客之间误登明细账也不影响应收账款总账余额，因此不判定为错报。被审计单位自己发现并已在适当期间予以更正的错报也不作为错报。

（二）选取样本及评价样本结果阶段

注册会计师在细节测试中常用的统计抽样方法包括传统变量抽样和概率比例规模抽样。

1．传统变量抽样

1）均值估计抽样

均值估计抽样是指先通过抽样审查确定样本的平均值，再根据样本的平均值推断总体平均值和总值的一种变量抽样方法。使用这种方法时，审计人员先计算样本中所有项目审定金额的平均值，然后用这个样本平均值乘以总体规模，得出总体金额的估计值。总体估计金额和总体账面金额之间的差额就是推断的总体错报。

2）差额估计抽样

差额估计抽样是以样本实际金额与账面金额的平均差额来估计总体实际金额与账面金额的平均差额，然后再以这个平均差额乘以总体规模，从而求出总体的实际金额与账面金额的差额（即总体错报）的一种方法。差额估计抽样的计算公式如下：

$$平均错报=\frac{样本实际金额-账面金额的差额}{样本规模}$$

$$推断的总体错报=平均错报\times 总体规模$$

使用这种方法时，审计人员先计算样本项目的平均错报，然后根据这个样本平均错报推断总体。

3）比率估计抽样

比率估计抽样是指以样本的实际金额与账面金额之间的比率关系来估计总体实际金额与账面金额之间的比率关系，然后再以这个比率去乘总体的账面金额，从而求出估计的总体实际金额的一种抽样方法。比率估计抽样法的计算公式如下：

$$比率=\frac{样本审定金额}{样本账面金额}$$

$$估计的总体实际金额=总体账面金额\times 比率$$

$$推断的总体错报=估计的总体实际金额-总体账面金额$$

如果未对总体进行分层，审计人员通常不使用均值估计抽样，因为此时所需的样本规模可能太大，以至于对一般的审计而言不符合成本效益原则。比率估计抽样和差额估计抽样都要求样本项目存在错报。如果样本项目的审定金额和账面金额之间没有差异，这两种方法使用的公式所隐含的机理就会导致错报的结论。如果审计人员决定使用统计抽样，且

预计只发现少量差异，就不应使用比率估计抽样和差额估计抽样，而考虑使用其他的替代方法

2. 概率比例规模抽样

概率比例规模抽样，有时也被称为金额加权抽样、货币单位选样、累计货币金额抽样等，是以货币单位作为抽样单元进行选样的一种方法。

在该方法下总体中的每个货币单位被选中的机会相同，所以，总体中某一项目被选中的概率等于该项目的金额与总体金额的比率。项目金额越大，被选中的概率就越大。但实际上审计人员并不是对总体中的货币单位实施检查，而是对包含被选取货币单位的余额或交易实施检查。审计人员检查的余额或交易被称为逻辑单元。概率比例规模抽样有助于审计人员将审计重点放在较大的余额或交易上，此抽样方法之所以得名，是因为总体中每一余额或交易被选取的概率与其账面金额（规模）成比例。

概率比例规模抽样中可以使用随机数表法、系统选样法等方法选取样本，以货币单位作为抽样单元，但审计人员却不是对具体货币单位进行审计，而必须确定实物单位（即逻辑单元）来执行审计测试。概率比例规模抽样的基本操作步骤如下：

（1）确定被审项目总体。

（2）确定样本规模。

（3）将总体项目按金额的大小顺序编号排列（金额为零和负数的剔除）。

（4）计算总体的累计金额。

（5）从随机数表中或系统选样方法选取所需要的样本号码。

（6）查找样本号码在累计金额表中的位置，与此相对应的项目即为样本项目。

举例：注册会计师欲从 9 张销售发票（具体信息见表 10-5）组成的总体中选择 4 张进行测试，已知 9 张发票总计金额为 5 000 元，该注册会计师采用系统选样法选择样本，确定的选样起点是 500，则选出的 4 张销售发票号分别是什么？

表10-5 销售发票具体信息表　　单位：元

发票序号	记数金额	累计金额
1	524	524
2	1 176	1 700
3	416	2 116
4	215	2 331
5	604	2 935
6	965	3 900
7	404	4 304
8	340	4 644
9	356	5 000

选用系统抽样方法计算抽样间隔为 1 250，在第一个间距内选择随机数 500，则选出的 4

个样本数额为500，1 750，3 000，4 250，这4数字分别包含在第1，3，6，7张销售发票的累计金额以内，选择样本即为这4张发票。

概率比例规模抽样的优点：①概率比例规模抽样一般比传统变量抽样更易于使用；②概率比例规模抽样可以如同大海捞针一样发现极少量的大额错报，原因在于它通过将少量的大额实物单元拆成数量众多、金额很小的货币单元，从而赋予大额项目更大的机会被选入样本；③概率比例规模抽样的样本规模不需要考虑被审计金额的预计总体变异性；④概率比例规模抽样中项目被选取的概率与其货币金额大小成比例，因而生成的样本自动分层；概率比例规模抽样中如果项目金额超过选样间距，概率比例规模抽样系统选择自动识别所有单个重大项目；⑤如果注册会计师预计错报不存在或很小，概率比例规模抽样的样本规模通常比传统变量抽样方法更小；⑥概率比例规模抽样的样本更容易设计，且可在能够获得完整的总体之前开始选取样本。

概率比例规模抽样的缺点：①概率比例规模抽样要求总体每一实物单元的错报金额不能超出其账面金额；②在概率比例规模抽样中，被低估的实物单元被选取的概率更低。概率比例规模抽样不适用于测试低估，如果注册会计师在概率比例规模抽样的样本中发现低估，在评价样本时需要特别考虑；③对零余额或负余额的选取需要在设计时特别考虑；④当总体中错报数量增加时，概率比例规模抽样所需的样本规模也会增加；⑤当发现错报时，如果风险水平一定，概率比例规模抽样在评价样本时可能高估抽样风险的影响，从而导致注册会计师更可能拒绝一个可接受的总体账面金额；⑥在概率比例规模抽样中注册会计师通常需要逐个累计总体金额。

思考与练习

一、填空题

1. 注册会计师应当针对评估的财务报表层次重大错报风险，制定________；应当针对评估的认定层次重大错报风险，制定________。

2. 进一步审计程序相对于风险评估程序而言，是指注册会计师针对评估的各类交易、账户余额、列报认定层次重大错报风险实施的审计程序，包括________和________。

3. 控制测试的性质主要包括询问、观察、________和________等类型的审计程序，实质性程序的性质主要包括询问、观察、检查记录和文件、检查有形资产（也可统称为检查）、________、________和分析程序。

4. 实质性程序的两种基本类型包括________和________。

5. 在控制测试中常常运用________抽样方法。具体包括________抽样法、停－走抽样和发现抽样法三种抽样方法。

6. 在实质性据我常常运用________抽样法。具体包括________变量抽样、比率估计抽样和差额估计三种抽样方法。

二、判断题

1. 注册会计师应当针对评估的认定层次重大错报风险确定总体应对措施。（　　）

2. 进一步审计程序相对风险评估程序而言，是指注册会计师针对评估的各类交易、账户余额，列报认定层次重大错报风险实施的审计程序，包括控制测试和实质性程序。（　）

3. 注册会计师在识别和评估由于舞弊导致的重大错报风险时，应当“基于收入确认存在舞弊风险”的假定，评价哪些类型的收入或认定导致舞弊风险。（　）

4. 注册会计师为了解被审计单位及其环境而实施的程序称为“控制测试”。

5. 控制测试是每次审计中必定执行的测试。（　）

6. 如果针对剩余期间注册会计师认为还需要消耗大量审计资源才有可能降低期末存在而未被发现的风险，甚至没有把握通过当前的进一步审计程序降低期末存在错报而未被发现的风险，注册会计师就不宜在期中实施实质性程序。（　）

7. 在确定实质性程序的范围时，注册会计师应当考虑评估的认定层次重大错报风险和实施控制测试的结果，注册会计师评估的认定层次的重大错报风险越低，需要实施实质性程序的范围越广。对控制测试结果不满意，注册会计师应当考虑缩小实质性程序的范围。（　）

8. 预计总体偏差率与所应确定的样本规模呈反方向变动关系。（　）

9. 变量抽样是指通过对样本的检查结果推断总体金额的抽样审计方法，具体包括固定样本量抽样、均值估计抽样与差额估计抽样方法。（　）

10. 若发现被审计单位有舞弊风险且相关控制无效时，无论其偏差率是高是低，可能都要提高重大错报风险评估水平，并相应调整实质性程序。（　）

三、单选题

1. 注册会计师设计和实施的进一步审计程序的性质、时间和范围，应当与评估的（　）重大错报风险具备明确的对应关系。

A. 财务报表层次　B. 认定层次　C. 账户余额　D. 交易或事项

2. 控制测试是为了确定（　）而实施的审计测试。

A. 财务报表认定是否正确　B. 内部控制执行的有效性

C. 内部控制是否等到执行　D. 内部控制设计的合理性

3. 下列注册会计师可能实施的审计程序中，具有不可预见性的是（　）。

A. 不对大额账户实施实质性程序

B. 改变往年按时间抽样样本的做法，改按客户抽取样本

C. 测试不准备信赖的内部控制

D. 在集团审计中，将重要组成部分纳入审计范围

4. 注册会计师针对评估的重大错报风险实施的直接用以发现认定层次的重大错报而实施的审计程序是（　）。

A. 重新执行　B. 了解内部控制

C. 控制测试　D. 实质性程序

5. 实质性分析程序通常是针对在一段时期内（　）。

A. 各类交易　B. 存在预期关系的大量交易

C. 各类账户余额　D. 各类列报

6. 下列进一步审计程序中，最可能在期中执行的是（　　）。

A. 细节测试　　B. 实质性分析程序

C. 控制测试　　D. 实质性程序

7. 注册会计师并非在所有审计程序中都可以使用审计抽样，下列对审计抽样的表述中，不恰当的是（　　）。

A. 风险评估程序也可以涉及审计抽样

B. 如果注册会计师在了解控制的设计和确定控制是否得到执行的同时计划和实控制测试，则可能涉及审计抽样，但此时审计抽样仅适用于控制测试

C. 当控制的运行留下轨迹时，注册会计师可以考虑使用审计抽样实施控制测试

D. 在实施实质性分析程序进时，注册会计师不宜使用审计抽样

8. 在下列项目所应用的统计抽样中，属于变量抽样的有（　　）。

A. 赊销是否经过严格审批

B. 未经批准而赊销的金额

C. 确认购货发票是否附有验收单

D. 确认销货发票是否附有发运单副本

9. 审计抽样技术可运用于控制测试过程中，并存在审计抽样风险，下面列示的四种情形，（　　）属于信赖过度风险。

A. 将实际上有效的内部控制推断为失效的

B. 将实际上有效的内部控制推断为有效的

C. 将实际上失效的内部控制推断为失效的

D. 将实际上失效的内部控制推断为有效的

10. 注册会计师确定某项账户的可容忍误差为 1 000 元，依据抽样结果推断的差额 1 500 元，而该账户的实际差错为 8 000 元，这种情况属于（　　）。

A. 误拒风险　　B. 误受风险　　C. 信赖过度风险　　D. 信赖不足风险

四、多选题

1. 注册会计师针对财务报表层次的重大错报风险制定的以下总体应对措施中，恰当的有（　　）。

A. 向项目组强调保持职业怀疑的必要性

B. 设计和实施控制测试和实质性程序

C. 向审计项目组提供更多的督导

D. 分派具有特殊技能的人员或利用专家工作

2. 注册会计师在确定何时实施审计程序时应当考的几项重要因素有（　　）。

A. 控制环境　　B. 错报风险的性质

C. 何时能得到相关信息　　D. 审计证据适用的期间或时点

3. 注册会计师在确定审计程序的范围时，下列说法正确的有（　　）。

A. 评估的重大错报风险越高，对拟获取审计证据的相关性、可靠性的要求越高，因此注册会计师实施进一步审计程序的范围可以适当的缩小

B. 确定的重要性水平越低，注册会计师实施进一步审计程序的范围越广

C. 如果注册会计师计划从控制测试中获取更高的保证程度，则控制测试的范围就更广

D. 计划获取的保证程度越高，对测试结果可靠性要求越高，注册会计师实施进一步审计程序的范围越小

4. 控制测试并非在任何情况下都需要实施。实施控制测试的情形有（　　）。

A. 在评估认定层次重大错报风险时，预期控制的运行是有效的

B. 仅实施实质性程序不足以提供认定层次充分、适当的审计证据

C. 控制本身的设计是合理的但没有得到执行时

D. 控制本身的设计就是无效的

5. 控制测试的程序类型包括（　　）。

A. 检查文件记录　B. 重新执行　C. 询问与观察　D. 重新计算

6. 实质性程序的两种基本类型包括（　　）。

A. 风险评估程序　B. 控制测试

C. 细节测试　D. 实质性分析程序

7. 有关审计抽样的下列表述，注册会计师认同的有（　　）。

A. 审计抽样适用于会计报表的所有审计程序

B. 对可信赖程度要求越高，需选择的样本量越大

C. 统计抽样的产生不意味着非统计抽样的消亡

D. 统计抽样能够减少审计过程中的专业判断

8. 按照审计抽样目的不同可划分为两种抽样，这两种抽样是（　　）。

A. 属性抽样　B. 变量抽样　C. 统计抽样　D. 非统计抽样

9. 属性抽样的方法包括（　　）。

A. 固定样本量抽样　B. 发现抽样　C. 停－走抽样　D. 差额估计抽样

10. × 公司 2023 年度共发生了 4 680 笔销售业务，确认的销售收入为 14 040 万元，注册会计师从中抽取了面金为 960 万元的 300 笔，审查后确认的审定金额为 810 万元。以下结论中正的有（　　）。

A. 采用均值估计方法推断的总体金额为 12 636 万元

B. 采用差额估计方法推断的总体金额为 11 700 万元

C. 采用比率估计方法推断的总体金额为 11 846.25 万元

D. 采用均值估计方法推断的总体金额为 12 363 万元

五、简答题

1. 列举注册会计师可以开展哪些应对措施以应对财务报表层次的重大错报风险。
2. 试对进一步审计程序的性质、时间和范围进行简要说明。
3. 什么是控制测试？简述控制测试的性质。
4. 什么是实质性程序？试具体说明实质性程序的两种基本类型。
5. 注册会计师在进行控制测试和实质性细节测试时应分别关注怎样的抽样风险？
6. 简述抽样结果的评价程序及内容。

六、综合题

1. 以下是B注册会计师在对Y公司2023年度财务报表审计过程中所实施的审计程序，试逐项指出属于风险评估程序、控制测试，实质性程序中的哪一类型程序，以及各个程序分别与什么报表项目的哪些认定相关。

（1）询问被审单位某采购业务主管，以了解其原材料购进内部控制是否健全（得到执行）。

（2）获取相关数据、文件和报告，以考查其是否处于财务困境。

（3）跟踪其产供销业务流程，以检验其有关授权、职责分离、实物控制方面内部控制是否有效。

（4）对报表日前后5日内购货业务进行检查，以确信是否存在违背购货截止情况。

（5）对本年内新增固定资产进行现场勘查，并检查相关凭证、记录，确信其入账价值的正确性、完整性和真实性。

（6）询问被审单位多位相关人员其存货定期盘点执行情况，以评判该制度有效性。

（7）实施存货监督盘点程序，以考查存货项目是否存在虚构。

2. U会计师事务所的A注册会计师担任X公司2023年度财务报表审计业务的项目合伙人。通过对X公司及其环境的了解和实施风险评估程序，A注册会计师注意到了以下情况:

（1）X公司2023年度毛利率为8%，比上年的4%大幅提升，但同期市场情况平稳，生产成本基本稳定，X公司也没有其他令人信服的说明和解释。

（2）以前年度控制测试的结果显示，X公司常常疏于对客户信用状况的调查且不严格执行赊销审批制度，对内部控制的了解表明这种情况在2023年未见好转。

（3）A注册会计师计算了2023年度发生的财务费用占各月短期借款平均余额的比率，并与上期比较，发现比上年显著上升。据了解，从2022年初到2023年末，银行存款利率没有变化。

要求：请根据上述情况，指出A注册会计师为应对评估的重大错报风险应实施的一项最具针对性的进一步审计程序。

3. A注册会计师担任甲公司2023年度财务表审计业务的项目合伙人，在审计过程中，项目组成员需要获取充分、适当的审计证据。审计工作底稿记录的相关事项如下:

（1）项目组成员通过了解甲公司内部控制、预期与存货相关控制运行有效，据此缩小控制测试的样本规模。

（2）A注册会计师认为仅获取的账簿记录证实营业收入发生缺乏相关性，要求项目组成员扩大审计程序的范围以获取更多的账面资料。

（3）A注册会计师认为，检查期后应收账款收回的记录和文件可以提供应收账款存在、准确性、计价和分摊的审计证据，但不能代替与营业收入截止认定相关的审计证据。

（4）为针对应付账款完整性认定获取更为相关的审计证据，A注册会计师修改了审计程序，将原定的从验收单追查到应付账款明细账改为由应付账款明细账追查到供应商对账单。

要求：针对上述每一种情况，不考虑其他条件，指出A注册会计师及项目组成员的做法是否存在不当之处。如认为存在不当之处，请简要说明理由。

4. A 注册会计师负责审计甲公司 2023 年度财务报表。在针对应收账款实施细节测试时，A 注册会计师决定采用传统变量抽样方法实施统计抽样。甲公司 2023 年 12 月 31 日应收账款账面余额合计为 3 000 000 元。A 注册会计师确定的总体规模为 6 000，样本规模为 200，样本账面余额合计为 120 000 元，样本审定金额合计为 90 000 元。

要求：代 A 注册会计师分别采用均值估计抽样、差额估计抽样和比率估计抽样三种方法计算推断的总体错报金额。

第十一章 销售与收款循环审计

学习目标

了解销售与收款循环审计所涉及的相关会计凭证、账户、主要经济业务活动；了解销售与收款循环中内部控制要点及控制测试；理解设计与执行销售与收款循环实质性程序；掌握主营业务收入、应收账款、坏账准备等账户的审计目标以及实质性程序的基本程序。

第一节 销售与收款循环内部控制和控制测试

销售与收款循环是指企业向客户销售商品或提供劳务，并收回款项的过程。销售与收款循环涉及的主要财务报表项目见表11-1。

表11-1 销售与收款循环与主要财务报表项目对照表

业务循环	资产负债表项目	利润表项目
销售与收款循环	应收票据、应收账款、长期应收款、预收款项、应交税费	营业收入、税金及附加、销售费用

一、销售与收款循环涉及的主要凭证与会计记录

1. 客户订购单

客户订购单是客户提出的书面购货要求。

2. 销售单

销售单是列示客户所订商品的名称、规格、数量以及其他与客户订购单有关信息的凭证，作为销售方内部处理客户订购单的凭据。

3. 出库单

出库单是仓库确认商品已出库发运的凭证，在货物出库时填制，用以反映发出商品的名称、规格、数量和其他有关内容的凭据。出库单的一联留给客户，其余联（一联或数联）由企业保留，通常其中有一联由客户在收到商品时签字确认并返还给企业，用作企业确认收入以及向客户收取货款的依据。

4. 销售发票

销售发票是用来表明已销商品的名称、规格、数量、价格、销售金额、运费和保险费、开票日期、付款条件等内容的凭证。

5. 商品价目表

商品价目表是列示已经授权批准的、可供销售的各种商品的价格清单。

6. 贷项通知单

贷项通知单是用来表示由于销货退回或经过批准的折让而引起的应收销货款减少的凭证，其格式与销售发票类似，用来证明应收账款的减少。

7. 应收票据 / 应收款项融资 / 应收账款预期信用损失计算表

通常，企业按月编制应收票据 / 应收款项融资 / 应收账款预期信用损失计算表，反映月末应收票据 / 应收款项融资 / 应收账款的预期信用损失。

8. 应收票据 / 应收款项融资 / 应收账款 / 合同资产明细账

应收票据 / 应收款项融资 / 应收账款 / 合同资产明细账是用来记录已向每个客户转让商品而有权收取对价的权利的明细账。

9. 坏账核销审批表

坏账核销审批表是一种用于批准将无法收回的应收款项融资 / 应收款项作为坏账予以核销的单据。

10. 转账凭证和收款凭证

转账凭证是对不涉及货币资金收支的经济业务，根据原始凭证或其汇总表填列的记账凭证。收款凭证是指用于记录库存现金和银行存款收款业务的记账凭证。

11. 可变对价相关会计记录

企业与客户的合同中约定的对价金额可能因折扣、价格折让、返利等因素而变化。企业通常定期编制可变对价的相关会计记录，反映对计入交易价格的可变对价的估计和结算情况。

12. 主营业务收入明细账及总账

主营业务收入科目核算企业在销售商品、提供劳务及让渡资产使用权等日常活动中所产生的收入。该科目应按主营业务的种类设置三栏式明细账，若企业主营业务种类不多也可设置多栏式明细账，并按业务种类设置专栏进行明细分类核算，期末应与总账核对。

13. 库存现金和银行存款日记账及总账

库存现金日记账是出纳员根据审核无误的现金收款、付款凭证和银行存款付款凭证（记录从银行提取现金的业务），逐日逐笔顺序登记的，每日终了，应结出现金日记账的账面余额，并将其库存现金实存数额相核对，做到账实相符。银行存款日记账，是用来记录、反映和监督单位在银行的存款的增加、减少和结存情况的。库存现金日记账与银行存款日记账均应定期与总账进行核对。

14. 客户月末对账单

客户月末对账单是一种按月定期寄送给客户的用于购销双方定期核对账目的凭证。

二、销售与收款循环涉及的主要业务活动

销售与收款循环涉及的主要业务活动如图 11-1 所示。

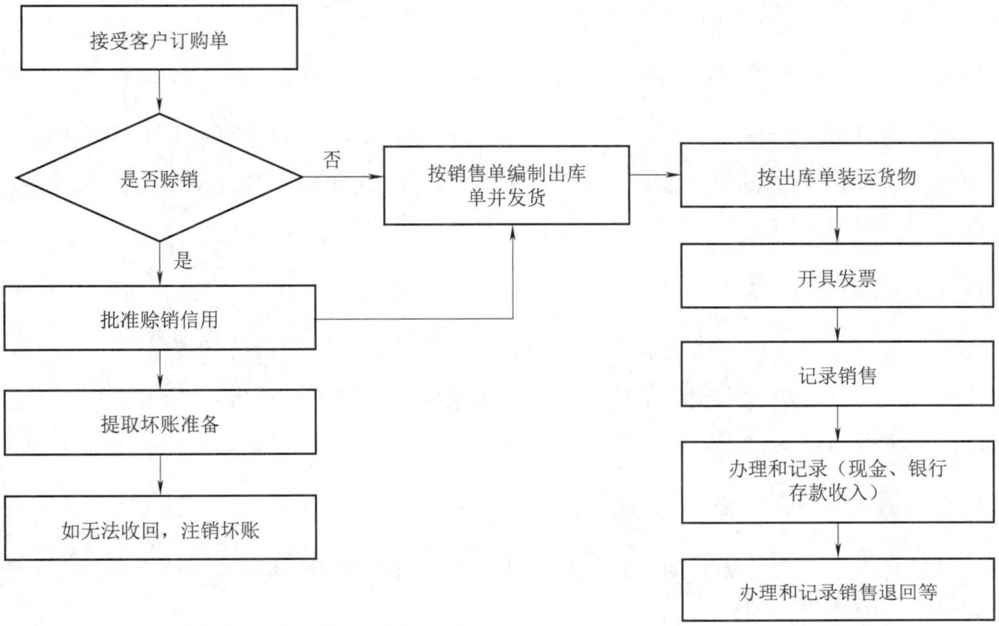

图 11-1　销售与收款循环涉及的主要业务活动图

（一）接受客户订购单

客户提出订货要求是整个销售与收款循环的起点。客户的订购单只有在符合企业的销售政策时才能被接受。销售部门在批准客户订购单之后，就应编制一式多联的销售单。

（二）批准赊销信用

企业的信用管理部门应将销售单与该客户已被授权的赊销信用额度以及至今尚欠的账款余额加以比较，并对每个新客户进行信用调查，然后再将已签署意见的销售单送回销售单管理部门。

（三）按销售单编制出库单并发货

仓库应按照已批准的销售单供货和发货给装运部门，并编制出库单。

（四）按出库单装运货物

装运部门必须验证从仓库提取的商品都附有相应的经批准的销售单，然后才能装运商品。产品配送人员在发货时清点货物，确认与出库单一致后在出库单上签字确认并进行货物运输。

（五）开具发票

会计部门或经授权部门根据销售单、出库单、发运凭证、商品价目表及经批准的商业折扣条件开具发票。开具发票包括开具并向客户寄送预先连续编号的销售发票。

（六）记录销售

企业按销售发票编制转账记账凭证或库存现金、银行存款收款凭证，再据以登记主营业务收入明细账和应收账款明细账或库存现金、银行存款日记账。

（七）办理和记录现金、银行存款收入

这项业务活动包括现销交易中收到的款项和赊销交易中应收账款的收回，并记录，给予客户的现金折扣需要经授权批准。企业应保证全部货币资金都如数、及时地记入库存现金、银行存款日记账或应收账款明细账，并如数、及时地将现金存入银行。

（八）确认和记录可变对价的估计和结算情况

如果合同中存在可变对价，企业需要对计入交易价格的可变对价进行估计，并在每一资产负债表日重新估计应计入交易价格的可变对价金额，以如实反映报告期末存在的情况以及报告期内发生的情况变化。

（九）提取坏账准备

合理估计可能发生的坏账损失，计提坏账准备。坏账准备提取的数额必须能够抵补企业以后无法收回的销货款。

（十）注销坏账

如果有确凿证据表明某项应收款项无法收回，经适当审批后注销这笔应收款项。

三、销售与收款循环的内部控制

（一）销售交易的内部控制

1. 职责分离

（1）客户信用调查评估与销售合同的审批签订要相互分离。
（2）销售合同的审批、签订与办理发货要相互分离。
（3）销售货款的确认、回收与相关会计记录要相互分离。
（4）销售退回货品的验收、处置与相关会计记录要相互分离。
（5）销售业务经办与发票开具、管理要相互分离。
（6）坏账准备的计提与审批、坏账的核销与审批要相互分离。

2. 授权批准

（1）接受客户订单须经授权批准。
（2）向客户提供信用前要进行调查并经授权批准。
（3）发送货物只有在授权批准后才能进行。
（4）销售价格、销售条件和折扣与折让须经授权批准。
（5）坏账发生须经有关人员确认，坏账准备计提须经授权批准。

3. 凭证和记录（信息处理）

（1）关键性的销售单、销售发票、发运凭证等原始凭证都应预先编号，并由经办人签章，

并要及时填制、审核和传递原始凭证。

（2）设计和使用适当的记账凭证，凭证格式简明合理，及时编制和审核记账凭证，证证核对。

（3）建立健全应收账款、主营业务收入等账簿记录。以商业汇票结算时，需设置应收票据登记簿详细记录票据种类、编号、出票人、票面金额、利率、到期日等情况。

（4）如果会计系统应用信息技术，还要检查数据计算的准确性，审核账户和试算平衡表，设置对输入数据和数字序号的自动检查，以及对例外报告进行人工干预等。

4. 内部核查程序

由内部审计人员或其他独立人员核查销售交易的处理和记录。销售与收款交易内部控制检查的主要内容包括：

（1）销售与收款交易相关岗位及人员的设置情况。重点检查是否存在销售与收款交易不相容职务混岗的现象。

（2）销售与收款交易授权批准制度的执行情况。重点检查授权批准手续是否健全，是否存在越权审批的行为。

（3）销售的管理情况。重点检查信用政策、销售政策的执行是否符合规定。

（4）收款的管理情况。重点检查销售收入是否及时入账，应收账款的催收是否有效，坏账核销和应收票据的管理是否符合规定。

（5）销售退回的管理情况。重点检查销售退回手续是否齐全，退回货物是否及时入库。

5. 实物控制

（1）实物控制包括两个方面：一方面限制非授权人员接近存货，货物的发出必须有经批准的销售单，对于退货也要加强实物控制，由收货部门进行验收并填写验收报告和入库单；另一方面，限制非授权人员接近各种记录和文件，防止伪造和篡改记录。

（2）对于应收票据要加强实物控制，保管票据及经管库存现金与相关会计记录职责要分离。

6. 定期寄出对账单

（1）由出纳和负责记录收入及应收账款以外的人员按月向客户寄发对账单。

（2）对于核对中发现的不符账项，由不负责资金管理、不记录收入和应收账款的专人来处理。

（二）收款交易的内部控制

（1）按照《现金管理暂行条例》《支付结算办法》等规定，及时办理销售收款业务。

（2）将销售收入及时入账，不得账外设账，不得擅自坐支现金。销售人员应当避免接触销售现款。

（3）建立应收账款账龄分析制度和逾期应收账款催收制度。销售部门应当负责应收账款的催收，财会部门应当督促销售部门加紧催收。对催收无效的逾期应收账款可通过法律程序予以解决。

（4）按客户设置应收账款台账，及时登记每一客户应收账款余额增减变动情况和信用额度使用情况。对长期往来客户应当建立起完善的客户资料，并对客户资料实行动态管理，及时更新。

（5）对于可能成为坏账的应收账款应当报告有关决策机构，由其进行审查，确定是否确认为坏账。企业发生的各项坏账，应查明原因，明确责任，并在履行规定的审批程序后做出会计处理。

（6）注销的坏账应当进行备查登记，做到账销案存。已注销的坏账又收回时应当及时入账，防止形成账外款。

（7）应收票据的取得和贴现必须经由保管票据以外的主管人员的书面批准。应有专人保管应收票据，对于即将到期的应收票据，应及时向付款人提示付款；已贴现票据应在备查簿中登记，以便日后追踪管理；并应制定逾期票据的冲销管理程序和逾期票据追踪监控制度。

（8）定期与往来客户通过函证等方式核对应收账款、应收票据、预收款项等往来款项。如有不符，应查明原因，及时处理。

应收账款和坏账准备部分内容见表 11-2。

表11-2 应收账款和坏账准备内部控制调查表

<table>
<tr><td>被审计单位名称</td><td>××部门</td><td>日期</td><td></td><td>索引号</td><td></td></tr>
<tr><td>审计项目名称</td><td>应收账款和坏账准备内部控制调查</td><td>编制人</td><td colspan="3">××××</td></tr>
<tr><td>会计期间或截止日</td><td>20××年度</td><td>复核人</td><td>××</td><td>页次</td><td></td></tr>
<tr><td colspan="2">问题</td><td>是</td><td>否</td><td>不适用</td><td>备注</td></tr>
<tr><td colspan="2">1. 信用部门是否与销售部门分开
2. 向顾客赊销商品是否得到信用部门的批准
3. 应收账款的总账与明细账是否由专人定期核对
4. 应收账款总账与明细账的差异是否由专人进行追查
5. 是否定期编制应收账款账龄分析表
6. 是否按期估计坏账损失
7. 坏账准备的计提是否由授权人员审批
8. 坏账的注销是否由授权人员审批
9. 是否建立已注销坏账登记簿
10. 过期应收账款是否及时催收
11. 是否定期向顾客发送对账单</td><td></td><td></td><td></td><td></td></tr>
<tr><td colspan="6">审计结论：</td></tr>
</table>

在对应收账款和坏账准备的内部控制进行了必要的了解与测试之后，审计人员应当做出评价，确定其可信赖程度，明确进一步审计程序的性质、时间和范围，并将测试过程中发现的内部控制的薄弱环节，以适当的形式告知被审计单位的管理层。

四、销售与收款循环的控制测试

（一）销售交易的控制测试

销售交易的内部控制目标、关键内部控制与审计测试的关系见表 11-3。

表11-3　销售交易的控制目标、关键内部控制和测试一览表

内部控制的目标	关键的内部控制	常用的控制测试
登记入账的销售交易确系已经发货给真实的客户（发生）	1. 销售交易是以经过审核的发运凭证及经过批准的客户订货单为依据登记入账的。2. 在发货前，客户的赊购已经被授权批准。3. 销售发票均经事先编号并已恰当地登记入账。4. 每月向客户寄送对账单，对客户提出的意见做专门追查	1. 检查销售发票副联是否附有发运凭证（或提货单）及客户订货单。2. 检查客户的赊购是否经授权批准。3. 检查销售发票连续编号的完整性。4. 观察是否寄送对账单并检查客户回函档案
所有销售交易均已登记入账（完整性）	1. 发运凭证（或提货单）均经事先编号并已经登记入账。2. 销售发票均经事先编号并已登记入账	1. 检查发运凭证连续编号的完整性。2. 检查销售发票连续编号的完整性
登记入账的销售数量确系已发货的数量，已正确开具账单并登记入账（准确性、计价和分摊）	1. 销售价格、付款条件、运费和销售折扣的确定已经适当的授权批准。2. 由独立人员对销售发票的编制作内部核查	1. 检查销售发票是否经适当的授权批准。2. 检查有关凭证上的内部核查标记
销售交易的分类恰当（分类）	1. 采用适当的会计科目表。2. 内部复核和核查	1. 检查会计科目表是否适当。2. 检查有关凭证上内部复核和核查的标记
销售交易的记录及时（截止）	1. 采用尽量在销售发生时开具收款账单和登记入账的控制方法。2. 内部核查	1. 检查尚未开具收款账单的发货和尚未登记入账的销售交易。2. 检查有关凭证上内部核查的标记
销售交易已经正确地记入明细账，并经正确汇总（准确性、计价和分摊）	1. 每月定期给客户寄送对账单。2. 由独立人员对应收账款明细账作内部核查。3. 将应收款明细账余额合计数与其总账余额进行比较	1. 观察对账单是否已经寄出。2. 检查内部核查标记。3. 检查将应收账款明细账余额合计数与其总账余额进行比较的标记

（二）收款交易的控制测试

以现金销售交易为例，收款交易的内部控制目标、关键内部控制与审计测试的关系见表11-4。

表11-4　收款交易的控制目标、关键内部控制和测试一览表

内部控制的目标	关键的内部控制	常用的控制测试
登记入账的现金收入确实为企业已经实际收到的现金（存在或发生）	1. 现金折扣必须经过适当的审批手续。2. 定期盘点现金并与账面余额核对	1. 观察。2. 检查是否定期盘点，检查盘点记录。3. 检查现金折扣是否经过恰当的审批
收到的现金收入已全部登记入账（完整性）	1. 现金出纳与现金记账的职务分离。2. 每日及时记录现金收入。3. 定期盘点现金并与账面余额核对。4. 定期向客户寄送对账单。5. 现金收入记录的内部复核	1. 观察。2. 检查是否存在未入账现金收入。3. 检查是否定期盘点，检查盘点记录。4. 检查是否向客户寄送对账单，了解是否定期进行。5. 检查复核标记
每月核对实际收到的现金和登记入账的现金是否相符（计价和分摊）	1. 定期取得银行对账单。2. 编制银行存款余额调节表	检查调节表中未达账项的真实性以及资产负债表日后的进账情况

注册会计师应根据执行控制测试的结果，确定对相关控制的信赖程度，制定实质性程序的方案。

第二节　营业收入审计

一、营业收入的审计目标

（1）确定利润表中记录的营业收入是否已发生，且与被审计单位有关。（发生）

（2）确定所有应当记录的营业收入是否均已记录。（完整性）

（3）确定与营业收入有关的金额及其他数据是否已恰当记录。（准确性）

（4）确定营业收入是否已记录于正确的会计期间。（截止）

（5）确定营业收入是否已计入恰当的账户。（分类）

（6）确定营业收入在财务报表中的列报是否恰当。（列报）

二、营业收入的实质性程序

（一）主营业务收入的实质性程序

（1）获取或编制主营业务收入明细表。复核加计是否正确，并与总账数和明细账合计数核对是否相符，结合其他业务收入科目与报表数核对是否相符。主营业务收入明细表见表11-5。

表11-5　主营业务收入明细表

被审计单位名称：××××　　审计人员：______　　审计日期：____年__月__日

所属期间：____年　　复核人员：______　　审计日期：____年__月__日　　单位：元

月份	合计	新闻纸	书写纸
1	443 896 000.00	210 000 000.00	233 896 000.00
⋮	⋮	⋮	⋮
12	60 660 000.00	30 500 000.00	30 160 000.00
合计	504 556 000.00	240 500 000.00	264 056 000.00

（2）实施实质性分析程序。

①将本期的主营业务收入与上期的主营业务收入进行比较，分析产品销售的结构和价格变动是否异常，并分析异常变动的原因。

②计算本期重要产品的毛利率，与上期比较，检查是否存在异常，各期之间是否存在重大波动，查明原因。

③比较本期各月各类主营业务收入的波动情况，分析其变动趋势是否正常，是否符合被审计单位季节性、周期性的经营规律，查明异常现象和重大波动的原因。

④将本期重要产品的毛利率与同行业企业进行对比分析，检查是否存在异常。

⑤根据增值税纳税申报表或普通发票，估算全年收入，与实际收入金额比较。

【例 11-1】注册会计师对 ABC 公司 2023 年财务报表进行审计。该公司 2023 年度未发生购并、分立和债务重组行为，供产销形式与上年相当。该公司提供的未经审计的 2023 年度财务报表附注的部分内容见表 11-6。

表11-6　主营业务收入和主营业务成本项目附注　　单位：万元

品名	主营业务收入		主营业务成本	
	2022 年发生额	2023 年发生额	2022 年发生额	2023 年发生额
X 产品	40 000	41 000	38 000	33 800
Y 产品	20 000	20 020	19 000	19 019
合计	60 000	61 020	57 000	52 819

假定附注内容中的上年比较数均已审定无误。

【分析要点】通过分析程序发现该公司可能存在不合理的地方，X 产品 2023 年的销售毛利率为 17.56%，远远高于 2022 年的 5%。该公司 2023 年的供产销形势与上年相当，正常情况应维持毛利率水平，所以应重点审计 X 产品的主营业务收入和主营业务成本。

（3）检查主营业务收入确认方法是否符合企业会计准则的规定。根据《企业会计准则第 14 号——收入》的规定，企业应当在履行了合同中的履约义务，即在客户取得相关商品控制权时确认收入。取得相关商品控制权，是指能够主导该商品的使用并从中获得几乎全部的经济利益。

当企业与客户之间的合同同时满足下列条件时，企业应当在客户取得商品控制权时确认收入：

①合同各方已批准该合同并承诺将履行各自义务。

②该合同明确了合同各方与所转让商品或提供劳务相关的权利和义务。

③该合同有明确的与所转让的商品相关的支付条款。

④该合同具有商业实质，即履行该合同将改变企业未来现金流量的风险、时间分布或金额。

⑤企业因向客户转让商品而有权取得的对价很可能收回。

《企业会计准则第 14 号——收入》分别对“在某一时段内履行的履约义务”和“在某一时点履行的履约义务”的收入确认作出规定。

对于在某一时段内履行的履约义务，企业应当在该段时间内按照履约进度确认收入。当履约进度能够合理确定时，采用产出法或投入法确定恰当的履约进度。当履约进度不能合理确定时，企业已经发生的成本预计能够得到补偿的，应当按照已经发生的成本金额确认收入，直到履约进度能够合理确定为止。

对于在某一时点履行的履约义务，企业应当在客户取得相关商品的控制权时确认收入。在判断客户是否已取得商品控制权时，企业应当考虑下列迹象：

①企业就该商品享有现时收款权利，即客户就该商品负有现时付款义务。

②企业已将该商品的法定所有权转移给客户，即客户已拥有该商品的法定所有权。

③企业已将该商品实物转移给客户，即客户已实物占有该商品。

④企业已将该商品所有权上的主要风险和报酬转移给客户，即客户已取得该商品所有权上的主要风险和报酬。

⑤客户已接受该商品。

⑥其他表明客户已取得商品控制权的迹象。

因此，注册会计师需要基于对被审计单位商业模式和日常经营活动的了解，判断被审计单位的合同履约义务是在某一时段内履行还是某一时点履行，据以评估被审计单位确认收入的会计政策是否符合企业会计准则的规定，并测试被审计单位是否按照其既定的会计政策确认收入。

（4）获取产品价格目录。抽查售价是否符合价格政策，并注意销售给关联方或关系密切的重要客户的产品价格是否合理，有无以低价或高价结算的方法，相互之间有无转移利润的现象。

（5）抽取本期一定数量的发运凭证。审查存货出库日期、品名、数量等是否与销售发票、销售合同、记账凭证等一致。

（6）抽取本期一定数量的记账凭证。审查入账日期、品名、数量、单价、金额等是否与销售发票、发运凭证、销售合同等一致。

（7）实施销售的截止测试。对销售实施截止测试，其目的主要在于确定被审计单位主营业务收入的会计记录归属期是否正确：应计入本期或下期的主营业务收入是否被推延至下期或提前至本期。

假定某一般制造型企业在货物送达客户并由客户签收时确认收入，注册会计师可以考虑表11-7所示的两条路径实施主营业务收入的截止测试。

表11-7　销售收入截止测试的两条审计路线对比

起点	方法	路线	目的	优点	缺点
以账簿记录为起点	逆查法	抽查资产负债表日前后几天的账簿记录，追查至发票存根与客户签收的出库单，以证实已入账收入是否在同一期间开具发票并发货	证实已入账收入是否在同一期间已开具发票发货，有无多记收入，防止高估销售收入	比较直观，容易追查至相关凭证记录	缺乏全面性和连贯性，只能查多记，无法查漏记
以出库单为起点	顺查法	抽查资产负债表日前后几天的出库单，追查至发票与账簿记录，以确定收入是否已计入恰当的会计期间	确认收入是否已计入适当的会计期间，防止低估收入	较全面，连贯，容易发现漏记收入	较费时费力，尤其是难以查找相应的发货及账簿记录，不易发现多记收入

（8）函证本期销售收入。结合应收账款函证，函证本期销售收入，必要时还应函证合同条款以了解付款方式有无特殊安排，是否存在重大口头协议。

（9）检查销售退回与折让、商业折扣与现金折扣。检查相关手续是否符合规定，会计处理是否正确，并结合存货项目审计其真实性。

（10）确定主营业务收入在财务报表中的列报是否恰当。

【例 11-2】ABC 公司 2023 年的利润表“营业收入”项目为 7 650 000 元，资产负债表“预收款项”项目为 960 000 元，各种产品均适用 13% 增值税税率，经审计发现：

（1）盘点存货时发现乙产品账面数量大于库存数量 200 吨，经询问销售部门及仓库保管人员得知，购货方已提货，根据合同约定 1 个月后付款，公司以未收到货款为由，没有确认收入，该公司既没有保留继续管理权，也未对其实施控制。该产品销售单价为 1 600 元，单位成本为 800 元。

【分析要点】在这项交易中，ABC 公司已按照合同约定发出商品，已经履行了合同中的履约义务，购货方已经取得了该批商品的控制权，同时，ABC 公司判断因向购货方转让乙产品而取得的对价很可能收回。因此，ABC 公司应当于购货方取得该商品控制权时确认收入，该交易符合收入确认条件，应确认为当期销售。注册会计师应提请该公司调整报表。审计调整分录为：

借：应收账款　　361 600

　贷：主营业务收入——乙产品　　320 000

　　　应交税费——应交增值税（销项税额）　　41 600

借：主营业务成本　　160 000

　贷：库存商品　　160 000

（2）有一笔预收 G 公司 565 000 元的货款，甲产品已于 2023 年 11 月发出。ABC 公司没有确认收入。

【分析要点】根据企业会计准则规定，企业按照合同约定向客户转让相关商品或服务确定收入，对于该笔交易，货物已于 2023 年 11 月发出，购货方取得甲产品的控制权，符合收入确认的条件，应当确认为销售收入。注册会计师应提请该公司调整报表。审计调整分录为：

借：合同负债　　565 000

　贷：主营业务收入——甲产品　　500 000

　　　应交税费——应交增值税（销项税额）　　65 000

（3）2023 年 12 月 5 日，ABC 公司与 G 公司签订了一项产品销售合同：产品的安装调试由 ABC 公司负责，合同签订日，G 公司预付货款的 40%，余款待安装调试完成并验收合格后结清，验收不合格 G 公司有权退货。2023 年 12 月 26 日，开具增值税专用发票注明价款 500 000 元，增值税额 65 000 元；12 月 28 日产品运抵 G 公司。该批产品成本为 380 000 元。至 2023 年 12 月 31 日，有关安装调试尚未开始。对于上述交易，ABC 公司在 2023 年确认了销售收入 500 000 元，并结转销售成本 380 000 元，对相关的应收账款未计提坏账准备。

【分析要点】本案中显然产品的安装是合同的重要组成部分。只有在安装调试完成并验收合格后，才表明 G 公司取得相关商品控制权，因此，该项交易在发货时不符合收入确认条件，ABC 公司不应确认为销售收入。注册会计师应提请该公司调整报表。审计调整分录为：

借：主营业务收入　　500 000

　　应交税费——应交增值税（销项税额）　　65 000

贷：合同负债	200 000
应收账款	365 000
借：库存商品	380 000
贷：主营业务成本	380 000

（二）其他业务收入的实质性程序

（1）获取或编制其他业务收入明细表，复核加计是否正确，并与总账数和明细账合计数核对是否相符，结合主营业务收入科目与营业收入报表数核对是否相符。

（2）计算本期其他业务收入与其他业务成本的比率，并与上期该比率比较，检查是否有重大波动，如有，应查明原因。

（3）检查其他业务收入内容是否真实、合法，收入确认原则及会计处理是否符合规定，抽查原始凭证予以核实。

（4）对异常项目，应追查入账依据及有关法律文件是否充分。

（5）抽查资产负债表日前后一定数量的记账凭证，实施截止测试，追踪到发票、收据等，确定入账时间是否正确。

（6）检查其他业务收入在财务报表中的列报是否恰当。

三、营业成本审计

1. 主营业务成本的审计

（1）获取或编制主营业务成本明细表，复核加计是否正确，并与总账数和明细账合计数核对是否相符，结合其他业务成本科目与报表数核对是否相符。

（2）比较本期与上期各月主营业务成本的波动趋势，并查明异常情况的原因。

（3）检查主营业务成本的内容和计算方法是否符合会计准则规定，前后期是否一致。

（4）编制生产成本与主营业务成本倒轧表，并与相关科目交叉索引。

（5）抽查主营业务成本结转明细清单，比较计入主营业务成本的品种、规格、数量和主营业务收入的口径是否一致。

（6）针对主营业务成本中重大调整事项（如销售退回）、非常规项目，检查相关原始凭证以及会计处理是否正确。

【例 11-3】 × × 生产公司审计人员张扬在审查其 2023 年财务报表时，利用利润表数据，计算该公司毛利率，见表 11-8。

表11-8　毛利率计算表

单位：元

年份	主营业务收入	主营业务成本	毛利率
2022 年	53 000 000	45 000 000	15.09%
2023 年	52 000 000	50 340 500	3.19%

利润表显示该公司利润下降幅度较大，但该公司本年度的收入水平却未下降。于是审计人员审查库存商品明细账，发现许多已销产品未按会计准则规定的方法而随意结转成本。

要求：假定近两年市场情况平稳，该公司生产经营情况平稳，审计人员合理确认 2023 年度主营业务收入的数额，请指出主营业务成本项目可能存在的问题。

【分析要点】利用2023年度的毛利率计算该公司2023年度的主营业务成本为52 000 000×(1−15.09%)=44 153 200（元），则企业多结转主营业务成本50 340 000−44 148 000=6 186 800（元），导致当期利润和所得税费用虚减。审计人员张扬可建议该公司做如下调整：

借：库存商品　　6 186 800

　贷：主营业务成本　　6 186 800

2．其他业务成本的审计

（1）获取或编制其他业务成本明细表，复核加计正确，并与总账数和明细账合计数核对是否相符，结合主营业务成本科目与报表数核对相符。

（2）与上期其他业务收入/成本比较，检查是否有重大波动，如有，应查明原因。

（3）抽查其他业务成本的原始凭证，检查其会计处理是否正确。关注与其他业务收入的相关税费是否计入该科目。

（4）结合对其他业务收入的截止测试，检查其他业务成本是否存在跨期。

【例11-4】××生产公司审计人员张扬在抽查其2023年记账凭证时，发现一张记账凭证，如图11-2所示。

记账凭证

2023年12月31日　　字第76号

摘要	会计科目		记账	借方金额											记账	贷方金额										
	总账科目	明细科目	√	亿	千	百	十	万	千	百	十	元	角	分	√	亿	千	百	十	万	千	百	十	元	角	分
出租办公室	银行存款							4	0	0	0	0	0	0												
	累计折旧																				6	0	0	0	0	0
	其他业务收入	租金收入																		3	4	0	0	0	0	0
合计							¥	4	0	0	0	0	0	0					¥	4	0	0	0	0	0	0

附单据1张

会计主管：钱庄　　记账：陈华　　出纳：孙广春　　审核：李明　　制单：赵丽

图11-2　记账凭证

所附原始凭证为租赁合同（合同约定年租金40 000元）和银行进账单，如图11-3所示。

中国建设银行　进账单（收账通知）

2023年12月31日　　第0065987号

付款人			收款人		
全　称	长春公司		全　称	××生产公司	
账　号	4203115432		账　号	015-1051-6298010	
开户银行	中行西城办事处		开户银行	广州建行珠江办事处	

金额	亿	千	百	十	万	千	百	十	元	角	分
人民币（大写）肆万元整					4	0	0	0	0	0	0

票据种类	转账支票	收款人开户银行签章
票据张数	1	开户银行签章
复核　记账		

此联是收款人的收款通知

图11-3　原始凭证

经审查该固定资产年折旧额为6 000元正确无误，但审计人员未发现该出租业务的其他会计处理。(假设该企业使用的增值税税率为 9%)。

要求：分析该公司存在何种问题。

【分析要点】该公司对出租业务的账务处理不恰当，将折旧费用 6 000 元冲减其他业务收入，明显不符合配比原则，应将折旧费计入其他业务成本，同时计入本期的增值税 40 000 × 9%=3 600（元），该公司的处理导致当期其他业务收入、其他业务成本虚减，影响当期利润的计算和所得税费用的缴纳。张扬可以建议该公司做如下调整：

借：其他业务成本　6 000

　贷：其他业务收入　6 000

借：其他业务成本　3 600

　贷：应交税费——应交增值税　3 600

第三节　应收账款审计

一、应收账款的审计目标

（1）确定资产负债表中记录的应收账款是否存在。

（2）确定所有应当记录的应收账款是否均已记录。

（3）确定记录的应收账款是否由被审计单位拥有或控制。

（4）确定应收账款是否以恰当的金额包括在财务报表中，与之相关的计价调整是否已恰当记录。

（5）确定应收账款在财务报表中的列报是否恰当。

二、应收账款的实质性程序

（一）获取或编制应收账款明细表

（1）复核加计是否正确，并与总账数和明细账合计数核对是否相符；结合坏账准备科目与报表数核对是否相符。

（2）分析有贷方余额的项目，查明原因，必要时，建议做重分类调整。

（3）标识重要的欠款单位，计算其欠款合计数占应收账款余额的比例。

（二）检查应收账款账龄分析是否正确

获取或编制应收账款账龄分析表，分析应收账款的账龄，以便了解应收账款的可收回性、坏账准备计提的充分性。应收账款账龄分析表见表 11-9。

表11-9　应收账款账龄分析表

客户名称	期末余额	账　龄			
		1 年以内	1~2 年	2~3 年	3 年以上
合　计					

编制此表时，可以选择重要的客户及其余额来列示，不重要的或余额较小的，可汇总列示。应收账款账龄分析表的合计数减去已计提的相应坏账准备后的净额，应该等于资产负债表中的应收账款项目金额。

（三）实施实质性分析程序

（1）复核应收账款借方累计发生额与主营业务收入是否配比，并将当期应收账款借方发生额占销售收入净额的百分比与管理层考核指标比较，如存在差异应查明原因。

（2）计算应收账款周转率、应收账款周转天数等指标，并与被审计单位以前年度指标、同行业同期相关指标对比分析，检查是否存在重大异常。

（四）向债务人函证应收账款

1．函证目的

证实应收账款账户余额的存在、正确性，防止或发现被审计单位及其有关人员在销售交易中发生的错误或舞弊行为。

2．函证范围和对象

注册会计师应当对应收账款实施函证，除非有充分证据表明应收账款对财务报表不重要，或函证很可能无效（如注册会计师可能基于以前年度的审计经验，认为被询证者很可能不回函或即使回函也不可信）。如果不对应收账款函证，注册会计师应当在工作底稿中说明理由。如果认为函证很可能是无效的，注册会计师应当实施替代审计程序。

一般情况下，注册会计师应选择如下项目作为函证对象：大额或账龄较长的项目；与债务人发生纠纷的项目；关联方项目；主要客户（包括关系密切的客户）项目；交易频繁但期末余额较小甚至为零的项目；可能产生重大错误或舞弊的非正常的项目。

【例 11-5】注册会计师对 ABC 公司 2023 年财务报表进行审计时考虑对表 11-10 所列应收账款进行函证，在不考虑样本量的前提下，注册会计师如何选择函证对象。

表11-10　ABC公司应收账款分析表

客户名称	金额（元）	账龄	备注
甲公司	28 000 000	2 年	
乙公司	60 000	1.5 年	因产品质量问题发生纠纷
丙公司	800	6 个月	
丁公司	400	1.5 年	甲公司的重要债务人，本年度交易频繁
戊公司	300 000	3 年	

【分析要点】注册会计师应选择甲、乙、丁、戊公司进行函证。甲公司的账款属于金额巨大的应收账款；乙公司的账款属于有纠纷的应收账款；丁公司的账款属于关联方的应收账款；戊公司的账款属于金额较大、账龄较长的应收账款。

3．函证方式

（1）积极的函证方式。采用这种函证方式，注册会计师要求被询证者在所有情况下必须回函，确认询证函所列示信息是否正确，或填列询证函要求的信息。具体运用时可以在询证函中列明拟函证的账户余额或其他信息，要求被询证者核对确认；也可以在询证函中不列明账户余额或其他信息，而要求被询证者填写有关信息或提供进一步信息。积极的询证函格式如下：

企业询证函

编号：______

××（公司）：

本公司聘请的××会计师事务所正在对本公司××年度财务报表进行审计，按照中国注册会计师审计准则的要求，应当询证本公司与贵公司的往来账项等事项。下列数据出自本公司账簿记录，如与贵公司记录相符，请在本函下端“信息证明无误”处签章证明；如有不符，请在“信息不符”处列明不符金额。回函请直接寄至××会计师事务所。

回函地址：______

邮编：______电话：______传真：______联系人：______

①本公司与贵公司的往来账项列示如下：　　单位：元

截止日期	贵公司欠	欠贵公司	备注

②其他事项。本函仅为复核账目之用，并非催款结算。若款项在上述日期之后已经付清，仍请及时函复为盼。

（公司盖章）　年　月　日

结论：①信息证明无误。

（公司盖章）____年___月___日

经办人：______

②信息不符，请列明不符的详细情况：

（公司盖章）____年___月___日

经办人：______

（2）消极的函证方式。采用这种函证方式，注册会计师要求被询证者仅在不同意询证函列示信息的情况下才予以回函。消极的询证函格式如下：

企业询证函

编号：_____

××（公司）：

本公司聘请的××会计师事务所正在对本公司××年度财务报表进行审计，按照中国注册会计师审计准则的要求，应当询证本公司与贵公司的往来账项等事项。下列数据出自本公司账簿记录，如与贵公司记录相符，则无须回复；如有不符，请直接通知会计师事务所，并请在空白处列明贵公司认为是正确的信息。回函请直接寄至 ×× 会计师事务所。

回函地址：______

邮编：______电话：______传真：______联系人：______

①本公司与贵公司的往来账项列示如下： 单位：元

截止日期	贵公司欠	欠贵公司	备注

②其他事项：本函仅为复核账目之用，并非催款结算。若款项在上述日期之后已经付清，仍请及时核对为盼。

（公司盖章）____年___月___日

×× 会计师事务所：

上面的信息不正确，差异如下：

（公司盖章）____年___月___日

经办人：______

（3）函证方式的选择。

①同时存在下列情况时注册会计师可考虑采用消极的函证方式：应收账款的重大错报风险评估为低水平；涉及大量较小的账户余额；预期不存在大量的错报；没有理由相信被函证者不认真对待函证。

②注册会计师可采用积极的函证方式或消极的函证方式实施函证，也可将两种方式结合使用。结合使用时，注册会计师可以对所有的或抽取的大额应收账款采用积极的函证方式，而对抽取的小额应收账款采用消极的函证方式。

③积极的函证方式提供的审计证据通常比消极的函证方式提供的审计证据更可靠。

4．函证的时间

注册会计师通常以资产负债表日为截止日，在资产负债表日后适当时间内实施函证。如果重大错报风险评估为低水平，也可选择资产负债表日前适当日期为截止日实施函证，并对所函证项目自该截止日起至资产负债表日止发生的变动实施进一步实质性程序，比如检查该期间发生的影响应收账款余额的交易。

5．函证的实施与控制

当实施函证时，注册会计师应当对被询证者的选择、询证函的设计以及询证函的发出和收回保持控制，以确保函证有效。

（1）注册会计师对函证实施过程采取如下控制措施：

①将被询证者的名称、地址与被审计单位有关记录核对。

②将询证函中列示的账户余额或其他信息与被审计单位有关资料核对。

③在询证函中指明直接向会计师事务所回函。

④询证函经被审计单位盖章后，由注册会计师直接发出。

⑤将发出询证函的情况形成审计工作记录。

⑥将收到的回函形成审计工作记录，并汇总统计函证结果。

（2）如果被询证者以传真、电子邮件等方式回函，注册会计师应当直接接收，并要求被询证者寄回询证函原件。

（3）如果采用积极的函证方式实施函证而未能收到回函，注册会计师应当考虑与被询证者联系，要求对方作出回应或再次寄发询证函。如果未能得到被询证者的回应，注册会计师应当实施替代审计程序（应当能够与实施函证提供同样效果的审计证据）。

①检查与销售有关的记录与文件，如销售合同、客户订购单、销售发票及发运凭证等证明销售交易确实已经发生的证据。

②检查应收账款日后收款的记录与凭证，如银行进账单、汇款证明、银行存款日记账等。

③检查被审计单位与客户之间的函电记录，也有助于发现销售交易是否真实发生，双方是否存在争议。

（4）如果有迹象表明收回的询证函不可靠，应当实施适当的审计程序予以证实或消除疑虑。例如，注册会计师可以通过直接打电话给被询证者等方式以验证回函的内容和来源。

在函证实施过程中具体的控制程序主要集中于询证函的发出及收回环节，主要包括的控制程序要点，如图 11-4 所示。

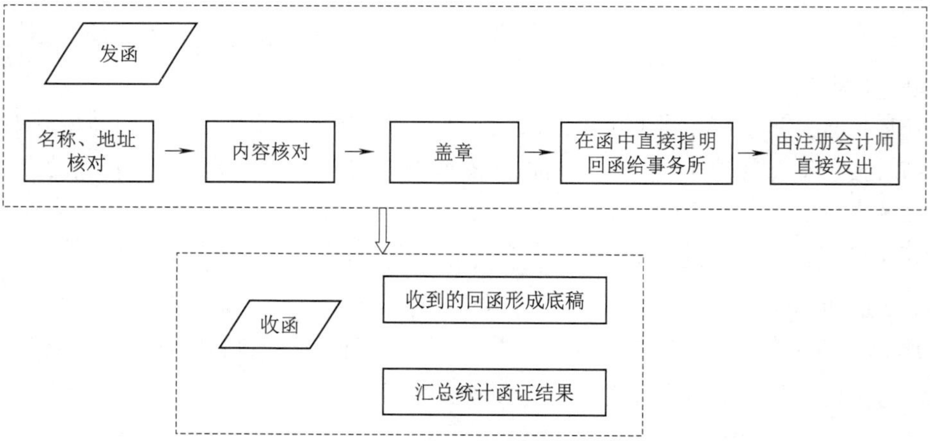

图 11-4　函证实施过程中的控制要点图

6. 对不符事项的处理

如果发现了不符事项，注册会计师应当分析不符事项的原因，并作进一步核实。

存在不符事项的原因可能是由于双方登记入账的时间不同，可能是由于一方或双方记账错误，也可能是被审计单位的舞弊行为。登记入账的时间不同而产生的不符事项主要表现为：

（1）询证函发出时，债务人已经付款，而被审计单位尚未收到货款。

（2）询证函发出时，被审计单位的货物已经发出并已作销售记录，但货物仍在途中，债务人尚未收到货物。

（3）债务人由于某种原因将货物退回，而被审计单位尚未收到。

（4）债务人对收到的货物的数量、质量及价格等方面有异议而全部或部分拒付货款等。

如果不符事项构成错报，注册会计师应重新考虑实质性程序的性质、时间和范围。

7. 对函证结果的评价

注册会计师收回询证函后，应编制应收账款函证结果汇总表，对函证结果进行分析与评价。应收账款函证结果汇总表见表 11-11。

表11-11　应收账款函证结果汇总表

询证函编号	债务人名称	债务人地址及联系方式	账面金额	函证方式	函证日期		回函日期	替代程序	确认余额	差异金额及说明	备注
					第一次	第二次					

注册会计师对函证结果可做如下评价：

（1）如果函证结果没有差异，则可以据此合理推论，全部应收账款总体是正确的。

（2）如果函证结果存在差异，则应估算应收账款总额中可能的累计差错，且可能进一步扩大函证范围。

（五）检查未函证的应收账款

对于未函证的应收账款，注册会计师应抽查与销售有关的记录与文件，如销售合同、客户订购单、销售发票副本及发运凭证等，以验证这些应收账款的真实性。

（六）检查坏账的确认和处理

对于发生的坏账损失，应检查其原因是否合理、有无授权批准手续、是否采用备抵法核算；作坏账处理后又重新收回的应收款项，应检查其相应的会计处理是否正确。

（七）抽查有无不属于结算业务的债权

注册会计师应抽查应收账款明细账，并追查有关原始凭证，查证被审计单位有无不属于结算业务的债权，如有，应建议被审计单位作适当调整。

（八）检查应收账款的质押或出售

结合银行存款和银行借款等询证函的回函、检查会议纪要、借款协议和其他文件，确定应收账款是否已被质押或出售，其会计处理是否正确。

（九）检查应收账款在财务报表中的列报是否恰当

根据实际情况，检查应收账款在财务报表中的列报是否恰当。

【例 11-6】××生产公司审计人员张扬采用函证法审查其 2023 年 12 月 31 日的应收账款，并于 2024 年 1 月 10 日采用积极式函证方式对所有重要客户寄发了询证函。张扬将与函证结果相关的重要异常情况汇总，见表 11-12。

表11-12　函证结果差异汇总表　　单位：元

单位名称	项目					
	询函编号	函证方式	函证日期	回函日期	账面金额	回函金额
麦派实业	0001	积极	1.4	1.11	9 863 100.00	3 428 100.00
吉利印刷	0002	积极	1.4	1.10	6 764 470.00	6 764 470.00
亚金科技	0003	积极	1.4	1.12	9 759 200.00	9 759 200.00
嘉豪纸业	0004	积极	1.4	1.10	4 867 200.00	4 867 200.00
新华商贸	0005	积极	1.4	1.9	510 000.00	0

审计说明：

（1）抽取5个大额账户和1个本期新增客户新华商贸，实施积极函证。其中森工公司无法获取通信地址，决定对其执行替代审计程序（检查原始凭证、检查日后收款）。

（2）经函证，12月31日向麦派实业公司销售1 100吨新闻纸，计6 435 000元，系目的地交货，检查相关合同亦证实。同时检查客户商品验收确认单，该批商品麦派实业公司为2020年1月7日验收。因此，属于提前确认销售实现，应调整。

（3）经函证，并由应收账款新华商贸明细账追查至记账凭证记0104号，2019年12月31日被审计单位收新华商贸3 000 000元预付款，所附原始凭证为进账单和销售发票（600吨新闻纸），未有出库单。又检查2020年1月应收账款新华商贸明细账，并追查到记0005，所附原始凭证为进账单（510 000元）和出库单600吨新闻纸。因此，属于提前确认销售实现，应调整。

（4）除上述问题外，未发现其他重大异常情况。

三、坏账准备的实质性程序

（1）获取或编制坏账准备明细表，复核加计是否正确，并与总账数和明细账合计数核对是否相符。

（2）实施实质性分析程序。通过计算坏账准备余额占应收款项余额的比例，并和以前期间的相关指标比较，分析有无异常，分析其产生重大差异的原因。

（3）核对坏账准备本期计提数与信用减值损失相应明细项目的发生额是否相符。

（4）检查坏账准备的计提与转销及转回是否正确。

①检查坏账准备计提的范围、方法、比例、账龄的划分、实际发生坏账时的转销是否合规，是否经股东大会、董事会或厂长（经理）会议或类似权力机构批准。

②测算坏账准备本期计提金额是否正确、充分，有无多提或少提，坏账准备计提与转销、转回的相关会计处理是否正确。

（5）确定坏账准备在财务报表中的披露是否恰当。

【例 11-7】注册会计师对ABC公司2023年财务报表审计时发现：该公司采用应收款项余额百分比法计提坏账准备，确定的比例为2%。年末应收账款明细账借方余额为750

万元，预收账款明细账借方余额为 350 万元，坏账准备期初余额为 20 万元，本期发生坏账损失 30 万元，本期收回前期已核销的坏账 15 万元。期末应收账款中应收 Z 公司货款 60 万元，有确凿证据表明只能收回 30%。ABC 公司年末计提了 10 万元的坏账准备。

【分析要点】ABC 公司计提的坏账准备不恰当。按规定，企业应按照应收账款和预收账款明细账科目的借方余额合计计提坏账准备。应收 Z 公司货款 60 万元有确凿证据表明只能收回 30%，应采用个别认定法计提坏账准备。建议 ABC 公司进行调整。

调整前坏账准备账户余额：20−30+15+10=15（万元）（贷方）

补提坏账准备：（750+350−60）× 2%+60 ×（1−30%）−15=47.8（万元）

审计调整分录为：

借：信用减值损失 478 000

贷：坏账准备 478 000

第四节 其他相关项目审计

一、销售费用的实质性程序

（1）获取或编制销售费用明细表，复核加计是否正确，并与报表数、总账数和明细账合计数核对是否相符。

（2）实施实质性分析程序。

①计算分析各个月份销售费用总额及主要项目金额占主营业务收入的比率，并与上一年度进行比较，判断其变动的合理性。

②计算分析各个月份销售费用中主要项目发生额及占销售费用总额的比率，并与上一年度进行比较，判断其变动的合理性。

（3）检查各明细项目是否与被审计单位销售商品和材料、提供劳务以及专设的销售机构发生的各种费用有关。

（4）检查广告费、宣传费、业务招待费的支出是否合理、审批手续是否健全、是否取得有效的原始凭证；如超过规定限额，应在计算应纳税所得额时调整。

（5）执行销售费用截止测试。从截止日前后的销售费用账户的借方发生额中选取样本，追查至相应的发票等原始凭证，确认发票等原始凭证日期与会计记录日期是否为同一会计期间，看有无跨期现象。

（6）检查销售费用在财务报表中的列报是否恰当。

二、税金及附加的实质性程序

（1）获取或编制税金及附加明细表，复核加计是否正确，并与报表数、总账数和明细账合计数核对是否相符。

（2）结合企业有关的纳税申报表，确定被审计单位的纳税范围与税种是否合规。

（3）检查税金及附加的计算是否正确。

①根据应纳营业税的销售额，按规定的适用税率测算本年度应纳营业税税额。

②根据审定的应税消费品销售额（或数量），按规定的适用税率测算本年度应纳消费税税额。

③根据审定的应税资源税产品的课税数量，按规定的适用单位税额测算本年度应纳资源税税额。

（4）测算城市维护建设税、教育费附加的数额是否正确。

（5）将测算各项税费的结果与应交税费相关项目的计缴数核对。

（6）确定被审计单位减免税的项目是否真实，手续是否完备。

（7）检查营业税金及附加在财务报表中的列报是否恰当。

三、应交税费的实质性程序

（1）获取或编制应交税费明细表，复核加计是否正确，并与报表数、总账数和明细账合计数核对是否相符。

（2）首次接受委托时，取得被审计单位的纳税鉴定、纳税通知、减免税批准文件等，了解被审计单位适用的税种、附加税费、计税（费）基础、税（费）率，以及征、免、减税（费）的范围与期限。连续接受委托时，关注其变化情况。

（3）核对期初未交税金与税务机关受理的纳税申报资料是否一致，检查缓期纳税及延期纳税事项是否经过有权税务机关批准。

（4）取得税务部门汇算清缴或其他确认文件、有关政府部门的专项检查报告、税务代理机构专业报告、被审计单位纳税申报资料等，分析其有效性，并与上述明细表及账面数据进行核对。对于超过法定交纳期限的税费，应取得主管税务机关的批准文件。

（5）检查应交增值税：

①获取或编制应交增值税明细表，复核加计是否正确，并与明细账核对是否相符。

②将应交增值税明细表与被审计单位增值税纳税申报表进行核对，比较两者是否总体相符，并分析其差额的原因。

③通过“原材料”等相关科目匡算进项税是否合理。

④抽查一定期间的进项税抵扣汇总表，与应交增值税明细表相关数额合计数核对，如有差异，查明原因并作适当处理。

⑤抽查重要进项税发票、海关完税凭证、收购凭证或运费发票，并与网上申报系统进行核对，注意进口货物、购进的免税农产品或废旧物资、支付运费、接受投资或捐赠、接受应税劳务等应计的进项税额是否按规定进行了会计处理；因存货改变用途或发生非常损失应计的进项税额转出数的计算是否正确，是否按规定进行了会计处理。

⑥根据与增值税销项税额相关账户审定的有关数据，复核存货销售，或将存货用于投资、无偿馈赠他人、分配给股东（或投资者）应计的销项税额，以及将自产、委托加工的产品用于非应税项目的计税依据确定是否正确以及应计的销项税额是否正确计算，是否按规定进行会计处理。

⑦检查适用税率是否符合税法规定。

⑧取得《出口货物退（免）税申报表》及办理出口退税有关凭证，复核出口货物退税的

计算是否正确，是否按规定进行了会计处理。

⑨对经主管税务机关批准实行核定征收率征收增值税的被审计单位，应检查其是否按照有关规定正确执行。

⑩抽查本期已交增值税资料，确定已交款数的正确性。

（6）检查应交消费税的计算是否正确，是否按规定进行了会计处理。

（7）检查应交资源税的计算是否正确，是否按规定进行了会计处理。

（8）检查应交土地增值税的计算是否正确，是否按规定进行了会计处理。

（9）检查应交城市维护建设税的计算是否正确，是否按规定进行了会计处理。

（10）检查应交车船使用税和房产税的计算是否正确，是否按规定进行了会计处理。

（11）检查应交土地使用税的计算是否正确，是否按规定进行了会计处理。

（12）检查教育费附加、矿产资源补偿费等的计算是否正确，是否按规定进行了会计处理。

（13）获取或编制应交所得税测算表，结合所得税项目，确定应纳税所得额及企业所得税税率，复核应交企业所得税的计算是否正确，是否按规定进行了会计处理；抽查本期已交所得税资料，确定已交数的正确性。

（14）检查除上述税项外的其他税项及代扣税项的计算是否正确，是否按规定进行了会计处理。

（15）检查被审计单位获得税费减免或返还时的依据是否充分、合法和有效，会计处理是否正确。

（16）抽查若干应交税费相关的凭证，检查是否有合法依据，会计处理是否正确。

（17）确定应交税费的披露是否恰当。

思考与练习

一、填空题

1. 企业在批准了顾客订单之后，通常应编制一式多联的________。

2. 赊销批准是由企业________部门根据管理当局的赊销政策和对每个顾客已授权的________来进行的。

3. 采用交款提货销售方式，应于货款已收到或取得收取货款的权利，同时已将________和________交给买方时确认收入的实现。

4. 采用预收款销售方式，应按________确认收入。

5. 三条实施营业收入的截止期测试的审计路线是________、________、________。

6. 注册会计师可以通过编制或获取________来分析应收账款的账龄，以便了解应收账款的可回收性。

二、判断题

1. 应收票据的取得和贴现必须经由保管票据以外的主管人员口头或书面批准。（　　）

2. 注册会计师为了确信全部发运凭证均已归档，可以通过检查发运凭证的编号来查明。（　　）

3. 无论被审计单位采用何种方式销售商品，注册会计师都不应认可其在没有收到货款

的情况下确认主营业务收入。（　　）

4. 应收账款在资产总额中的重要性越高，所需函证数量越大。（　　）

5. 企业发生销售退回时，不论销售退回的商品是本年销售的还是以前年度销售的，均应冲减本年度的销售收入与销售成本。（　　）

6. 对于未曾发货却将销货交易登记入账的情况，注册会计师可以从主营业务收入明细账中抽取几笔，追查有无发运凭证及其他凭证。（　　）

7. 注册会计师应当对应收账款实施函证，除非有充分证据表明应收账款对财务报表不重要，或函证很可能无效。（　　）

8. 函证应收账款的目的在于证实应收账款账户余额的真实性和完整性，防止或发现被审计单位及其有关人员在销售交易中发生的错误或舞弊行为。（　　）

9. 函证应收账款的时间，最好选择与资产负债表日最接近的时间，同时也要考虑对方复函的时间。（　　）

10. 如果对应收账款实施函证不能获取充分适当的审计证据，注册会计师应当实施替代审计程序。（　　）

三、单选题

1. 为了证实已发生的销售业务是否均已登记入账，有效的作法是（　　）。

A. 只审查销售日记账　　B. 由日记账追查有关原始凭证

C. 只审查有关原始凭证　　D. 由有关原始凭证追查销售日记账

2. 对于赊销业务，被审计单位都会设计信用批准制度，目的是降低发生坏账的风险，这项控制与应收账款的（　　）认定有关。

A. 存在　　B. 计价和分摊　　C. 完整性　　D. 权利和义务

3. 下列各项中，预防员工贪污、挪用销货款的最有效的方法是（　　）。

A. 记录应收账款明细账的人员不得兼任出纳

B. 收取客户支票与收取客户现金由不同人员担任

C. 请客户将货款直接汇入公司指定的银行账户

D. 公司收到客户支票后立即寄送收据给客户

4. 对被审计单位的销售交易，下列注册会计师认为不属于产生高估销售的是（　　）。

A. 向虚构的客户发货并进行相应的账务处理

B. 本期已经发生的销售交易均已入账

C. 未曾发货却已将销售交易登记入账

D. 销售交易重复入账

5. 为证实所有销售业务均已记录，注册会计师应选择的最有效的审计程序是（　　）。

A. 抽查出库单　　B. 抽查销售明细账

C. 抽查应收账款明细账　　D. 抽查银行对账单

6. 注册会计师核对资产负债表日前后的销货发票的日期与登记入账的日期是否一致，其主要目的是为了进行（　　）测试。

A. 发生　　B. 完整性　　C. 分类和可理解性　　D. 截止

7. 应收账款函证的时间通常为（　　）。

A. 被审计年度期初　　B. 被审计年度期中
C. 与资产负债表日接近的时间　　D. 在资产负债表日后适当时间

8. 注册会计师执行应收账款函证程序的主要目的是（　　）。
A. 符合专业标准的要求
B. 确定应收账款能否收回
C. 确定应收账款的真实性、正确性
D. 判定被审计单位入账的坏账损失是否适当

9. 注册会计师在对ABC公司的应收账款实施函证程序时，针对下列方面通常难以获取有效审计证据的是（　　）。
A. 应收账款的存在性　　B. 应收账款的可变现净值
C. 应收账款金额的准确性　　D. 应收账款是否归属于ABC公司

10. 被审计单位“销售费用明细账”记录以下费用项目，应予以确认的是（　　）。
A. 车间的折旧费　　B. 常设销售机构经费
C. 管理部门人员工资　　D. 为购货单位垫付的运杂费

四、多选题

1. 被审计单位应当建立对销售与收款内部控制的监督检查制度，其监督检查的重点包括（　　）。
A. 检查是否存在销售与收款业务不相容职务混岗的现象
B. 检查授权批准手续是否健全，是否存在越权审批行为
C. 检查信用政策、销售政策的执行是否符合规定
D. 检查销售退回手续是否齐全、退回货物是否及时入库

2. 对被审计单位以下有关收款业务相关内部控制内容，注册会计师应特别关注的有（　　）。
A. 单位应当定期与往来客户通过核对账单等方式核对应收账款、应收票据、预收账款等往来款项。如有不符，应查明原因，及时处理
B. 单位应将销售收入及时入账，不得账外设账，不得擅自坐支现金
C. 单位应收票据的取得和贴现必须经由保管票据以外的主管人员的书面批准
D. 单位注销的坏账应当进行备查登记，做到账销案存

3. 在对特定会计期间主营业务收入进行审计时，注册会计师应重点关注的与被审计单位主营业务收入确定有密切关系的日期包括（　　）。
A. 收款日期　　B. 发票开具日期
C. 记账日期　　D. 发货日期或提供劳务日期

4. 为了证实已发生的销售交易是否均已登记入账，无效的做法是（　　）。
A. 只审查有关原始凭证
B. 只审查主营业务收入明细账
C. 由主营业务收入明细账追查至有关原始凭证
D. 由有关的原始凭证追查至主营业务收入明细账

5. 实施销售截止测试的三种方法是（　　）。

A. 以账簿记录为起点，追查至发票存根与发运凭证

B. 以销售发票为起点，追查至发运凭证与账簿记录

C. 以发运凭证为起点，追查至发票开具情况与账簿记录

D. 以客户订购单为起点，追查至发运凭证

6. 下列说法中不正确的有（　　）。

A. 企业规定赊销、发货均须经审批，主要目的在于保证销售交易按照企业定价政策规定的价格开票收款

B. 为了测试被审计单位是否按月向客户寄出对账单，注册会计师可以实施有效的控制测试是观察被审计单位指定人员寄送对账单以及检查客户复函档案

C. 由原始凭证追查至明细账与从明细账追查至原始凭证是有区别的，前者用来测试不真实的交易（“发生”目标），后者用来测试遗漏的交易（“完整性”目标）

D. 注册会计师在对被审计单位2023年度财务报表进行审计时，发现其2024年2月16日有一笔已经在2023年12月26日确认销售收入的业务发生了销售折让，注册会计师建议被审计单位应在实际发生时冲减折让发生当期的收入

7. 注册会计师对应收账款函证的过程和情况记录在工作底稿中，同时还应该评价该函证的可靠性，下列属于注册会计师在评价函证可靠性时应当考虑的因素有（　　）。

A. 对询证函的设计、发出以及收回的控制情况

B. 被询证者的胜任能力、独立性、授权回函情况、对函证项目的了解及其客观性

C. 被审计单位是否同意注册会计师进行函证

D. 被审计单位施加的限制或回函中的限制

8. 在对询证函的以下处理方法中，正确的有（　　）。

A. 在粘封询证函时对其统一编号，并将发出询证函的情况记录于审计工作底稿

B. 询证函经会计师事务所盖章后，由注册会计师直接发出

C. 收回询证函后，将重要的回函复制给被审计单位以帮助催收货款

D. 对以电子邮件方式回收的询证函，要求被询证单位将原件盖章后寄至会计师事务所

9. 对应收账款而言，登记入账的时间不同而产生的不符事项主要表现为（　　）。

A. 询证函发出时，债务人已经付款，而被审计单位尚未收到货款

B. 询证函发出时，被审计单位的货物已经发出并已做销售记录，但货物仍在途中，债务人尚未收到货物

C. 债务人由于某种原因将货物退回，而被审计单位尚未收到

D. 债务人对收到的货物的数量、质量及价格等有异议而全部或部分拒付货款

10. 同时存在下列情况时注册会计师可考虑采用消极的函证方式（　　）。

A. 被审计单位的重大错报风险评估为低水平

B. 涉及大量较小的账户余额

C. 预期不存在大量的错报

D. 没有理由相信被函证者不认真对待函证

五、简答题

1. 简述销售与收款循环的主要业务活动。

2. 销售与收款循环的控制测试主要包括哪些内容?

3. 简述主营业务收入的实质性程序。

4. 如何对主营业务收入实施截止测试?

5. 注册会计师应当采取哪些措施对函证实施过程进行控制?

6. 应收账款由于双方登记入账的时间不同而产生的不符事项有哪些?

六、综合题

1. 注册会计师在对ABC公司的内部控制进行了解和测试时，注意到下列情况:

(1) 根据批准的客户订购单,销售部编制预先连续编号的一式三联的现销或赊销销售单。经销售部被授权人员批准后，所有销售单的第一联直接送仓库作为按销售单供货和发货给装运部门的授权依据，第二联交开具账单部门，第三联由销售部留存。

(2) 仓库部门根据批准的销售单供货，并编制出库单。装运部门将从仓库提取的商品与销售单核对无误后装运，并编制一式四联预先连续编号的发运单，其中三联及时分送开具账单部门、仓库和客户，一联留存装运部门。

(3) 开具账单部门在收到发运单并与销售单核对无误后,编制预先连续编号的销售发票,并将其连同发运单和销售单及时送交会计部门。会计部门在核对无误后由财务部甲职员据以登记销售收入明细账和银行存款日记账。

(4) 由负责登记应收账款备查簿的人员在每月末定期给客户寄送对账单，并对客户提出的异议进行专门追查。

要求：请指出上述四项中，内部控制是否存在缺陷，如有请指出，并说明理由及提出改进建议。

2. 注册会计师对ABC公司2023年财务报表审计时发现：该公司2023年12月31日的资产负债表“应收账款”数额为1 652 000元，与应收账款总账余额减去坏账准备相应明细账余额后的差额相符，应收账款Z公司明细账有贷方余额180 000元，经查，系Z公司的预付货款，尚未履行供货合同。该公司按应收账款余额的1%计提坏账准备。

要求：指出该公司上述业务中存在的问题；编制审计调整分录。

3. 会计师事务所在对ABC公司2023年度会计报表进行审计时，L注册会计师和H助理负责审计应收账款。H助理负责对应收账款进行函证，其对截止日为2023年12月31日的应收账款实施了函证程序，并请被审计单位会计人员填写并寄发了积极式的企业询证函。L注册会计师在复核时发现以下事项:

(1) H助理将4 000 000元应收账款与其总账及明细账进行核对，编制了应收账款函证分析工作底稿，见下表。

应收账款函证分析工作底稿

资产负债表日：2023 年 12 月 31 日

一、函证	笔数	金额（元）	百分比（%）
2023 年 12 月 31 日应收账款	4 000	4 000 000	100
其中：积极函证	108	1 320 000	33
消极函证	280	240 000	6
寄发询证函小计	388	1 560 000	39
选定函证但客户不同意函证的应收账款	12	80 000	2
选择函证合计	400	1 640 000	41
二、结果			
（一）函证未发现不符			
积极函证：确认无误部分	88C/	760 000	46.3
消极函证：未回函或回函确认无误部分	240C/	182 000	11.1
函证未发现不符小计	328	942 000	57.4
（二）函证有异议			
积极函证	5CX	470 000	29
消极函证	39CX	8 000	0.2
函证有异议小计	44	478 000	29.2
（三）选定函证但客户不同意函证的应收账款	12	80 000	4.9
（四）积极函证而未回函	14	120 000	7.3
（五）积极函证回函不清晰	2	20 000	1.2

标识说明：

S 与应收账款明细账核对相符；G 与应收账款总账核对相符；C/ 回函相符；CX 回函不符

（2）回函中存在的异议或附注如下：

①询证函 #23 回函：

异议：购买 ABC 公司货物属实，但款项已于 2023 年 12 月 25 日用支票支付。

②询证函 #56 回函：

异议：因产品质量不符合要求，根据购货合同，于 2023 年 12 月 28 日将货物退回。

③询证函 #64 回函：

异议：2023 年 12 月 10 日收到 ABC 公司委托本公司代销的货物，尚未销售。

④询证函 #82 回函：

异议：分期付款购货 900 000 元，根据购货合同，已于 2023 年 12 月 25 日首付 300 000 元。

⑤询证函 #105 回函：

异议：该笔交易合同规定系目的地交货，本公司收货日期为 2023 年 1 月 6 日，询证函所称 12 月 31 日欠 ABC 公司账款之事与事实不符。

⑥询证函 #97 回函：

附注：本公司会计处理系统无法复核 ABC 公司的对账单。

⑦询证函 #98 回函:

附注:大体一致。

⑧询证函 #5、#13、#16、#22、#34、#37、#51、#57、#73、#80、#88、#91、#102、#103 共十四封回函,合计金额 120 000 元。

附注:这些询证函被邮局退回,并盖有“退回发信人,地址不详”的邮戳。

要求:

(1)分析在寄发企业询证函过程中,H 助理是否有不当之处?试说明注册会计师如何对函证实施过程进行控制。

(2)根据“ABC 公司应收账款函证分析工作底稿”说明注册会计师针对客户复函中提出的意见,还应采取哪些审计程序。

4. 注册会计师李明在审计 A 公司 2023 年度营业收入时,抽查了该公司 12 月的销售业务,发现下列情况:

(1)12 月 10 日,采用交款提货销售方式售给 B 公司甲产品 10 000 万元(不含税,增值税税率为 13%),贷款已收到,发票账单和提货单交给 B 公司,但产品仍在仓库,尚未入账。

(2)12 月 15 日,A 公司收到 C 公司退回 2022 年销售的甲产品 2 000 万元(不含税,增值税税率为 13%),产品已收到,未作账务处理。

(3)12 月 20 日,A 公司确认售给某商场丙产品 25 000 万元收入(不含税,增值税税率为 13%)。相关资料显示:合同规定 A 公司需对出售的商品负责安装检验,A 公司 5 个月后才能完善安装、检验任务,但 A 公司在交付丙产品后,马上进行收入实现的账务处理。

(4)12 月 24 日,A 公司确认对 D 公司销售收入计 2 000 万元(不含税,增值税税率为 13%)。相关记录显示:销售给 D 公司的产品系按其要求定制,成本为 1 800 万元;D 公司监督该产品生产完工后,支付了 1 000 万元款项;但该产品尚存放于 A 公司,且 A 公司尚未开具增值税发票。

(5)12 月 25 日,A 公司确认对 E 公司销售收入计 3 000 万元(不含税,增值税税率为 13%)。相关记录显示:根据双方签订的协议,销售给 E 公司该批产品所形成的债权直接冲抵 A 公司所欠 E 公司原材料采购款;相关冲抵手续办妥后,A 公司已经向 E 公司开具增值税发票,该批产品的成本为 2 500 万元。

(6)12 月 27 日,A 公司确认对 F 公司销售收入计 1 000 万元(不含税,增值税税率为 13%)。相关记录显示:销售给 F 公司的产品系 A 公司生产的半成品,其成本为 900 万元,A 公司已开具增值税发票且已经收到货款;F 公司对其购进的上述半成品进行加工后又以 1 287 万元的价格(含税,增值税税率为 13%)销售给 A 公司,F 公司已开具增值税发票且已收到货款,A 公司已做存货购进处理。

要求:

(1)指出 A 公司 2023 年应调整的主营业务收入的数额。

(2)指出 A 公司在销货交易中存在的问题。

第十二章 采购与付款循环审计

学习目标

了解采购与付款循环内部控制及审查；掌握采购与付款循环主要账户的审计；掌握采购与付款循环其他账户的审计。

第一节　采购与付款循环内部控制和控制测试

采购与付款循环是指企业从外部采购商品和劳务、其他资产等并支付款项的过程。

一、采购与付款循环涉及的主要凭证与会计记录

1．采购计划

企业以销售和生产计划为基础，考虑供需关系及市场变化等因素，制定采购计划，并经适当的管理层审批后执行。

2．供应商清单

企业通过文件审核及实地考察等方式对合作的供应商进行认证，将通过认证的供应商信息进行人工或自动化维护，并及时进行更新。

3．请购单

请购单是由产品制造、资产使用等部门的有关人员填写，送交采购部门，申请购买商品、劳务或其他资产的书面凭证。

4．订购单

订购单是由采购部门填写，向另一企业购买指定商品、劳务或其他资产的书面凭证。

5．验收单

验收单是收到商品、资产时所编制的凭证，列示从供应商处收到的商品、资产的种类和数量等内容。

6．卖方发票

卖方发票是从供应商处获取的载明发运的货物或提供的劳务、应付款金额和付款条件等事项的凭证。

7．付款凭单

付款凭单是企业的付款凭单部门编制的，载明已收到的商品或接受劳务的供应商、应付款金额和付款日期，是企业内部记录和支付负债的授权证明文件。

8．转账凭证与付款凭证

转账凭证是对不涉及货币资金收支的经济业务，根据原始凭证或其汇总表填列的记账凭证。付款凭证是指用于记录库存现金和银行存款付款业务的记账凭证。

9．应付账款明细账及总账

应收账款明细账是用来记录每个顾客各项赊销、还款、销售退回及折让的明细账。各应收账款明细账的余额合计数应与应收账款总账的余额相等。

10．库存现金、银行存款日记账及总账

库存现金日记账是出纳员根据审核无误的现金收款、付款凭证和银行存款付款凭证（记录从银行提取现金的业务），逐日逐笔顺序登记的，每日终了，应结出现金日记账的账面余额，并将其库存现金实存数额相核对，做到账实相符。银行存款日记账，是用来记录、反映和监督单位在银行的存款的增加、减少和结存情况的。库存现金日记账与银行存款日记账均应定期与总账进行核对。

11．供应商对账单

供应商对账单是由供应商按月编制的，标明期初余额、本期购买、本期支付给供应商的款项和期末余额的凭证。

采购与付款循环涉及的主要账户及其关系如图 12-1 所示。

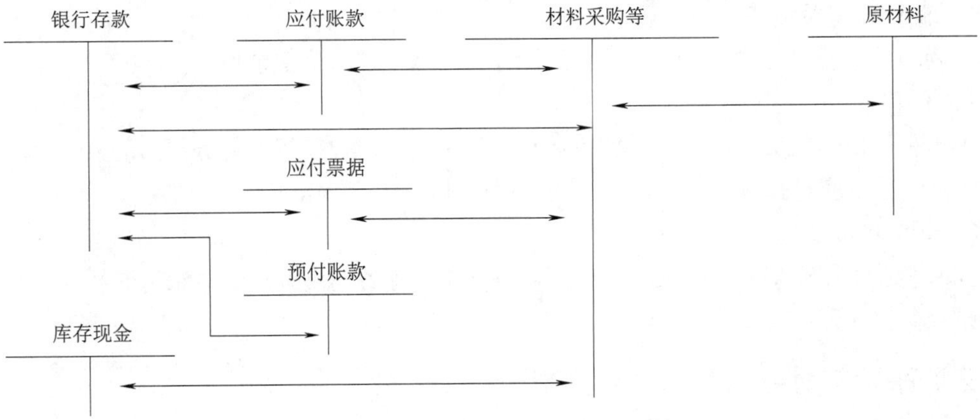

图 12-1　采购与付款循环涉及的主要账户及其关系

二、采购与付款循环涉及的主要业务活动

采购与付款循环涉及的主要业务活动如图 12-2 所示。

1．请购商品和劳务

仓库负责对需要购买的已列入存货清单的项目填写请购单，其他部门也可以对所需要采购的未列入存货清单的项目编制请购单。请购单可由手工或计算机编制，由于企业内不少部门都可能填写请购单，一般不便预先编号。

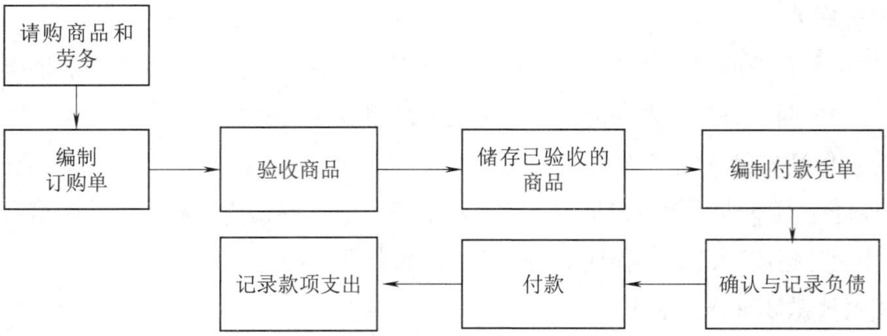

图 12-2 采购与付款循环涉及的主要业务活动图

2．编制订购单

采购部门在收到请购单后，只能对经过批准的请购单发出订购单。订购单应正确填写所购商品品名、数量、价格、厂商名称和地址，预先予以编号并经过被授权的采购人员签名。

3．验收商品

验收部门首先应比较所收商品与订购单上的要求是否相符，然后再盘点商品并检查商品质量。验收后，验收部门应对已收货的每张订购单编制一式多联、预先编号的验收单。

4．储存已验收的商品

将已验收的商品入库保管。存放商品的仓储区应相对独立，限制无关人员接近。

5．编制付款凭单

在记录采购交易之前，付款凭单部门应根据订购单、购货发票、验收入库单编制预先编号的付款凭单。付款凭单须经适当批准。

6．确认与记录负债

正确确认已验收货物和已接受劳务的债务，准确、及时地记录负债。

7．付款

由付款凭单部门负责确定未付凭单在到期日付款，由被授权的财务部门的人员付款，已付款的付款凭单应打孔或加盖付讫章，注销后单独保存。

8．记录款项支出

如果企业采用支票结算方式，会计部门应根据已签发的支票编制付款记账凭证，并据以登记银行存款日记账及其他相关账簿。

三、采购与付款循环的内部控制

（一）采购交易的内部控制

（1）职责分离：

①请购与审批要相互分离。

②询价与确定供应商要相互分离。

③采购合同的订立与审核要相互分离。

④采购、验收与相关会计记录要相互分离。

⑤付款的申请、审批与执行要相互分离。

（2）授权批准：

①所有的采购都是根据经批准的请购单进行。

②采购按正确的级别批准。

③采购价格须经授权批准。

④付款须经授权批准。

（3）凭证和记录（信息处理）：

①采购业务应具备请购单、订购单、验收单、入库单和购货发票，并作为付款凭单的附件，订购单、验收单、入库单、支票等凭证应预先编号，并由经办人签章。及时填制、审核和传递原始凭证。

②设计和使用适当的记账凭证，凭证格式简明合理，及时编制和审核记账凭证，证证核对。

③建立健全存货、应付账款等账簿记录。

④如果会计系统应用信息技术，还要检查数据计算的准确性，审核账户和试算平衡表，设置对输入数据和数字序号的自动检查，以及对例外报告进行人工干预等。

（4）内部核查程序：

由内部审计人员或其他独立人员核查采购交易的处理和记录。主要内部核查程序有：

①核对购货发票的内容与相关的验收单、入库单、订购单是否相符。

②检查付款凭单的计算是否正确。

③检查已签发支票的总额与所处理的付款凭单的总额的一致性。

④检查记入银行存款日记账和应付账款明细账的金额的一致性，以及与支票等汇总记录的一致性。

（5）定期与供应商核对有关记录。

（二）付款交易的内部控制

（1）按照《现金管理暂行条例》《支付结算办法》等规定办理采购付款业务。

（2）对购货发票、结算凭证、验收证明等相关凭证的真实性、完整性、合法性及合规性进行严格审核。

（3）建立预付账款和定金的授权批准制度，加强预付账款和定金的管理。

（4）加强应付账款和应付票据的管理，由专人按照约定的付款日期、折扣条件等管理应付款项。已到期的应付款项需经有关授权人员审批后方可办理结算与支付。

（5）建立退货管理制度，对退货条件、退货手续、货物出库、退货货款回收等做出明确规定，及时收回退货款。

（6）定期与供应商核对应付账款、应付票据、预付款项等往来款项。如有不符，应查明原因，及时处理。

（三）固定资产的内部控制

1. 预算制度

预算制度是固定资产内部控制中最重要的部分。通常，大中型企业应编制固定资产年度预算，以合理运用资金，调控固定资产规模；小规模企业即使没有正规的预算，对固定资产的购建也要事先加以计划。

2. 职责分离

（1）固定资产投资预算的编制与批准要相互分离。

（2）固定资产投资预算的批准与执行要相互分离。

（3）固定资产采购、验收与款项支付要相互分离。

（4）固定资产投保的申请与批准要相互分离。

（5）固定资产处置的批准与执行要相互分离。

（6）固定资产取得与处置业务的执行与相关会计记录要相互分离。

3. 授权批准

（1）资本性预算只有经过董事会等高层管理机构批准方可生效。

（2）所有固定资产的取得和处置均需经企业管理层的书面认可。

4. 凭证和记录（信息处理）

（1）设计和使用请购单、订购单、验收单和购货发票，并作为付款凭单的附件，订购单、验收单、购货发票、支票等凭证应预先连续编号，并由经办人签章。及时填制、审核和传递原始凭证。

（2）设计和使用适当的记账凭证，凭证格式简明合理，及时编制和审核记账凭证，证证核对。

（3）建立健全固定资产、累计折旧等账簿记录。除固定资产总账外，还需设置固定资产明细分类账和固定资产登记卡，按固定资产类别、使用部门和每项固定资产进行明细分类核算。

（4）如果会计系统应用信息技术，还要检查数据计算的准确性，审核账户和试算平衡表，设置对输入数据和数字序号的自动检查，以及对例外报告进行人工干预等。

5. 资本性支出和收益性支出的区分制度

应制定区分资本性支出和收益性支出的书面标准。通常需明确资本性支出的范围和最低金额，凡不属于资本性支出的范围、金额低于下限的任何支出，均应列作费用并抵减当期收益。

6. 固定资产的处置制度

固定资产的处置包括投资转出、报废、出售等，均要有一定的申请报批程序。

7. 固定资产的定期盘点制度

对固定资产的定期盘点，是验证账面各项固定资产是否真实存在、了解其放置地点和使用状况，以及发现是否存在未入账固定资产的必要手段。

8. 固定资产的维护保养制度

固定资产应有严密的维护保养制度，以防止其因各种自然和人为的因素而遭受损失，并应建立日常维护和定期检修制度，以延长其使用寿命。

严格地讲，固定资产的保养不属于固定资产的内部控制范围，但它非常重要。因此，注册会计师在检查、评价企业的内部控制时，应当了解固定资产的保养情况。

四、采购与付款循环的控制测试

（一）采购交易的控制测试

（1）查验付款凭单后是否附有单据，检查批准采购、注销凭证和内部核查的标记。

（2）检查订购单、验收单和应付凭单连续编号的完整性。

（3）检查内部核查的标记和批准采购价格和折扣的标记。

（4）检查工作手册和会计科目表，并检查有关凭证上内部核查的标记。

（5）检查工作手册并观察有无未记录的购货发票存在，检查内部核查的标记。

（6）检查应付账款明细账内容的内部核查标记。

（二）付款交易的控制测试

（1）抽取付款凭证，检查其是否经由会计主管复核和审批，款项支付是否得到适当人员的复核和审批，并检查内部核查标记。

（2）检查银行对账单和银行存款余额调节表，并检查内部核查标记。

（三）固定资产的控制测试

（1）选取固定资产投资预算和投资可行性项目论证报告，检查是否编制预算并进行论证，以及是否经适当层次审批。

（2）对实际支出与预算之间的差异以及未列入预算的特殊事项，检查其是否履行特别的审批手续，并检查与观察分工的恰当性。

（3）检查授权批准制度本身是否完善，并关注授权批准制度是否得到切实执行。

（4）检查明细账与登记卡设置的完善性，固定资产增减变化时原始凭证的充分性，以及标准制定的合理性与执行的有效性。

（5）关注是否建立了有关固定资产处置的分级申请报批程序。

（6）抽取固定资产盘点明细表，检查账实之间的差异是否经审批后及时处理。

（7）抽取固定资产报废单，检查是否经适当批准和处理。

（8）抽取固定资产内部调拨单，检查调入、调出是否已进行适当处理。

（9）抽取固定资产增减变动情况分析报告，检查是否经复核。

（10）注册会计师应了解和评价企业固定资产盘点制度，并注意查询盘盈、盘亏固定资产的处理情况，以及检查制度的合理性与实际执行情况。

（11）抽取固定资产保险单盘点表，检查是否已办理商业保险。

（12）注册会计师应根据执行控制测试的结果，确定对相关控制的信赖程度，制定实质性程序的方案。

注册会计师应根据执行控制测试的结果，确定对相关控制的信赖程度，制定实质性程序的方案。

第二节　应付账款审计

应付账款是指因购买材料、商品或接受劳务供应等而发生的债务。这是买卖双方在购销活动中由于取得物资与支付货款在时间上不一致而产生的负债，是评价企业短期偿债能力时必须考虑的一个重要因素，与应付票据共同构成了企业主要商业信用形式。应付账款是容易发生错报的一个项目，通常表现为应付账款的低估，少计应付账款，其目的是表现出较好的财务状况和经营成果。因此，应付账款审计的主要目标是确定应付账款有无低估的情况。另一方面，企业也可能虚构购货业务，或将当期的部分销售收入记入应付账款，从而虚增应付账款，造成营业成本高估和当期利润的低估，然后在以后的会计期间再虚构销售业务，虚增以后的利润，如果企业可能存在这种错报，审计人员应适当关注账龄较长的应付账款明细项目。

一、应付账款的审计目标

（1）确定资产负债表中记录的应付账款是否存在。

（2）确定所有应当记录的应付账款是否均已记录。

（3）确定资产负债表中记录的应付账款是否为被审计单位应当履行的现时义务。

（4）确定应付账款是否以恰当的金额包括在财务报表中，与之相关的计价调整是否已恰当记录。

（5）确定应付账款在财务报表中的列报是否恰当。

二、应付账款的内部控制

审查应付账款时必须结合购货业务来进行，因此应付账款内部控制包括购货业务中经过请购、订货、验收、付款等一系列程序，应付账款内部控制调查表见表12-1。

表12-1　应付账款内部控制调查表

被审计单位名称	×× 部门	日期		索引号	
审计项目名称	应付账款内部控制调查	编制人	××××		
会计期间或截止日	20×× 年度	复核人	××	页次	
问题		是	否	不适用	备注
1. 验收报告是否传递给请购部门、仓储部门、付款部门 2. 发票的审批职责和付款职责是否分离 3. 每日生产活动报告和已完成生产报告是否经过生产和计划部门复核 4. 购货业务是否及时入账 5. 付款是否经过批准 6. 是否定期与客户对账					
审计结论：					

审计人员在了解内部控制的情况时，需要观察和询问有关采购和货币支付职责划分，也要检查各种凭证和调查表，这些凭证和调查表对应付账款内部控制而言是非常重要的。审计人员在对内部控制了解的基础上，通过评估各关键控制和薄弱环节，来评估应付账款的控制风险水平，明确进一步审计程序的性质、时间和范围。

三、应付账款审计

（一）分析性复核

（1）将期末应付账款余额与期初余额进行比较，分析其波动原因。

（2）分析长期挂账的应付账款，要求被审计单位做出解释，判断是偿债能力不强，还是存在利用应付账款隐瞒利润等不正常的现象。

（3）计算应付账款与存货的比率、应付账款与流动负债的比率，并与以前年度相关比率对比分析，评价应付账款的整体合理性。

（4）分析存货和营业成本等项目的增减变动，判断应付账款增减变动的合理性。

（二）函证应付账款

1. 函证适用情形

应付账款的函证不是必须执行的审计程序，原因有二：一是审计人员可随时获得相关的外部凭证来证实应付账款的余额，如购货发票、每月的供应商对账单等；二是函证不能保证查出未记录的应付账款。但是，如果应付账款的控制风险比较高，某应付账款明细账户金额较大或被审计单位处于财务困难阶段时，则应进行应付账款的函证。

2. 函证对象

应选择大额的债权人，以及那些在资产负债表日金额不大、甚至为零，但为企业重要供应商的债权人作为函证对象。

3. 函证方式

一般应采用积极的函证方式。

4. 函证的控制

审计人员需要对函证对象的选择、询证函的寄发与回收的全过程进行控制。对债权人未回函的，审计人员应再次发函询证，对于仍得不到回函的重大项目，应执行替代审计程序。可实施的替代审计程序如下：

（1）检查日后付款。检查日后应付账款明细账户借方发生额及库存现金和银行存款日记账，检查相关的原始凭证（如支票存根及供应商收据）。若存在日后付款记录，则说明日前应付账款这项负债是存在的。

（2）检查应付账款明细账户贷方发生额，追查至相关的原始凭证（如购货发票、入库单等），确定货物是否确已收到，核实交易的真实性。

（3）检查供应商对账单以验证应付账款的存在与完整性。

（4）检查验收单、入库单等凭证记录以验证有无低估。

（三）检查是否存在未入账的应付账款

（1）检查债务形成的相关原始凭证，如购货发票、验收报告或入库单等，查找有无未及时入账的应付账款，确认应付账款期末余额的完整性。

（2）检查资产负债表日后应付账款明细账贷方发生额的相应凭证，关注其购货发票的日期，确认其入账时间是否合理。

（3）获取供应商对账单（应从非财务部门，如采购部门获取），并将对账单和财务记录之间的差异进行调节，查找有无未入账的应付账款，确定应付账款金额的准确性。

（4）针对资产负债表日后付款项目，检查银行对账单及有关付款凭证，询问知情人员，查找有无未及时入账的应付账款。

（5）结合存货监盘程序，检查在资产负债表日前后的存货入库资料（验收报告或入库单），检查是否有大额料到单未到的情况，确认相关负债是否计入了正确的会计期间。

（四）检查应付账款是否存在借方余额

如有应查明原因，必要时建议被审计单位作重分类调整，将“应付账款”和“预付账款”所属明细科目的期末贷方余额的合计数填列报表“应付账款”项目。

（五）检查现金折扣

检查带有现金折扣的应付账款是否按发票上记载的全部应付账款入账，待实际获得现金折扣时再冲减财务费用项目。

【例 12-1】甲公司 2023 年 12 月 31 日资产负债表“应付账款”项目为 540 000 元，应付账款总账贷方余额 540 000 元，审计发现：

（1）应付天天公司明细账户借方余额 400 000 元，属于正常交易的预付款项。

（2）应付凯利公司明细账户贷方余额 500 000 元，为被审计单位临时借入款项，用于结算工程价款。

【分析要点】（1）应付账款明细账余额一般在贷方，审计人员如果发现应付账款出现借方余额，应查明原因，属于正常经济业务往来，建议其作重分类调整，审计调整分录为：

借：预付账款——天天公司　　400 000

　贷：应付账款——天天公司　　400 000

（2）按规定，不属于购销原因引起的应付款项不应在应付账款科目反映。注册会计师应建议其调整，审计调整分录为：

借：应付账款——凯利公司　　500 000

　贷：其他应付款——凯利公司　　500 000

第三节　预付账款审计

预付账款是指企业按照购货合同或劳务合同规定，预先支付给供货方或提供劳务方的账款。预付账款的审计，是审计中不可忽视的环节，它既是资产的重要组成部分，也是资产负债表的主要项目。在会计上，一般单独设置“预付账款”科目，预付账款业务不多的企业，也可将预付账款的货款记入“应付账款”科目的借方。预付账款的审计应结合购货与付款循环的审计进行。

一、预付账款审计的目标

（1）确定预付账款是否真实。

（2）预付账款的余额是否正确。

（3）预付账款和应付账款的分类是否正确。

（4）确定预付账款在会计报表上的披露是否恰当。

（5）确定该企业的资金在预付中的比例，从而了解企业的资产负债率。

二、预付账款的内部控制

审查预付账款时必须结合购货业务来进行，因此预付账款内部控制同样包括购货业务中经过的请购、订货、验收、付款等一系列程序，其部分内容参见预付账款内部控制调查表，见表 12-2。

表12-2　预付账款内部控制调查表

被审计单位名称	×× 部门	日期		索引号	
审计项目名称	预付账款内部控制调查	编制人	××××		
会计期间或截止日	20×× 年度	复核人	××	页次	
问题		是	否	不适用	备注
1. 总账和明细账户的登记是否由不同的职员分别登记 2. 出纳是否从事预付账款的记账工作 3. 预付账款的形式是否经过严格的审批，是否严格按照合同规定执行 4. 材料入库后是否及时冲转预付账款 5. 是否建立了坏账损失审批制度					
审计结论：					

三、预付账款审计

（1）实施分析程序。将期末预付账款余额与上期期末余额进行比较，分析其波动原因。同时分析预付账款账龄及余额构成，关注账龄超过 1 年的款项未结转的原因。

（2）函证。选择大额或异常的预付款项重要项目，函证其余额的正确性。对未回函的，可再次函证，也可采用替代方法进行检查，如检查该笔债权的相关凭证资料，或抽查报表日后预付账款明细账及存货明细账，核实是否已收到货物、转销预付款，并根据替代程序检查结果判断其债权的真实性或出现坏账的可能性。

（3）分析预付账款明细账余额，对于出现贷方余额的项目，应查明原因，必要的建议进行重新分类调整。

（4）结合应付账款明细账，检查有无重复付款或将同一笔已付清的账款在预付账款和应付账款两个账户中同时挂账的情况。

第四节　应付票据审计

应付票据审计是指对企业开具或承兑的在短期内兑付的各种票据的审查，包括银行承兑汇票和商业承兑汇票，它通常是企业因购买材料、商品或接受劳务供应等开出、承兑的商业汇票。随着商业活动的票据化，商业票据业务将越来越多，应付票据也将成为一个重要的审计领域。

一、应付票据审计目标

（1）确定应付票据的发生及偿还记录是否完整。
（2）确定应付票据的年末余额是否正确。
（3）确定应付票据在会计报表上的披露是否充分。

二、应付票据审计

（一）核实应付票据的实有数

审计人员核实被审单位应付票据的实有数，并向被审单位索取或自行编制应付票据明细表，据以与总账中应付票据账簿及应付票据备查簿相核对，检查其是否一致；二是根据各种应付票据凭证与应付票据备查簿及有关账簿进行核对，如发现不符应查明原因；三是通过对应付票据发函询证的方法，索取外部证明，与应付票据各明细账核对，并在此基础上确定应付票据的实有数。

（二）审查应付票据业务的合法性和合规性

审计人员审查应付票据业务的合法性与合规性，应重点查明以下问题：

（1）审查企业应付票据的原始凭证及合同等，检查企业应付票据是否属于企业业务正常需要，应付票据中所存在的抵押或担保契约，是否予以记录；应付票据的计算有无差错，凭证、手续是否齐全，有无遗漏和虚列现象。

（2）审查企业应付票据有无到期而未支付的现象，检查企业应付票据业务中有无违法乱纪行为，如利用应付票据营私舞弊，应予以揭露并查明责任。

（3）审查应付票据利息支出的正确性、合规性。企业开具的票据如果是带息票据，审计人员应根据有关规定和各种凭证，审查利息计算是否正确，是否符合财务会计制度规定，如发现有利用带息票据进行营私舞弊活动，应予以揭露并查明原因。

【例 12-2】某材料厂审计人员审计其应付票据项目，在审查“应付票据备查簿”时发现除两种票据为带息票据外，其他应付票据均为不带息票据，部分资料见表 12-3。

表12-3　应付票据备查簿

编制单位：材料厂　　　　单位：元

种类	票号	签发日	到期日	票面金额	票面利率	合同交易号	收款人	付款日期	付款金额
商业承兑	略	2023.11.1	2024.4.1	500 000.00	月息 5‰	略	甲公司		
商业承兑	略	2023.12.1	2024.3.1	1 000 000.00	月息 5‰	略	乙公司		
⋮	⋮	⋮	⋮	⋮	⋮	⋮	⋮	⋮	⋮

经账证核对，上表中应付票据发生时的会计处理无误，但在2023年年底的相关凭证、账簿中未发现有计提应付票据利息的会计处理。

要求：分析企业会计处理是否正确。

【分析要点】公司开出的商业汇票，如为带息票据，应于中期期末或年度终了，计算应付利息。根据本业务，应计甲公司票据利息500 000.00×2×5‰=5 000（元），应计乙公司票据利息1 000 000.00×1×5‰=5 000（元）。该企业未于期末计息，导致当期利润虚增10 000（元），所得税费用多计2 500元。调整分录如下：

借：财务费用　　10 000

　贷：应付票据——甲公司　　5 000

　　　　　　——乙公司　　5 000

第五节　固定资产审计

一、固定资产的审计目标

（1）确定资产负债表中记录的固定资产是否存在。

（2）确定所有应记录的固定资产是否均已记录。

（3）确定记录的固定资产是否由被审计单位拥有或控制。

（4）确定固定资产是否以恰当的金额包括在财务报表中，与之相关的计价调整是否已恰当记录。

（5）确定固定资产在财务报表中的列报是否恰当。

二、固定资产的实质性程序

（一）固定资产——账面余额的实质性程序

（1）获取或编制固定资产和累计折旧分类汇总表。获取或编制固定资产和累计折旧分类汇总表（见表12-4），检查固定资产的分类是否正确并与总账数和明细账合计数核对是否相符，结合累计折旧、固定资产减值准备科目与报表数核对是否相符。

表12-4 固定资产和累计折旧分类汇总表

______年___月___日

编制人：_______日期：_______

被审计单位：____ 复核人：_______日期：_______

固定资产类别	固定资产				累计折旧					
	期初余额	本期增加	本期减少	期末余额	折旧方法	折旧率	期初余额	本期增加	本期减少	期末余额
合计										

（2）实施实质性分析程序。

①分类计算本期计提折旧额与固定资产原值的比率，并与上期比较。

②计算固定资产修理及维护费用占固定资产原值的比例，并进行本期各月、本期与以前各期的比较。

（3）实地检查重要固定资产。确定固定资产是否存在，关注是否存在已报废但仍未核销的固定资产。

①实地检查固定资产的方式。

- 以固定资产明细账为起点，进行实地追查，以证明会计记录中所列固定资产确实存在，并了解其目前的使用状况。
- 以实地为起点，追查至固定资产明细账，以证明实际存在的固定资产均已入账。

②实地检查固定资产的范围。检查的重点是本期新增加的重要固定资产，如为首次接受审计，应适当扩大检查范围，有时也可能扩展到以前期间增加的固定资产。

（4）检查固定资产的所有权或控制权。对各类固定资产，获取、收集不同的证据以确定其是否归被审计单位所有：对外购的机器设备等固定资产，审核采购发票、采购合同等；对于房地产类固定资产，查阅有关的合同、产权证明、财产税单、抵押借款的还款凭据、保险单等书面文件；对融资租入的固定资产，检查有关融资租赁合同；对汽车等运输设备，检查有关运营证件等；对受抵押权限制的固定资产，结合有关负债项目进行检查。

（5）检查本期固定资产的增加。

①询问管理层当年固定资产的增加情况，并与固定资产明细表进行核对。

②检查本年度增加固定资产的计价是否正确，手续是否齐备，会计处理是否正确。

- 对于外购固定资产，通过核对采购合同、发票、保险单、发运凭证等资料，抽查测试其入账价值是否正确、授权批准手续是否齐备、会计处理是否正确，尤其关注增值税进项税额的处理是否正确；如果购买的是房屋建筑物，还应检查契税的会计处理是否正确；检查分期付款购买固定资产入账价值及会计处理是否正确。
- 对于在建工程转入的固定资产，应检查固定资产确认时点是否合规，入账价值与在建工程的相关记录是否核对相符，是否与竣工决算、验收和移交报告等一致；对已经达到预定可使用状态，但尚未办理竣工决算手续的固定资产，检查其是否已按估计价值入账，并按规定计提折旧。

- 对于投资者投入的固定资产，检查其是否按投资各方确认的价值入账，并检查确认价值是否公允、交接手续是否齐全；涉及国有资产的，是否有评估报告并经国有资产管理部门评审备案或核准确认。
- 对于更新改造增加的固定资产，检查其增加的原值是否符合资本化条件，是否真实，会计处理是否正确；重新确定的剩余折旧年限是否恰当。
- 对于融资租赁增加的固定资产，获取相关证明文件，检查融资租赁合同的主要内容，并结合长期应付款、未确认融资费用科目检查相关的会计处理是否正确。

【例 12-3】注册会计师检查 ABC 公司固定资产账簿时发现，该公司 2023 年仅有一项固定资产增加，即 2023 年 12 月 15 日购入的一台生产用甲机器设备，抽查相关的凭证得知，甲机器设备的价值 1 500 000 元，增值税额为 255 000 元，发生运杂费 8 000 元，安装费 42 000 元，运杂费以银行存款付讫，设备款和安装款均未付，该设备 12 月安装完工并交付生产使用，该公司 12 月账务处理如下：

借：固定资产——甲设备	1 755 000	
管理费用	50 000	
贷：应付账款		1 797 000
银行存款		8 000

【分析要点】外购固定资产的运杂费和安装费合计 50 000 元应计入固定资产的成本，而不应计入管理费用；生产用机器设备购进时发生的增值税进项税额可以抵扣。审计调整分录为：

借：固定资产——甲设备	50 000	
贷：管理费用		50 000
借：应交税费——应交增值税（进项税额）	255 000	
贷：固定资产——甲设备		255 000

（6）检查固定资产的减少。检查固定资产的减少，主要目的在于查明已减少的固定资产是否做适当会计处理，防止高估资产。

①结合固定资产清理科目，抽查固定资产账面转销额是否正确。

②检查出售、盘亏、转让、报废或毁损的固定资产是否经授权批准，会计处理是否正确。

③检查因修理、更新改造而停止使用的固定资产的会计处理是否正确。

④检查投资转出的固定资产相关会计处理是否正确。

（7）检查固定资产的后续支出。检查固定资产有关的后续支出是否满足固定资产确认条件；如不满足，检查该支出是否在发生时计入当期损益。

（8）检查固定资产保险情况。针对被审计单位固定资产持有情况，检查哪些固定资产已经参保，复核保险范围是否足够。

（9）检查固定资产的抵押、担保情况。结合对银行借款等的检查，了解固定资产是否存在重大的抵押、担保情况，是否恰当披露。

（10）检查固定资产在财务报表中的列报是否恰当。

（二）固定资产——累计折旧的实质性程序

（1）获取或编制累计折旧分类汇总表，复核加计是否正确，并与总账数和明细账合计数核对是否相符。

（2）检查被审计单位制定的折旧政策和方法是否符合相关会计准则的规定，确定其所采用的折旧方法能否在固定资产预计使用寿命内合理分摊其成本，前后期是否一致，预计使用寿命和预计净残值是否合理。

（3）复核本期折旧费用的计提和分配。

①了解被审计单位的折旧政策是否符合规定，计提折旧范围是否正确，确定的使用寿命、预计净残值和折旧方法是否合理；如采用加速折旧法，是否取得批准文件。

②检查被审计单位折旧政策前后期是否一致。

③复核本期折旧费用的计提是否正确。

④检查折旧费用的分配方法是否合理，是否与上期一致；分配计入各项目的金额占本期全部折旧计提额的比例与上期比较是否有重大差异。

⑤注意固定资产增减变动时，有关折旧的会计处理是否符合规定，查明通过更新改造、接受捐赠或融资租入而增加的固定资产的折旧费用计算是否正确。

（4）将“累计折旧”账户贷方的本期计提折旧额与相应的成本费用中的折旧费用明细账户的借方相比较，以查明所计提折旧金额是否已全部摊入本期产品成本或费用。

（5）检查累计折旧的减少是否合理、会计处理是否正确。

（6）确定累计折旧的披露是否恰当。

【例 12-4】注册会计师在审计 ABC 公司 2023 年度固定资产折旧时，发现本年度 1 月初已投入生产使用并开始计提折旧的设备一台，原价为 1 000 000 元，预计净残值为 100 000 元，预计使用年限为 5 年，使用年数总和法对该项目固定资产计提折旧，其余各类固定资产均用直线法计提折旧，且该公司对这一事项在会计报表附注中未作披露。

【分析要点】注册会计师认为该公司的固定资产折旧方法本期出现不一致，且未充分披露，这是违反现行会计制度的。对资产负债表和利润表的影响如下：

该设备用年数总和法计算的年折旧额 =（1 000 000−100 000）× 5/15=300 000（元）

该设备用直线法计算的年折旧额 =（1 000 000−100 000）÷ 5=180 000（元）

由于折旧方法的改变，使本年度多提折旧额 120 000 元，致使资产负债表中的“累计折旧”项目增加 120 000 元，利润表中的“利润总额”项目减少 120 000 元。

注册会计师应要求 ABC 公司在会计报表附注中进行披露。

（三）固定资产——固定资产减值准备的实质性程序

（1）获取或编制固定资产减值准备明细表，复核加计是否正确，并与总账数和明细账合计数核对是否相符。

（2）检查计提固定资产减值准备的依据是否充分，会计处理是否正确。

（3）获取闲置固定资产的清单，并观察其实际状况，识别是否存在减值迹象。

（4）检查资产组的认定是否恰当，计提固定资产减值准备的依据是否充分，会计处理是否正确。

（5）实施实质性分析程序，计算本期末固定资产减值准备占期末固定资产原值的比率，并与期初该比率比较，分析固定资产的质量状况。

（6）检查处置固定资产时原计提的减值准备是否同时结转，会计处理是否正确。

（7）检查是否存在转回固定资产减值准备的情况。按照企业会计准则规定，固定资产减值损失一经确认，在以后会计期间不得转回。

（8）确定固定资产减值准备的披露是否恰当。

第六节　其他相关项目审计

一、在建工程的实质性程序

（1）获取或编制在建工程明细表，复核加计是否正确，并与总账数和明细账合计数核对是否相符，结合减值准备科目与报表数核对是否相符。

（2）检查在建工程项目期末余额的构成内容，并实地观察工程现场，确定在建工程是否存在及实际完工程度。

（3）检查本期在建工程的增减变动情况，检查其会计处理是否正确。

（4）检查在建工程减值准备的计提是否正确。

（5）检查是否有长期挂账的在建工程。

（6）结合长、短期借款等项目，了解在建工程是否存在抵押情况。如有，检查是否恰当披露。

（7）确定在建工程在财务报表中的列报是否恰当。

二、工程物资的实质性程序

（1）获取或编制工程物资明细表，复核加计是否正确，并与总账数和明细账合计数核对是否相符，结合减值准备科目与报表数核对是否相符。

（2）实地检查工程物资，确定其是否存在，是否有呆滞、积压物资。

（3）抽查若干工程物资采购合同、发票、货物验收单等原始凭证，检查其是否经过授权批准，会计处理是否正确。

（4）结合在建工程审计，检查工程物资的领用手续是否齐全，会计处理是否正确。

（5）检查被审计单位是否对工程物资定期盘点，对盘盈、盘亏的处理是否及时、是否符合规定，会计处理是否正确。

（6）检查工程完工后剩余的工程物资转入存货时对所含的增值税进项税额的处理是否正确。

（7）检查工程物资减值准备的计提是否正确。

（8）确定工程物资在财务报表中的列报是否恰当。

三、固定资产清理的实质性程序

（1）获取或编制固定资产清理明细表，复核加计是否正确，并与报表数、总账数和明细账合计数核对是否相符。

（2）检查固定资产清理的发生是否有正当理由，是否经有关技术部门鉴定，固定资产清理的发生和转销是否经授权批准，相应的会计处理是否正确：

①结合固定资产等账项的审计，检查固定资产、累计折旧和固定资产减值准备等账面转入额是否正确。

②检查固定资产清理收入和清理费用的发生是否真实，清理净损益的计算是否正确，会计处理是否正确。

（3）检查有无长期挂账的固定资产清理余额。

（4）确定固定资产清理在财务报表中的列报是否恰当。

【例 12-5】注册会计师在对 ABC 公司固定资产项目进行审计时发现，有一记录固定资产报废的凭证内容为：

借：营业外支出　　250 000

　　累计折旧　　50 000

　贷：固定资产　　300 000

经检查相关凭证又发现，该项固定资产的净值占原值的比例为 83.33%。通过询问审计程序发现，是固定资产闲置后出售，获得价款 260 000 元。

【分析要点】业务处理不符合企业会计准则的要求，固定资产报废的处理应通过“固定资产清理”核算。而且，该项固定资产的净值占原值比例高达 83.33%，正常情况下不应报废。因此，应进一步追查报废的原因以及有关的批准手续，并要求 ABC 公司做出合理的解释。此外，还应注意是否假报废而将固定资产出售，私设“小金库”。

注册会计师应要求 ABC 公司作调整分录如下：

借：固定资产清理　　250 000

　贷：营业外支出　　250 000

同时根据出售的资金调整“固定资产清理”账户

借：银行存款　　260 000

　贷：固定资产清理　　260 000

假设支付固定资产清理费用 5 000 元

借：固定资产清理　　5 000

　贷：银行存款　　5 000

经批准转入营业外收入

借：固定资产清理　　5 000

　贷：营业外收入　　5 000

四、管理费用的实质性程序

（1）获取或编制管理费用明细表，复核加计是否正确，并与报表数、总账数及明细账合计数核对是否相符。

（2）将管理费用中的职工薪酬、无形资产摊销、长期待摊费用摊销额等项目与各有关账户进行核对，分析其勾稽关系的合理性，并作出相应记录。

（3）实施实质性分析程序。

①计算分析管理费用中各项目发生额及占费用总额的比率，将本期、上期管理费用各主要明细项目作比较分析，判断其变动的合理性。

②将管理费用实际金额与预算金额进行比较。

③比较本期各月份管理费用，对有重大波动和异常情况的项目应查明原因，必要时作适当处理。

（4）检查管理费用的明细项目的设置是否符合规定的核算内容与范围，结合成本费用的审计，检查是否存在费用分类错误。

（5）选择重要或异常的管理费用项目，检查其原始凭证，确定费用支出是否正常，会计处理是否正确。

（6）检查管理费用在财务报表中的列报是否恰当。

五、无形资产的实质性程序

（1）获取或编制无形资产明细表，复核加计是否正确，并与报表数、总账数和明细账合计数核对是否相符，结合累计摊销、无形资产减值准备科目与报表数核对是否相符。

（2）检查无形资产科目的核算内容是否符合规定，特别关注土地使用权的核算是否正确。

（3）检查无形资产的权属证书原件、非专利技术的持有和保密状况等，并获取有关协议和董事会纪要等文件、资料，检查无形资产的性质、构成内容、计价依据、使用状况和受益期限，确定无形资产的所有权和存在性。

（4）检查无形资产的增减变动情况，检查其会计处理是否正确。

（5）检查无形资产的摊销是否正确。

（6）检查无形资产的减值准备的计提是否正确。

（7）确定无形资产在财务报表中的列报是否恰当。

思考与练习

一、填空题

1. ________是由产品制造、资产使用等部门的有关人员填写，送交采购部门，申请购买商品、劳务或其他资产的书面凭证。

2. ________是收到商品、资产时所编写的凭证，列示从供应商处收到的商品、资产的种类和数量等内容。

3. 函证应付账款目的是为了验证应付账款的________或________。

4. 应付账款的函证不是必须执行的审计程序。但是，如果应付账款的________比较高，某应付账款明细账户金额较大或被审计单位处于________阶段时，应进行应付账款的函证。

5. 应付账款函证最好选择________函证方式。

6. 检查固定资产所有权或控制权时，对外购机器设备等固定资产，审核________、________等。

二、判断题

1. 对大规模企业而言，企业内部各个部门都可填列请购单。为了加强控制，企业的请购单应当预先连续编号。（　）

2. 支票一经签署，就应在付款凭单和支持性凭证上加盖“付讫”戳或注销，以免重复付款。（　）

3. 如果应付账款带有现金折扣条件，而被审计单位按照发票上记载的全部应付金额入账，待实际获得现金折扣时再冲减财务费用，注册会计师应当予以认可。（　）

4. 应付账款通常不需要函证，如函证，最好采用消极式函证。（　）

5. 因为多数舞弊企业往往低估应付账款，所以函证不能保证查出所有未入账的应付账款。（　）

6. 注册会计师在检查未入账应付账款的审计程序中，最有效的是函证应付账款。（　）

7. 对长期挂账的应付账款进行分析，并依据被审计单位对此所作的解释，有助于注册会计师判断被审计单位是否缺乏偿还债务的能力。（　）

8. 注册会计师对固定资产进行实地检查时，可以以固定资产明细账为起点，重点检查本期减少的重要固定资产。（　）

9. 检查固定资产减少业务的主要目的在于检查因不同原因而减少的固定资产的会计处理是否符合有关规定，相关的数额计算是否正确。（　）

10. 资产负债表中的固定资产项目按照“固定资产”账户期末余额扣除“累计折旧”期末余额后的金额填列，注册会计师应认可这种做法。（　）

三、单选题

1. （　）是采购循环的起点。

A. 请购商品和劳务　　B. 订购商品和劳务

C. 验收商品　　D. 保管商品

2. 下列各项目不属于固定资产内部控制的是（　）。

A. 授权批准制度　　B. 预算制度　　C. 定期盘点制度　　D. 分析程序

3. 注册会计师对固定资产取得和处置实施控制测试的不包括（　）。

A. 审查固定资产的取得和处置是否经过授权批准

B. 审查固定资产的取得、记录、保管、使用、维修、处置等，均应明确划分责任

C. 审查因不同原因减少固定资产的会计处理是否正确

D. 审查固定资产的取得是否与预算相符，有无重大差异

4. 注册会计师从被审计单位的验收单追查至相应的采购明细账，是为了证实采购与付款循环中的（　）。

A. 存在　　B. 完整性　　C. 计价和分摊　　D. 分类与可理解性

5. 检查未入账的应付账款时，下列程序中审计效果最佳的是（　）。

A. 检查列入应付账款明细表中债权人寄回的询证函

B. 分析每月应付账款余额和已入账存货之间有无非正常的比例关系

C. 检查资产负债表日前后一周的发票样本，并查明是否已正确记录

D. 检查资产负债表日后一段时间内的付款

6. 注册会计师函证资产负债表日应付账款余额或许是不必要的，其原因是(　　)。

A. 函证与采购截止测试重复

B. 资产负债表日前应付账款余额在审计完成前也许没有支付

C. 可与被审计单位法律顾问联系，从而获取因未付款而造成的可能损失的证据

D. 存在其他可靠的外部凭证证实应付账款的真实性，如购货发票等

7. 以下审计程序中，注册会计师最有可能证实已记录应付账款存在的是(　　)。

A. 从应付账款明细账追查至购货合同、购货发票和入库单等凭证

B. 检查采购文件以确定是否使用预先编号的采购单

C. 抽取购货合同、购货发票和入库单等凭证，追查至应付账款明细账

D. 向供应商函证零余额的应付账款

8. 注册会计师在审计ABC公司2023年度财务报表时发现，该公司于2021年12月31日购入一项固定资产，其原价为200万元，预计使用年限为5年，预计净残值为0.8万元，采用双倍余额递减法计提折旧。2015年度该项固定资产应计提的年折旧额为(　　)万元。

A. 39.84　　B. 66.4　　C. 48　　D. 80

9. 一般情况下，注册会计师实地检查固定资产的重点是(　　)。

A. 企业的所有固定资产　　B. 本年度增加的重要固定资产

C. 以前年度增加的固定资产　　D. 在用固定资产

10. 以下审计程序中，注册会计师最有可能获取固定资产存在的审计证据的是(　　)。

A. 观察经营活动，并将固定资产本期余额与上期余额进行比较

B. 询问被审计单位的管理层和生产部门

C. 以检查固定资产实物为起点，检查固定资产明细账和相关凭证

D. 以检查固定资产明细账为起点，检查固定资产实物和相关凭证

四、多选题

1. 下列各项中属于对采购与付款循环审计时涉及的凭证与记录是(　　)。

A. 请购单与订购单　　B. 验收单

C. 购货发票　　D. 库存现金及银行存款日记账和总账

2. 适当的职责分离有助于防止各种错误或舞弊。采购与付款循环的职责分离包括(　　)。

A. 请购与审批要相互分离

B. 供应商的选择与审批要相互分离

C. 采购合同的拟订、审核与审批要相互分离

D. 采购、验收与记录要相互分离

3. 下列能够防止或发现采购与付款循环可能发生错弊的控制有(　　)。

A. 仓库或资产使用部门编制请购单，并经有关负责人批准

B. 采购部门根据经批准的请购单编制预先编号的订购单

C. 验收部门核对订购单与装运单，据以点验到货并编制验收单

D. 内部核查签发支票的金额、收款人与付款凭单的内容是否一致

4. 注册会计师对应付账款进行函证，通常的函证对象包括（　　）。

A. 所有应付账款的付款对象

B. 金额较大的应付账款债权人

C. 在资产负债表日金额为零，但为企业重要供货人的债权人

D. 所有应付账款的债权人都不需要函证

5. 注册会计师在检查ABC公司财务报表的应付账款项目时，应核实其应付账款项目是否按照（　　）科目所属明细科目的期末贷方余额的合计数填列。

A. 应付账款　　B. 应收账款　　C. 预付账款　　D. 预收账款

6. 应付账款一般不需函证，但出现（　　）时，注册会计师还应实施函证。

A. 应付账款控制风险较高　　B. 应付账款金额较大

C. 被审计单位陷入财务困境　　D. 被审计单位供货方内部控制薄弱

7. 根据被审计单位实际情况，选择以下方法对应付账款执行实质性分析程序（　　）。

A. 将期末应付账款余额与期初余额进行比较，分析波动原因

B. 分析长期挂账的应付账款，要求被审计单位作出解释，判断被审计单位是否缺乏偿债能力或利用应付账款隐瞒利润

C. 计算应付账款与存货的比率、应付账款与流动负债的比率，并与以前年度相关比率对比分析，评价应付账款整体的合理性

D. 分析存货和营业成本等项目的增减变动，判断应付账款增减变动的合理性

8. 下列关于实地检查固定资产的说法正确的有（　　）。

A. 可以以固定资产明细账为起点

B. 可以以实地为起点

C. 从实地追查至固定资产明细账，以证明会计记录中所列固定资产确实存在

D. 从固定资产明细账追查至实地，以证明实际存在的固定资产均已入账

9. 注册会计师在审计固定资产项目时，认为下列说法中正确的有（　　）。

A. 投资者投入的固定资产，按投资方原账面价值作为入账价值

B. 购置的不需要安装的固定资产，按实际支付的买价、包装费、运输费等作为入账价值

C. 购置的不需要安装的生产用设备，增值税进项税额可以抵扣

D. 自行建造的固定资产，按建造该项资产达到预定可使用状态前所发生的必要支出，作为入账价值

10. 注册会计师在审计ABC公司2023年度财务报表时，发现固定资产的以下项目，其中会引起固定资产账面价值发生变化的有（　　）。

A. 计提固定资产减值准备　　B. 计提固定资产折旧

C. 固定资产改扩建　　D. 固定资产大修理

五、简答题

1. 应付账款的内部控制制度主要包括哪些内容？

2. 如何查找未入账的应付账款？

3. 如何选择应付账款函证对象？

4. 存货审计的主要程序有哪些？

六、综合题

1. 注册会计师在对ABC公司2023年度财务报表进行审计时发现，ABC公司在固定资产的核算中存在以下问题：

（1）未使用固定资产没有计提折旧。

（2）本年的固定资产大修理费用记入了“长期待摊费用”科目。

（3）没有按规定考虑计提固定资产减值准备。

要求：分析以上事项将会给报表造成什么影响。

2. 注册会计师对ABC公司2023年12月31日后数周的购货交易进行检查，发现下列情况：

（1）2023年12月31日开出金额为22 000元的发票（为运出地交货），该批货物是12月31日发出，该企业于次年1月5日才收到，故发票于收货当日入账。

（2）2023年12月30日收到一批货物，计80 000元（为运出地交货），并于当日实地验收入库，记入存货项下。发票日期为12月29日，实际于2024年1月8日收到，故应付账款计入2024年1月份。

（3）一项设备于2023年12月27日安装完毕，计400 000元，发票日期是12月28日，但该企业直到2024年1月22日才付款，所以2023年末未予入账。

（4）2023年第四季度广告费12 000元，发票日期为2023年12月31日，于2024年1月12日付款，同时该企业确认费用与负债入账。

要求：分析上述各项负债的确认是否需要调整，为什么？

3. 注册会计师对ABC公司进行审计时，决定对其下列四个明细账户中的两个进行函证。有关资料见下表。

拟实施函证的明细账户情况一览表

单元：元

单位名称	应付账款年末余额	本年度供货总额
A公司	52 650	68 900
B公司	—	2 810 000
C公司	589 000	3 092 000
D公司	75 000	85 000

要求：（1）注册会计师应选择哪两位供货人进行函证？为什么？

（2）假定上述四家公司均为ABC公司的采购人，上表中两栏分别是应收账款年末余额和本年销货总额，该注册会计师应选择哪两家公司进行函证？为什么？

4. ABC会计师事务所接受某公司委托审计其2023年财务报表，并委派A注册会计师作为项目经理。审计底稿中与采购与付款循环审计相关的部分内容摘录如下：

（1）为加快进度，A注册会计师未了解公司采购与付款循环相关内部控制的设计、执行情况，直接设计和实施了相关控制测试和实质性程序。

（2）经评估，与应付账款相关的控制风险较高，且有23个应付账款明细账户金额较大，因此A注册会计师采用积极函证方式对这些账户进行了函证。

（3）为查找未入账应付账款，A注册会计师检查了资产负债表日前后应付账款明细贷方发生额的相应凭证，关注其购货发票的日期，确认其入账时间是否合理。

（4）固定资产账簿中反映该公司有三项大型的外购机器设备，A注册会计师通过实施检查，以确定其是否存在并确归该公司所有。

（5）经审计，A注册会计师发现其他应付款存在5万元的低估错报，低于明显微小错报的临界值，因此未将其汇总在未更正错报汇总数中。

要求：针对上述第（1）~（5）项，逐项指出A注册会计师的做法是否恰当，如不恰当，简要说明理由。

第十三章 生产与仓储循环审计

学习目标

了解存货审计的工作任务；了解内部控制及审查；掌握存货审计主要账户的审计；掌握生产与仓储循环其他账户的审计。

第一节 生产与仓储循环内部控制和控制测试

生产与存货循环主要包括存货的管理和生产活动及生产成本的计算等。

一、生产与存货循环涉及的主要凭证与会计记录

（1）生产指令，又称“生产任务通知单”，是企业下达制造产品等生产任务的书面文件，用以通知供应部门组织材料发放、生产车间组织产品制造、会计部门组织成本计算。

（2）领发料凭证，是企业为控制材料发出所采用的各种凭证，如领料单、限额领料单、领料登记簿、退料单、材料发出汇总表等。

（3）产量和工时记录，是登记工人或生产班组在出勤内完成产品数量、质量和生产这些产品所耗费工时数量的原始记录，包括工作通知单、工序进程单、工作班产量报告、产量通知单、产量明细表、废品通知单等。

（4）工薪汇总表及工薪费用分配表，其中：工薪汇总表是为了反映企业全部工薪的结算情况，并据以进行工薪总分类核算和汇总整个企业工薪费用而编制的，它是企业进行工薪费用分配的依据；工薪费用分配表反映了各生产车间各产品应负担的生产工人工薪及福利费。

（5）材料费用分配表，是用来汇总反映各生产车间各产品所耗材料费用的原始记录。

（6）制造费用分配表，是用来汇总反映各生产车间各产品所应负担的制造费用的原始记录。

（7）成本计算单，是用来归集某一成本计算对象所应承担的生产费用，计算该成本计算对象的总成本和单位成本的记录。

（8）转账凭证和付款凭证。

（9）存货明细账及总账。

（10）应付职工薪酬明细账及总账。

（11）主营业务成本明细账及总账。

生产与存货循环涉及的主要账户及其关系如图 13-1 所示。

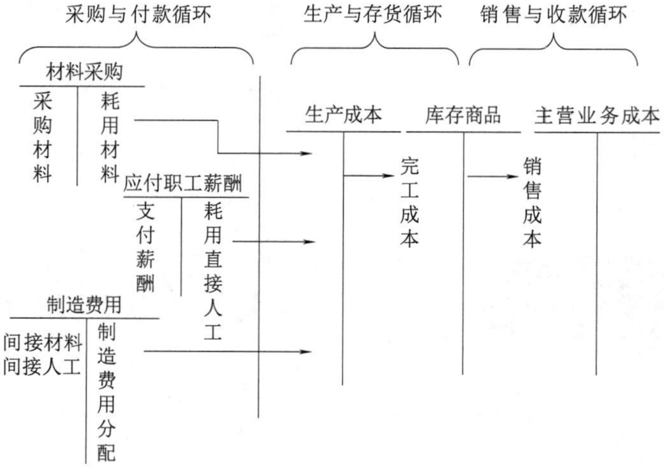

图 13-1 生产与存货循环涉及的主要账户

二、生产与存货循环涉及的主要业务活动

生产与存货循环涉及的主要业务活动如图 13-2 所示。

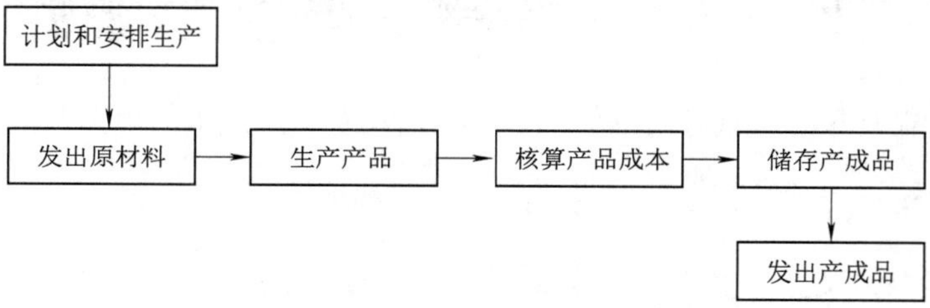

图 13-2 生产与存货循环涉及的主要业务活动

1. 计划和安排生产

由生产计划部门根据客户订购单或者对销售预测和产品需求的分析进行生产授权，填制预先连续编号的生产任务通知单。

2. 发出原材料

仓库部门根据生产部门填制的连续编号的领料单发出原材料。

3. 生产产品

生产部门在收到生产任务通知单及领取原材料后，组织产品生产；产品完工后由检验人员检验并填制连续编号的产品入库单。

4. 核算产品成本

由会计部门对各种原始凭证进行审核，并进行成本核算。

5. 储存产成品

仓库部门点验和检查产品后，签收产品入库单。签收后，将实际入库数量通知会计部门记账。

6. 发出产成品

根据有关部门核准的发运通知单，仓库发货并填制出库单，由独立的发运部门填制装运单。

三、生产与存货循环的内部控制

（一）职责分离

（1）存货生产计划的编制与审批要相互分离。
（2）存货的验收与生产部门要相互分离。
（3）存货的保管与相关记录要相互分离。
（4）存货发出的申请、审批与记录要相互分离。
（5）存货处置的申请、审批与记录要相互分离。
（6）成本费用定额、预算的编制与审批要相互分离。
（7）成本费用支出与审批要相互分离。
（8）成本费用支出与相关会计记录要相互分离。
（9）人事、考勤、工薪发放、记录等职务要相互分离。

（二）授权批准

（1）生产指令须经授权批准。
（2）领料单须经授权批准。
（3）职工薪酬须经授权批准。
（4）上工、工作时间，特别是加班时间须经授权批准。
（5）工资、奖金、津贴、补贴、职工福利、代扣款项，工薪汇总表须经授权批准。
（6）成本和费用分配方法的采用和变更须经授权批准。
（7）存货计价方法的采用和变更须经授权批准。
（8）存货的盘盈、盘亏、毁损等的处置须经授权批准。

（三）凭证和记录（信息处理）

（1）会计部门的成本核算要以经过审核的生产任务通知单、领发料凭证、产量和工时记录、工薪费用分配表、材料费用分配表、制造费用分配表等为依据，及时填制、审核和传递原始凭证。

（2）设计和使用适当的记账凭证，凭证格式简明合理，及时编制和审核记账凭证，证证核对。

（3）建立健全存货、应付职工薪酬等账簿记录。

（4）企业应采用适当的成本核算方法、费用分配方法、成本核算流程和账务处理流程，并保持前后期一致，以使成本能以正确的金额、在恰当的会计期间及时记录于适当的账户。

（5）如果会计系统应用信息技术，还要检查数据计算的准确性，审核账户和试算平衡表，设置对输入数据和数字序号的自动检查，以及对例外报告进行人工干预等。

（四）内部核查程序

（1）检查各种费用的归集、分配及成本的计算是否正确。
（2）检查是否按照规定的成本核算流程和账务处理流程进行核算和账务处理。
（3）检查工薪的计算是否正确。

（五）财产保护控制

（1）建立产成品、在产品等的保管和移交制度。
（2）按类别存放存货，并定期巡视。
（3）只有经过授权的人才能接触存货实物。
（4）存货的入库需经过验收，存货的出库需有经批准的出库单（提货单）。
（5）定期盘点存货。

四、生产与存货循环的控制测试

（一）成本会计制度的控制测试

（1）检查生产指令、领料单、工薪这三个关键点是否经过恰当审批。

（2）检查有关成本的记账凭证是否附有生产任务通知单、领发料凭证、产量和工时记录、工薪费用分配表、材料费用分配表、制造费用分配表，以及这些原始凭证的顺序编号是否完整。

（3）检查生产任务通知单、领发料凭证、产量和工时记录、工薪费用分配表、材料费用分配表、制造费用分配表的顺序编号是否完整。

（4）选取样本测试各种费用的归集和分配以及成本的计算，测试是否按照规定的成本核算流程和账务处理流程进行核算和账务处理。

（5）询问和观察存货与记录的接触控制以及相应的批准程序。

（6）询问和观察存货盘点程序。

（二）工薪的控制测试

（1）审查人事档案，关注人事档案中的授权。
（2）检查工时卡的有关核准说明。
（3）检查工薪记录中有关核准的标记及有关内部核查的标记。
（4）复核人事政策、组织结构图。
（5）审查工薪费用分配表、工薪汇总表、工薪结算表，并核对员工工薪手册、员工手册等。

（6）选取样本测试工薪费用的归集和分配，测试是否按照规定的账务处理流程进行账务处理。

（7）询问和观察人事、考勤、工薪发放、记录等各项职责执行情况。

注册会计师应根据执行控制测试的结果，确定对相关控制的信赖程度，制定实质性程序的方案。

第二节　存货审计

存货是指企业在日常生产经营过程中持有以备出售的产成品或商品，或者为了出售仍然处于生产过程的在产品，或者将在生产过程或提供劳务过程中耗用的材料、物料等。存货审计涉及的会计科目包括：材料采购或在途物资、原材料、材料成本差异、库存商品、发出商品、商品进销差价、委托加工物资、委托代销商品、受托代销商品、周转材料、生产成本、制造费用、劳务成本、存货跌价准备等。与其他类型资产相比，存货具有三方面特点：①流动性强，周转快；②存货存在于企业周转经营全过程，形式经常发生变化，但可以通过实地盘点和计算确认其数量；③存货可采用多种计价方法，进而将直接影响销售成本，与当期损益的计算有重大关系。

存货是企业的一项重要的项目，其价值在企业流动资产中占有很大的比重。由于存货对于一般企业来说都是很重要的项目，存货问题又比较复杂，存货的重大错报对于流动资产、营运资产、总资产、销售成本、毛利以及净利润都会产生直接影响。因此，审计人员应当特别关注存货审计，将存货盘点和计价作为审查重点。

一、存货审计目标

（1）确定资产负债表中的存货在资产负债表日是否确实存在，其余额是否正确。

（2）确定资产负债表中的存货是否为被审计单位所拥有。

（3）确定在特定期间内发生的存货增减变动业务是否予以记录。

（4）确定存货的品质状况、存货跌价准备的计提是否合理，计价方法是否恰当。

（5）确定存货在财务报表上的分类与披露是否恰当。

二、存货的内部控制

存货的内部控制主要包括购货、验收、仓储、生产、销售等职能，表 13-1 所示为存货内部控制调查表。

表13-1　存货内部控制调查表

被审计单位名称	××部门	日期		索引号	
审计项目名称	存货内部控制调查	编制人	××××		
会计期间或截止日	20××年度	复核人	××	页次	
问题		是	否	不适用	备注
1. 每次采购是否有请购单、订购单 2. 是否对到货物资由独立部门组织认真验收 3. 对验收不合格的采购物资是否及时查明原因并落实责任 4. 生产通知单是否经过计划和控制部门批准 5. 是否使用和控制预先编号的生产通知单 6. 仓库发出材料是否要求有已签字的领料单 7. 剩余材料是否办理月末退料手续 8. 是否使用记工单来记录生产产品所耗用的人工小时 9. 最后的入库单是否由产品仓库人员在收到已完工产品时签字 10. 是否只有经过授权的人员才能接触和处置存货 11. 是否定期独立盘点存货，并将实际盘点数量与账面数量相比较 12. 产品发货前是否核对发票的装箱单 13. 提货单是否经顾客签字确认					
审计结论：					

审计人员应了解被审计单位管理层存货交易的关键因素和关键业绩指标，因为这些将为识别潜在的重大错报风险提供线索，以及是否有证据表明所选取的控制的设计和运行是适当的，是否能够保证管理层采取及时有效的措施来识别错误并处理舞弊行为。

三、存货审计

存货审查通常结合有关项目的审计，进行必要的分析性复核，其目的是审查存货的总体合理性，以发现年度内存货项目的重大波动与异常现象，判断存货审计的重点。存货分析程序方法主要有简单比较法和比率分析法。

【例 13-1】审计人员刘一收集了 AC 有限责任公司 2023 年的主营业务收入、主营业务成本和制造费用的数据（本年增加生产设备一套，折旧费用计算无误），见表 13-2。

表13-2　主营业务收入、主营业务成本和制造费用表　　单位：万元

项目	主营业务收入	主营业务成本	制造费用					
			折旧	修理	水电	房租	薪酬	合计
本年数	14 300	11 800	3.69	0.48	1.35	0.84	5.01	11.37
上年数	11 000	10 300	1.56	1.29	1.37	0.70	5.01	9.93

【分析要点】将本年与上年制造费用的各项目进行简单对比分析，除工资与上年度保持一致、修理费和水电费有所下降外，其余项目均呈一定幅度增长，其原因主要是本年度收入增长所致，说明制造费用的变动基本正常，且制造费用占收入的比例较小，审计时对制造费用进行一般关注即可。主营业务毛利率由上年的 6.4% 上升到本年的 17.5%，属于异常变动，可能是产品销售结构、产品价格、材料人工生产成本等某些因素发生了较大的变化所致。故此审计人员应重点审查生产过程中的材料人工费用的耗费，以及新增设备所生产产品的销售、价格、收入确认。

（一）存货实有数的审查

审计人员对存货的实际存在和实际结存数量的正确性负有验证的责任，但是责任不是直接盘点，而是监督盘点的过程，以确定存货是否全部进行了盘点。如果审计人员无法做到，则应采取替代程序。

1. 存货监盘计划

审计人员应当根据被审计单位存货的特点、盘存制度和存货内部控制的有效性等情况，在评价被审计单位存货盘点计划的基础上，编制存货监盘计划，对存货监盘做出合理安排。存货监盘计划主要应包括以下内容：存货监盘的目标、范围及实际安排；存货监盘的要点及关注的事项，参加存货监盘人员的分工及抽查的范围。

2. 存货监盘范围

具体监盘范围的选取十分重要。对重要项目和典型存货项目，有代表性样本应仔细监盘，对可能过时或损坏的项目要仔细查询，并与管理人员分析有些重要项目不在盘点之列的原因。

3. 存货监盘时间

监盘时间以截止期末以前为适当时间，尽量使盘点时间靠近会计期末。如果企业的盘点

在会计期末以后进行，那么则必须编制从盘点日到期末的存货调节表，但尽量使盘点时间靠近会计期间。

4．存货盘点人员

盘点是整个企业的一件大事，企业各级领导以及包括供应、生产、存储、财务部门的有关人员都应参与。

5．存货监盘程序

（1）观察程序：在被审计单位盘点存货前，审计人员应当观察盘点现场，确定应纳入盘点范围的存货是否已经适当整理和排列，并附有盘点标识，防止遗漏或重复盘点。对未纳入盘点范围的存货，注册会计师应当查明未纳入的原因。

对所有权不属于被审计单位的存货，审计人员应当取得其规格、数量等有关资料，并确定这些存货是否已分别存放、标明，且未被纳入盘点范围。

审计人员应当观察被审计单位盘点人员是否遵守盘点计划并准确地记录存货的数量和状况。

（2）检查程序：审计人员应当对已盘点的存货进行适当检查，将检查结果与被审计单位盘点记录相核对，并形成相应记录。抽点的样本一般不得低于存货总量的10%。

在检查已盘点的存货时，审计人员应当从存货盘点记录中选取项目追查至存货实物，以测试盘点记录的准确性；审计人员还应当从存货实物中选取项目追查至存货盘点记录，以测试存货盘点记录的完整性。

如果检查时发现差异，审计人员应当查明原因，及时提请被审计单位更正。如果差异较大，审计人员应当扩大检查范围或提请被审计单位重新盘点。

6．特殊情况的处理

如果由于被审计单位存货的性质或位置等原因导致无法实施存货监盘，审计人员应当考虑能否实施替代审计程序，获取有关期末存货数量和状况的充分、适当的审计证据。

审计人员实施的替代审计程序主要包括以下内容：

（1）检查进货交易凭证或生产记录以及其他相关资料。

（2）检查资产负债表日后发生的销货交易凭证。

（3）向顾客或供应商函证。

如果无法实施存货监盘，也无法实施替代审计程序以获取有关期末存货数量和状况的充分、适当的审计证据，审计人员应当考虑出具保留意见或无法表示意见的审计报告。如果通过实施存货监盘发现被审计单位财务报表存在重大错报，且被审计单位拒绝调整，注册会计师应当考虑出具保留意见或否定意见的审计报告。

7．存货监盘结束时的工作

在被审计单位存货盘点结束前，审计人员应当做到以下几点：再次观察盘点现场，以确定所有应纳入盘点范围的存货是否均已盘点。取得并检查已填用、作废及未使用盘点表单的号码记录，确定其是否连续编号，查明已发放的表单是否均已收回，并与存货盘点的汇总记录进行核对，根据自己在存货监盘过程中获取的信息，对被审计单位最终的存货盘点结果汇总记录进行复核，并评估其是否正确反映了实际盘点结果。

【例 13-2】审计人员小李对某公司进行存货监盘时，面临以下问题：①木材、电缆线、镀锌水管不能确定结存的数量或等级；②煤、废钢材在估计存货数量时存在困难；③液体、气体、谷类粮食、流体存货等在估计存货数量、确定存货质量时存在困难；④贵金属、玉器、艺术品与收藏品在存货辨认与质量确定方面存在困难；⑤牲畜、高山中的木材蓄积量在存货辨认与数量确定方面存在困难，可能无法对此类存货的移动实施控制；⑥使用磅秤的存货项目在估计存货数量时存在困难。审计人员如何进行存货的监盘？

【分析要点】①可利用被审计单位企业内有经验的人员。②可运用工程估测、几何计算、高空作业调研；如果存货货堆不高可进行实地盘点，或通过旋转存货堆加以估计。③使用容器进行盘点、几何计算加以确定。④选择样品进行化验与分析，或利用专家的工作。⑤通过高空摄影证实其存在性，并可提供不同时点的比较，信赖永续存货记录。⑥在盘点前和盘点过程中均应检验磅秤的精确度、留意磅秤的位置移动与重新调校程序，并与重新称量程序相结合；检查重量尺度的换算问题。

（二）存货采购的审查

存货采购业务是存货的起点，其相关记录是判断整个存货记录是否恰当的基础，其采购成本及账务处理是否真实正确，直接影响到存货业务处理的正确性、合法性。对大额材料采购或在途物资，需要追查至相关的购货合同及购货发票，复核采购成本的正确性，并抽查期后入库情况，必要时发询证函，以确定在途材料的实际成本。

【例 13-3】×× 制造公司审计人员张亮在审阅材料采购业务时，查阅了当月几笔采购业务的记账凭证，其中 2023 年 12 月 26 日第 66 号记账凭证及所附的原始凭证如图 13-3~图 13-6 所示。

记 账 凭 证

2023 年 12 月 26 日　　　　字第 66 号

摘要	会计科目		记账	借方金额											记账	贷方金额										
	总账科目	明细科目	√	亿	千	百	十	万	千	百	十	元	角	分	√	亿	千	百	十	万	千	百	十	元	角	分
采购甲材料	材料采购	甲材料						5	6	5	0	0	0	0												
	管理费用								3	0	0	0	0	0												
	银行存款																			5	9	5	0	0	0	0
合　计							¥	5	9	5	0	0	0	0					¥	5	9	5	0	0	0	0

附单据 3 张

会计主管：钱庄　　记账：陈华　　出纳：孙广春　　审核：李明　　制单：赵丽

图 13-3　记账凭证

中国工商银行

转账支票存根

XIV00721210

附加信息

出票日期：2023 年 12 月 26 日

收 款 人：	×× 制造公司
金　　额：	¥56,500.00
用　　途：	购料款

单位主管：　　　　会计：

图 13-4　原始凭证

广州省增值税专用发票

No2.4005010

开票日期：2023 年 12 月 26 日

购货单位			
名称	贸易公司	纳税人登记号	370982310042173
地址、电话	泰山市东直路 1 号 226214	开户银行及账号	工行泰西办事处 2403115432

货物或应税劳务名称	计量单位	数量	单价	金额 仟	佰	拾	万	仟	佰	拾	元	角	分	税率（%）	税额 仟	佰	拾	万	仟	佰	拾	元	角	分
	件	10	5 000.00				5	0	0	0	0	0	0	13					6	5	0	0	0	0
合计						¥	5	0	0	0	0	0	0					¥	6	5	0	0	0	0

价税合计（大写）	×仟×佰×拾伍万陆仟伍佰零拾零元零角零分 ¥56 500.00

销货单位			
名称	××生产公司	纳税人登记号	539428444010110
地址、电话	广州东大直街 15 号 5191284	开户银行及账号	广州建行珠江办事处 015-1051-6298010
备注			

第四联：发票联　购货方记账

图 13-5　原始凭证

中国工商银行

转账支票存根

XIV00721230

附加信息

出票日期：2023 年 12 月 26 日

收款人：	广州铁路局
金　额：	¥3,500.00
用　途：	运费

单位主管：　　　　会计：

图 13-6　原始凭证

要求：指出该公司的做法是否正确。

【分析要点】不正确。按采购材料计价范围的规定，购入材料所发生的运杂费在扣除运费的进项税额 315 元（9% 的抵扣率）后应计入材料采购成本，不应列作管理费用。企业如此处理，一方面使该批材料的实际成本减少，影响以后经营成果的准确性；另一方面扩大了当月管理费用列支，影响当期损益的计算。同时该批材料的进项税额 6 500 元，也未进行正确处理，同样影响材料采购成本的正确性。建议企业作如下调整分录：

借：应交税费——应交增值税（进项税额）　6 815

　贷：管理费用　6 500

　　　材料采购——甲材料　315

（三）存货计价的审查

1. 审查存货计价基础及方法的合理性

（1）被审计单位采用何种计价基础。

（2）被审计单位运用何种计价方法，是否符合公认会计准则。

（3）存货计价方法是否前后期一致。

（4）存货计价方法若有变动，是否充分说明对当期和以后各期的影响。

2. 抽查存货项目计价的正确性

首先选取抽查样本，一般应从已经验证过的存货盘点汇总表或明细账中，抽取部分存货会计凭证及相关业务资料作为样本，然后进行计价测试，即对抽取的明细账及会计凭证样本进行测试，并记录结果，最后将测试结果与账面记录进行比较，找出存在的差异，并分析其形成原因。

1）原材料计价检验

（1）检查原材料的计价方法前后期是否一致。

（2）自原材料明细表中选取适量品种，检查原材料的入账基础和计价方法是否正确。以实际成本计价时，将其单位成本与购货发票核对，并确认原材料成本中不包含增值税；以计划成本计价时，将其单位成本与材料成本差异明细账及购货发票核对，同时关注被审计单位计划成本制定的合理性；检查进口原材料的外币折算是否正确，检查相关的关税、增值税及消费税的会计处理是否正确。

（3）检查原材料发出计价的方法是否正确。了解被审计单位原材料发出的计价方法，前后期是否一致，并抽取主要材料复核其计算是否正确；若原材料以计划成本计价，还应检查材料成本差异的发生和结转的金额是否正确。编制本期发出材料汇总表，与相关科目勾稽核对，并复核若干月份发出材料汇总表的正确性。

（4）结合期末市场采购价，分析主要原材料期末结存单价是否合理。

（5）结合原材料的盘点，检查期末有无料到单未到的情况。如有料到单未到的情况，应查明是否已暂估入账，其暂估价是否合理。

2）周转材料的计价测试

（1）检查周转材料的计价方法是否正确，前后期是否一致。

（2）自周转材料明细表中选取适量品种，检查周转材料的入账基础和计价方法是否正确。

（3）检查周转材料摊销方法是否正确，前后期是否一致。抽查验证月度发出周转材料汇总表的正确性。

（4）结合周转材料的盘点，检查期末有无料到单未到的情况。如有应查明是否已暂估入账，其暂估价是否合理。

（5）检查进口周转材料的外币折算是否正确，检查相关关税、增值税及消费税的会计处理是否正确。

3）库存商品的计价检查

（1）检查库存商品的计价方法是否前后期一致。

（2）自库存商品明细表中选取适量品种，检查库存商品的入账基础和计价方法是否正确。抽查库存商品入库单，核对库存商品的品种、数量与入账记录是否一致；并将入库库存商品的实际成本与相关科目的结转额核对。

（3）检查外购库存商品的发出计价是否正确。了解被审计单位对库存商品发出的计价方法，并抽取主要库存商品，检查其计算是否正确；若库存商品以计划成本计价，还应检查产品成本差异的发生和结转金额是否正确。编制本期库存商品发出汇总表，与相关科目勾稽核对，并抽查几个月份库存商品发出汇总表的正确性。

（4）结合库存商品的盘点，检查期末有无库存商品已到而相关单据未到的情况。如有料到单未到的情况，应查明是否暂估入账，其暂估价是否合理。

4）周转材料的计价测试

（1）对本期内各月的材料成本差异率进行分析，并与上期进行比较，检查是否有异常波动，计算方法是否前后期一致，注意是否存在调节成本的现象。

（2）结合以计划成本计价的原材料、周转材料等的入账基础测试，比较计划成本与供货商发票或其他实际成本资料，检查材料成本差异的发生额是否正确。

（3）抽查若干月发出的材料汇总表，检查材料成本差异是否按月分摊，使用的差异率是否为当月实际差异率，差异的分配是否正确，分配方法前后期是否一致。

【例 13-4】× × 制造公司审计人员张亮对其 2023 年度存货进行审计，发现甲产品计价异常，有关资料见表 13-3。

表13-3　库存商品明细账

品名：A 产品　　　　单位：元

2023		摘要	凭证号	收入			发出			结存		
月	日			数量	单价	金额	数量	单价	金额	数量	单价	金额
12	1	期初结存	略							100	50.00	5 000
12	7	入库		2 500	50.00	125 000				2 600		130 000
12	13	入库		4 000	55.00	220 000				6 600		350 000
12	19	出库					3 000	55.00	165 000	3 600		185 000
12	31	出库					1 000 1 000	55.00 50.00	55 000 50 000	1 600		80 000
12	31	本月合计		6 500		345 000	5 000		270 000	1 600	50.00	80 000

存货发出一直按月末一次加权平均法计价，未经批准变更。

要求：指出存货业务中存在的问题。

【分析要点】首先审阅 A 产品明细账，抽查有关会计凭证，重新按全月一次加权平均法计算结转发出产品实际成本。

加权平均单价 =（5 000+345 000）/（100+6 500）=53.03（元）

发出产品实际成本 =5 000 × 53.03=265 150（元）

多转产品实际成本 =270 000-265 150=4 850（元）

存在问题：该企业变更存货计价方法，按后进先出法多转已销产品成本 4 850 元，最终影响当期利润和所得税费用。

处理意见：随意变更存货发出的计价方法，影响当期利润和所得税费用，提请被审计单位进行调整。调整分录：

借：库存商品——A 产品　　4 850

　贷：主营业务成本　　4 850

（四）存货跌价准备的审查

存货跌价准备是指在年度末对存货进行全面清查，如由于存货遭受毁损、全部或部分陈旧过时或销售价格低于成本等原因，使存货成本不可收回的部分按可变现净值低于存货成本的差额提取的跌价准备。审查时主要关注以下几个方面：

（1）存货跌价准备的计提依据是否合理。

（2）存货跌价准备的结转是否经授权批准。

（3）存货跌价准备的会计处理是否正确，前后期是否一致。

（4）抽查计提存货跌价准备的项目，其期后售价是否低于原始成本。

第三节　生产成本审计

生产成本是生产单位为生产产品或提供劳务而发生的各项生产费用，包括各项直接支出和制造费用。直接支出包括直接材料（原材料、辅助材料、备品备件、燃料及动力等）、直接工资（生产人员的工资、补贴）、其他直接支出（如福利费）；制造费用是指企业内的分厂、车间为组织和管理生产所发生的各项费用，包括分厂、车间管理人员工资、折旧费、维修费、修理费及其他制造费用（办公费、差旅费、劳保费等）。

一、生产成本的审计目标

（1）审查生产成本的发生是否存在。

（2）审查生产成本的记录是否完整。

（3）审查生产成本的归集和分配是否正确。

（4）审查生产成本的计算是否正确。

（5）审查生产成本在报表上的披露是否恰当。

二、生产成本的内部控制

生产成本的内部控制包括实物流转控制、成本费用管理控制、成本费用会计控制、费用支出控制等多项控制制度，部分内容见表 13-4。

表13-4　生产成本内部控制调查表

被审计单位名称	×× 部门	日期		索引号	
审计项目名称	生产成本内部控制调查	编制人	××××		
会计期间或截止日	20×× 年度	复核人	××	页次	
问题		是	否	不适用	备注
1. 是否建立成本核算与管理制度 2. 成本开支范围是否符合有关规定 3. 成本核算制度是否适合生产特点，并被严格执行 4. 各成本项目的核算、制造费用的归集与分配、产品成本的结转是否严格按规定办理，前后期是否一致 5. 是否定期盘点在产品，并作为在产品成本的分配依据 6. 存货计价方法的确定与变更是否经董事会批准 7. 成本计算和费用分配方法的变更是否经授权					
审计结论：					

审计人员在了解内部控制的前提下，对生产成本内部控制从直接材料、直接人工、制造费用、生产成本在当期完工产品和期末在产品之间分配进行测试，评价成本会计内部控制执行的有效性，并据此确定进一步审计的性质、时间和范围。

三、生产成本审计

（一）直接材料成本的审计

直接材料成本的审计一般应从审阅材料和生产成本明细账入手，抽查有关的费用凭证，验证企业产品耗用直接材料的数量、计价和材料费用分配是否真实、合理。

1．审查直接材料耗用量的真实性

（1）审查材料用途。抽查领料凭证，并与发料凭证汇总表核对是否相符，审查材料是否按用途分配。检查有无将在建工程、福利部门支出、捐赠支出等非生产用材料计入直接材料费用。

（2）注意已领未用材料是否办理了假退料手续；废料、边角料是否办理了退库或变价处理，并冲减了本期耗用量。

2．审查直接材料的计价

（1）直接材料按实际成本计价的，应审查其计价方法是否一贯，有关计算是否正确。

（2）直接材料按计划成本计价的，重点审查材料成本差异的形成和分配。有无将不应

计入材料采购成本的费用计入材料采购成本；检查材料成本差异率的计算是否正确，材料成本差异的结转、分摊的计算、账务处理是否正确。

3．审查直接材料费用分配的正确性

审查发出材料汇总分配表、成本计算单、生产成本明细账，检查直接材料成本的计算、分配依据、分配方法、分配结果及有关账务处理的正确性，是否与材料费用分配汇总表中该产品分摊的直接费用相符，并注意分配标准是否合理和一贯。

4．分析程序

将同一产品本年度的直接材料成本与上年度比较，将本年度若干期的直接材料成本进行对比分析，检查有无异常波动。

（二）直接人工成本的审计

获取劳动人事资料、薪酬结算表、薪酬与福利费用分配表、成本计算单、生产成本明细账、产量或工时记录、考勤记录等，检查并计算。

1．审查直接人工费用的真实性

检查有无将非产品生产人员的薪酬计入直接人工费用。

2．审查直接人工费用计算的正确性

结合应付职工薪酬的审查，检查薪酬的计算及汇总是否正确；检查职工福利费的计提依据、计提比例及其计算是否正确。

3．审查直接人工费用分配的正确性

检查直接人工费用的分配标准与计算方法的合理性，分配率和分配结果计算的正确性。注意是否与人工费用分配汇总表相符。

4．审查直接人工费用账务处理的正确性

检查直接人工费用所计入的具体账户是否正确，产品成本核算的正确性。

5．分析程序

将同一产品本年度的直接人工成本与上年度比较，将本年度若干期的直接人工成本进行对比分析，检查有无重大变动。

【例 13-5】×× 制造公司审计人员张亮审查其材料明细账时，对 2023 年 11 月 10 日一项材料捐赠支出记录产生疑问，调取该笔业务的记账凭证及所附原始凭证，如图 13-7、图 13-8 所示。

在询问时，经办人和相关负责人解释为：向灾区捐赠甲材料，价值 40 000 元，但经过查询得知，甲材料为该企业生产 A 产品的专用材料，并不能单独使用，灾区使用这种材料的可能性不大，而且该公司不能提供有效的捐赠凭证。

要求：根据上述资料，分析该公司的处理是否正确。

记 账 凭 证

2023 年 11 月 10 日　　　　字第 16 号

摘要	会计科目		记账	借方金额											记账	贷方金额										
	总账科目	明细科目	√	亿	千	百	十	万	千	百	十	元	角	分	√	亿	千	百	十	万	千	百	十	元	角	分
捐赠材料	营业务支出	捐赠支出						4	0	0	0	0	0	0												
	原材料	甲材料																		4	0	0	0	0	0	0
合　计							¥	4	0	0	0	0	0	0					¥	4	0	0	0	0	0	0

附单据 1 张

会计主管：钱庄　　记账：陈华　　出纳：孙广春　　审核：李明　　制单：赵丽

图 13-7　记账凭证

领 料 单

领料单位：工会　　　　　　　　　　　　　　　　　　　　　编号：0203

用途：捐赠　　　　　　　　　　　　　　　　　　　　　2023 年 11 月 10 日

产品编号	产品名称及型号规格	单位	数量	单价	金额	备注
	甲材料	件	200	200	40 000	

领料单位负责人：徐力　　　　领料人：田阳　　　　发料人：赵丽　　　　制单：李云

图 13-8　原始凭证

【分析要点】该公司为了少计当期产品的生产成本，将生产 A 产品领用的甲材料计入了营业外支出，违反了会计准则的规定，这一做法导致当期生产成本中的直接材料虚减 40 000 元，影响当期利润的计算和所得税费用的缴纳。建议调整错误处理，调整分录如下：

借：生产成本——A 产品（直接材料成本）　　　　40 000

　贷：营业务支出——捐赠支出　　　　　　　　　　40 000

（三）制造费用的审计

1．审查制造费用的真实性、合法性

获取或编制制造费用汇总表，并与明细账、总账核对是否相符。

（1）审查制造费用的组成项目是否合规，有无将非本部门的制造费用和不应列入成本费用的支出计入制造费用。

（2）抽查制造费用中的大额项目、升降幅度大的项目，注意是否存在异常会计事项。

（3）结合预提费用等项目的审计，检查企业有无故意多提或少提费用以调节成本的现象。

（4）必要时，对制造费用实施截止测试，确定有无跨期入账的情况。

2．审查制造费用归集和分配的正确性

（1）对制造费用汇总表进行重新计算、加总，以验证所归集的制造费用总额的正确性。

（2）审查制造费用分配方法是否适合企业自身的生产特点，是否体现受益原则；分配率和分配额的计算是否正确。

3．分析程序

将本年度的制造费用及其构成项目与上年度比较，将本年度各期的制造费用以及各组成项目所占比例进行对比分析，检查有无重大变动。

（四）生产费用在完工产品和在产品之间分配的审计

1．审查完工产品入库数量的真实性

检查产品入库凭证与完工记录是否相符，仓库的实物记录与财务部门的产品记录是否相符，查明其数量的真实性。检查产品入库凭证是否附有产品检验合格证明，有无将未经检验产品或不合格产品充当合格产品入库。

2．审查在产品数量的真实性

检查主要产品的在产品台账，计算、核实在产品的数量，并注意审查在产品的加工程度、投料程度及耗用工时记录，以查明其数量的真实性。

3．审查生产费用在完工产品与在产品之间分配的合理性

审查产品成本计算单、在产品台账和生产成本明细账，核对成本计算单中完工产品的品种数量、在产品的品种数量、加工程度和投料程度是否和产品入库凭证、在产品台账记录相符，检查其分配方法的选用是否符合企业的生产特点和管理上的要求，审查成本计算方法的合理性，验证成本计算数据的正确性。审查有无虚报或虚减在产品数量、提高或降低在产品的加工程度以调节成本的现象。

【例 13-6】×× 制造公司审计人员张亮审查其直接人工成本，该公司 2023 年度每月的工作费用分配等记账凭证和所附原始凭证如图 13-9、表 13-5，以及图 13-10、表 13-6 所示。

记 账 凭 证

2023 年 12 月 31 日　　　　字第 96 号

摘要	会计科目		记账	借方金额											记账	贷方金额										
	总账科目	明细科目	√	亿	千	百	十	万	千	百	十	元	角	分	√	亿	千	百	十	万	千	百	十	元	角	分
分配工资	生产成本	乙产品						3	5	0	0	0	0	0												
	制造费用							5	5	0	0	0	0	0												
	应付职工薪酬	工资费用																		9	0	0	0	0	0	0
合　计							¥	9	0	0	0	0	0	0					¥	9	0	0	0	0	0	0

附单据 1 张

会计主管：钱庄　　记账：陈华　　出纳：孙广春　　审核：李明　　制单：赵丽

图 13-9　记账凭证

表13-5　工资费用分配表

2023 年 12 月 31 日　　　　单位：元

部门	人员类别	生产成本	制造费用	管理费用	销售费用	在建工程	合计
生产车间	生产工人	35 000					35 000
	管理人员		5 000				5 000
销售部门	销售人员				20 000		20 000
厂部	管理人员			15 000			15 000
在建工程	工程人员					15 000	15 000
合计		35 000	5 000	15 000	20 000	15 000	90 000

记 账 凭 证

2023 年 12 月 31 日　　　　字第 96 号

摘要	会计科目		记账	借方金额											记账	贷方金额										
	总账科目	明细科目	√	亿	千	百	十	万	千	百	十	元	角	分	√	亿	千	百	十	万	千	百	十	元	角	分
计提工会经费及职工教育经费	制造费用								4	0	5	0	0	0												
	应付职工薪酬	工会经费																			1	8	0	0	0	0
	应付职工薪酬	职工教育经费																			2	2	5	0	0	0
合　计								¥	4	0	5	0	0	0						¥	4	0	5	0	0	0

附单据 1 张

会计主管：钱庄　　记账：陈华　　出纳：孙广春　　审核：李明　　制单：赵丽

图 13-10　记账凭证

表13-6　工资附加费用分配表

2023年12月31日　　单位：元

应付职工薪酬	计提工会经费（2%）	计提职工教育经费（8%）	合计
90 000.00	1 800.00	7 200.00	9 000.00

要求：根据上述资料，分析该公司2023年度的会计处理是否正确。

【分析要点】不正确，该公司每月管理人员的工资为15 000元、专设销售人员工资20 000元、在建工程人员的工资15 000元不应计入产品成本，应调整，同时工资附加费也应调整。

生产成本金额=35 000×12×（2%+8%）=42 000（元）

管理费用金额=15 000×12×（2%+8%）=18 000（元）

销售费用金额=20 000×12×（2%+8%）=24 000（元）

在建工程金额=15 000×12×（2%+8%）=18 000（元）

该公司的不当处理混淆了成本费用界限，虚增了当期产品成本，虚减在建工程、销售费用和当期利润，影响当期所得税费用。建议调整错误处理，调整分录如下：

借：生产成本——甲产品	42 000	
管理费用	18 000	
销售费用	24 000	
在建工程	18 000	
贷：制造费用		102 000

第四节　营业成本审计

一、主营业务成本的审计

（1）获取或编制主营业务成本明细表，复核加计是否正确，并与总账数和明细账合计数核对是否相符，结合其他业务成本科目与报表数核对是否相符。

（2）比较本期与上期各月主营业务成本的波动趋势，并查明异常情况的原因。

（3）检查主营业务成本的内容和计算方法是否符合会计准则规定，前后期是否一致。

（4）编制生产成本与主营业务成本倒轧表，并与相关科目交叉索引。

（5）抽查主营业务成本结转明细清单，比较计入主营业务成本的品种、规格、数量和主营业务收入的口径是否一致。

（6）针对主营业务成本中重大调整事项（如销售退回）、非常规项目，检查相关原始凭证以及会计处理是否正确。

【例13-7】××生产公司审计人员张扬在审查其2023年财务报表时，利用利润表数据，计算该公司毛利率，见表13-7。

表13-7　毛利率计算表

单位：元

年份	主营业务收入	主营业务成本	毛利率
2022 年	53 000 000	45 000 000	15.1%
2023 年	52 000 000	50 340 500	3.19%

利润表显示该公司利润下降幅度较大，但该公司本年度的收入水平却未下降。于是审计人员审查库存商品明细账，发现许多已销产品未按会计准则规定的方法而随意结转成本。

要求：假定近两年市场情况平稳，该公司生产经营情况平稳，审计人员合理确认 2023 年度主营业务收入的数额，请指出主营业务成本项目可能存在的问题。

【分析要点】利用 2022 年度的毛利率计算该公司 2023 年度的主营业务成本为 52 000 000×（1−15.1%）=44 148 000 元，则企业多结转主营业务成本 50 340 000−44 148 000=6 192 500 元，导致当期利润和所得税费用虚减。审计人员张扬可建议该公司做如下调整：

借：库存商品　　44 148 000

　贷：主营业务成本　　44 148 000

二、其他业务成本的审计

（1）获取或编制其他业务成本明细表，复核加计正确，并与总账数和明细账合计数核对是否相符，结合主营业务成本科目与报表数核对相符。

（2）与上期其他业务收入 / 成本比较，检查是否有重大波动，如有，应查明原因。

（3）抽查其他业务成本的原始凭证，检查其会计处理是否正确。关注与其他业务收入的相关税费是否计入该科目。

（4）结合对其他业务收入的截止测试，检查其他业务成本是否存在跨期。

【例 13-8】× × 生产公司审计人员张扬在抽查其 2023 年记账凭证时，发现一张记账凭证，如图 13-11 所示。

记 账 凭 证

2023 年 12 月 31 日

字第 76 号

摘要	会计科目		记账	借方金额											记账	贷方金额										
	总账科目	明细科目	√	亿	千	百	十	万	千	百	十	元	角	分	√	亿	千	百	十	万	千	百	十	元	角	分
出租办公室	银行存款							4	0	0	0	0	0	0												
	累计折旧																				6	0	0	0	0	0
	其他业务收入	租金收入																		3	4	0	0	0	0	0
合　计							¥	4	0	0	0	0	0	0					¥	4	0	0	0	0	0	0

附单据 1 张

会计主管：钱庄　　记账：陈华　　出纳：孙广春　　审核：李明　　制单：赵丽

图 13-11　记账凭证

所附原始凭证为租赁合同（合同约定年租金 40 000 元）和银行进账单见图 13-12。

中国建设银行 进账单（收账通知）

2023 年 12 月 31 日　　　　第 0065987 号

<table>
<tr><td rowspan="3">付款人</td><td>全称</td><td>长春公司</td><td rowspan="3">收款人</td><td>全 称</td><td colspan="11">× × 生产公司</td><td rowspan="8">此联是收款人的收款通知</td></tr>
<tr><td>账号</td><td>4203115432</td><td>账 号</td><td colspan="11">015-1051-6298010</td></tr>
<tr><td>开户银行</td><td>中行西城办事处</td><td>开户银行</td><td colspan="11">广州建行珠江办事处</td></tr>
<tr><td rowspan="2">金额</td><td colspan="4" rowspan="2">人民币
（大写）肆万元整</td><td>亿</td><td>千</td><td>百</td><td>十</td><td>万</td><td>千</td><td>百</td><td>十</td><td>元</td><td>角</td><td>分</td></tr>
<tr><td></td><td></td><td></td><td></td><td>4</td><td>0</td><td>0</td><td>0</td><td>0</td><td>0</td><td>0</td></tr>
<tr><td colspan="2">票据种类</td><td>转账支票</td><td colspan="13" rowspan="3">收款人开户银行签章
开户银行签章</td></tr>
<tr><td colspan="2">票据张数</td><td>1</td></tr>
<tr><td colspan="3">复核　　记账</td></tr>
</table>

图 13-12 原始凭证

经审查该固定资产年折旧额为 6 000 元正确无误，但审计人员未发现该出租业务的其他会计处理。（假设该企业使用的增值税税率为 3%）。

要求：分析该公司存在何种问题。

【分析要点】该公司对出租业务的账务处理不恰当，将折旧费用 6 000 元冲减其他业务收入，明显不符合配比原则，应将折旧费计入其他业务成本，同时计入本期的增值税 40 000 × 3%=1 200（元），该公司的处理导致当期其他业务收入、其他业务成本虚减，影响当期利润的计算和所得税费用的缴纳。张扬可以建议该公司做如下调整：

借：其他业务成本　　6 000

　贷：其他业务收入　　6 000

借：其他业务成本　　1 200

　贷：应交税费——应交增值税　　1 200

第五节 应付职工薪酬审计

一、应付职工薪酬的审计目标

（1）确定资产负债表中记录的应付职工薪酬是否存在。

（2）确定所有应当记录的应付职工薪酬是否均已记录。

（3）确定记录的应付职工薪酬是否为被审计单位应当履行的现时义务。

（4）确定应付职工薪酬是否以恰当的金额包括在财务报表中，与之相关的计价调整是否已恰当记录。

（5）确定应付职工薪酬在财务报表中的列报是否恰当。

二、应付职工薪酬的实质性程序

（一）获取或编制应付职工薪酬明细表

复核加计是否正确，并与报表数、总账数和明细账合计数核对是否相符。

（二）实施实质性分析程序

（1）比较被审计单位员工人数的变动情况，检查被审计单位各部门各月工资费用的发生额是否有异常波动，若有，则查明波动原因是否合理。

（2）比较本期与上期工资费用总额，要求被审计单位解释其增减变动原因，或取得公司管理当局关于员工工资标准的决议。

（3）结合员工社保缴纳情况，明确被审计单位员工范围，检查是否与关联公司员工工资混淆列支。

（4）核对下列相互独立部门的相关数据：

①工资部门记录的工资支出与出纳记录的工资支付数。

②工资部门记录的工时与生产部门记录的工时。

（5）比较本期应付职工薪酬余额与上期应付职工薪酬余额，是否有异常变动。

（三）检查工资、奖金、津贴和补贴

（1）计提是否正确，依据是否充分，将执行的工资标准与有关规定核对，并对工资总额进行测试；被审计单位如果实行工效挂钩的，应取得有关主管部门确认的效益工资发放额认定证明，结合有关合同文件和实际完成的指标，检查其计提额是否正确，是否应作纳税调整。

（2）检查分配方法与上年是否一致，除因解除与职工的劳动关系给予的补偿直接计入管理费用外，被审计单位是否根据职工提供服务的受益对象分别按下列情况进行处理：

①应由生产产品、提供劳务负担的职工薪酬，计入产品成本或劳务成本。

②应由在建工程、无形资产负担的职工薪酬，计入建造固定资产或无形资产。

③作为外商投资企业，按规定从净利润中提取的职工奖励及福利基金，是否相应计入“利润分配——提取的职工奖励及福利基金”科目。

④其他职工薪酬，计入当期损益。

（3）检查发放金额是否正确，代扣的款项及其金额是否正确。

（4）检查是否存在属于拖欠性质的职工薪酬，并了解拖欠的原因。

（四）检查“四险一金”等会计处理是否正确

检查社会保险费（包括医疗[①]、养老、失业、工伤）、住房公积金、工会经费和职工教育经费等计提（分配）和支付（或使用）的会计处理是否正确，依据是否充分。

---

① 生育保险合并到医疗保险，此处按四险核算。

（五）检查辞退福利、非货币性福利等会计处理是否正确

检查辞退福利、非货币性福利等会计处理是否正确，是否符合有关规定，是否履行审批程序。

（六）检查应付职工薪酬的期后付款情况

关注在资产负债表日至财务报表批准报出日之间，是否有确凿证据表明需要调整资产负债表日确认的应付职工薪酬事项。

（七）确定应付职工薪酬在财务报表中的列报是否恰当

根据实际情况，检查应付职工薪酬在财务报表中的列报是否恰当。

【例 13-9】注册会计师对 ABC 公司的应付职工薪酬进行审计，取得了该公司 2023 年 12 月的工薪费用分配表，见表 13-8。

表13-8　ABC公司工薪费用分配表　　单位：元

部　门	人员类别	生产成本	制造费用	管理费用	销售费用	营业外支出
生产车间	生产工人	70 500				
	管理人员		6 700			
销售部门	门市部人员				900	
膳食科	炊事人员					1 600
厂　部	管理人员			12 000		
其　他	固定资产清理	600				
	基建人员	1 800				
	内部开发存货管理系统人员					12 000

要求：在进行相关测试后，指出存在的问题并提出审计调整建议。

【分析要点】ABC 公司工薪费用分配中存在的问题及调整建议：

（1）膳食科炊事人员工资分配有误，应计入“管理费用”。

（2）固定资产清理人员工资分配有误，应计入“固定资产清理”。

（3）基建人员工资分配有误，应计入“在建工程”。

（4）内部开发存货管理系统人员工资分配有误，应计入“研发支出——资本化支出”。

第六节　其他相关项目审计

一、材料采购或在途物资的实质性程序

（1）获取或编制材料采购（在途物资）明细表，复核加计是否正确，并与总账数、明细账合计数核对是否相符。

（2）检查材料采购或在途物资：

①对大额材料采购或在途物资，追查至相关的购货合同及购货发票，复核采购成本的正确性，并抽查期后入库情况，必要时发函询证。

②检查期末材料采购或在途物资，核对有关凭证，查看是否存在不属于材料采购（在途物资）核算的交易或事项。

③检查月末转入原材料等科目的会计处理是否正确。

（3）查阅资产负债表日前后若干天的材料采购（在途物资）增减变动的有关账簿记录和收料报告单等资料，检查有无跨期现象，如有，则应作出记录，必要时作调整。

（4）对采用计划成本核算的，审核材料采购项目有关材料成本差异发生额的计算和处理是否正确。

（5）审核有无长期挂账的材料采购（在途物资），如有，应查明原因，必要时提出调整建议。

（6）确定材料采购（在途物资）的披露是否恰当。

二、原材料的实质性程序

（1）获取或编制原材料明细表，复核加计是否正确，并与总账数、明细账合计数核对是否相符。

（2）实施实质性分析程序。

①比较当年度及以前年度原材料成本占生产成本百分比的变动，并对异常情况作出解释。

②比较原材料的实际用量与预算用量的差异，并分析其合理性。

③核对仓库记录的原材料领用量与生产部门记录的原材料领用量是否相符，并对异常情况作出解释。

④根据标准单耗指标，将原材料收发存情况与投入产出结合比较，以分析本期原材料领用、消耗、结存的合理性。

（3）选取代表性样本，抽查原材料明细账的数量与盘点记录的原材料数量是否一致，以确定原材料明细账的数量的准确性和完整性。

（4）实施截止测试。

（5）原材料计价方法的测试。

①检查原材料的计价方法前后期是否一致。

②检查原材料的入账基础和计价方法是否正确。

③检查原材料发出计价的方法是否正确。

④结合原材料的盘点检查，期末有无料到单未到情况，如有，应查明是否已暂估入账，其暂估价是否合理。

（6）审核有无长期挂账的原材料，如有，应查明原因，必要时作调整。

（7）检查投资者投入的原材料是否按照投资合同或协议约定的价值入账，并检查约定的价值是否公允、交接手续是否齐全。

（8）确定原材料的披露是否恰当。

三、材料成本差异的实质性程序

（1）获取或编制材料成本差异明细表，复核加计是否正确，并与总账数、明细账合计数核对是否相符。

（2）对材料成本差异率进行分析，检查是否有异常波动，注意是否存在调节成本现象。

（3）结合以计划成本计价的原材料、包装物等的入账基础测试，比较计划成本与供货商发票或其他实际成本资料，检查材料成本差异的发生额是否正确。

（4）抽查若干月发出材料汇总表，检查材料成本差异的分配是否正确，并注意分配方法前后期是否一致。

（5）确定材料成本差异的披露是否恰当。

四、库存商品的实质性程序

（1）获取或编制库存商品明细表，复核加计是否正确，并与总账数、明细账合计数核对是否相符。

（2）实施实质性分析程序。

①按品种分析库存商品各月单位成本的变动趋势，以评价是否有调节生产成本或销售成本的因素。

②比较前后各期的主要库存商品的毛利率（按月、按生产线、按地区等）、库存商品周转率和库存商品账龄等，评价其合理性并对异常波动作出解释、查明异常情况的原因。

③比较库存商品库存量与生产量及库存能力的差异，并分析其合理性。

④核对仓库记录的库存商品入库量与生产部门记录的库存商品生产量是否一致，并对差异作出解释。

⑤核对发票记录的数量与发货量、订货量、主营业务成本记录的销售量是否一致，并对差异作出解释。

⑥比较库存商品销售量与生产量或采购量的差异，并分析其合理性。

⑦比较库存商品销售量和平均单位成本之积与账面库存商品销售成本的差异，并分析其合理性。

（3）选取代表性样本，抽查库存商品明细账的数量与盘点记录的库存商品数量是否一致，以确定库存商品明细账的数量的准确性和完整性。

（4）实施截止测试。

（5）库存商品测试计价方法的测试。

①检查库存商品的计价方法是否前后期一致。

②检查库存商品的入账基础和计价方法是否正确。

③检查外购库存商品的发出计价是否正确。

④结合库存商品的盘点，检查期末有无库存商品已到而相关单据未到的情况，如有，应查明是否暂估入账，其暂估价是否合理。

（6）检查投资者投入的库存商品是否按照投资合同或协议约定的价值入账，并同时检查约定的价值是否公允，交接手续是否齐全。

（7）审阅库存商品明细账，检查有无长期挂账的库存商品，如有，应查明原因并作适当处理。

（8）确定库存商品的披露是否恰当。

思考与练习

一、填空题

1. ________是企业为控制材料发出所采用的各种凭证，如领料单、限额领料单、领料登记簿、退料单。

2. 注册会计师执行成本会计制度的控制测试，需要检查________、________和工薪这三个关键点是否经过恰当审批。

3. 存货监盘程序包括________程序和检查程序，存货监盘的替代审计程序主要包括：检查________或生产记录以及其他相关资料；检查资产负债表日后发生的________；向客户或供应商函证。

4. 存货截止测试所指的截止日一般为________。

5. 生产成本的实质性程序由________审计、________审计、________审计和生产费用在完工产品和在产品之间分配的审计。

二、判断题

1. 定期盘点存货，合理确定存货的数量和状况是注册会计师的责任。（ ）

2. 在存货中，对于种类繁多，数量较大、金额不大的存货，也应由注册会计师亲自盘点。（ ）

3. 被审计单位财务负责人认为本公司存货采用永续盘存制，因此可不必对存货进行实地盘点。注册会计师应接受这种意见。（ ）

4. 存货监盘只能对存货的期末结存数量和状况予以确认，为了验证财务报表上存货余额的真实性，还必须对存货的计价进行审计。（ ）

5. 如果由于被审计单位存货的性质或位置等原因导致无法实施存货监盘，注册会计师应当直接发表保留意见或无法表示意见。（ ）

6. 存货监盘作为存货审计的一项核心审计程序，能够证实存货的存在认定、完整性认定以及计价和分摊认定。（ ）

7. 为了验明所有存放于被审计单位存货的实际存在情况，对所有权不属于被审计单位的存货，注册会计师也应要求被审计单位纳入盘点的范围。（ ）

8. 当重大错报风险为低水平时，助理人员准备对所有的存货监盘的程序不依赖控制测试来获取该类证据，主要采用实质性程序的方式来获取有关存货存在的证据。（ ）

9. 采用不同计价方法计算出来的本期主营业务成本应该是相同的。（ ）

10. 直接材料分配方法审查的核心是分配方法的合理性。（ ）

三、单选题

1. 仓库部门根据从生产部门收到的（ ）向生产部门发货。

A. 领料单　　B. 入库单　　C. 验收单　　D. 保管单

2. 生产与存货循环可以看成是由两个既相互独立又密切联系的系统组成的，一个涉及商品的实物流程，另一个涉及相关的（　　）。

A. 加工流程　　B. 成本流程　　C. 人员流程　　D. 收付流程

3. 以下关于注册会计师对存货监盘时表述不正确的是（　　）。

A. 监盘的目的是获取有关存货的数量和状况的充分、适当的审计证据

B. 在抽盘时，注册会计师应尽可能地让被审计单位了解自己将抽取测试的存货项目，以便双方协调提高效率

C. 监盘时要观察管理层制定的盘点程序的执行情况

D. 监盘时要评价管理层用以记录和控制存货盘点结果的指令和程序

4. 在对存货实施监盘程序时，以下做法中，注册会计师不应该选择的是（　　）。

A. 对于已作质押的存货，向债权人函证与被质押存货相关的内容

B. 对于受托代存的存货，实施向存货所有权人函证等审计程序

C. 对于因性质特殊而无法监盘的存货，实施向客户或供应商函证等审计程序

D. 被审计单位相关人员完成存货盘点后，注册会计师再进入存货存放地点对已盘点存货实施检查程序

5. 注册会计师监盘客户存货的主要目的是（　　）。

A. 查明是否漏盘某些主要的存货项目　　B. 查明存货的计价是否正确

C. 了解盘点指示是否贯彻执行　　D. 获得存货是否实际存在的证据

6. 注册会计师在企业存货的盘点工作中，应当（　　）。

A. 亲自进行独立的存货盘点

B. 参与企业盘点，并对盘点工作进行适当的监督和抽查

C. 观察企业盘点，完全不必亲自盘点

D. 制定盘点计划，由企业进行盘点，将盘点结果汇入工作底稿

7. 注册会计师在选择存货计价测试的样本时，一般可以采用的抽样方法是（　　）。

A. 随机抽样法　　B. 系统抽样法　　C. 分层抽样法　　D. 随意抽样法

8. 下列各项中，属于生产成本审计实质性程序的是（　　）。

A. 对成本实施实质性分析程序

B. 审查有关凭证是否经过适当审批

C. 审查有关记账凭证是否附有原始凭证，以及这些原始凭证的连续编号是否完整

D. 询问和观察存货的盘点及接触、审批程序

9. 存货成本审计不应包括的内容有（　　）。

A. 制造费用的审计　　B. 直接薪酬的审计

C. 直接材料成本　　D. 管理费用的审计

10. 注册会计师在对应付职工薪酬审计过程中，发现“应付职工薪酬”科目核算的下列内容中有误的是（　　）。

A. 管理人员工资　　B. 企业承担的生产工人医疗保险费

C. 为管理层提供非货币性福利　　D. 离退休人员工资

四、多选题

1. 存货是指企业在生产经营过程中为销售或耗用而储存的各种资产，包括（　　）。

A. 产成品　　B. 半成品　　C. 原材料　　D. 包装物

2. 对存货审计是最复杂、最费时的部分，其原因是（　　）。

A. 存货占资产比重大

B. 存货放置地点不同，实物控制不便

C. 存货项目的种类繁多

D. 存货计价方法多样化

3. 下列属于生产与存货循环涉及的主要凭证与会计记录的是（　　）。

A. 生产指令　　B. 工时记录　　C. 成本计算单　　D. 销售发票

4. 生产与存货循环的控制测试包括（　　）。

A. 成本会计制度的控制测试　　B. 存货的计价测试

C. 存货的控制测试　　D. 工薪的控制测试

5. 存货监盘计划应当包括（　　）。

A. 存货监盘的目标　　B. 存货监盘的要点及关注事项

C. 参加存货监盘人员的分工　　D. 检查的范围

6. 如果由于被审计单位存货的性质或位置等原因导致无法实施存货监盘，注册会计师应当考虑能否实施替代审计程序，这些替代审计程序主要包括（　　）。

A. 检查进货交易凭证或生产记录以及其他相关资料

B. 检查资产负债表日后发生的销货交易凭证

C. 检查资产负债表日后付款凭证

D. 向客户或供应商函证

7. 存货截止测试的方法有（　　）。

A. 抽查存货截止日前后的购货发票，并与验收单核对

B. 检查验收部门验收单，查明其相对应的购货发票是否在同期入账

C. 检查成本计算单

D. 检查材料费用分配表

8. 下列支出，不得列入产品成本的有（　　）。

A. 直接材料　　B. 支付的办公费

C. 支付的违约金　　D. 企业捐赠支出

9. 下列应计入职工薪酬的项目有（　　）。

A. 工资　　B. 奖金　　C. 福利费　　D. 社会保险费

10. 注册会计师在对被审计单位的应付职工薪酬实施分析程序时，下列分析可能发现数据异常波动的有（　　）。

A. 比较被审计单位员工人数的变动情况，检查被审计单位各部门各月工资费用的发生额

B. 比较本期与上期工资费用总额

C. 结合员工社保缴纳情况，明确被审计单位员工范围，检查是否与关联公司员工

工资混淆列支

D. 比较本期应付职工薪酬余额与上期应付职工薪酬余额

五、简答题

1. 生产与存货循环主要有哪些交易流程?

2. 如何进行存货计价测试?

3. 试述存货监盘的要点。

4. 如何对主营业务成本进行审计?

5. 简述应付职工薪酬的审计。

6. 如何对应付职工薪酬进行实质性分析程序?

六、案例分析题

1. 注册会计师负责对ABC公司2023年度财务报表进行审计。ABC公司存货占其资产总额的60%。除自营业务外，ABC公司还将部分柜台出租，并为承租商提供商品仓储服务。根据以往的经验和期中测试的结果，注册会计师认为ABC公司有关存货的内部控制有效，于2023年12月31日实施存货监盘程序。注册会计师进行监盘的情况如下:

(1) 在到达存货盘点现场后，监盘人员观察代柜台承租商保管的存货是否已经单独存放并予以标明，确定其未被纳入存货盘点范围。

(2) 在ABC公司开始盘点存货前，监盘人员在拟抽查的存货项目上作出标识。

(3) 对以标准规格包装箱包装的存货，监盘人员没有开箱检查，直接根据包装箱的数量及每箱的标准容量计算确定存货的数量。

(4) 在存货监盘过程中，监盘人员除关注存货的数量外，还特别关注了存货是否出现毁损、陈旧、过时及残次等情况。

(5) 对存货监盘过程中收到的存货，要求ABC公司单独码放，一律不纳入存货监盘的范围。

(6) 在存货监盘结束时，监盘人员将除作废的盘点表单以外的所有盘点表单的号码记录于监盘工作底稿。

要求: 针对上述事项，逐项指出是否存在不当之处，如果存在，简要说明理由。

2. ABC公司材料采用计划成本核算，注册会计师在审阅基本生产车间“生产成本”、“原材料”和“材料成本差异”等明细账时，发现甲材料12月初“材料成本差异”账户为借方余额8 340元，库存原材料计划成本为320 000元。12月份购入甲材料的实际成本为2 455 000元，计划成本为2 500 000元，12月份发出甲材料的计划成本为960 000元，其中生产车间生产产品领用920 000元，生产车间一般耗用领用12 000元，行政管理部门领用8 000元，销售部门领用20 000元；结转耗用材料的实际成本为931 960元。

要求:(1) 说明运用的审计程序;(2) 指出企业存在的问题;(3) 提出审计调整建议。

3. ABC会计师事务所负责审计某公司2023年度财务报表。该公司主要从事肉类食品的加工与销售。该公司存货中原材料占70%，原材料为鸡肉、鸭肉、猪肉、牛肉、羊肉以及各种调味料，80%的存货保存在该公司5个冷库中。

(1) 应使用冷库存放原材料，一般情况下不会变质，所以在监盘过程中，只需关注数量，不必关注质量状况。

（2）执行抽盘时，选取部分存货实物追查至盘点记录，以获取盘点记录准确性和完整性的审计证据。

（3）在对桶装调味料实施监盘程序时，采用检查相关的收、发、存凭证和记录的方法，确定存货的数量。

（4）对于已经加工完毕并装箱的肉制品，按照包装箱标明的规格和数量进行盘点，并辅以适当的开箱检查。

要求：针对（1）～（4），逐项指出注册会计师的判断是否恰当，如不恰当，需要说明理由。

4. 注册会计师在审查ABC公司制造费用时，发现如下记录：

（1）企业行政管理部门空调机的修理费用2 000元。

（2）为购货单位垫付运杂费3 500元。

（3）支付车船使用税3 500元。

（4）购入材料的外地运杂费1 500元。

（5）支付广告费1 200元。

要求：说明审计方法；指出存在的问题；提出处理意见。

第十四章 货币资金审计

学习目标

了解货币资金内部控制及审查；掌握货币资金审计的主要账户；掌握货币资金其他账户的审计。

第一节 货币资金循环内部控制和控制测试

货币资金是企业资产的重要组成部分，是企业资产中流动性最强的一种资产。

一、货币资金与交易循环

货币资金与前述四个业务循环均直接相关，见图 14-1。企业货币资金的循环情况见图 14-2。需要说明的是，图 14-1、图 14-2 仅选取各业务循环中具有代表性的会计科目或财务报表项目予以列示。

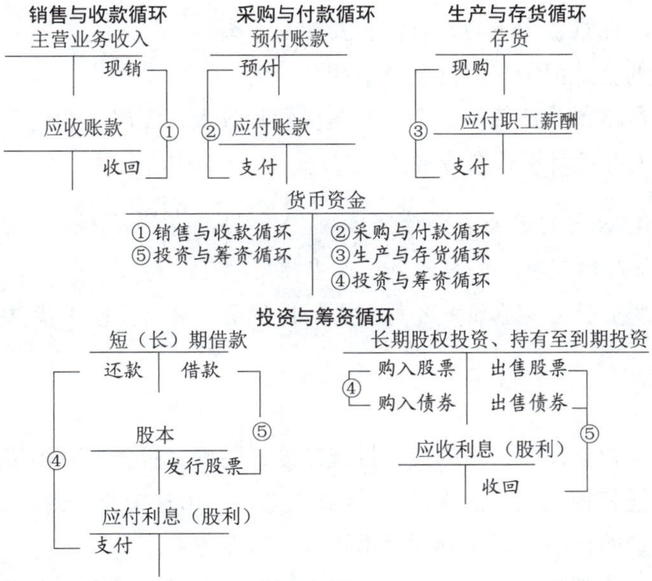

图 14-1 货币资金与交易循环的关系图

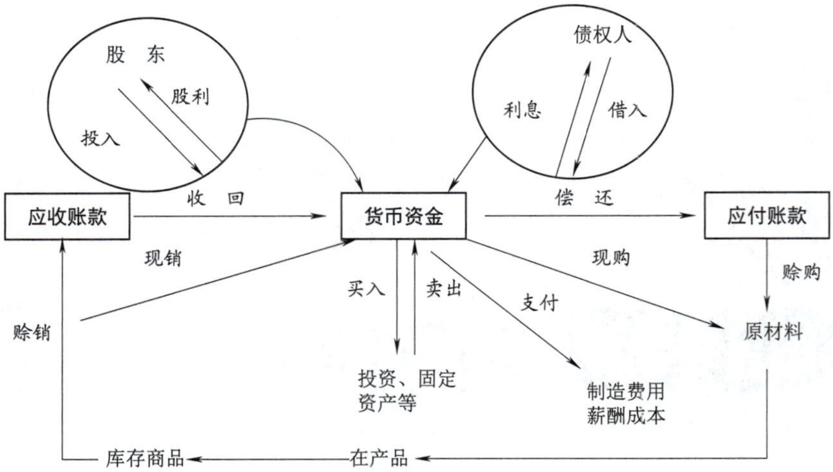

图 14-2 企业货币资金流转图

二、货币资金涉及的主要凭证与会计记录

（1）库存现金盘点表。

（2）银行对账单。

（3）银行存款余额调节表。

（4）收款凭证与付款凭证。

（5）库存现金、银行存款日记账和总账。

（6）其他相关原始凭证与账簿（如支票及支票存根簿）。

三、货币资金的内部控制

（一）职责分离

（1）货币资金支付的审批与执行要相互分离。

（2）货币资金的保管、记录与盘点清查要相互分离。

（3）货币资金的会计记录与审计监督要相互分离。

另外，出纳人员不得兼任稽核、会计档案保管和收入、支出、费用、债权债务账目的登记工作。不得由一人办理货币资金业务的全过程。

【例 14-1】ABC 公司的王某为会计兼出纳，他利用职务上的便利，擅自从开户行提取现金 16 万元，并篡改账簿，给公司造成了严重损失。

【解析】此案发生的主要原因是会计和出纳岗位没有分离，给王某以可乘之机。

（二）授权批准

（1）对货币资金业务建立严格的授权批准制度，明确审批人对货币资金业务的授权批准方式、权限、程序、责任和相关控制措施，规定经办人办理货币资金业务的职责范围和工作要求。

（2）应按照规定的权限和程序办理货币资金支付业务：

①支付申请。有关部门或个人用款时，应当提前向经授权的审批人提交货币资金支付申

请，注明款项的用途、金额、预算、限额、支付方式等内容，并附有效经济合同、原始单据或相关证明。

②支付审批。审批人根据其职责、权限和相应程序对支付申请进行审批。对不符合规定的货币资金支付申请，审批人应当拒绝批准，性质或金额重大的，还应及时报告有关部门。

③支付复核。复核人应当对批准后的货币资金支付申请进行复核，复核货币资金支付申请的批准范围、权限、程序是否正确，手续及相关单证是否齐备，金额计算是否准确，支付方式、支付企业是否妥当等。复核无误后，交由出纳人员等相关负责人员办理支付手续。

④办理支付。出纳人员应当根据复核无误的支付申请，按规定办理货币资金支付手续，及时登记库存现金和银行存款日记账。

（3）对于重要货币资金支付业务，实行集体决策和审批，并建立责任追究制度，防范贪污、侵占、挪用货币资金等行为。

（4）严禁未经授权的机构或人员办理货币资金业务或直接接触货币资金。

【例 14-2】ABC 公司为严格控制货币资金的开支，对在年度预算内的资金支付进行规定：日常经济业务开支 10 万元以下由财务经理审批；10 万元以上（含 10 万元）至 30 万元以下由总会计师审批；30 万元以上（含 30 万元）由总会计师签署意见，总经理审批。对于重要货币资金支付业务，实行集体决策和审批，各部门一律按授权范围严格执行，违者受到责任追究与处理，直至除名。

【解析】该公司对货币资金的支出制定了严格的授权审批制度，并建立责任追究制度，可以有效防范贪污、侵占、挪用货币资金的行为。

（三）票据、印章和支付密码的控制

（1）明确各种票据的购买、保管、领用、背书转让、注销等环节的职责权限和程序，并专设登记簿进行记录，防止空白票据的遗失和被盗用。

（2）加强银行预留印鉴和支付密码的管理。财务专用章应由专人保管，个人名章必须由本人或其授权人员保管。严禁一人保管支付款项所需的全部印章和支付密码。

【例 14-3】ABC 公司的银行预留印鉴、支票、支付密码等均由李某一人保管。李某得以私自开出现金支票，任意提取现金，2 年间先后作案十几次，共贪污公款 24. 3 万元，挪用公款 32 万元。

【解析】该公司印鉴管理混乱，李某一人负责管理预留印鉴、支票、支付密码，是货币资金内部控制的一大漏洞。

（四）库存现金和银行存款的管理

（1）加强现金库存限额的管理，超过库存限额的现金应及时存入银行。

（2）确定现金的开支范围。不属于现金开支范围的业务应当通过银行办理转账结算。

（3）现金收入应当及时存入银行，不得坐支。

（4）货币资金收入必须及时入账，不得私设“小金库”，不得账外设账，严禁收款不入账。

（5）加强银行账户的管理，严格按照规定开立账户，办理存款、取款和结算。

（6）严格遵守银行结算纪律，不准签发没有资金保证的票据或远期支票，套取银行信用；不准签发、取得和转让没有真实交易和债权债务的票据，套取银行和他人资金；不准无理拒绝付款，任意占用他人资金；不准违反规定开立和使用银行账户。

（7）指定专人定期核对银行账户，每月至少核对一次，编制银行存款余额调节表。

（8）定期和不定期地进行库存现金盘点。

【例 14-4】 2023 年 12 月 28 日，ABC 公司收到当地一家公司交来的购货款 8 000 元。当天该公司购入原材料一批，需要付款，于是该公司用收到的货款直接支付了购入原材料的货款。

【解析】 这是坐支现金行为，违反了《中华人民共和国现金管理暂行条例》。

（五）监督检查

建立对货币资金业务的监督检查制度，明确监督检查机构或人员的职责权限，定期和不定期地对上述控制执行情况进行检查。

【例 14-5】 注册会计师在对 ABC 公司进行审计时，发现该公司设置了以下关于货币资金的控制：

（1）每日所收入的现金应当日存入银行。

（2）报销费用时应将所有的附件、单据打孔或盖章注销。

（3）由独立人员核对银行存款日记账和银行对账单，并针对未达账项编制银行存款余额调节表。

（4）开票和收款工作由不同人员来担任。

要求：分析被审计单位设置各项控制的特定目的。

【解析】

（1）将收入尽快地存入银行是为了避免因现金存量太高而保管不慎被盗或被有关人员贪污、挪用或者以收抵支等情况的发生。

（2）打孔或盖章注销，可以避免日后重复报销。

（3）由独立人员编制银行存款余额调节表，可以验证银行存款日记账中的记录是否多记或少记，期末账面余额的计算是否正确，避免利用编制银行存款余额调节表的机会掩盖监守自盗或挪用的行为。

（4）开票与收款工作的职责分离，可以防止少开票多收款这种直接贪污资金行为的发生。

四、货币资金的控制测试

（一）了解内部控制

注册会计师在进行货币资金的控制测试时，应通过检查、观察、询问等方法获取被审计单位内部控制的资料，并对所掌握的情况进行适当的记录。了解内部控制的重点包括：

（1）货币资金的收支是否按规定的程序和权限办理。

（2）是否存在与被审计单位经营无关的款项收支情况。

（3）是否存在出租、出借银行账户的情况。

（4）出纳与会计的职责是否严格分离。

（5）库存现金是否妥善保管，是否定期盘点与核对。

（6）是否定期取得银行对账单并编制银行存款余额调节表等。

（二）抽取并检查收款凭证

（1）核对库存现金、银行存款日记账的收入金额是否正确。

（2）核对银行存款收款凭证与存入银行账户的日期和金额是否相符。

（3）核对银行存款收款凭证与银行对账单是否相符。

（4）核对收款凭证与应收账款等相关明细账的有关记录是否相符。

（5）核对实收金额与销售发票等相关凭据是否一致。

（三）抽取并检查付款凭证

（1）检查付款的授权批准手续是否符合规定。

（2）核对库存现金、银行存款日记账的付出金额是否正确。

（3）核对银行存款付款凭证与银行对账单是否相符。

（4）核对付款凭证与应付账款等相关明细账的记录是否一致。

（5）核对实付金额与购货发票等相关凭据是否相符。

（四）抽取一定期间的库存现金、银行存款日记账与总账核对

抽取一定期间的库存现金、银行存款日记账，检查其有无计算错误，加总是否正确。并根据日记账提供的线索，核对总账中的库存现金、银行存款、应收账款、应付账款等有关账户的记录。

（五）抽取一定期间的银行存款余额调节表

抽取一定期间的银行存款余额调节表，将其同银行对账单、银行存款日记账及总账进行核对，确定被审计单位是否按月正确编制并经复核。

（六）评价货币资金的内部控制

首先确定货币资金内部控制可依赖的程度以及存在的薄弱环节和缺点，然后据以确定在货币资金实质性程序中可以适当减少或增加审计程序的环节，以减少审计风险。

第二节　库存现金审计

库存现金是指企业为了满足经营过程中小额支付需要而保留的现金。现金是企业流动性最强的资产，尽管其在企业资产总额中所占的比重不大，但企业发生的舞弊事件大都与现金有关，因此，审计人员应该重视库存现金的审计。

一、库存现金的审计目标

（1）确定被审计单位资产负债表的货币资金项目中的库存现金是否确实存在，是否被审计单位所拥有。

（2）确定被审计单位在特定期间内发生的现金收支业务是否均已记录完毕，有无遗漏。

（3）确定库存现金余额是否正确。

（4）确定库存现金在财务报表上的显示是否恰当。

二、库存现金的内部控制

库存现金内部控制调查表见表14-1。

表14-1　库存现金内部控制调查表

被审计单位名称	××部门	日期		索引号	
审计项目名称	库存现金内部控制调查	编制人	×××		
会计期间或截止日	20××年度	复核人	××	页次	
问题		是	否	不适用	备注
1. 收付是否有审批手续 2. 是否存在白条抵库 3. 出纳是否兼审核、会计档案保管及收支、费用、债权债务账目登记 4. 库存现金是否置于安全位置，并规定保管责任 5. 用于结算的印章是否分开保管 6. 现金日记账是否定期与总账核对，不一致时及时查找原因 7. 现金日记账是否做到日清月结 8. 零星支出是否掌握在1 000.00元以下					
审计结论：					

三、库存现金的审计

（一）现金收付凭证的审查

企业现金收付业务频繁，审计工作量大，一般在实际审查中采用抽查法，重点针对金额较大的收支款项进行抽查。审查中主要应查证现金收付业务的真实性、合理性及合法性，以揭露现金收付业务中的错弊行为。

1. 现金收入业务的审查

现金收入凭证主要是本单位自制的单据或发票，审查时重点应注意有无私开收据和隐匿销货款等错弊情况。审查要点如下：

（1）审查已使用的收据或发票存根，检查其是否连号，作废的发票是否保留齐全，是否加盖“作废”戳记。

（2）审查空白收据或发票是否由专人保管，有无丢失的情况。

（3）审查收据或发票开出的日期与入账日期是否接近，有无间隔期间太长的情况，防止挪用或贪污公款。

（4）审查同一号码的发票和收据的正副联记载的内容是否相同，有无不一致的并从中贪污的情况。

（5）审查收据和发票存根是否全部入账，有无隐匿收入、私设小金库的情况。

2．现金付出业务的审查

现金付出业务中一般主要涉及外来的购货发票和收据，在审查时应注意以下事项：

（1）审查发票及收据是否符合法定要求，用途与名称是否相符，印章是否齐全。

（2）审查出具单位是否存在，有无虚构的情况。

（3）审查接受单位名称与被审计单位是否相符，填制日期与付款日期是否相近。

（4）审查填制单位手续、签章是否齐全，付款印章是否清晰。

（5）审查单据所列内容是否明确，数量、单价及金额计算是否正确，有无涂改现象。

（二）现金日记账的审查

核对现金日记账与总账余额是否相符是测试现金余额的起点。如果有不相符的情况要查明原因，并予以记录或做适当调整。审查要点如下：

（1）审查财务记录是否符合会计制度的要求，包括账证是否相符、入账日期是否相符、摘要是否清楚等。

（2）审查现金日记账余额、小计、合计数的正确性。

（3）审查现金日记账有无每天结算余额，是否存在超过规定库存限额的情况。

（4）审查对应科目账户记录。

【例 14-6】审计人员审查 2023 年现金日记账时发现 2023 年 1 月 1 日的现金日记账余额为 5 000 元，银行对其核定的库存现金限额是 6 000 元。下面为该公司 2023 年 1 月现金日记账的一部分，见表 14-2。

表14-2　现金日记账

2023 年		凭证字号	摘要	对方科目	借方	贷方	余额
月	日						
1	1		上年结转				5 000.00
	1	1	提取现金	（略）	2 000.00		7 000.00
	1	3	出差借款			2 000.00	5 000.00
	9	22	采购原材料			2 500.00	2 500.00
	15	43	销售产品		3 000.00		5 500.00
	17	46	支付材料运费			500.00	5 000.00
	21	55	报销差旅费			1 800.00	3 200.00
	21	58	提取现金		2 000.00		5 200.00
	22	65	李明力借款			1 000.00	4 200.00
	23	68	出售原材料		1 200.00		5 400.00

要求：请指出该公司现金收付业务中存在的问题。

【分析要点】（1）该公司现金日记账按凭证编号顺序逐笔登记，每日结算出余额，库存余额均未超过银行核定的限额，符合有关规定。

（2）现金收付业务中存在的问题：

①超出规定的结算范围或限额收取现金，例如1月15日销售产品收取现金3 000元、1月23日后出售原材料1 200元。

②超出规定的结算范围或限额支取现金，例如1月9日采购原材料2 500元、1月17日支付材料运费500元。

（三）现金实有数的审查

对现金进行实地盘点，是用以查明现金是否存在、账实是否相符的一项重要程序。其盘点范围通常包括被审计单位已收到尚未存入银行的现金、零用金、找换金等其他库存有价物品。实施盘点时的主要步骤及要求如下：

（1）制定适当的现金盘点程序。

（2）选择合理的盘点时间，实施突击盘点。盘点的时间一般选择在上午上班前或下午下班后，采用突击方式进行。盘点前应将全部现金集中存入保险柜，必要时可加以封存。若被审计单位现金存放部门有几处，应同时进行盘点。

（3）实施盘点的人员应包括审计人员、现金出纳及财务主管。三方人员同时在场时执行盘点工作，由审计人员进行监盘。若有人需要离开，则应暂时封存现金，等三方同时在场再继续盘点。

（4）检查现金日记账，并与现金收付款凭证进行核对。确认现金日记账的记录与凭证的内容、金额及日期是否相符，确定盘点日现金账面结存余额。

（5）盘点现金实存数，编制库存现金监盘表。在监盘表上将盘点的结果分币种面值进行列示，并结出盘点实存数，要求参与盘点的人员均予以签章。

（6）盘点实存数与现金日记账余额相核对。核对以实际盘点数为基础，调整后与现金日记账余额核对，调节公式如下：

现金盘点实存数＝现金日记账余额＋已收款未入账凭证－已付款未入账凭证－白条抵库数额

在盘点过程中，还应注意企业是否严格执行了现金管理制度，有无超过库存现金限额，有无存在以白条抵库、挪用公款、私设小金库以及贪污舞弊等问题。若有此类问题，应在盘点表中予以反映，并对相关人员进行询问和调查。

第三节　银行存款审计

银行存款是企业存放在银行或其他金融机构的货币资金。按照国家有关规定，凡是独立核算的企业都必须在当地银行开设账户。企业在银行开设账户以后，除按规定的限额保留库存现金外，超过限额的现金必须存入银行；除了在规定的范围内可以用现金直接支付的款项外，在经营过程中所发生的一切货币收支业务，都必须通过银行存款账户进行核算。

一、银行存款的审计目标

（1）确定被审计单位资产负债表中的银行存款在资产负债表日确实存在，是否被审计单位所拥有；

（2）确定被审计单位在特定期间发生的银行存款收支业务是否均已记录完毕，有无遗漏；

（3）确定银行存款的余额是否正确；

（4）确定银行存款在财务报表上的披露是否恰当。确定被审计单位在特定期间内发生的现金收支业务是否均已记录完毕，有无遗漏。

二、银行存款的内部控制

银行存款内部控制调查表见表 14-3。

表14-3　银行存款内部控制调查表

被审计单位名称	××部门	日期		索引号	
审计项目名称	银行存现款内部控制调查	编制人	×××		
会计期间或截止日	20××年度	复核人	××	页次	
问题		是	否	不适用	备注
1. 是否按不同银行账号开设银行存款日记账、严格遵守结算纪律 2. 是否不存在出租出借账户 3. 银行存款日记账是否定期与总账核对，不一致时及时查找原因 4. 是否及时核对银行对账单，编制银行存款余额调节表，未达账项是否及时查找原因并进行处理 5. 支票的保管、授权及签发是否分别由不同的人员分工办理					
审计结论：					

三、银行存款的审计

（一）银行存款收付凭证的审查

对于银行存款收付业务的真实性、正确性和合法合规性的审查，主要是通过抽查银行存款收付款凭证及原始凭证来完成，其审查内容与现金审计相似，应关注的重点如下：

（1）审查银行存款收付是否属于本单位的营业范围。

（2）审查银行存款收付有无异常现象，有无虚收虚付和收付不入账的情况。

（二）银行存款日记账的审查

主要审查各收付凭证过账是否正确无误。借贷方向、金额、日期等是否正确，并核对银行存款日记账与有关总分类账、明细账、报表的记录是否相符。

（三）取得并检查银行存款余额调节表

银行存款实有额的审查，不能像现金一样通过实物盘点来进行，而只能通过与开户银行的核对来验证。检查银行存款余额调节表是证实资产负债表中所列银行存款是否存在的重要程序。银行存款余额调节表可由审计人员自己编制，也可由被审计单位编制。应当注意的是，调节后对账单与账面数相符，并不意味着没有错误存在，还应将银行存款日记账与银行对账单一一核对，注意以下几种情况：

（1）对账单中有而日记账上无的款项。如果不是未达账项，则是漏记，可能存在错弊的情况。

（2）对账单中无而日记账上有的款项。如果不是未达账项，则可能是假账，尤其是反映收入数时，更有弄虚作假的可能。

（3）记账日期颠倒。凡银行收款的业务必然银行先记账，企业后记账；反之，则必然企业先记账，银行后记账。核对时，若发现日期颠倒事项，应注意是否存在挪用或弄虚作假的情况。

（4）银行对账单上短期内出现一收一付金额相同的账项，而日记账上无记录。如刚收到甲公司汇款，几天后又汇给乙公司，或存入转账支票又接着全数提现等，应查明企业是否存在转移或套取现金，以及出租、出借账户的情况。

（5）长期挂账的未达账项，需查明原因。

【例 14-7】审计人员审查某公司 2023 年 1 月份银行存款日记账的收支业务，该公司银行存款日记账、银行对账单情况如表 14-4 与图 14-3 所示。

表14-4　银行存款日记账

2023		凭证字号	摘要	对方科目	借方	贷方	余额
月	日						
1	1		上年结转				142 560.00
	4	46	购买材料			3 510.00	139 050.00
	9	47	购买材料			46 800.00	92 250.00
	15	49	支付广告费			2 000.00	90 250.00
	21	51	收到销贷款		25 500.00		115 750.00
	25	52	提取现金			4 950.00	110 800.00
	29	54	收到销贷款		64 000.00		174 800.00

银行对账单

中国银行银企对账回执

机构名称：中国银行南岗支行　　机构地址：泰山市财源大街中段

账 户 对 账 单

机构名称：× × 股份有限公司　　出账日期：2023-2-01

客户地址：哈市西大街 23 号　　客户账号：276497853326 7****

邮政编号：200017　　账页编号：08000002

上页余额：100 000.00

记账日期	传票日期	摘要	借方发生额	贷方发生额	余额
2023.01.03	（略）				120 960.00
2023.01.06		支付材料款	3 510.00		117 450.00
2023.01.11		支付材料款	46 800.00		70 650.00
2023.01.15		支付广告费	2 000.00		68 650.00
2023.01.19		销货		2 000.00	70 650.00
2023.01.20		采购	2 000.00		68 650.00
2023.01.22		提取现金	4 950.00		63 7000.00
2023.01.29		收销贷款		35 000.00	98 700.00
2023.01.31		扣除借款利息	1 200.00		97 500.00

本页余额：97 500.00

对账单中如出现错误或遗漏情况，请于收到的七日内通知我行，否则将视同此对账单无误。请妥善保管对账单，并当您的地址发生变更时，及时书面通知我行。

2023-02-01　　页号：1

图 14-3　原始凭证

要求：

（1）编制银行存款余额调节表。

（2）审计人员审计后确认该账户银行存款日记账余额是否正确？

（3）分析公司在银行存款方面可能存在的问题。

【分析要点】

（1）编制银行存款余额调节表见表14-5。

表14-5　银行存款余额调节表

2023 年 2 月 15 日		
编制人：李丽	日期：2023 年 2 月 16 日	索引号
复核人：杨扬	日期：2023 年 2 月 16 日	页次
户别：× × 股份有限公司		币别：人民币

项目
银行对账单余额（2023 年 1 月 31 日） 97 500.00
加：企业已收、银行尚未入账金额
其中：1 25 500.00 元
2 64 000.00 元
减：企业已付、银行尚未入账金额
其中：1.　元
2.　元
调整后银行对账单余额：187 000.00
企业银行存款日记账金额（2023 年 1 月 31 日）：　174 800.00
加：银行已收、企业尚未入账金额
其中：1.35 000.00 元
2.2 000.00 元
减：银行已付、企业尚未入账金额
其中：1.1 200.00 元
2.2 000.00 元
调整后企业银行存款日记账金额（2023 年 1 月 31 日）：208 600.00

经办会计人员：张骅　　会计主管：李明

（2）从银行存款余额调节表可以看出，经过未达账项调整后仍不符，倘若银行不存在问题，则该账户银行存款日记账余额不正确。

（3）可能存在的问题：存在记账错误；另外 1 月 19 日和 1 月 20 日收入和支出支票各一张，金额为 2 000 元，公司银行存款日记账上无此记录，可能出借银行账户。

（四）函证银行存款余额

银行存款余额函证是指审计人员在执行审计业务过程中，需要以被审计单位名义向有关单位发函询证，以验证被审计单位的银行存款是否真实、合法、完整。

银行存款余额函证的对象：①向被审计单位在本年度内存过款（含外埠存款、银行汇款、银行本票存款、信用证存款）的所有银行发函；②包括存款账户已结清的银行，即使银行存款为零，只要存在本期发生额，都应进行函证，因为有可能存款账户虽已结清，但仍有银行借款或其他负债存在；③虽然审计人员已直接从某一银行取得了银行对账单和所有已付支票，但仍应向该银行进行函证。

银行询证函应编制一式两份，经被审单位盖章后，由审计人员亲自寄发询证函，并要求银行将结果直接寄给审计人员。审计人员应向被审计单位的所有开户银行发函，即使年末存款余额为零的账户也要发函确认。在收到回函后，应对表中的疑问和未被证实的内容与银行取得联系，进一步确认。

第四节　其他货币资金审计

其他货币资金是指企业所拥有的除现金和银行结算户存款以外的货币资金，包括外埠存款、银行汇票存款、银行本票存款、信用卡存款、信用证保证金存款和存出投资款等。其他货币资金的具体审计内容因货币资金种类的不同而有所差异。

一、其他货币资金的审计目标

（1）确定被审计单位资产负债表中的其他货币资金在财务报表日是否确实存在，是否被审计单位所拥有。

（2）确定被审计单位在特定期间内发生的其货币资金收支业务是否均已记录完毕，有无遗漏。

（3）确定其他货币资金的余额是否正确。

（4）确定其他货币资金在财务报表上的披露是否恰当。

二、其他货币资金的内部控制

其他货币资金内部控制调查表见表 14–6。

表14-6　其他货币资金内部控制调查表

被审计单位名称	××部门	日期		索引号	
审计项目名称	其他货币资金内部控制调查	编制人	×××		
会计期间或截止日	20××年度	复核人	××	页次	
问题		是	否	不适用	备注
1. 其他货币资金的收支是否有审批手续 2. 其他货币资金是否妥善保管 3. 其他货币资金的收支是否定期及时报账 4. 银行汇票及本票的使用是否符合规定 5. 其他货币资金的收支是否按规定的程序和权限办理 6. 其他货币资金是否定期盘点、核对等					
审计结论：					

三、其他货币资金的审计

（一）外埠存款的审查

外埠存款是指企业为了到外地进行临时或零星采购，而汇往采购地银行开立采购专户的款项。该账户的存款不计利息、只付不收、付完清户，除了采购人员可从中提取少量现金外，一律采用转账结算。

外埠存款的审查要点如下：

（1）审查外埠存款余额是否真实，可通过函证加以验证。

（2）审查外埠存款的使用是否符合规定，有无擅自挪用的情况。

（3）审查外埠存款的各项支出是否定期及时报账。

（4）审查外埠存款的数额是否合理、有效。

（二）银行汇票存款和银行本票存款的审查

银行汇票是指由出票银行签发的，由其自见票时按照实际结算金额无条件支付给收款人或者持票人的票据。银行汇票的出票银行为银行汇票的付款人。单位和个人各种款项的结算，均可使用银行汇票。银行汇票可以用于转账，填明“现金”字样的银行汇票也可以用于支取现金。

银行本票是指银行签发的，承诺自己在见票时无条件支付确定的金额给收款人或持票人的票据。单位和个人在同一票据交换区域需要支付的各种款项，均可使用银行本票。银行本票可以用于转账，注明“现金”字样的银行本票可以用于支取现金。

银行汇票存款及银行本票的存款的审查要点如下：

（1）审查银行汇票存款及银行本票存款余额的真实性，可通过与银行对账加以验证。

（2）审查银行汇票及本票的使用是否符合规定。

（3）审查银行汇票的转让是否合规，有无挪作他用。

（4）审查银行汇票及本票余款是否及时入账。

（三）信用卡存款的审查

信用卡存款是指企业为取得信用卡而存入银行信用卡专户的款项。信用卡是银行卡的一种。信用卡按使用对象分为单位卡和个人卡；按信用等级分为金卡和普通卡；按是否向发卡银行交存备用金分为贷记卡和准贷记卡。

信用卡结算的基本规定如下：

（1）单位卡可申请若干张，持卡人不得出租或转借信用卡。

（2）单位卡账户的资金一律从其基本存款账户转账存入，不得交存现金，不得将销货收入的款项存入其账户。

（3）单位卡不得支取现金，不得用于10万元以上的商品交易、劳务供应款项的结算。

（4）信用卡在规定限额和期限内允许善意透支，金卡单笔透支额最高不超过10 000元，普通卡单笔最高不超过5 000元，透支期限最长为60天。目前，透支利息自签单日或银行记账日起15日内按日息万分之五计算，超过15日按日息万分之十计算，超过30日或透支金额超过规定限额的，按日息万分之十五计算。透支计算不分段，按最后期限或者最高透支额的最高利率档次计息。超过规定限额或规定期限，并且经发卡银行催收无效的透支行为称为恶意透支，持卡人使用信用卡不得发生恶意透支。

信用卡存款的审查要点如下：

（1）审查信用卡存款余额是否真实，可通过与银行对账加以验证。

（2）审查信用卡存款的使用是否符合规定，有无擅自挪用的情况。

（3）审查信用卡存款的各项支出是否及时报账。

（4）审查信用卡存款的数额是否合理、有效。

（四）信用证保证金存款

信用证保证金存款是指采用信用证结算方式的企业为开具信用证而存入银行信用证保证金专户的款项。企业向银行申请开立信用证，应按规定向银行提交开证申请书、信用证申请人承诺书和购销合同。

信用证保证金存款的审查要点如下：

（1）审查信用证保证金存款余额是否真实，可通过函证加以验证。

（2）审查信用证保证金存款的使用是否符合规定，有无擅自挪用的情况。

（3）审查信用证保证金存款的各项支出是否及时报账。

（4）审查信用证保证金存款的数额是否合理、有效。

（五）存出投资款的审查

存出投资款是指企业已存入证券公司但尚未进行投资的资金。存出投资款的审查要结合短期投资项目来进行，审查要点如下：

（1）审查存出投资款余额是否真实，可通过资金对账单或函证加以验证。

（2）审查存出投资款的使用是否符合规定，有无擅自挪用的情况。

（3）审查存出投资款的各项支出是否及时报账。

（4）审查存出投资款的数额是否合理、有效。

【例 14-8】审计人员审阅外埠存款明细账，发现采购结束后，余额挂账。另有一笔收款业务，记账凭证及所附原始凭证如图 14-4、图 14-5 所示。

记 账 凭 证

2023 年 8 月 16 日　　字 37 号

摘要	会计科目		记账	借方金额											记账	贷方金额										
	总账科目	明细科目	√	亿	千	百	十	万	千	百	十	元	角	分	√	亿	千	百	十	万	千	百	十	元	角	分
销售材料 A	其他货币资金	外埠存款						2	3	4	0	0	0	0												
	其他业务收入																			2	0	0	0	0	0	0
	应交税费	应交增值税（销项税）																			3	4	0	0	0	0
合　计							¥	2	3	4	0	0	0	0					¥	2	3	4	0	0	0	0

附单据 1 张

会计主管：张晓　　会计：刘洋　　制证：赵丽

图 14-4　记账凭证

中国工商银行进账单（回单或收账通知）　　　　第　号

<table>
<tr><td rowspan="3">付款人</td><td>全称</td><td>甲公司</td><td rowspan="3">收款人</td><td>全称</td><td colspan="10">××制造公司</td></tr>
<tr><td>账号</td><td>615536675</td><td>账号</td><td colspan="10">876058816</td></tr>
<tr><td>开户银行</td><td>工行</td><td>开户银行</td><td colspan="10">工行</td></tr>
<tr><td colspan="3" rowspan="2">人民币（大写）</td><td colspan="2" rowspan="2">贰万叁仟肆佰元整</td><td>千</td><td>百</td><td>十</td><td>万</td><td>千</td><td>百</td><td>十</td><td>元</td><td>角</td><td>分</td></tr>
<tr><td></td><td></td><td>¥</td><td>2</td><td>3</td><td>4</td><td>0</td><td>0</td><td>0</td><td>0</td></tr>
<tr><td colspan="3">票据种类</td><td colspan="2">转账支票</td><td colspan="10" rowspan="3">收款人开户行盖章</td></tr>
<tr><td colspan="3">票据张数</td><td colspan="2">1张</td></tr>
<tr><td colspan="5">单位主管　会计　复核　记账</td></tr>
</table>

开票单位（未盖章无效）

图 14-5 原始凭证

该批材料成本已结转。

要求：分析该公司的做法是否正确。

【分析要点】不正确。采购结束后应将多余的外埠存款转回当地银行，余额挂账，应到所在银行函证是否存在采购人员挪用外埠存款情况。此外，采购专户只付不收，此笔销售材料收款业务应纳入基本账户结算，而不应使用外埠存款账户结算。其工作底稿见表 14-7。

审计调整分录如下：

借：银行存款　　23 400

　贷：其他货币资金——外埠存款　　23 400

表14-7　其他货币资金审计工作底稿

<table>
<tr><td>被审计单位名称</td><td>××部门</td><td>编制人</td><td>王建</td><td>时间</td><td>年 月 日</td></tr>
<tr><td>审计截止日</td><td>2023年1月31日</td><td>复核人</td><td>××</td><td>时间</td><td>年 月 日</td></tr>
<tr><td>基本事实</td><td colspan="5">采购结束后未将多余的外埠存款转回当地银行，余额挂账；销售材料收入使用采购专户结算。
该厂做如下会计处理为：
借：其他货币资金——外埠存款　23 400
　贷：其他业务收入　20 000
　　　应交税费　3 400</td></tr>
<tr><td>审计依据</td><td colspan="5">《企业会计准则第 14 号——收入》</td></tr>
<tr><td>审计结论</td><td colspan="5">该企业其他货币资金的内部控制不严，超出使用范围，还可能存在人为挪用外埠存款情况</td></tr>
<tr><td>处理意见</td><td colspan="5">应建议该企业将多余的外埠存款转回当地银行，按规定调整有关账簿记录。调整分录如下：
借：银行存款　23 400
　贷：其他货币资金——外埠存款　23 400</td></tr>
</table>

思考与练习

一、填空题

1. 企业用收到的货款直接支付了购入原材料的货款，这属于________行为。

2. 企业报销费用时，将所有的附件、单据打孔或盖章注销，可以避免________。

3. 库存现金监盘是证实库存现金________的重要程序，需要编制________。

4. 函证银行存款的目的是证实资产负债表所列银行存款是否________，可以了解企业欠银行的债务，而且还能发现企业未登记的________以及未披露的________。

二、判断题

1. 单位对于重要货币资金支付业务，应当实行集体决策和审批，并建立责任追究制度。（　　）

2. 现金截止测试是为了证实现金余额的正确性。（　　）

3. 由于库存现金总额不到被审计单位年末总资产的1‰，助理人员认为其金额远远低于报表的重要性水平而不必进行监盘。（　　）

4. 监盘库存现金通常采用突击的方式进行，现金保管人员不必始终在场。（　　）

5. 监盘库存现金必须有出纳员和被审计单位会计机构负责人参加，并由注册会计师亲自进行盘点。（　　）

6. 资产负债表日后进行现金盘点时，应倒推计算调整至资产负债表日的金额。（　　）

7. 为了确定结算日被审计单位银行存款余额，注册会计师应取得或编制每一银行的银行存款余额调节表，并进行相应的复核。（　　）

8. 银行存款函证的目的不包括查找未入账的银行借款。（　　）

9. 通过对银行存款期末余额调节表的审查，可以验证期末存款的真正余额。（　　）

10. 若被审计单位某一银行账户已注销，注册会计师可不再向此银行进行函证。（　　）

三、单选题

1. 注册会计师了解被审计单位现金收入应于每日存入银行的主要目的是（　　）。

A. 确保交易经适当批准　　B. 确保交易按授权进行

C. 保护资产安全　　D. 确保现金及收入记录完整

2. 下列与库存现金业务有关的职责可以不分离的是（　　）。

A. 库存现金支付的审批与执行

B. 库存现金保管与库存现金日记账的记录

C. 库存现金的会计记录与定期盘点监督

D. 库存现金日记账与银行存款余额调节表的编制

3. 货币资金内部控制的以下关键环节中，存在重大缺陷的是（　　）。

A. 财务专用章由专人保管，个人名章由本人或其授权人员保管

B. 对重要货币资金支付业务，实行集体决策

C. 现金收入及时存入银行，特殊情况下，经主管领导审查批准方可坐支现金

D. 指定专人定期核对银行账户，每月核对一次，编制银行存款余额调节表

4. 下列属于控制测试程序的是（　　）。

A. 取得银行存款余额调节表并检查未达账项的真实性

B. 检查银行存款收支的正确截止日

C. 检查是否定期取得银行对账单并编制银行存款余额调节表

D. 函证银行存款余额

5. 对库存现金实有数额的审计应通过对库存现金实施（　　）来进行。

A. 审阅　　B. 核对　　C. 分析　　D. 监盘

6. 核实银行存款的实有数额，采用（　　）或派人到开户银行取得决算日企业在银行存款数额的证明。

A. 审阅　　B. 函证　　C. 核对　　D. 监盘

7. 如果被审计单位的某开户银行账户余额为零，注册会计师（　　）。

A. 不需再向该银行函证

B. 仍需向该银行函证

C. 可根据需要确定是否函证

D. 可根据审计业务约定书的要求确定是否函证

8. 下列不属于银行存款函证对象的是（　　）。

A. 在本年存过款的所有银行

B. 存款账户已注销的银行

C. 已直接取得了银行对账单和所有已付支票的银行

D. 往来单位的开户银行

9. 被审计单位某银行账户的银行对账单余额为 1 585 000 元，在检查该账户银行存款余额调节表时，注册会计师注意到以下事项：在途存款 100 000 元，未提现支票 50 000 元，未入账的银行存款利息收入 35 000 元，未入账的银行代扣水电费 25 000 元。假定不考虑其他因素，注册会计师审计后确认的该银行存款账户余额应该是（　　）元。

A. 1 535 000　　B. 1 575 000　　C. 1 595 000　　D. 1 635 000

10. 在进行年度财务报表审计时，为了证实被审计单位在临近 12 月 31 日签发的支票未予入账，注册会计师实施的最有效审计程序是（　　）。

A. 审查 12 月 31 日的银行存款余额调节表

B. 函证 12 月 31 日的银行存款余额

C. 审查 12 月 31 日的银行对账单

D. 审查 12 月份的支票存根

四、多选题

1. 良好的货币资金内部控制要求是（　　）。

A. 控制现金坐支，当日收入现金应及时送存银行

B. 货币资金收付与相关记账岗位分离

C. 全部收支及时准确入账，并且支出要有核准手续

D. 按月盘点库存现金，编制库存现金盘点表，以做到账实相符

2. 货币资金监督检查的主要内容包括（　　）。

A. 是否存在货币资金业务不相容职务岗位混岗现象

B. 是否存在货币资金支出越权审批的行为

C. 是否存在办理付款业务的全部印章交由一人保管

D. 是否存在票据购买、领用、保管的漏洞

3. 为证实资产负债表所列的现金是否存在，应采用监盘库存现金的程序。参与盘点人

员有（　　）。

A. 被审计单位出纳人员　　B. 被审计单位管理层

C. 注册会计师　　D. 被审计单位会计机构负责人

4. 函证银行存款的目的是（　　）。

A. 证实银行存款余额的正确性　　B. 了解企业欠银行的债务

C. 发现企业未记账的银行借款　　D. 确定被审计单位银行存款使用的合法性

5. 注册会计师寄发的银行询证函（　　）。

A. 是以被审计单位的名义发往开户银行的

B. 是以会计师事务所的名义发往开户银行的

C. 要求银行直接回函至会计师事务所

D. 包括银行存款和借款余额

6. 资产负债表日后盘点库存现金时，注册会计师应（　　）调整至资产负债表日的金额。

A. 扣减资产负债表日至盘点日库存现金增加额

B. 扣减资产负债表日至盘点日库存现金减少额

C. 加计资产负债表日至盘点日库存现金增加额

D. 加计资产负债表日至盘点日库存现金减少额

7. 下列对监盘库存现金，表述正确的是（　　）。

A. 监盘库存现金是证实资产负债表所列库存现金是否存在的一项重要程序

B. 实施突击性检查，时间最好是上午上班之前或下午下班时进行

C. 在盘点之前，应由注册会计师将现金集中起来

D. 对现金存放部门有两处或两处以上的，应同时进行盘点

8. 注册会计师在对库存现金和存货实施监盘程序中，不同之处包括（　　）。

A. 监盘时间安排不同

B. 监盘计划中与被审计单位管理层的沟通程度不同

C. 因盘点对象特点而执行的盘点方式不同

D. 监盘的参与人员不同

9. 在对询证函的以下处理方法中，正确的有（　　）。

A. 在粘封询证函时对其统一编号，并将发出询证函的情况记录于审计工作底稿

B. 询证函经会计师事务所盖章后，由注册会计师直接发出

C. 收回询证函后，将重要的回函复制给被审计单位以帮助催收货款

D. 对以电子邮件方式回收的询证函，要求被询证单位将原件盖章后寄至会计师事务所

10. 注册会计师实施的下列各项审计程序中能够证实银行存款是否存在的有（　　）。

A. 分析定期存款占银行存款的比例　　B. 检查银行存款余额调节表

C. 函证银行存款余额　　D. 分析银行存款占货币资金的比例

五、简答题

1. 如何进行库存现金监盘？

2. 货币资金的内部控制主要包括哪几项内容？

3. 库存现金的审计目标有哪些?

4. 银行存款审计的主要程序是什么?

5. 简述审计人员进行库存现金监盘与存货监盘的主要区别。

六、综合题

1. 注册会计师在对ABC公司的货币资金项目进行审计时发现,ABC公司在总部和营业部均设有出纳部门,且该公司设置了以下关于货币资金的控制:

(1)每日所收入的现金应当日存入银行。(2)报销费用时应将所有的附件、单据打孔或盖章注销。(3)由独立人员核对银行存款日记账和银行对账单,并针对未达账项编制银行存款余额调节表。(4)开票和收款工作由不同人员来担任。

为了证实ABC公司库存现金是否存在,注册会计师决定实施监盘程序。为了顺利监盘,注册会计师在监盘前一天通知ABC公司会计主管人员做好监盘准备。考虑到出纳日常工作安排,对总部和营业部库存现金的监盘时间分别定在上午十点和下午三点。监盘时,出纳把现金放入保险柜,并将已办妥现金收付手续的交易登入库存现金日记账,结出库存现金日记账余额;然后,注册会计师当场亲自盘点现金,在与库存现金日记账核对后填写"库存现金监盘表",并在签字后形成审计工作底稿。

要求:(1)分析被审计单位设置各项控制的特定目的。

(2)指出上述监盘工作中有哪些不当之处,并提出改进建议。

2. 在对甲公司2023年度财务报表进行审计时,A注册会计师负责审计货币资金项目,在审计过程中发现如下事项:

(1)甲公司在总部和营业部均设有出纳部门。为顺利监盘库存现金,A注册会计师在监盘前一天通知甲公司会计主管人员做好监盘准备。

(2)考虑到出纳日常工作安排,对总部和营业部库存现金的监盘时间分别定在上午十点和下午三点。

(3)会计主管人员因公出差,由会计B代为参加监盘。

(4)监盘时,出纳把现金放入保险柜,并将已办妥现金收付手续的交易登入现金日记账,结出现金日记账余额,然后,A注册会计师当场盘点现金,并与现金日记账核对。

要求:针对上述(1)~(4),逐项指出A注册会计师的做法是否恰当,如不恰当,简要说明理由。

3. 注册会计师对ABC公司的银行存款进行审计,发现该公司在利民支行开户(账号为40211),其银行存款日记账2023年12月31日的余额为84 000元,银行对账单的余额为111 000元,经过逐笔核对有如下未达账项:

(1)12月25日ABC公司收到销货款3 000元已登账,银行尚未入账。

(2)12月26日ABC公司支付购料款27 000元已登账,银行尚未入账。

(3)12月28日银行收到购货方汇来货款15 000元已登账,公司尚未入账。

(4)12月30日银行代企业支付购料款12 000元已登账,公司尚未入账。

要求:请代注册会计师完成银行存款余额调节(见表14-9)的编制,以验证银行存款余额的存在性和正确性。

表14-9　银行存款余额调节表

户别：　　　　　　　　　　　　年 月 日　　　　　　　　　　　　币别：

项　目	金额（元）	项　目	金额（元）
银行对账单（　　年　月　日）		企业银行存款日记账（　　年　月　日）	
加：企业已收，银行未入账金额		加：银行已收，企业尚未入账金额	
其中：1.________		其中：1.________	
2.________		2.________	
减：企业已付，银行未入账金额		减：银行已付，企业尚未入账金额	
其中：1.________		其中：1.________	
2.________		2.________	
调整后银行对账单金额		调整后银行存款日记账金额	
经办会计人员：（签字）		会计主管：	

第十五章 审计报告

学习目标

通过本章学习，了解审计意见的类型和审计报告的要素；熟悉审计工作底稿复核、对书面声明可靠性的疑虑、强调事项段的含义以及增加强调事项段的条件、其他事项段的含义和增加其他事项段的条件；掌握期后事项的定义和种类、不同时段期后事项注册会计师的相关责任、书面声明的定义和特征、书面声明涵盖的期间；掌握关键审计事项的定义和适用范围、不在审计报告中沟通关键审计事项的情形；重点掌握非无保留意见的类型和发表非无保留意见的情形。

第一节　完成审计工作

审计完成工作是审计的最后一个阶段。注册会计师按业务循环完成各财务报表项目的审计测试和一些特殊项目的审计工作后，在审计完成阶段汇总审计测试结果，进行更具综合性的审计工作，在此基础上，评价审计结果，确定应出具的审计报告的意见类型和措辞，进而编制并呈报审计报告，终结审计工作。

一、评价审计中的重大发现

在审计完成阶段，项目合伙人和审计项目组应考虑重大发现和事项对重要性水平的影响，例如：期中复核中的重大发现及其对审计方法的影响；为了实现计划的审计目标，是否有必要对重要性进行修订等。注册会计师在审计计划阶段对重要性的判断，与其在评估审计差异时对重要性的判断是不同的。如果在审计完成阶段修订后的重要性水平远远低于在计划阶段确定的重要性水平，注册会计师应重新评估已经获得的审计证据的充分性和适当性。

二、评价审计过程中发现的错报

（一）错报的沟通和更正

注册会计师应当及时将审计过程中累积的所有错报与适当层级的管理层进行沟通并要求管理层更正这些错报。管理层更正所有错报，能够保持会计账簿和记录的准确性，降低由于与本期相关的、非重大的且尚未更正的错报的累积影响而导致未来期间财务报表出现重大错报风险。如果管理层拒绝更正沟通的部分或全部错报，注册会计师应当了解管理层不更正错报的理由，并在评价财务报表整体是否不存在重大错报时考虑该理由。

（二）评价未更正错报的影响

未更正错报，是指注册会计师在审计过程中累积的且被审计单位未予更正的错报。注册会计师需要考虑每一单项错报，以评价其对相关类别的交易、账户余额或披露的影响，包括评价该项错报是否超过特定类别的交易、账户余额或披露的重要性水平。如果注册会计师认为某一单项错报是重大的，则该项错报不太可能被其他错报抵销。

在某些情况下，即使某些错报低于财务报表整体的重要性，但因与这些错报相关的某些情况，在将其单独或连同在审计过程中累积的其他错报一并考虑时，注册会计师也可能将这些错报评价为重大错报。

注册会计师应当与治理层沟通未更正错报，以及这些错报单独或汇总起来可能对审计意见产生的影响。在沟通时，注册会计师应当逐项指明重大的未更正错报。注册会计师应当要求被审计单位更正未更正错报。

三、关注期后事项对财务报表的影响

注册会计师在审计被审计单位某一会计年度的财务报表时，除了对所审会计年度内发生的交易和事项实施必要的审计程序外，还必须考虑所审会计年度之后发生和发现的事项对财务报表和审计报告的影响，以保证一个会计期间的财务报表的真实性和完整性。

（一）期后事项的种类

期后事项是指财务报表日至审计报告日之间发生的事项，以及注册会计师在审计报告日后知悉的事实。

财务报表可能受到财务报表日后发生的事项的影响。适用的财务报告编制基础通常专门提及期后事项，将其区分为下列两类：一是对财务报表日已经存在的情况提供了新的或进一步证据的事项，这类事项影响财务报表金额，需提请被审计单位管理层调整财务报表及与之相关的披露信息，称为“财务报表日后调整事项”；二是对财务报表日后发生的情况提供证据的事项。这类事项虽不影响财务报表金额，但可能影响对财务报表的正确理解，需提请被审计单位管理层在财务报表附注中作适当披露，称为“财务报表日后非调整事项”。常见的期后事项实例举例见表 15-1。

表15-1　期后事项实例举例

财务报表日后调整事项列举	财务报表日后非调整事项列举
（1）财务报表日后诉讼案件结案，法院判决证实了企业在财务报表日已经存在的现时义务，需要调整原先确认的与该诉讼案件相关的预计负债，或确认一项新负债 （2）财务报表日后取得确凿证据，表明某项资产在财务报表日发生了减值或者需要调整该项资产原先确认的减值金额 （3）财务报表日后进一步确立了财务报表日前购入资产的成本或售出资产的收入 （4）财务报表日后发现了财务报表舞弊或差错	（1）财务报表日后发生重大诉讼、仲裁、承诺 （2）财务报表日后资产价格、税收政策、外汇汇率发生重大变化 （3）财务报表日后因自然灾害导致资产发生重大损失 （4）财务报表日后资本公积转增资本 （5）财务报表日后发生巨额亏损 （6）财务报表日后发生企业合并或处置子公司 （7）财务报表日后发行股票和债券以及其他巨额举债

（二）期后不同时段注册会计师责任列举

根据期后事项的上述定义，期后事项可以按时段划分为三个时段（见图 15-1）：第一个时段是财务报表日后至审计报告日，这一期间发生的事项称为“第一时段期后事项”；第二个时段是审计报告日后至财务报表报出日，这一期间发现的事实称为“第二时段期后事项”；第三个时段是财务报表报出日后，这一期间发现的事实称为“第三时段期后事项”。

其中，财务报表日是指财务报表涵盖的最近期间的截止日期；财务报表批准日是指财务报表及附注已编制完成，并且被审计单位的董事会、管理层或类似机构已经认可其对财务报表负责的日期；财务报表报出日是指审计报告和已审计财务报表提供给第三方的日期。

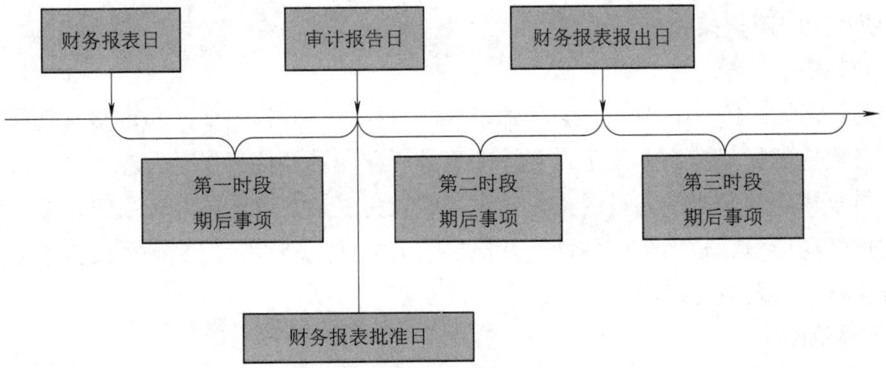

图 15-1　期后事项分段示意图

1．主动识别第一时段期后事项

对于第一时段期后事项，注册会计师负有主动识别的义务。注册会计师应当设计和实施审计程序，获取充分、适当的审计证据，以确定所有在财务报表日至审计报告日之间发生的、需要在财务报表中调整或披露的事项均已得到识别。

2．被动识别第二时段期后事项

在审计报告日后，注册会计师没有义务针对财务报表实施任何审计程序。这段期间注册会计师针对被审计单位的审计业务已经结束，要识别可能存在的期后事项比较困难，因而无法承担主动识别第二时段期后事项的审计责任，但是，在这一阶段，被审计单位的财务报表并未报出，管理层有责任将发现的可能影响财务报表的事实告知注册会计师。当然，注册会计师还可能从媒体报道、举报信或者证券监督部门告知等途径获悉影响财务报表的期后事项。

3．没有义务识别第三段的期后事项

财务报表报出后日后知悉的事实属于第三段期后事项，注册会计师没有义务针对财务报表实施任何审计程序。但是，并不排除注册会计师通过媒体等其他途径获悉可能对财务报表产生重大影响的期后事项的可能性。

四、复核审计工作底稿和财务报表

（一）对财务报表总体合理性进行总体复核

在审计结束或临近结束时，注册会计师需要运用分析程序确定经审计调整后的财务报表整体是否与对被审计单位的了解一致，是否具有合理性。在运用分析程序进行总体复核时，如果识别出以前未识别的重大错报风险，注册会计师应当重新考虑对全部或部门各类别的交易、账户余额、披露评估的风险是否恰当，并在此基础上重新评价之前计划的审计程序是否充分，是否有必要追加审计程序。

（二）复核审计工作底稿

遵循准则要求执行复核是确保注册会计师执业质量的重要手段之一。会计师事务所需要按照准则的相关规定，结合事务所自身组织结构特点和质量控制体系建设需要，制定相关的质量控制政策和程序，对审计项目复核的级次以及人员、时间、范围和工作底稿记录等作出规定。

1. 项目组内部复核

1）复核人员

《质量控制准则第 5101 号——会计师事务所对执行财务报表审计和审阅、其他鉴证和相关服务业务实施的质量控制》规定，会计师事务所在安排复核工作时，应当由项目组内经验较多的人员复核经验较少的人员的工作。对一些较为复杂、审计风险较高的领域，例如，舞弊风险的评估与应对、重大会计估计及其他复杂的会计问题等，需要指派经验丰富的项目组成员执行复核，必要时可以由项目合伙人执行复核。

2）复核范围

执行复核时，复核人员需要考虑的事项包括：审计工作是否已按照职业准则和适用的法律法规的规定执行；重大事项是否已提请进一步考虑；相关事项是否已进行适当咨询，由此形成的结论是否已得到记录和执行等。

3）复核时间

审计项目复核贯穿审计全过程，复核人员在审计计划阶段、执行阶段和完成阶段及时复核相应的工作底稿。例如，在审计计划阶段复核记录审计策略和审计计划的工作底稿，在审计执行阶段复核记录控制测试和实质性程序的工作底稿，在审计完成阶段复核记录重大事项、审计调整及未更正错报的工作底稿等。

4）项目合伙人复核

根据审计准则的规定：项目合伙人应当对会计师事务所分派的每项审计业务的总体质量负责；项目合伙人应当对项目组按照会计师事务所复核政策和程序实施的复核负责。

项目合伙人复核的内容包括：对关键领域所作的判断，尤其是执行业务过程中识别出的疑难问题或争议事项；特别风险；项目合伙人认为重要的其他领域。项目合伙人无须复核所有审计工作底稿。

2. 项目质量控制复核

会计师事务所应当制定政策和程序，明确项目质量控制复核的性质、时间安排和范围，要求对特定业务实施项目质量控制复核，以客观评价项目组作出的重大判断以及在编制报告时得出的结论。

1）质量控制复核人员

会计师事务所应当明确项目质量控制复核人员的资格要求，包括：履行职责需要的技术资格，需具备必要的经验和权限；在不损害其客观性的前提下，项目质量控制复核人员能够提供业务咨询的程度。会计师事务所在确定质量控制复核人员的资格要求时，需要充分考虑质量控制复核工作的重要性和复杂性，安排经验丰富的注册会计师担任项目质量控制复核人员。

2）质量控制复核范围

项目质量控制人员的评价工作应当涉及下列内容：与项目合伙人讨论重大事项；复核财务报表和拟出具的审计报告；复核选取的与项目组作出的重大判断和得出的结论相关的审计工作底稿；评价在编制审计报告时得出的结论，并考虑拟出具审计报告的恰当性。

3）质量控制复核时间

只有完成项目质量控制复核，才能签署审计报告。审计报告的日期不得早于注册会计师获取充分、适当的审计证据，并在此基础上对财务报表形成审计意见的日期。注册会计师要考虑在审计过程与项目质量复核人员积极协调配合，使其能够及时实施质量控制复核，而非在出具审计报告前才实施复核。

五、书面声明

书面声明，是指管理层向注册会计师提供的书面陈述，用以确认某些事项或支持其他审计证据。书面声明不包括财务报表及其认定，以及支持性账簿和相关记录。书面声明是注册会计师在财务报表中需要获取的必要信息，是审计证据的重要来源。如果管理层修改书面声明的内容或不提供注册会计师要求的书面声明，注册会计师应警觉存在重大问题的可能性。

（一）书面声明的种类

1. 针对管理层责任的书面声明

针对财务报表的编制，注册会计师应当要求管理层提供书面声明，确认其根据审计业务约定条款，履行了按照适用的财务报告编制基础编制财务报表并使其实现公允反映的责任。

针对提供的信息和交易的完整性，注册会计师应当要求管理层就下列事项提供书面声明：

（1）按照审计业务约定条款，已向注册会计师提供所有相关信息，并允许注册会计师不受限制地接触所有相关信息以及被审计单位内部人员和其他相关人员。

（2）所有交易均已记录并反映在财务报表中。如果未从管理层获取其确认已履行责任的书面声明，注册会计师在审计过程中获取的有关管理层已履行这些责任的其他审计证据是不充分的。

2. 其他书面声明

如果注册会计师认为有必要获取一项或多项其他书面声明，以支持与财务报表或者一项或多项具体认定相关的其他审计证据，注册会计师应当要求管理层提供这些书面声明。例如：关于会计政策的选择和运用是否适当等财务报表的额外书面声明、与向注册会计师提供信息有关的额外书面声明以及关于特定认定的书面声明。

（二）书面声明的日期和涵盖的期间

书面声明的日期应当尽量接近对财务报表出具审计报告的日期，但不得在审计报告日后。

书面声明应当涵盖审计报告针对的所有财务报表和期间。由于书面声明是必要的审计证据，在管理层签署书面声明前，注册会计师不能发表审计意见，也不能签署审计报告。而且，由于注册会计师关注截至审计报告日发生的、可能需要在财务报表中作出相应调整或披露的事项，书面声明的日期应当尽量接近对财务报表出具审计报告的日期，但不得在其之后。

（三）对书面声明可靠性的疑虑以及管理层不提供要求的书面声明

1. 对书面声明可靠性的疑虑

1）对管理层的胜任能力、诚信、道德价值观或勤勉尽责存在疑虑

如果对管理层的胜任能力、诚信、道德价值观或勤勉尽责存在疑虑，或者对管理层在这些方面的承诺或贯彻执行存在疑虑，注册会计师应当确定这些疑虑对书面或口头声明和审计证据的影响。

2）书面声明与其他审计证据不一致

如果书面声明与其他审计证据不一致，注册会计师应当实施程序以设法解决这些问题。注册会计师可能需要考虑风险评估结果是否仍然适当。如果认为不适当，注册会计师需要修正风险评估结果，并确定进一步审计程序的性质、时间和范围，以应对评估的风险。

如果认为书面声明不可靠，注册会计师应当采取适当措施，包括确定其对审计意见可能产生的影响。

2. 管理层不提供要求的书面声明

如果管理层不提供要求的一项或多项书面声明，注册会计师应当：

（1）与管理层讨论该事项。

（2）重新评价管理的诚信，并评价该事项对书面或口头声明和审计证据总体的可靠性可能产生的影响。

（3）采取适当措施，包括确定该事项对审计意见可能产生的影响。

如果存在情形之一，注册会计师应当对财务报表发表无法表示意见：

（1）注册会计师对管理层的诚信产生重大疑虑，以至于认为其作出的书面声明不可靠。

（2）管理层不提供下列书面声明包括：针对财务报表的编制，管理层确认其根据审计业务约定条款，履行了按照适用的财务报告编制基础编制财务报表并使其实现公允反映的责任；针对提供的信息和交易完整性的声明。

第二节　审计报告概述

一、审计报告的含义

审计报告是指注册会计师根据审计准则的规定，在执行审计工作的基础上，对财务报表发表审计意见的书面文件。

审计报告是注册会计师在完成审计工作后向委托人提交的最终产品，具有以下特征：

（1）注册会计师应当按照审计准则的规定执行审计工作。

（2）注册会计师在实施审计工作的基础上才能出具审计报告。

（3）注册会计师通过对财务报表发表意见履行业务约定书约定的责任。

（4）注册会计师应当以书面形式出具审计报告。

注册会计师应当根据由审计证据得出的结论，清楚表达对财务报表的意见。注册会计师一旦在审计报告上签名并盖章，就表明对其出具的审计报告负责。

审计报告是注册会计师对财务报表是否在所有重大方面按照财务报告编制基础编制并实现公允反映发表审计意见的书面文件。因此，注册会计师应当将已审计的财务报表附于审计报告之后，以便于财务报表使用者正确理解和使用审计报告，并防止被审计单位替换、更改已审计的财务报表。

二、审计报告的作用

注册会计师签发的审计报告，主要具有鉴证、保护和证明三方面的作用。

（一）鉴证作用

注册会计师签发的审计报告，不同于政府审计和内部审计的审计报告，是以超然独立的第三方身份，对被审计单位财务报表合法性、公允性发表意见。这种意见，具有鉴证作用，得到了政府、投资者和其他利益相关者的普遍认可。政府有关部门判断财务报表是否合法、公允，主要依据注册会计师的审计报告。企业的投资者，主要依据注册会计师的审计报告来判断被投资企业的财务报表是否公允地反映了财务状况和经营成果，以进行投资决策等。注册会计师通过审计，可以对被审计单位财务报表出具不同类型审计意见的审计报告。

（二）保护作用

注册会计师通过审计，可以对被审计单位财务报表出具不同类型审计意见的审计报告，以提高或降低财务报表使用者对财务报表的信赖程度，能够在一定程度上对被审计单位的债权人和股东以及其他利害关系人的利益起到保护作用。如投资者为了减少投资风险，在进行投资之前，需要查阅被投资企业的财务报表和注册会计师的审计报告，了解被投资企业的经营情况和财务状况。

（三）证明作用

审计报告是对注册会计师审计任务完成情况及其结果所作的总结，它可以表明审计工作的质量并明确注册会计师的审计责任。因此，审计报告可以对审计工作质量和注册会计师的审计责任起证明作用。例如，是否以审计工作底稿为依据发表审计意见，发表的审计意见是否与被审计单位的实际情况相一致，审计工作的质量是否符合要求。

第三节　审计意见的形成

一、得出审计结论时考虑的领域

注册会计师应当就财务报表是否在所有重大方面按照适用的财务报告编制基础编制并实

现公允反映形成审计意见。为了形成审计意见，针对财务报表整体是否不存在由于舞弊或错误导致的重大错报，注册会计师应当得出结论，确定是否已就此获取合理保证。

在得出结论时，注册会计师应当考虑下列方面：

（1）是否已获取充分、适当的审计证据。在得出总体结论之前，注册会计师应当根据实施的审计程序和获取的审计证据，评价对认定层次重大错报风险的评估是否仍然适当。在形成审计意见时，注册会计师应当考虑所有相关的审计证据，无论该证据与财务报表认定相互印证还是相互矛盾。如果对重大的财务报表认定没有获取充分、适当的审计证据，注册会计师应当尽可能获取进一步的审计证据。

（2）未更正错报单独或汇总起来是否构成重大错报。在确定时，注册会计师应当考虑：

①相对特定类别的交易、账户余额或披露以及财务报表整体而言，错报的金额和性质以及错报发生的特定环境。

②与以前期间相关的未更正错报对相关类别的交易、账户余额或披露以及财务报表整体的影响。

（3）评价财务报表是否在所有重大方面按照适用的财务报告编制基础编制。

①财务报表是否充分披露了选择和运用的会计政策。

②选择和运用的会计政策是否符合适用的财务报告编制基础，并适合被审计单位的具体情况。

③管理层作出的会计估计是否合理。

④财务报表列报的信息是否具有相关性。

⑤财务报表是否作出充分披露，使财务报表预期使用者能够理解重大交易和事项对财务报表所传递的信息的影响。

⑥财务报表使用的术语（包括每一财务报表的标题）是否恰当。

（4）评价财务报表是否实现公允反映。在评价财务报表是否实现公允反映时，注册会计师应当考虑下列内容：

①财务报表的整体列报、结构和内容是否合理。

②财务报表（包括相关附注）是否公允反映了相关交易和事项。

（5）评价财务报表是否恰当提及或说明使用的财务报告编制基础。

二、审计意见的类型

注册会计师的目标是在评价根据审计证据得出的结论的基础上，对财务报表形成审计意见，并通过书面报告的形式清楚地表达审计意见。

（一）无保留意见

如果认为财务报表在所有重大方面按照适用的财务报告编制基础编制并实现公允反映，注册会计师应当发表无保留意见。无保留意见，是指当注册会计师认为财务报表在所有重大方面按照适用的财务报告编制基础编制并实现公允反映时发表的审计意见。

（二）非无保留意见

当存在下列情形之一时，注册会计师应当按照《中国注册会计师审计准则第 1502 号——

在审计报告中发表非无保留意见》的规定，在审计报告中发表非无保留意见：①根据获取的审计证据，得出财务报表整体存在重大错报的结论；②无法获取充分、适当的审计证据，不能得出财务报表整体不存在重大错报的结论。

如果财务报表没有实现公允反映，注册会计师应当就该事项与管理层讨论，并根据适用的财务报告编制基础的规定和该事项得到解决的情况，决定是否有必要按照《中国注册会计师审计准则第 1502 号——在审计报告中发表非无保留意见》的规定在审计报告中发表非无保留意见。非无保留意见，是指对财务报表发表的保留意见、否定意见或无法表示意见。

第四节　审计报告的基本内容

一、审计报告的要素

无保留意见审计报告应当包括下列要素：①标题；②收件人；③审计意见；④形成审计意见的基础；⑤管理层对财务报表的责任；⑥注册会计师对财务报表审计的责任；⑦按照相关法律法规的要求报告的事项（如适用）；⑧注册会计师的签名和盖章；⑨会计师事务所的名称、地址和盖章；⑩报告日期。

适用的情况下注册会计师还应当在审计中对与持续经营相关的重大不确定性、关键审计事项、被审计单位年度报告中包含的除财务报表和审计报告之外的其他信息进行报告。

1. 标题

审计报告应当具有标题，统一规范为“审计报告”。

2. 收件人

审计报告的收件人是指注册会计师按照业务约定书的要求致送审计报告的对象，一般是指审计业务的委托人。审计报告应当按照审计业务的约定载明收件人的全称。注册会计师应当与委托人在业务约定书中约定致送审计报告的对象，以防止在此问题上发生分歧或审计报告被委托人滥用。针对整套通用目的财务报表出具的审计报告，审计报告的致送对象通常为被审计单位的股东或治理层。

3. 审计意见

审计意见部分由两部分构成。

第一部分指出已审计财务报表，应当包括下列方面：

（1）指出被审计单位的名称。

（2）说明财务报表已经审计。

（3）指出构成整套财务报表的每一财务报表的名称。

（4）提及财务报表附注。

（5）指明构成整套财务报表的每一财务报表的日期或涵盖的期间。

第二部分应当说明注册会计师发表的审计意见。

4. 形成审计意见的基础

审计报告应当包含标题为“形成审计意见的基础”的部分。该部分提供关于审计意见的重要背景，应当紧接在审计意见部分之后，并包括下列方面：

（1）说明注册会计师按照审计准则的规定执行了审计工作。

（2）提及审计报告中用于描述审计准则规定的注册会计师责任的部分。

（3）声明注册会计师按照与审计相关的职业道德要求对被审计单位保持了独立性，并遵守了职业道德方面的其他责任。声明中应当指明适用的职业道德要求，如中国注册会计师职业道德守则。

（4）说明注册会计师是否相信获取的审计证据是充分、适当的，为发表审计意见提供了基础。

5. 管理层对财务报表的责任

审计报告应当包含标题为"管理层对财务报表的责任"的部分，其中应当说明管理层负责下列方面：

（1）按照适用的财务报告编制基础编制财务报表，使其实现公允反映，并设计、执行和维护必要的内部控制，以使财务报表不存在由于舞弊或错误导致的重大错报。

（2）评估被审计单位的持续经营能力和使用持续经营假设是否恰当，并披露与持续经营相关的事项（如适用）。对管理层评估责任的说明应当包括描述在何种情况下使用持续经营假设是适当的。

6. 注册会计师对财务报表审计的责任

审计报告应当包含标题为"注册会计师对财务报表审计的责任"的部分，其中应当包括下列内容：

（1）说明注册会计师的目标是对财务报表整体是否不存在由于舞弊或错误导致的重大错报获取合理保证，并出具包含审计意见的审计报告。

（2）说明合理保证是高水平的保证，但按照审计准则执行的审计并不能保证一定会发现存在的重大错报。

（3）说明错报可能由于舞弊或错误导致。在说明错报可能由于舞弊或错误导致时，注册会计师应当从下列两种做法中选取一种：

①描述如果合理预期错报单独或汇总起来可能影响财务报表使用者依据财务报表作出的经济决策，则通常认为错报是重大的。

②根据适用的财务报告编制基础，提供关于重要性的定义或描述。

注册会计师对财务报表审计的责任部分还应当包括下列内容：

（1）说明在按照审计准则执行审计工作的过程中，注册会计师运用职业判断，并保持职业怀疑。

（2）通过说明注册会计师的责任，对审计工作进行描述。这些责任包括：

①识别和评估由于舞弊或错误导致的财务报表重大错报风险，设计和实施审计程序以应对这些风险，并获取充分、适当的审计证据，作为发表审计意见的基础。由于舞弊可能涉及串通、伪造、故意遗漏、虚假陈述或凌驾于内部控制之上，未能发现由于舞弊导致的重大错报的风险高于未能发现由于错误导致的重大错报的风险。

②了解与审计相关的内部控制，以设计恰当的审计程序，但目的并非对内部控制的有效性发表意见。当注册会计师有责任在财务报表审计的同时对内部控制的有效性发表意见时，应当略去上述"目的并非对内部控制的有效性发表意见"的表述。

③评价管理层选用会计政策的恰当性和作出会计估计及相关披露的合理性。

④对管理层使用持续经营假设的恰当性得出结论。同时，根据获取的审计证据，就可能导致对被审计单位的持续经营能力产生重大疑虑的事项或情况是否存在重大不确定性得出结论。

⑤评价财务报表的总体列报、结构和内容（包括披露），并评价财务报表是否公允反映相关交易和事项。

注册会计师对财务报表审计的责任部分还应当包括下列内容：

（1）说明注册会计师与治理层就审计计划的审计范围、时间安排和重大审计发现等事项进行沟通，包括沟通注册会计师在审计中识别的值得关注的内部控制缺陷；

（2）对于上市实体财务报表审计，指出注册会计师就已遵守与独立性相关的职业道德要求向管理层提供声明，并与治理层沟通可能被合理认为影响注册会计师独立性的所有关系和其他事项，以及相关的防范措施（如适用）。

（3）对于上市实体财务报表审计。应按照准则的规定沟通关键审计事项的其他情况，说明注册会计师从已与治理层沟通的事项中确定哪些事项对本期财务报表审计最为重要，因而构成关键审计事项。

7. 按照相关法律法规的要求报告的事项（如适用）

除审计准则规定的注册会计师对财务报表出具审计报告的责任外，相关法律法规可能对注册会计师设定了其他报告责任。在某些情况下，相关法律法规可能要求或允许注册会计师将对这些其他责任的报告作为对财务报表出具的审计报告的一部分。如果注册会计师在对财务报表出具的审计报告中履行其他报告责任，应当在审计报告中将其单独作为一部分，并以"按照相关法律法规的要求报告的事项"为标题。

8. 注册会计师的签名和盖章

审计报告应当由项目合伙人和另一名负责该项目的注册会计师签名和盖章。

9. 会计师事务所的名称、地址和盖章

审计报告应当载明会计师事务所的名称和地址，并加盖会计师事务所公章。

10. 报告日期

审计报告应当注明报告日期。审计报告日不应早于注册会计师获取充分、适当的审计证据，并在此基础上对财务报表形成审计意见的日期。在确定审计报告日时，注册会计师应当确信已获取下列两方面的审计证据：①构成整套财务报表的所有报表（包括相关附注）已编制完成；②被审计单位的董事会、管理层或类似机构已经认可其对财务报表负责。

二、无保留意见的审计报告的参考格式

背景信息：

1. 对上市实体整套财务报表进行审计。该审计不属于集团审计（即不适用《中国注册会计师审计准则第 1401 号——对集团财务报表审计的特殊考虑》）。

2. 管理层按照企业会计准则编制财务报表。

3. 审计业务约定条款体现了《中国注册会计师审计准则第 1111 号——就审计业务约定条款达成一致意见》关于管理层对财务报表责任的描述。

4. 基于获取的审计证据，注册会计师认为发表无保留意见是恰当的。

5. 适用的相关职业道德要求为中国注册会计师职业道德守则。

6. 基于获取的审计证据，根据《中国注册会计师审计准则第 1324 号——持续经营》，注册会计师认为可能导致对被审计单位持续经营能力产生重大疑虑的相关事项或情况不存在重大不确定性。

7. 已按照《中国注册会计师审计准则第 1504 号——在审计报告中沟通关键审计事项》的规定沟通了关键审计事项。

8. 负责监督财务报表的人员与负责编制财务报表的人员不同。

9. 除财务报表审计外，按照法律法规的要求，注册会计师负有其他报告责任，且注册会计师决定在审计报告中履行其他报告责任。

审计报告

ABC 股份有限公司全体股东：

一、对财务报表出具的审计报告

（一）审计意见

我们审计了 ABC 股份有限公司（以下简称“ABC 公司”）财务报表，包括 202× 年 12 月 31 日的资产负债表，202× 年度的利润表、现金流量表、股东权益变动表以及相关财务报表附注。

我们认为，后附的财务报表在所有重大方面按照企业会计准则的规定编制，公允反映了 ABC 公司 202× 年 12 月 31 日的财务状况以及 202× 年度的经营成果和现金流量。

（二）形成审计意见的基础

我们按照中国注册会计师审计准则的规定执行了审计工作。审计报告的“注册会计对财务报表审计的责任”部分进一步阐述了我们在这些准则下的责任。按照中国注册会计师职业道德守则，我们独立于 ABC 公司，并履行了职业道德方面的其他责任。我们相信我们获取的审计证据是充分、适当的，为发表审计意见提供了基础。

（三）关键审计事项

关键审计事项是根据我们的职业判断，认为对本期财务报表审计最为重要的事项。这些事项是在对财务报表整体进行审计并形成意见的背景下进行处理的，我们不对这些事项提供单独的意见。

[按照《中国注册会计师审计准则第 1504 号——在审计报告中沟通关键审计事项》的规定描述每一关键审计事项。]

（四）管理层和治理层对财务报表的责任

管理层负责按照企业会计准则的规定编制财务报表，使其实现公允反映，并设计、执行 和维护必要的内部控制，以使财务报表不存在由于舞弊或错误导致的重大错报。

在编制财务报表时，管理层负责评估 ABC 公司的持续经营能力，披露与持续经营相关的事项（如适用），并运用持续经营假设，除非计划清算 ABC 公司、停止营运或别无其他现实的选择。

治理层负责监督ABC公司的财务报告过程。

（五）注册会计师对财务报表审计的责任

我们的目标是对财务报表整体是否不存在由于舞弊或错误导致的重大错报获取合理保证，并出具包含审计意见的审计报告。合理保证是高水平的保证，但并不能保证按照审计准则执行的审计在某一重大错报存在时总能发现。错报可能由于舞弊或错误导致，如果合理预期错报单独或汇总起来可能影响财务报表使用者依据财务报表作出的经济决策，则通常认为错报是重大的。

在按照审计准则执行审计的过程中，我们运用了职业判断，保持了职业怀疑。我们同时：

（1）识别和评估由于舞弊或错误导致的财务报表重大错报风险；对这些风险有针对性地设计和实施审计程序；获取充分、适当的审计证据，作为发表审计意见的基础。由于舞弊可能涉及串通、伪造、故意遗漏、虚假陈述或凌驾于内部控制之上，未能发现由于舞弊导致的重大错报的风险高于未能发现由于错误导致的重大错报的风险。

（2）了解与审计相关的内部控制，以设计恰当的审计程序，但目的并非对内部控制的有效性发表意见。

（3）评价管理层选用会计政策的恰当性和作出会计估计及相关披露的合理性。

（4）对管理层使用持续经营假设的恰当性得出结论。同时，根据获取的审计证据，就可能导致对ABC公司持续经营能力产生重大疑虑的事项或情况是否存在重大不确定性得出结论。如果我们得出结论认为存在重大不确定性，审计准则要求我们在审计报告中提请报表使用者注意财务报表中的相关披露；如果披露不充分，我们应当发表非无保留意见。我们的结论基于审计报告日可获得的信息。然而，未来的事项或情况可能导致ABC公司不能持续经营。

（5）评价财务报表的总体列报、结构和内容（包括披露），并评价财务报表是否公允反映相关交易和事项。

我们与治理层就计划的审计范围、时间安排和重大审计发现（包括我们在审计中识别的值得关注的内部控制缺陷）等事项进行沟通。我们还就遵守关于独立性的相关职业道德要求向治理层提供声明，并就可能被合理认为影响我们独立性的所有关系和其他事项，以及相关的防范措施（如适用）与治理层进行沟通。

从与治理层沟通的事项中，我们确定哪些事项对本期财务报表审计最为重要，因而构成关键审计事项。我们在审计报告中描述这些事项，除非法律法规禁止公开披露这些事项，或在极其罕见的情形下，如果合理预期在审计报告中沟通某事项造成的负面后果超过在公众利益方面产生的益处，我们确定不应在审计报告中沟通该事项。

二、按照相关法律法规的要求报告的事项

[本部分的格式和内容，取决于法律法规对其他报告责任的性质的规定。法律法规规范的事项（其他报告责任）应当在本部分处理，除非其他报告责任与审计准则所要求的报告责任涉及相同的主题。如果涉及相同的主题，其他报告责任可以在审计准则所要求的同一报告要素部分中列示。当其他报告责任和审计准则规定的报告责任涉及同一主题，并且审计报告中的措辞能够将其他报告责任与审计准则规定的责任予以清楚地区分（如差异存

在）时，允许将两者合并列示（即包含在“对财务报表出具的审计报告”部分中，并使用适当的副标题）。]

××会计师事务所　　　　　　　　　　中国注册会计师：×××（项目合伙人）
（盖章）　　　　　　　　　　　　　　（签名并盖章）
中国注册会计师：×××
（签名并盖章）
中国××市　　　　　　　　　　　　　　二〇二×年×月×日

第五节　非无保留意见审计报告

一、非无保留意见的含义

非无保留意见是指保留意见、否定意见或无法表示意见。

当存在下列情形之一时，注册会计师应当在审计报告中发表非无保留意见：

（1）根据获取的审计证据,得出财务报表整体存在重大错报的结论。为了形成审计意见，针对财务报表是否整体不存在由于舞弊或错误导致的重大错报，注册会计师应当得出结论，确定是否已就此获取合理保证。在得出结论时，注册会计师需要评价未更正错报对财务报表的影响。

（2）无法获取充分、适当的审计证据，不能得出财务报表整体不存在重大错报的结论。如果注册会计师能够通过实施替代程序获取充分、适当的审计证据，则无法实施特定的程序并不构成对审计范围的限制。

二、确定非无保留意见的类型

注册会计师确定恰当的非无保留意见类型，取决于下列事项：导致非无保留意见的事项的性质，是财务报表存在重大错报，还是在无法获取充分、适当的审计证据的情况下，财务报表可能存在重大错报；注册会计师就导致非无保留意见的事项对财务报表产生或可能产生影响的广泛性作出的判断。表15-2所示为非无保留审计意见类型表。

表15-2　非无保留审计意见类型表

导致发表非无保留意见的事项的性质	这些事项对财务报表产生或可能产生影响的广泛性	
	重大但不具有广泛性	重大且具有广泛性
财务报表存在重大错报	保留意见	否定意见
无法获取充分、适当的审计证据	保留意见	无法表示意见

1. 发表保留意见

当存在下列情形之一时，注册会计师应当发表保留意见：

（1）在获取充分、适当的审计证据后，注册会计师认为错报单独或汇总起来对财务报表影响重大，但不具有广泛性。

（2）注册会计师无法获取充分、适当的审计证据以作为形成审计意见的基础，但认为未发现的错报（如存在）对财务报表可能产生的影响重大，但不具有广泛性。

2．发表否定意见

在获取充分、适当的审计证据后，如果认为错报单独或汇总起来对财务报表的影响重大且具有广泛性，注册会计师应当发表否定意见。

3．发表无法表示意见

如果无法获取充分、适当的审计证据以作为形成审计意见的基础，但认为未发现的错报（如存在）对财务报表可能产生的影响重大且具有广泛性，注册会计师应当发表无法表示意见。

三、非无保留意见的审计报告的格式和内容

1．导致非无保留意见的事项段

1）审计报告格式和内容的一致性

如果对财务报表发表非无保留意见，除在审计报告中包含《中国注册会计师审计准则第1501号——对财务报表形成审计意见和出具审计报告》规定的审计报告要素外，注册会计师还应当直接在审计意见段之后增加一个部分，并使用恰当的标题，如“形成保留意见的基础”、“形成否定意见的基础”或“形成无法表示意见的基础”，说明导致发表非无保留意见的事项。

2）量化财务影响

如果财务报表中存在与具体金额相关的重大错报，注册会计师应当在导致非无保留意见的事项段中说明并量化该错报的财务影响。

3）存在与叙述性披露相关的重大错报

如果财务报表中存在与叙述性披露相关的重大错报，注册会计师应当在形成非无保留意见的基础部分解释该错报在何处。

4）存在与应披露而未披露信息相关的重大错报

如果财务报表中存在与应披露而未披露信息相关的重大错报，注册会计师应当：与治理层讨论未披露信息的情况；在形成非无保留意见的基础部分描述未披露信息的性质；如果可行并且已针对未披露信息获取了充分、适当的审计证据，在形成非无保留意见的基础部分包含对未披露信息的披露，除非法律法规禁止。

5）无法获取充分、适当的审计证据

如果因无法获取充分、适当的审计证据而导致发表非无保留意见，注册会计师应当在形成非无保留意见的基础部分说明无法获取审计证据的原因。

6）披露其他事项

即使发表了否定意见或无法表示意见，注册会计师也应当在形成非无保留意见的基础部分说明注意到的、将导致发表非无保留意见的所有其他事项及其影响。

2．审计意见段

1）标题

在发表非无保留意见时，注册会计师应当对审计意见段使用恰当的标题，如“保留意见”、

“否定意见”或“无法表示意见”。

2）发表保留意见

当由于财务报表存在重大错报而发表保留意见时，注册会计师应当根据适用的财务报告编制基础在审计意见段中说明：注册会计师认为，除了形成保留意见的基础部分所述事项产生的影响外，财务报表在所有重大方面按照适用的财务报告编制基础编制，并实现公允反映。

3）发表否定意见

当发表否定意见时，注册会计师应当根据适用的财务报告编制基础在审计意见段中说明：注册会计师认为，由于形成否定意见的基础部分所述事项的重要性，财务报表没有在所有重大方面按照适用的财务报告编制基础编制，未能实现公允反映。

4）发表无法表示意见

当由于无法获取充分、适当的审计证据而发表无法表示意见时，注册会计师应当在审计意见段说明：由于形成无法表示意见的基础部分所述事项的重要性，注册会计师无法获取充分、适当的审计证据以为发表审计意见提供基础，因此，注册会计师不对这些财务报表发表审计意见。

3. 注册会计师对财务报表审计的责任部分

当由于无法获取充分、适当的审计证据而发表无法表示意见时，注册会计师应当对无保留意见审计报告中注册会计师对财务报表审计的责任部分的表述进行修改，使之仅包含下列内容：

（1）注册会计师的责任是按照中国注册会计师审计准则的规定，对被审计单位财务报表执行审计工作，以出具审计报告。

（2）但由于形成无法表示意见的基础部分所述的事项，注册会计师无法获取充分、适当的审计证据以作为发表审计意见的基础。

（3）声明注册会计师在独立性和职业道德方面的其他责任。

四、非无保留意见的审计报告的参考格式

1. 无保留意见的审计报告

背景信息：

1. 对上市实体整套财务报表进行审计。该审计不属于集团审计（即不适用《中国注册会计师审计准则第 1401 号——对集团财务报表审计的特殊考虑》）。

2. 管理层按照企业会计准则编制财务报表。

3. 审计业务约定条款体现了《中国注册会计师审计准则第 1111 号——就审计业务约定条款达成一致意见》关于管理层对财务报表责任的描述。

4. 存货存在错报，该错报对财务报表影响重大但不具有广泛性（即保留意见是恰当的）。

5. 适用的相关职业道德要求为中国注册会计师职业道德守则。

6. 基于获取的审计证据，根据《中国注册会计师审计准则第 1324 号——持续经营》，注册会计师认为可能导致对被审计单位持续经营能力产生重大疑虑的相关事项或情况不存在重大不确定性。

7. 已按照《中国注册会计师审计准则第1504号——在审计报告中沟通关键审计事项的规定》沟通了关键审计事项。

8. 负责监督财务报表的人员与负责编制财务报表的人员不同。

9. 除财务报表审计外，按照法律法规的要求，注册会计师还承担法律法规要求的其他报告责任，且注册会计师决定在审计报告中履行其他报告责任。

审 计 报 告

ABC股份有限公司全体股东：

一、对财务报表出具的审计报告

（一）保留意见

我们审计了ABC股份有展公司（以下简称“ABC公司”）财务报表，包括202×年12月31日的资产负债表，202×年度的利润表、现金流量表、股东权益变动表以及相关财务报表附注。

我们认为，除“形成保留意见的基础”部分所述事项产生的影响外，后附的财务报表在所有重大方面按照企业会计准则的规定编制，公允反映了ABC公司202×年12月31日财务状况以及202×年度的经营成果和现金流量。

（二）形成保留意见的基础

ABC公司202×年12月31日资产负债表中存货的列示金额为×元。管理层根据成本对存货进行计量，而没有根据成本与可变现净值孰低的原则进行计量，这不符合企业会计准则的规定。ABC公司的会计记录显示，如果管理层以成本与可变现净值孰低来计量存货，存货列示金额将减少×元。相应地，资产减值损失将增加×元，所得税、净利润和股东权益将分别减少×元、×元和×元。

我们按照中国注册会计师审计准则的规定执行了审计工作。审计报告的“注册会计师对财务报表审计的责任”部分进一步阐述了我们在这些准则下的责任。按照中国注册会计师职业道德守则，我们独立于ABC公司，并履行了职业道德方面的其他责任。我们相信，我们获取的审计证据是充分、适当的，为发表保留意见提供了基础。

（三）关键审计事项

关键审计事项是根据我们的职业判断，认为对本期财务报表审计最为重要的事项。这些事项是在对财务报表整体进行审计并形成意见的背景下进行处理的，我们不对这些事项提供单独的意见。除“形成保留意见的基础”部分所述事项外，我们确定下列事项是需要在审计报告中沟通的关键审计事项。

[按照《中国注册会计师审计准则第1504号——在审计报告中沟通关键审计事项》的规定描述每一关键审计事项。]

（四）管理层和治理层对财务报表的责任

[按照《中国注册会计师审计准则第1501号——对财务报表形成审计意见和出具审计报告》的规定报告。]

（五）注册会计师对财务报表审计的责任

[按照《中国注册会计师审计准则第1501号——对财务报表形成审计意见和出具审计

报告》的规定报告。]

二、按照相关法律法规的要求报告的事项

[按照《中国注册会计师审计准则第 1501 号——对财务报表形成审计意见和出具审计报告》的规定报告。]

××会计师事务所　　　　　　　　中国注册会计师：×××（项目合伙人）
（盖章）　　　　　　　　　　　　（签名并盖章）

中国注册会计师：×××
（签名并盖章）

中国××市　　　　　　　　　　　二〇二×年×月×日

2．无法表示意见审计报告

背景信息：

1. 对非上市实体整套财务报表进行审计。该审计不属于集团审计（即不适用《中国注册会计师审计准则第 1401 号——对集团财务报表审计的特殊考虑》）。

2. 管理层按照企业会计准则编制财务报表。

3. 审计业务约定条款体现了《中国注册会计师审计准则第 1111 号——就审计业务约定条款达成一致意见》关于管理层对财务报表责任的描述。

4. 对财务报表的多个要素，注册会计师无法获取充分、适当的审计证据。例如，对被审计单位的存货和应收账款，注册会计师无法获取审计证据，这一事项对财务报表可能产生的影响重大且具有广泛性。

5. 适用的相关职业道德要求为中国注册会计师职业道德守则。

6. 负责监督财务报表的人员与负责编制财务报表的人员不同。

7. 按照审计准则要求在注册会计师的责任部分作出更有限的表述。

8. 除财务报表审计外，按照法律法规的要求，注册会计师负有其他报告责任，且注册会计师决定在审计报告中履行其他报告责任。

审计报告

ABC 股份有限公司全体股东：

一、对财务报表出具的审计报告

（一）无法表示意见

我们接受委托，审计 ABC 股份有限公司（以下简称“ABC 公司”）财务报表，包括 202× 年 12 月 31 日的资产负债表，202× 年度的利润表、现金流量表、股东权益变动表以及相关财务报表附注。

我们不对后附的 ABC 公司财务报表发表审计意见。由于“形成无法表示意见的基础”部分所述事项的重要性，我们无法获取充分、适当的审计证据以作为对财务报表发表审计意见的基础。

（二）形成无法表示意见的基础

我们于 202× 年 1 月接受 ABC 公司的审计委托，因而未能对 ABC 公司 202× 年初金额为 × 元的存货和年末金额为 × 元的存货实施监盘程序。此外，我们也无法实施替代审计程序获取充分、适当的审计证据。并且，ABC 公司于 202× 年 9 月采用新的应收账款电算化系统，由于存在系统缺陷导致应收账款出现大量错误。截至报告日，管理层仍在纠正系统缺陷并更正错误，我们也无法实施替代审计程序，以对截至 202× 年 12 月 31 日的应收账款总额 × 元获取充分、适当的审计证据。因此，我们无法确定是否有必要对存货、应收账款以及财务报表其他项目作出调整，也无法确定应调整的金额。

（三）管理层和治理层对财务报表的责任

按照《中国注册会计师审计准则第 1501 号——对财务报表形成审计意见和出具审计报告》的规定报告。

（四）注册会计师对财务报表审计的责任

我们的责任是按照中国注册会计师审计准则的规定，对 ABC 公司的财务报表执行审计工作，以出具审计报告。但由于“形成无法表示意见的基础”部分所述的事项，我们无法获取充分、适当的审计证据以作为发表审计意见的基础。

按照中国注册会计师职业道德守则，我们独立于 ABC 公司，并履行了职业道德方面的其他责任。

二、对其他法律和监管要求的报告

[按照《中国注册会计师审计准则第 1501 号——对财务报表形成审计意见和出具审计报告》的规定报告。]

××会计师事务所　　　　中国注册会计师：×××（项目合伙人）
（盖章）　　　　（签名并盖章）
中国注册会计师：×××
（签名并盖章）
中国××市　　　　二〇二×年×月×日

第六节　在审计报告中沟通关键审计事项、增加强调段和其他事项段

一、沟通关键审计事项

《中国注册会计师审计准则第 1504 号——在审计报告中沟通关键审计事项》要求注册会计师在上市实体整套通用目的财务报表审计报告中增加关键审计事项部分，用于沟通关键审计事项。关键审计事项，是指注册会计师根据职业判断认为对当期财务报表审计最为重要的事项。

（一）在审计报告中单设关键审计事项部分

为达到突出关键审计事项的目的，注册会计师应当在审计报告中单设一部分，以“关键

审计事项”为标题，并在该部分使用恰当的子标题逐项描述关键审计事项。关键审计事项部分的引言应当同时说明下列事项：

（1）关键审计事项是注册会计师根据职业判断，认为对本期财务报表审计最为重要的事项。

（2）关键审计事项的应对以对财务报表整体进行审计并形成审计意见为背景，注册会计师对财务报表整体形成审计意见，而不对关键审计事项单独发表意见。

需要强调的是，导致非无保留意见的事项、可能导致对被审计单位持续经营能力产生重大虽然符合关键审计事项的定义，但这些事项在审计报告中专门的部分披露，不在关键审计事项部分披露。

（二）描述单一关键审计事项

为帮助财务报表使用者了解注册会计师确地的关键审计事项，注册会计师应当在审计报告中逐项描述每一关键审计事项，并同时说明下列方面：

（1）该事项被认为是审计中最为重要的事项之一,因而才被确定为关键审计事项的原因。

（2）该事项在审计中是如何应对的。

（三）不在审计报告中沟通关键审计事项的情形

一般而言，在审计报告中沟通关键审计事项，通常有助于提高审计的透明度，是符合公众利益的，然而，在极其罕见的情况下，关键审计事项可能涉及某些“敏感信息”，沟通这些信息可能为被审计单位带来较为严重的负面影响。因此，除非法律法规禁止公开披露某事项，或者在极其罕见的情况下，如果合理预期在审计报告中沟通某事项造成的负面后果超过产生的公众利益方面的益处，注册会计师确定不应在审计报告中沟通该事项，则注册会计师应当在审计报告中逐项描述关键审计事项。

参考格式：

关键审计事项——商誉的减值测试

相关信息披露详见财务报表附注——××

（一）事项描述

截至202×年12月31日，集团因收购YYY公司而确认了×××万元的商誉。贵公司管理层于每年年末对商誉进行减值测试。本年度，YYY公司产生了经营损失，该商誉出现减值迹象。

报告期末，集团管理层对YYY公司的商誉进行了减值测试，以评价该项商誉是否存在 减值。管理层采用现金流预测模型来计算商誉的可收回金额，并将其与商誉的账面价值相比 较。该模型所使用的折现率、预计现金流，特别是未来收入增长率等关键指标需要作出重大的管理层判断。通过测试，管理层得出商誉没有减值的结论。

（二）实施的审计程序

我们针对管理层减值测试所实施的审计程序包括。

1. 对管理层的估值方法予以了评估。

2. 基于我们对相关行业的了解，我们质疑了管理层假设的合理性，如收入增长率、折现率等。

3. 检查录入数据与支持证据的一致性，例如，已批准的预算以及考虑这些预算的合理性。

（三）实施审计程序的结果。

我们认为，基于目前所获取的信息，管理层在对商誉减值测试所使用的假设是合理的，相关信息在财务报表附注——×× 中所作出的披露是适当的。

二、强调事项段

（一）强调事项段的含义

审计报告的强调事项段是指在审计报告中含有的一个段落，该段落提及已在财务报表中恰当列报或披露的事项，根据注册会计师的职业判断，该事项对财务报表使用者理解财务报表至关重要。

（二）增加强调段的情形

如果认为有必要提醒财务报表使用者关注已在财务报表中列报或披露，且根据职业判断认为对财务报表使用者理解财务报表至关重要的事项，在同时满足下列条件时，注册会计师应当在审计报告中增加强调事项段：

（1）按照《中国注册会计师审计准则第 1502 号——在审计报告中发表非无保留意见》的规定，该事项不会导致注册会计师发表非无保留意见。

（2）当《注册会计师审计准则第 1504 号——在审计报告中沟通关键审计事项》适用时，该事项未被确定为在审计报告中沟通的关键审计事项。

（三）在审计报告中增加强调事项段时注册会计师采取的措施

如果在审计报告中增加强调事项段，注册会计师应当采取下列措施：

（1）将强调事项段作为单独的一部分置于审计报告中，并使用包含“强调事项”这一术语的适当标题。

（2）明确提及被强调事项以及相关披露的位置，以便能够在财务报表中找到对该事项的详细描述。强调事项段应当仅提及已在财务报表中列报或披露的信息。

参考格式：

由于偏离适用的财务报告编制基础的规定导致的带强调事项段的保留意见审计报告

背景信息：

1. 对非上市实体整套财务报表进行审计。该审计不属于集团（即不适用《中国审计准则第 1401 号——对集团时务报表审计的特殊考虑》）。

2. 管理层按照企业会计准则编制财务报表。

3. 审计业务约定条款体现了《中国注册会计师审计准则第 1111 号——就审计业务约定条款达成一致意见》关于管理层对财务报表责任的描述。

4. 由于偏离企业会计准则的规定导致发表保留意见。

5. 适用的相关职业道德要求为中国注册会计师职业道德守则。

6. 基于获取的审计证据，根据《中国注册会计师审计准则第 1324 号——持续经营》，注册会计师认为可能导致对被审计单位持续经营能力产生重大疑虑的相关事项或情况不存在重大不确定性。

7. 在财务报表日至审计报告日之间，被审计单位的生产设备发生了火灾，被审计单位 已将其作为期后事项披露。根据注册会计师的判断，该事项对财务报表使用者理解财务报表至关重要，但在本期财务报表审计中不是重点关注过的事项。

8. 注册会计师未被要求，并且也决定不沟通关键审计事项。

9. 负责监督财务报表的人员与负责编制财务报表的人员不同。

10. 除财务报表审计外，按照法律法规的要求，注册会计师负有其他报告责任，且注册 会计师决定在审计报告中履行其他报告责任。

审 计 报 告

ABC 股份有限公司全体股东:

一、对财务报表出具的审计报告

（一）保留意见

我们审计了 ABC 股份有限公司（以下简称“ABC 公司”）财务报表，包括 202× 年 12 月 31 日的资产负债表，202× 年度的利润表、现金流量表、股东权益变动表以及相关财务表附注。

我们认为，除“形成保留意见的基础”部分所述事项产生的影响外，后附的财务报表在所有重大方面按照企业会计准则的规定编制，公允反映了 ABC 公司 202× 年 12 月 31 日的财务状况以及 202× 年度的经营成果和现金流量。

（二）形成保留意见的基础

ABC 公司 202× 年 12 月 31 日资产负债表中列示的以公允价值计量且其变动计入当期损 益的金融资产为 × 元，管理层对这些金融资产未按照公允价值进行后续计量，而是按照其历 史成本进行计量，这不符合企业会计准则的规定。如果按照公允价值进行后续计量，ABC 公司 202× 年度利润表中公允价值变动损益将减少 X 元，202× 年 12 月 31 日资产负债表中以公允价值计量且其变动计入当期损益的金融资产将减少 X 元。相应地，所得税、净利润和股东权益将分别减少 × 元、× 元和 × 元。

我们按照中国注册会计师审计准则的规定执行了审计工作。审计报告的“注册会计师对财务报表审计的责任”部分进一步阐述了我们在这些准则下的责任。按照中国注册会计师职业道德守则，我们独立于 ABC 公司，并履行了职业道德方面的其他责任。我们相信，我们获取的审计证据是充分、适当的，为发表保留意见提供了基础。

（三）强调事项——火灾的影响

我们提醒财务报表使用者关注，财务报表附注 × 描述了火灾对 ABC 公司的生产设备造成的影响。本段内容不影响已发表的审计意见。

（四）管理层和治理层对财务报表的责任

[按照《中国注册会计师审计准则第 1501 号——对财务报表形成审计意见和出具审计报告》的规定报告。]

（五）注册会计师对财务报表审计责任

[按照《中国注册会计师审计准则第 1501 号——对财务报表形成审计意见和出具审计报告》的规定报告。]

三、按照相关法律法规的要求报告的事项

[按照《中国注册会计师审计准则第 1501 号——对财务报表形成审计意见和出具审计报告》的规定报告。]

××会计师事务所　　　　　　中国注册会计师：×××（项目合伙人）
（盖章）　　　　　　　　　　（签名并盖章）
中国注册会计师：×××
（签名并盖章）
中国××市　　　　　　　　　二〇二×年×月×日

三、其他事项段

（一）其他事项段的含义

其他事项段是指在审计报告中含有的一个段落，该段落提及未在财务报表中列报或披露的事项，根据注册会计师的职业判断，该事项与财务报表使用者理解审计工作、注册会计师的责任或审计报告相关。

（二）需要增加其他事项段的情形

如果认为有必要沟通虽然未在财务报表中列报或披露，但根据职业判断认为与财务报表使用者理解工作、注册会计师的责任或审计报告相关的事项，在同时满足下列条件时，注册会计师应当在审计报中增加其他事项段：

（1）未被法律法规禁止。

（2）当《注册会计师审计准则第 1504 号——在审计报告中沟通关键审计事项》适用时，该事项未被确定为在审计报告中沟通的关键审计事项。

具体情形包括：

1．与使用者理解审计工作相关的情形

在及其特殊的情况下，即使由于管理层对审计范围施加的限制导致无法获取充分、适当的审计证据可能产生的影响具有广泛性，注册会计师也不能解除业务约定。在这种情况下，注册会计师可能认为有必要在审计报告中增加其他事项段，解释为何不能解除业务约定。

2．与使用者理解注册会计师的责任或审计报告相关的情形

法律法规或得到广泛认可的惯例可能要求或允许注册会计师详细说明某些事项，以进一步解释注册会计师在财务报表审计中的责任或审计报告。

3．对两套以上财务报表出具审计报告的情形

如果注册会计师已确定两个财务报告编制基础在各自情形下是可接受的，可以在审计报告中增加其他事项段，说明该被审计单位根据另一个通用目的编制了另一套财务报表以及注

册会计师对这些财务报表出具了审计报告。

4．限制审计报告分发和使用的情形

由于审计报告旨在提供给特定使用者，注册会计师可能认为在这种情况下需要增加其他事项段，说明审计报告只是提供给财务报表预期使用者，不应被分发给其他机构或人员或被其他机构或人员使用。

如果在审计报告中包含其他事项段，注册会计师应当将该段落作为单独的一部分，并使用“其他事项”或其他适当标题。

思考与练习

一、思考题

1. 期后事项的种类有哪些？

2. 什么是审计报告？审计报告的作用有哪些？

3. 审计报告的基本内容有哪些？

4. 非无保留审计意见的类型有哪些？

5. 注册会计师获取的书面声明有哪些？

二、判断题

1. 注册会计师对被审计单位财务报表发表的审计意见，是对被审计单位特定日期的财务状况和所审计期间经营成果和现金流量情况所做的绝对保证。（　　）

2. 将财务报表与审计报告一同提交给财务报表使用者，可以减少被审计单位管理层对财务报表的真实性、合法性所负的责任。（　　）

3. 对整套通用目的的财务报表出具的审计报告，审计报告的致送对象通常为被审计单位的总经理。（　　）

4. 审计报告的签署日期为审计报告完稿日期。（　　）

5. 由于审计范围受到委托人、被审计单位管理层或客观环境的严重限制，不能获取必要的审计证据，以致无法对财务报表整体反映发表审计意见时，注册会计师应当出具否定意见的审计报告。（　　）

6. 注册会计师明知应当出具否定意见的审计报告时，为了规避风险，可以用无法表示意见的审计报告来代替。（　　）

7. 无法表示意见就是审计人员不发表审计意见的情形。（　　）

8. 注册会计师签署审计报告的日期通常与管理层签署已审计财务报表的日期为同一天，或早于管理层签署已审计财务报表的日期。（　　）

9. 无法表示意见的审计报告包含关键审计事项部分。（　　）

10. 当被审计单位的异常诉讼结果存在不确定性时，注册会计师可能认为需要在审计报告中增加强调事项段。（　　）

三、单选题

1. 对于审计过程中累积的错报，下列做法中，正确的是（　　）。

A. 如果错报单独或汇总起来未超过实际执行的重要性，注册会计师可以不要求管

理层更正

B. 如果错报不影响确定财务报表整体的重要性时选定的基准，注册会计师可以不要求管理层更正

C. 如果错报单独或汇总起来未超过财务报表整体的重要性，注册会计师可以不要求管理层更正

D. 注册会计师应当要求管理层更正审计过程中累积的所有错报

2. 下列有关项目合伙人复核的说法中，错误的是（　　）。

A. 项目合伙人无须复核所有审计工作底稿

B. 项目合伙人通常需要复核项目组对关键领域所作的判断

C. 项目合伙人应当复核与重大错报风险相关的所有审计工作底稿

D. 项目合伙人应当在审计工作底稿中记录复核的范围和时间

3. 下列有关书面声明日期的说法中，错误的是（　　）。

A. 书面声明的日期不得早于财务报表报出日

B. 书面声明的日期不得晚于审计报告日

C. 书面声明的日期可以和审计报告日同一天

D. 书面声明的日期可以早于审计报告日

4. 下列有关审计报告日的说法中，错误的是（　　）。

A. 审计报告日可以晚于管理层签署已审计财务报表的日期

B. 审计报告日不应早于管理层书面声明的日期

C. 在特殊情况下，注册会计师可以出具双重日期的审计报告

D. 审计报告日应当是注册会计师获取充分、适当的审计证据，并在此基础上对财务报表形成审计意见的日期

5. 以下有关审计报告意见类型的说法中，错误的是（　　）。

A. 如果注册会计师无法获取充分、适当的审计证据以作为形成审计意见的基础，但认为未发现的错报对财务报表可能产生的影响重大，不具有广泛性，则应当出具保留意见的审计报告

B. 如果注册会计师无法获取充分、适当的审计证据以作为形成审计意见的基础，但认为未发现的错报对财务报表可能产生的影响重大且具有广泛性，则应当解除业务约定或出具无法表示意见的审计报告

C. 如果注册会计师无法获取充分、适当的审计证据以作为形成审计意见的基础，但认为未发现的错报对财务报表可能产生的影响重大且具有广泛性，则应当出具保留意见加其他事项段的审计报告

D. 如果注册会计师在获取充分、适当的审计证据后认为错报单独或汇总起来对财务报表的影响重大且具有广泛性，则应当出具否定意见的审计报告

6. 针对管理层应披露而未披露信息导致的财务报表重大错报，注册会计师以下做法中错误的是（　　）。

A. 与治理层讨论未披露信息的情况

B. 在形成非无保留意见的基础部分描述未披露信息的性质

C. 在意见段后增加其他事项段说明与未披露信息相关的重大错报

D. 如果可行并且已针对未披露信息获取了充分、适当的审计证据，在形成非无保留意见的基础部分包含对未披露信息的披露，除非法律禁止

7. 关于沟通关键审计事项的适用范围，以下说法中，错误的是（　　）。

A. 注册会计师应当在上市实体整套通用目的财务报表审计报告中沟通关键审计事项

B. 注册会计师应当在上市实体财务报表审计报告中增加关键审计事项部分

C. 根据委托方要求，注册会计师可以在审计报告中沟通关键审计事项

D. 根据注册会计师的决定，可以在审计报告中沟通关键审计事项

8. 可能导致注册会计师无法获取充分、适当的审计证据的具体情形，以下说法中，错误的是（　　）。

A. 被审计单位的会计记录已被毁坏

B. 重要组成部分的会计记录已被政府有关机构无限期地查封

C. 注册会计师针对存在舞弊风险的应收账款实施积极式询证函未能收到回函

D. 注册会计师确定仅实施实质性程序是不充分的，但被审计单位的控制是无效的

9. 下列各项中，注册会计师应当在审计报告中增加强调事项段的是（　　）。

A. 该事项未被确定为关键审计事项

B. 该事项未被确定为其他事项

C. 该事项未被确定为导致注册会计师发表非无保留意见的事项

D. 财务报表未按照通用目的编制基础编制，而是按照特殊目的编制基础编制

10. 针对在审计报告中增加其他事项段，以下说法中，错误的是（　　）。

A. 对两套以上财务报表出具审计报告的情形

B. 在其他事项段的事项，不能被确定为在审计报告中沟通的关键事项

C. 与限制审计报告分发和使用相关的事项，可以在审计报告其他事项段中说明

D. 被审计单位提前应用对财务报表有广泛影响的新会计准则，可以在审计报告其他事项段中说明

四、多选题

1. 下列有关期后事项审计的说法中，正确的有（　　）。

A. 期后事项是指财务报表日至财务报表报出日之间发生的事项

B. 期后事项是指财务报表日至审计报告日之间发生的事项，以及注册会计师在审计报告日后知悉的事实

C. 注册会计师仅需主动识别财务报表日至审计报告日之间发生的期后事项

D. 审计报告日后，如果注册会计师知悉某项若在审计报告日知悉将导致修改审计报告的事实，且管理层已就此修改了财务报表，应当对修改后的财务报表实施必要的审计程序，出具新的或经修改的审计报告

2. 下列各项中，注册会计师应当要求被审计单位管理层提供书面声明的有（　　）。

A. 管理层是否认为在作出会计估计时使用的重大假设是合理的

B. 管理层是否已向注册会计师披露了从现任和前任员工、分析师、监管机构等方面获知的、影响财务报表的舞弊指控或舞弊嫌疑

C. 管理层是否已向注册会计师披露了所有知悉的且在编制财务报表时应当考虑其影响的违反法律法规行为或怀疑存在的违反法律法规行为

D. 管理层是否认为未更正错报单独或汇总起来对财务报表整体的影响不重大

3. 关于项目组内部复核，下列说法中，正确的有（　　）。

A. 复核人员需要考虑是否需要修改，已提请进一步考虑

B. 复核人员需要考虑是否需要修改已执行审计工作的性质、时间安排和范围

C. 复核人员需要考虑审计工作是否已按照职业准则和适用的法律法规的规定执行

D. 审计项目组就具体审计业务对会计师事务所独立性作出评价及复核

4. 针对财务报表日至审计报告日之间发生的期后事项，下列说法中，正确的有（　　）。

A. 设计专门的审计程序识别这些期后事项

B. 不专门设计审计程序识别这些期后事项

C. 尽量在接近财务报表日实施针对期后事项的专门审计程序

D. 尽量在接近审计日实施针对期后事项的专门审计程序

5. 针对某一上市实体财务报表审计，下列情形中，注册会计师可以不在审计报告中描述某一关键审计事项的有（　　）。

A. 披露该事项会导致财务报表使用者预期未来财务业绩出现严重下滑

B. 被审计单位治理层或管理层不同意披露该事项

C. 法律法规禁止公开披露该事项

D. 在及其罕见的情况下，如果合理预期在审计报告中沟通该事项造成的负面后果超过在公众利益方面产生的益处，注册会计师确定不应在审计报告中沟通该事项

6. 针对关键审计事项的下列表述中，错误的有（　　）。

A. 如果确定不存在需要在审计报告中沟通的关键审计事项，则无须与被审计单位治理层沟通

B. 注册会计师应当从与治理层沟通过的事项，确定哪些事项对本期财务报表审计最重要，从而构成关键审计事项

C. 关键审计事项的应对以对财务报表整体进行审计并形成审计意见为背景，注册会计师不对关键审计事项单独发表意见

D. 如果被审计单位运用持续经营假设是适当的，但存在重大不确定性，且财务报表对重大不确定性已作出充分披露，注册会计师应当在审计报告中“关键审计事项”部分予以反映

7. 下列各项中，不在审计报告中“关键审计事项”部分表述的有（　　）。

A. 导致保留意见的事项　　B. 导致否定意见的事项

C. 财务报表辅助披露不充分　　D. 其他信息存在重大错报

8. 针对影响非无保留意见类型的事项，以下说法中，正确的有（　　）。

A. 导致非无保留意见的事项的性质包括财务报表存在重大错报以及在无法获取充分、适当的审计证据的情况下，财务报表可能存在重大错报

B. 导致非无保留意见的事项对财务报表产生或可能产生影响的广泛性既包括注册会计师已经查明的存在重大错报的广泛性，还包括存在重大错报但是审计范围

受到严重限制的广泛性

C. 如果涉及未披露事项，不会产生对财务报表广泛性的影响

D. 如果存在的错报不限于对财务报表的特定要素、账户或项目产生影响，则这些错报属于广泛性

9. 如果审计报告中包含强调事项段，下列各项措施中，注册会计师应当采取的有(　　)。

A. 如果在审计报告中包含其他事项段，注册会计师应当将该段落作为单独的一部分，并使用“其他事项”或其他适当标题

B. 如果拟在审计报告中包含其他事项段，注册会计师应当就该事项和拟使用的措辞与治理层沟通

C. 针对管理层未在财务报表中恰当列报的事项，注册会计师应当在审计报告其他事项段中披露

D. 在审计报告的其他事项段中提及的是未在财务报表中列报或披露的事项，且根据注册会计师的职业判断，该事项与财务报表使用者理解审计工作、注册会计师的责任或审计报告相关

10. 如果审计报告中包含强调事项段，下列各项措施中，注册会计师应当采取的有(　　)。

A. 指出审计意见没有因该强调事项而改变

B. 对财务报表附注中的内容进行补充披露

C. 将强调事项作为单独的一部分置于审计报告中，并使用包含“强调事项”术语的适当标题

D. 明确提及被强调事项以及相关披露的位置，以便能够在财务报表中找到对该事项的详细描述

五、综合题

1. ABC 会计师事务所的 A 注册会计师负责审计多家上市公司 2023 年度财务报表，遇到下列与审计报告相关的事项：

（1）甲公司管理层在 2023 年度财务报表中确认和披露了年内收购乙公司的交易。A 注册会计师将其作为审计中最为重要的事项与治理层进行了沟通，拟在审计报告的关键审计事项部分沟通该事项。同时，因该事项对财务报表使用者理解财务报表至关重要，A 注册会计师拟在审计报告中增加强调事项段予以说明。

（2）A 注册会计师无法就丙公司年末与重大诉讼相关的预计负债获取充分、适当的审计证据，拟对财务报表发表保留意见。A 注册会计师在审计报告日前取得并阅读了丙公司 2023 年度报告，未发现其他信息与财务报表有重大不一致或存在重大错报，拟在保留意见审计报告的其他信息部分说明无任何需要报告的事项。

（3）丁公司的某重要子公司因环保问题被监管部门调查并停业整顿。A 注册会计师将该事项识别为关键审计事项。因丁公司管理层未在财务报表附注中披露该子公司停业整顿的具体原因，A 注册会计师拟在审计报告的关键审计事项部分进行补充说明。

要求：针对上述事项，逐项指出 A 注册会计师的做法是否恰当。如不恰当，简要说明理由。

2. ABC 会计师事务所的 A 注册会计师负责审计多家上市公司 2023 年度财务报表，遇

到下列与审计报告相关的事项：

（1）A注册会计师对甲公司关联方关系及交易实施审计程序并与治理层沟通后，对是否存在未在财务报表中披露的关联方关系及交易仍存有疑虑，拟将其作为关键审计事项在审计报告中沟通。

（2）A注册会计师在乙公司审计报告日后获取并阅读了乙公司2023年年度报告的最终版本，发现其他信息存在重大错报，与管理层和治理层沟通后，该错报未得到更正。A注册会计师拟重新出具审计报告，指出其他信息存在的重大错报。

（3）ABC会计师事务所首次接受委托，审计丙公司2023年度财务报表。A注册会计师拟在审计报告中增加其他事项段，说明上期财务报表由前任注册会计师审计及其出具的审计报告的日期。

（4）丁公司2023年度发生重大经营亏损。A注册会计师实施审计程序并与治理层沟通后，认为可能导致对持续经营能力产生重大疑虑的事项或情况不存在重大不确定性。因在审计工作中对该事项进行过重点关注，A注册会计师拟将其作为关键审计事项在审计报告中沟通。

（5）戊公司管理层在2023年度财务报表附注中披露了2024年1月发生的一项重大收购。A注册会计师认为该事项对财务报表使用者理解财务报表至关重要，拟在审计报告中增加其他事项予以说明。

（6）A注册会计师认为，己公司财务报表附注中未披露其对外提供的多项担保，构成重大错报，因拟就己公司持续经营问题对财务报表发表无法表示意见，不再在审计报告中说明披露错报。

要求：针对上述第（1）~（6）项，逐项指出A注册会计师的做法是否恰当。如不恰当，简要说明理由。

第十六章 审计沟通

学习目标

了解注册会计师与治理层、管理层沟通的目的、内容；了解注册会计师在发现前任注册会计师审计的财务报表可能存在重大错报时应采取的措施；了解注册会计师与内部审计的沟通。

第一节 与内部审计及审计委员会或监事会的沟通

一、与内部审计的沟通

内部审计是指由被审计单位内部审计机构或人员，对其内部控制的有效性、财务信息的真实性和完整性及经营活动的效率和效果等开展的一种评价活动。被审计单位内部审计工作的某些部分可能有助于审计人员（即外部审计人员）的工作，审计人员应当考虑其是否有助于实施风险评估及修改或确定审计程序的性质、时间和范围。为此，审计人员应当考虑内部审计的职责范围、组织地位及其对客观性的影响，以及内部审计人员的专业胜任能力与应有的职业关注等重要因素，充分了解内部审计工作，合理评估内部审计职能，进而确定是否利用内部审计。

当计划利用内部审计工作时，审计人员应当考虑内部审计的工作计划，并尽早与内部审计人员进行沟通。如果内部审计工作是审计人员修改或确定审计程序的性质、时间和范围时考虑的一项因素，审计人员应当预先就以下事项与内部审计人员进行讨论与协调：审计工作的时间；审计覆盖的范围；重要性水平；拟确定的选取样本的方法；对已实施工作的记录；复核与报告程序等。此外，审计人员还应当获取相关的内部审计报告，并了解所有引起内部审计人员关注、可能影响审计人员工作的重大事项。当然，审计人员也应当将所有可能影响内部审计工作的重大事项告知内部审计人员。

需要指出的是，有效的内部审计通常有助于审计人员修改或确定审计程序的性质和时间，并缩小实施审计程序的范围，但不能完全取代审计人员应当实施的审计程序。在执行财务报表审计业务时，审计人员应当对与财务报表审计有关的所有重大事项独立作出职业判断，而不应完全依赖内部审计工作。审计人员应当对发表审计意见以及确定审计程序的性质、时间和范围独自承担责任，其责任不因为利用内部审计工作而减轻。

二、与审计委员会或监事会的沟通

如果被审计单位设有审计委员会或监事会，审计人员应着重与审计委员会（含独立董事）或监事会沟通。审计委员会系董事会下设的专门委员会，属专门会计机构，主要负责公司内部审计、外部审计的沟通、监督和核查工作，应对董事会负责，其提案提交董事会审议决定，并应配合监事会的监事审计活动。

董事会下属审计委员会在公司年报编制和披露过程中，应按照有关法律、行政法规、规范性文件和公司章程的要求，认真履行职责，勤勉尽责地开展工作，以充分发挥其对公司财务报告编制和披露的监督作用，维护审计的独立权威与公司的整体利益，保护全体股东的合法权益，并促进公司内部治理的健全和完善。在审计实务中，审计机构与审计委员会的相互沟通，贯穿于审计过程的始终。负责公司年度审计工作的审计机构应就年度财务报告审计工作的时间安排与审计委员会协商确定，审计委员会应督促审计机构在约定时限内提交审计报告，并以书面意见形成记录督促的方式、次数和结果，且由相关负责人签字确认。在审计人员进场后，审计委员会应加强与审计人员的沟通，并形成书面意见；在公司年度财务报告审计工作完成后，审计委员会应对年度财务报告进行审议和表决，形成决议后提交董事会审核，同时还应向董事会提交审计机构从事本年度公司审计工作的总结报告。当然，审计人员需考虑仅与审计委员会或监事会的沟通，是否足以履行其与治理层沟通的责任。在某项情况下，审计人员可能还需要与治理层整体进行沟通。

第二节　注册会计师与治理层的沟通

治理层是指对被审计单位战略方向以及管理层履行经营责任负有监督责任的人员或组织，治理层的责任还包括对财务报告过程的监督。管理层是指对被审计单位经营活动的执行负有管理责任的人员或组织，管理层负责编制财务报表，并受到治理层的监督。

现代企业普遍存在由于所有权和经营权的分离而引发的代理问题，部分公司还可能存在处于控制地位的大股东与中小股东之间的代理问题，因此，为了合理保证企业（公司）目标，包括中小股东在内的所有者（股东）价值最大化的实现，需要引入一系列的结构和机制，即公司治理。一般认为，公司治理主要解决的是股东、董事会和经理之间的关系（有时也包括控股股东与中小股东之间的关系）。

不同国家和地区之间，由于法律结构、经济体制、社会文化等方面的差别，其公司治理层也呈现出不同的模式和特点。即使在同一个国家和地区之内，由于企业组织形式、规模乃至经济成分的不同，其治理结构也不尽相同。

在公司治理所涉及的机构中，经理的主要职责是经营管理，因而属于管理层而非治理层（需要强调的是，《公司法》中所称的“经理”，指的是企业层次上的经营管理负责人，即通常所说的总经理。除了经理以外，管理层还包括副经理，以及相当于副经理职位的财务总监、总会计师等其他高级管理人员）。董事会的主要职责是制定战略、进行重大决策、聘任经理并对经营管理活动进行监督；监事会的主要职责是对公司财务以及公司董事会、经理的行为进行监督。因此，一般认为，董事会和监事会属于治理层。但是，在董事会中，往往不同程度地存在着董事兼任高级管理人员的情形，即治理层参与管理的情形。股东大会（股东会）一般具有选举董事和监事、进行重大决策以及审议批准公司财务预算、决算方案和利润分配（亏损弥补）方案等法定职责，因而显然属于重要的治理机构。但是由于它属于以会议形式存在的公司权力机关，并非常设机构，所以一般不把它列为注册会计师应予以沟通的治理层。但是，在有必要与治理层整体进行沟通的情况下，尤其是在公司章程规定对注册会计师的聘任、解聘由股东大会（股东会）决定时，注册会计师可能也需要与股东大会（股东会）进行沟通。

编制财务报告一般是企业管理层的责任，其具体工作由管理层领导下的财务会计部门承担。但是，对于财务报告的编制和披露过程，治理层负有监督职责。这种监督职责主要有：审核或监督企业的重大会计政策；审核或监督企业财务报告和披露程序；审核或监督与财务报告相关的企业内部控制；组织和领导企业内部审计；审核和批准企业的财务报告和相关信息披露；聘任和解聘负责企业外部审计的注册会计师并与其进行沟通等。

在不同的组织形式的主题中，治理层可能意味着不同的人员或组织。对于有限责任公司而言，其治理层一般是董事会（不设董事会时为执行董事）、监事会（不设监事会时为监事），在前面所述的特殊情形下，可能还涉及股东会；对于一个有限责任公司而言，其治理层一般为自然人或股东本人；对于国有独资公司而言，其治理层一般为董事会、监事会；对于股份有限公司而言，其治理层一般为董事会、监事会。上市公司董事会一般设有若干专门委员会，其中审计委员会的职责中通常包括与注册会计师的沟通。本节以治理结构比较健全的公司制企业为例进行说明，如果被审计单位是其他组织形式的主体，注册会计师参照公司制的情形，结合其具体特点进行判断。

被审计单位的治理层与注册会计师在财务报告编制过程中的监督和财务报表审计职责方面存在着共同的关注点，在履行职责方面存在着很强的互补性，这是注册会计师需要与治理层保持有效的双向沟通的根本原因。

注册会计师应当就与财务报表审计相关且根据职业判断认为与治理层责任相关的重大事项，以适当的方式及时与治理层进行明晰的沟通。这是注册会计师与治理层沟通的总体要求。“明晰的沟通”指沟通内容、沟通目标、沟通方式、沟通结果均要清晰明了，并且，在治理层建立这种有效的双向沟通关系时，注册会计师应当严格遵循中国注册会计师职业道德规范的要求，保持应有的独立性和客观性。注册会计师与治理层沟通的主要目的是：①就审计范围和时间以及注册会计师、治理层、管理层各方在财务报表审计和沟通中的责任，取得相互了解；②及时向治理层告知审计中发现的与治理层责任相关的事项；③共享有助于注册会计师获取审计证据和治理层履行责任的其他信息。

明确与管理层沟通的目的，有助于注册会计师全面理解与治理层进行沟通的必要性，意识到自己向治理层告知审计中发现的与治理层责任相关的事项的义务，定期与治理层就履行各自职责达成共识并共享信息。

一、沟通的对象

（一）总体要求

1. 确定沟通对象的一般要求

（1）确定适当的沟通人员。注册会计师应当确定与被审计单位治理结构中的哪些适当人员沟通，适当人员可能因沟通事项的不同而不同。

不同的被审计单位，适当的沟通对象可能不同。即使是同一家被审计单位，由于组织形式的变化、章程的修改或其他方面的变动，也可能使适当的沟通对象发生变动。

另外，由于沟通事项的不同，适当的沟通对象也会有所不同。尽管一般情况下适当的沟通对象可能是相对固定的，但是，针对一些特殊事项，注册会计师应当运用职业判断考虑是否应当与被审计单位治理结构中的其他适当对象进行沟通。例如，在上市公司审计中，有关注册会计师独立性问题的沟通，其沟通对象是被审计单位治理结构中有权决定聘任、解聘注册会计师的组织或人员。再如，有关管理层的胜任能力和诚信问题方面的事项，就不宜与兼任高级管理职务的治理层成员沟通。

（2）确定适当的沟通人员时应当利用的信息。在确定与哪些适当人员沟通特定事项时，注册会计师应当利用在了解被审计单位及其环境时获取的有关治理结构和治理过程的信息。通常，了解被审计单位的治理结构、组织形式，查阅被审计单位的章程、组织结构图，询问被审计单位的相关人员等，都有助于获取有关被审计单位治理结构和治理过程的信息，能够帮助注册会计师清楚地识别适当的沟通对象。

2. 需要商定沟通对象的特殊情形

一般而言，注册会计师通过了解，并运用职业判断，可以确定适当的沟通对象。通常，被审计单位也会指定其治理结构中相对固定的人员或组织（如审计委员会）负责与注册会计师进行沟通。如果由于被审计单位的治理结构没有被清楚地界定，导致注册会计师无法清楚地识别适当的沟通对象，被审计单位也没有清楚地界定，导致注册会计师无法清楚地识别适当的沟通对象，被审计单位也没有指定适当的沟通对象，注册会计师就应当尽早与审计委托人商定沟通对象，并就商定的结构形成备忘录或其他形式的书面记录。

3. 关于对了解的沟通对象进行印证的特别提示

需要特别提示的是，在实务中，由于一些企业的治理结构比较复杂，关于企业的治理结构还不够规范，不同被审计单位的治理结构相差也比较大，所以在首次接受审计委托时，或者在连续审计过程中被审计单位组织形式、组织结构发生变化的情况下，注册会计师在确定与被审计单位治理结构中的适当人员或组织沟通时，及时通过查阅被审计单位章程、组织结构图等文件资料能够获取有关被审计单位治理结构和治理过程的信息，最好通过询问委托人加以印证。例如，在同时设有审计委员会和监事会的公司，一般不需要同时与这两个组织进行沟通，此时就需要向委托人印证了解到的相关信息。当然，印证的结果可能是确定由其中的一个组织或固定人员与注册会计师沟通，也有可能是确定针对不同的事项分别由不同的组织或人员与注册会计师沟通。

如果印证后的结果与注册会计师通过查阅被审计单位章程、组织结构图等文件资料获取的了解差别很大，最好将印证的结果形成记录，并提请委托人确认。

（二）与治理层的下设组织或个人沟通

1．决定与治理层的下设组织或个人沟通时应当考虑的主要因素

通常注册会计师没有必要（实际上也不可能）就全部沟通事项与治理层进行沟通。适当的沟通对象往往是治理层的下设组织和人员，如董事会下设的审计委员会、独立董事、监事会，或者被审计单位特别指定的组织和人员等。

注册会计师在决定与治理层某下设组织或个人沟通时，应当考虑的主要因素包括下列内容：

（1）治理层的下设组织、个人以及治理层整体各自的责任。这种责任是确定适当沟通对象的直接依据。

（2）拟沟通事项的性质。不同性质的沟通事项，其适当的沟通对象可能并不相同。这就意味着，尽管核实的沟通对象可能是治理层下设的某个组织、某些人员，但是如果出现涉及内容和对象、重要程度等方面比较特殊的事项，可能需要适当改变沟通对象。

（3）法律法规的规定。法律法规可能会就治理结构、治理层下设组织和人员的职责做出规定，如有这方面的规定，注册会计师在确定适当的沟通对象时应当从其规定。

（4）下设组织或个人是否有权对沟通的信息采取措施，以及是否能够提供注册会计师可能需要的进一步信息和解释。对于需要通过与治理层沟通以寻求配合或解决问题的事项，注册会计师应当在合理考虑治理层的职责分工的基础上，选择有利于得到配合、有利于解决问题的适当的沟通对象。

（5）是否有必要将有关信息详尽或扼要地与治理层整体沟通。为了保证注册会计师在必要时能够与治理层整体进行沟通，注册会计师应当考虑在业务约定条款中明确与治理层整体直接沟通的权利。

2．被审计单位设有审计委员会或监事会的情形

由于在监督、检查公司财务方面，审计委员会和监事会都承担了相应的职责，如果被审计单位设有审计委员会或监事会，注册会计师应当着重与审计委员会或监事会沟通。

前已述及，在被审计单位同时设有审计委员会和监事会时，一般没有必要同时与审计委员会和监事会进行沟通。注册会计师可以针对被审计单位的具体情况，运用职业判断确定或与审计委托人商定应当与哪个组织进行沟通。与其商定的结果可能有三种，即：仅与审计委员会沟通，仅与监事会沟通，会根据沟通事项的性质分别与审计委员会和监事会沟通。

3．需要与治理层整体沟通的特殊情形

注册会计师应当根据沟通事项的性质，运用职业判断，考虑仅与审计委员会或监事会沟通是否足以履行其与治理层沟通的责任。对于一些影响特别重大、性质十分特殊的沟通事项，或者在与治理层下设组织、人员进行沟通无法达到沟通目的的情况下，注册会计师可能需要与治理层整体进行沟通。

如果注册会计师认为针对某个事项仅仅与审计委员会沟通可能是不够的，例如，发现管理层存在重大舞弊行为，就需要考虑与董事会整体进行沟通。在某些极其特殊的情况下，例如，发现管理层存在重大舞弊行为，而且被审计单位董事会中的大多数成员都兼任高级管理职务，或者董事会和监事会不仅抵制注册会计师的沟通，而且在出现意见分歧时以解聘注册会计师相威胁。在这种情况下，注册会计师可能需要与股东大会（即股东会）进行沟通。

4．集团审计的特殊情形

如果被审计单位是某集团的组成部分，注册会计师应当根据不同的业务环境和沟通事项，确定与哪些适当人员沟通。适当人员除了包括该组织部分治理层外，可能还包括集团治理层。例如，注册会计师在对集团中某子公司的财务报表进行审计时，可能由于业务约定条款的特殊规定，或者拟沟通事项涉及集团，而不仅需要与被审计单位（即其下设组织、人员）进行沟通。

（三）与管理层沟通

1．注册会计师与管理层的沟通

在财务报表审计中，由于编制财务报表是管理层的责任，财务报表是管理层在治理层的监督下编制的。因此，在审计中，注册会计师应当就财务报表审计相关事项与管理层讨论，包括讨论审计准则规定的与治理层沟通的相关事项。

注册会计师在根据审计准则的规定与治理层沟通特定事项前，通常先与管理层进行讨论，除非这些事项不适合与管理层讨论。注册会计师与管理层的这些讨论，不仅有利于明确对被审计单位经营管理活动的执行责任，尤其是管理层编制财务报表的责任，还能够澄清注册会计师所关注的或者期望通过沟通加以解决的一些事实和问题，并使管理层有机会提供进一步的信息和解释，或者采取相应的措施。

不适合与管理层讨论的事项包括管理层的胜任能力和诚信问题等。对于审计中涉及管理层的胜任能力和诚信问题的沟通事项，由于管理层就是这些事项的直接当事人，注册会计师应当直接与治理层沟通，并根据问题的严重程度确定是否有必要与治理层整体进行沟通。

如果被审计单位设有内部审计职能，包括内部审计部门或专门的内部审计人员，注册会计师可以在与治理层沟通特定事项前，先与内部审计人员讨论有关事项。这有助于获取更充分的信息和更全面的了解，甚至促使内部审计部门或人员采取相应的措施，有利于提高与治理层沟通的效率和充分性。

如果管理层或内部审计人员的意见及拟采取的措施有助于治理层了解特定事项，注册会计师应当考虑将这些意见和措施包括在与治理层的沟通中。

2．管理层与治理层的沟通和注册会计师与治理层的沟通之间的关系

对于注册会计师的责任、计划的审计范围和时间、审计工作中发现的问题以及注册会计师的独立性这四类注册会计师应当直接与治理层沟通的事项而言，管理层就这些事项与治理层的沟通，并不能减轻注册会计师就这些事项与治理层沟通的责任。这就意味着，无论管理层是否与治理层进行过沟通，注册会计师都应当直接就这些事项与治理层进行沟通。但是，管理层就这些事项与治理层所作的沟通，可能会影响注册会计师就这些事项与治理层沟通的方式或时间。例如，当注册会计师确信管理层已经就某个问题与治理层作过有效沟通时，在直接与治理层就同一问题进行沟通时，就可以采取简要沟通的方式。

对于审计准则规定注册会计师应当主要与治理层沟通的补充事项而言，如果管理层已与治理层沟通，而且注册会计师认定管理层与治理层所作的沟通是有效的，那么注册会计师无

须再就这些事项与治理层沟通。这样做是考虑到补充事项的性质和沟通要求，为了避免不必要的重复，合理地提高审计工作的效率。

（四）治理层全部参与管理的情形

1．治理层全部参与管理的情形下的沟通要求

在治理层全部参与管理的情况下，如果就审计准则要求沟通，且这些人同时负有管理责任，注册会计师无须就这些事项再次与负有治理责任的相同人员沟通。

除非被审计单位治理层全部参与管理，监督与管理没有分离，否则，注册会计师还应当与治理层直接沟通下列事项：①根据执业需要认为需要提请治理层注意的管理层声明；②已与管理层讨论或书面沟通的，审计中发现的重大事项。

2．治理层全部参与管理情形下对沟通充分性的考虑

如果治理层全部参与管理，注册会计师仍应考虑负有管理责任人员的沟通能否向所有治理责任的人员充分传递应予沟通的内容。例如，假设某被审计单位是家族控股的公司，公司的所有董事均是家族成员，并且都担任高级管理职务。某些董事（如兼任分管市场营销的副总经理的董事）可能并不知道注册会计师与其他董事（如兼任分管财务会计的副总经理的董事）讨论的重要事项。此时对于一些有必要与董事会全体成员沟通的重要事项，仅仅与某位董事进行沟通是不够的，还需要与其他董事进行沟通，以达到与治理层沟通的目的。

二、沟通的事项

（一）沟通事项的基本内容

注册会计师应当直接与治理层沟通的事项包括：①注册会计师的责任；②计划的审计范围和时间；③审计工作中发现的问题；④注册会计师的独立性。注册会计师还应当与治理层沟通的事项包括：①要求和商定沟通的其他事项；②补充事项。

（二）注册会计师的责任

1．注册会计师对财务报表的责任

对于自身与财务报表审计相关的责任，注册会计师应当直接与治理层沟通。而且，由于这项沟通的内容十分重要，所以注册会计师通常考虑将它包含在审计业务约定书中，即在审计业务约定书中清楚地载明注册会计师与财务报表审计相关的责任。

不仅如此，在就自身与财务报表审计相关的责任与治理层进行沟通时，注册会计师应当向治理层说明，注册会计师的责任是对管理层在治理层监督下编制的财务报表发表审计意见，对财务报表的审计并不能减轻管理层和治理层的责任。清楚地说明上述内容，有利于分清注册会计师的责任和被审计单位的责任，避免不必要的误解和纠纷。

2．注册会计师与治理层沟通的责任

除了清楚地说明注册会计师对财务报表的责任以外，注册会计师还应当就自身与治理层沟通的责任与治理层进行沟通，使治理层清楚地了解注册会计师所负有的与治理层沟通方面的责任。注册会计师在这方面应与治理层沟通的事项包括下列内容：

（1）注册会计师有责任按照审计准则的规定执行审计业务，发表审计意见；审计准则要求沟通的事项包括财务报表审计中发现的且与治理层履行对财务报告过程监督职责相关的重大事项。

（2）审计准则并不要求注册会计师专门为识别与治理层沟通的补充事项设计程序，但如果注册会计师注意到根据其职业判断认为重大且与治理层责任相关的补充事项，并且这些事项没有通过其他渠道与治理层作过有效沟通，注册会计师应当就这些事项与治理层沟通。

（3）如果存在要求和商定沟通的其他事项，注册会计师还有责任就这些事项与治理层沟通。

就以上事项进行的沟通，能够让治理层建立合理的沟通期望，避免出现治理层不愿意与注册会计师进行沟通或者要求注册会计师作超出上述范围的沟通等情况。

3. 沟通形式

注册会计师就自身与财务报表审计相关的责任与治理层进行的沟通，必须是直接的沟通。通常情况下，关于注册会计师审计责任方面的内容，应当作为业务约定条款载入审计业务约定书中。关于注册会计师与治理层沟通责任方面的内容，如果注册会计师认为通过口头形式能够让治理层很好地了解注册会计师的沟通责任，就完全可以通过口头形式进行沟通。

（三）计划的审计范围和时间

1. 就计划的审计范围和时间进行沟通的总体要求

注册会计师应当就计划的审计范围和时间直接与治理层作简要沟通。这项需求体现了履行沟通义务与保持应有的职业谨慎之间的权衡关系，需要注册会计师合理把握沟通的尺度。之所以要沟通这项内容，是因为注册会计师有义务让治理层大致了解审计的范围和时间安排，而且适度的沟通也有利于取得治理层的必要理解与配合。之所以强调要作简要沟通，是因为如果就审计范围和时间过于全面、具体的沟通，就可能导致被治理层尤其是承担管理责任的治理层事先预见，从而损害审计工作的有效性。

2. 就计划的审计范围和时间应当考虑与治理层沟通的事项

有关计划的审计范围和时间，注册会计师应当考虑与治理层沟通下列事项：

（1）注册会计师拟如何应对由于舞弊或错误导致的重大错报风险。对于这项内容，注册会计师可以简明扼要地向治理层介绍错误与舞弊、重大错报风险的概念，以及《中国注册会计师审计准则第 1231 号——针对评估的重大错报风险实施的程序》和《中国注册会计师审计准则第 1141 号——财务报表审计中对舞弊的考虑》等相关准则规定的对于舞弊或错误导致的重大错报风险进行评估和应对的基本审计程序。

（2）注册会计师对与审计相关的内部控制采取的方案。对于这项内容，注册会计师可以简明扼要地向治理层介绍了解内部控制、控制测试、综合性方案和实质性方案等基本概念。

（3）重要性的概念，但不宜涉及重要性的具体底线或金额。对于这项内容，注册会计师应当根据《中国注册会计师审计准则第 1221 号——重要性》等相关准则的规定，着重解释重要性的基本含义，说明就重要性做出判断的同时考虑了数量和性质因素。

（4）审计业务受到的限制或法律法规对审计业务的特定要求。例如，在审计金融机构时，注册会计师应当向治理层说明银行监管机构对金融企业审计的特殊要求，包括要求注册会计师就审计中发现的某些事项直接与银行监管机构沟通方面的规定。

（5）注册会计师与治理层商定的沟通事项的性质。例如，某个商定沟通事项超出了审计准则规定的范围，或者需要注册会计师涉及和实施专门的程序才能发现。

3．就计划的审计范围和时间可以考虑与治理层讨论的事项

就计划的审计范围和时间，注册会计师可以考虑与治理层讨论下列事项：

（1）当被审计单位设有内部审计职能时，注册会计师拟利用内部审计工作的范围，以及双方如何更好地协调和配合工作。对于这项内容，注册会计师应着重向治理层介绍利用被审计单位内部审计部门或人员的必要性、拟利用的范围，力求取得治理层的充分理解和密切配合。

（2）治理层对内部控制和舞弊的态度、认识和措施。对于这项内容，注册会计师可以通过询问或其他方式，向治理层进行了解。了解这些内容，对于注册会计师有针对性地设计风险评估程序和进一步审计程序很有帮助。

（3）与拟实施的审计程序相关的事项。这些程序是在法律法规和审计准则的规定之外、治理层或管理层要求实施的。对于这项内容，注册会计师可以简要地向治理层介绍这些程序的性质、可能引起的工作量增加以及要求得到的特殊配合等事项。

（4）治理层对会计准则和相关会计制度以及与财务报表相关的法律法规和其他事项等方面的变化做出的反映。对于这项内容，注册会计师应当着重针对法律法规、制度、准则方面的变化，了解治理层准备或已经采取了哪些措施。了解这方面的内容，有利于注册会计师有针对性地测试设计变更的领域。

（5）治理层对以前的沟通如何做出反应，对于这项内容，注册会计师可以针对以前的治理层沟通的具体事项，了解治理层有没有采取相应的措施，其进展或结果如何。

需要指出的是，就这些事项进行讨论的主要目的在于获取一些有用的信息，以便注册会计师能够更好地计划审计范围和时间。此外，对于一些特殊情形或事项酌情与治理层进行讨论，也有助于治理层了解计划的审计范围和时间的某些特殊要求。

4．就计划的审计范围和时间还可以考虑与治理层讨论的事项

就计划的审计范围和时间，注册会计师还可以考虑就治理层对下列事项的看法与其进行讨论：

（1）与治理结构中的哪些适当人员沟通。即与治理层讨论在与其沟通特定事项时，适当的沟通对象是哪些组织或人员。就治理层对适当沟通对象的看法与其进行讨论，有利于注册会计师合理地制定沟通计划，就特定沟通事项明确适当的沟通对象。

（2）治理层和管理层责任的划分。即与治理层讨论治理层认为其自身以及管理层各自所应承担的职责。讨论这方面的事项，有利于注册会计师更好地就与治理层沟通的工作作出安排。

（3）被审计单位的目标、战略以及可能导致财务报表发生重大错报的相关经营风险。即与治理层讨论治理层对被审计单位目标、战略的看法，以及治理层认为哪些经营风险可能会导致财务报表发生重大错报。这些方面的讨论可能有利于注册会计师设计程序去充分了解被审计单位的战略和经营风险，进而评估相关的重大错报风险。

（4）治理层认为审计中应该特别注意的事项，以及需要采取额外程序的领域。即通过与治理层的讨论，了解治理层需要注册会计师在审计过程中特别注意的事项和采取额外程序的

领域。这方面的讨论可能有利于注册会计师明确审计的重点领域。

（5）与监管机构沟通的重大事项。即与治理层讨论注册会计师需要与监管机构就哪些重大事项进行沟通。此时，需要注意的是，注册会计师不仅需要了解治理层对这一问题的看法，而且有必要向治理层说明相关法规和审计准则对注册会计师与监管机构沟通的规定和要求。

（6）治理层认可可能会影响财务报表审计的事项。了解治理层对可能会影响财务报表审计的事项的看法，有利于注册会计师在计划审计工作时合理地考虑这些事项。

总之，充分了解治理层对以上各方面问题的看法，有助于注册会计师更好地计划和实施审计工作，更好地与治理层沟通。

5．关于计划责任的特别强调

尽管与治理层的沟通有助于注册会计师了解相关信息，更好地计划审计范围和时间，但是并不改变注册会计师独自承担制定总体审计策略和具体审计计划的责任。因此，注册会计师应当在此基础上，按照审计准则的要求，运用职业判断，自行制定合理可行的总体审计策略和具体审计计划。

（四）审计工作中发现的问题

审计工作中发现的问题可以分成以下两类：

1．应当就审计工作中发现的问题直接沟通的事项

这类事项被称为第一类沟通事项，是审计准则规定的注册会计师应当就审计工作中发现的问题与治理层直接沟通的事项，即无论治理层是否全部参与管理，注册会计师均应就审计过程中发现的问题与治理层直接沟通的事项。

（1）注册会计师对被审计单位会计处理质量的看法。主要指被审计单位选用的会计政策、做出的会计估计和财务报表的披露等重要会计处理的质量和可接受性。

在审计过程中，如果对某项重大的会计处理质量有看法，注册会计师一般首先向管理层说明理由，并在必要时提请更正。如果不恰当的会计处理未予更正，注册会计师应当考虑该事项对本期和未来期间财务报表的影响，以及对审计报告的影响。并将这种影响告知治理层。例如，注册会计师在审计过程中发现被审计单位对某类业务所采用的收入确认政策不符合现行会计准则的规定，可能夸大当年营业收入，从而虚增当年利润。此时，注册会计师应当与管理层进行沟通，认为如果不对这项会计政策进行更正并对该类业务全面做出调整，将会发生当年财务报表的重大错报，视其程度应当出具保留意见甚至否定意见的审计报告。注册会计师应当将上述情况以及可能的后果告知治理层。

（2）审计工作中遇到的重大困难。这些重大困难可能包括下列内容：

①管理层提供审计所需信息时出现严重拖延。例如，注册会计师可能要求查阅某项重大交易的合同和相关的核准审批文件，但是，管理层一拖再拖，不能及时提供。

②不合理地要求缩短完成审计工作的时间。过分缩短审计工作的时间可能导致注册会计师无法严格执行计划的审计程序，难以获取成分、适当的审计证据，进而不能实现审计目标。

③为获取充分、适当的审计证据需要付出的努力远远超过预期。例如，被审计单位的某个业务事项十分复杂，涉及核对不同的主题和地区，可能会导致注册会计师获取审计证据的难度和所需要花费的工作量大大超出预期水平。

④无法获取预期的证据。例如，对应收账款进行函证收到的回函太少。

⑤管理层对注册会计师施加的限制。例如，管理层阻止注册会计师与被审计单位内部审计机构接触，或者不允许注册会计师实地察看生产经营场所等。

⑥管理层不愿按照注册会计师的要求对持续经营能力做出评估，或拒绝将评估期间延伸至资产负债表日起的 12 个月。按照《中国注册会计师审计准则第 1324 号——持续经营》规定，管理层对持续经营能力的评估是注册会计师考虑持续经营假设的一个重要组成部分，注册会计师应当评价管理层对持续经营能力做出的评估，并且应当确定管理层评估持续经营涵盖的期间是否符合适用的会计准则和相关会计制度的规定，即自资产负债表日起的 12 个月。

在某些情况下，上述困难可能构成对审计范围的限制，致使注册会计师无法获得充分、适当的审计证据，注册会计师应当根据其重要程度和影响，根据相关审计准则的规定，出具保留意见或无法表示意见的审计报告。

（3）尚未更正的错报，除非注册会计师认为这些错报明显不重要。对于未更正的重大错报，注册会计师应当逐笔与治理层沟通。对更正的大量小额错报，基于重要性和沟通效率两个方面的考虑，注册会计师可以向治理层提供列明这些错报的笔数和累计影响额的汇总表，而不必沟通每笔错报的细节。这里需要注意的是，对于大量重复发生的小额错报，不能因为单笔的金额都很小，就认为它们不重要而不予沟通，而应当采用汇编汇总表的方式进行沟通，以引起治理层的注意，并提请更正。

注册会计师应当考虑与治理层讨论未能更正错报的原因及其影响，包括对未来财务报表可能产生的影响。例如，注册会计师在审计中发现临近会计期末的一笔不符合收入确认条件的销售收入，其金额比较重大，提请被审计单位更正，但由于管理层拒绝而没有得到更正。对此，注册会计师除了应当按照前文的要求与治理层沟通这笔重大错报以外，还应当考虑与治理层作进一步讨论。讨论的内容包括：这笔重大错报因与管理层存在意见分歧而没有得到更正；由于没有更正这笔错报，将会导致虚列本期营业收入，从而虚增利润，同时多交税金；由于这笔销售收入并未真正实现，可能会影响下一年度期初的会计处理，或者在下一年度销售实现时反而不能确认营业收入，从而影响下一会计年度的利润水平。

有时，注册会计师与治理层沟通并提请更正的重大错报可能没有得到更正。对此，为了降低发生误解的可能性，注册会计师可以要求治理层提供书面声明，说明已引起治理层注意的错报没有得到更正的原因。取得这种声明的目的，在于以书面的形式确认治理层已经通过与注册会计师的沟通获悉了该项错报，并清楚地反映出该项错报为什么没有得到更正。但是，即使注册会计师从治理层那里获取了这种书面声明，也并不能减轻注册会计师对未更正错报的影响形成结论的责任，即注册会计师仍然必须根据该项错报的性质和金额，以及对财务报表整体的影响程度，独立地决定是否应当出具保留意见或否定意见的审计报告。

（4）审计中发现的、根据职业判断认为重大且与治理层履行财务报告过程监督责任直接相关的其他事项。这些事项包括已更正的、含有已审计财务报表的文件中的其他信息存在的对事实的重大错报或重大不一致。

2．治理层并非全部参与管理时还应当直接沟通的事项

这类事项被称为第二类沟通事项，是指审计准则规定的除非治理层全部参与管理，注册会计师还应当与治理层直接沟通的事项。

对于第一类沟通事项，无论治理层是否全部参与管理，注册会计师均应与治理层直接沟通。而在治理层并非全部参与管理的情况下，注册会计师还应当就此处所讲的第二类沟通事项，直接与治理层沟通。当然，如果治理层全部参与管理，再与治理层沟通第二类事项就没有实际意义了。

第二类沟通事项包括下列内容：

（1）根据职业判断认为需要提请治理层注意的管理层声明。如果出现下列情形，注册会计师应当就管理层声明中的相关事项提请治理层注意。

①除管理层声明之外的审计证据很少。管理层声明是来自被审计单位内部的审计证据，如果缺乏其他审计证据的佐证，其证明力往往较弱，此时，注册会计师应当提请治理层注意。

②相关的会计处理可能会因被审计单位意图的不同而不同。对于一些业务事项而言，被审计单位的意图会影响业务的分类以及会计确认、计量和报告。例如，购买有价证券的目的是持有至到期还是为了从短线交易中获利，不同的目的会导致不同的会计处理。如有此类情形，注册会计师应当提醒治理层注意。

③管理层对做出注册会计师要求的声明很勉强。如果出现这种情形，可能表明管理层不太愿意就相关事项明确自己的立场和责任，其背后可能潜藏着导致财务报表重大错报的风险，因此，注册会计师应当提醒治理层注意。

④管理层声明与其他审计证据不符。如果出现这种情形，可能表明管理层不可信，要么意味着其他审计证据有问题。在其他审计证据的证明力更强且相互印证时往往说明管理层声明不实。因此，如果管理层声明与其他审计证据不符，注册会计师应当提醒治理层注意。

在某些情况下，例如，有充分的证据表明管理层声明存在严重问题，或者就某一重要事项除管理层声明外没有其他审计证据等，注册会计师应当向治理层提供完整的管理层声明书副本。此时，注册会计师应当明确列示根据职业判断认为需要提请治理层关注的事项，以便引起治理层的高度关注，并寻求进一步的适当措施。

（2）已与管理层讨论或书面沟通的、审计中发现的重大事项。如果治理层并非全部参与管理，针对审计中发现的已与管理层讨论或书面沟通的重大事项，注册会计师应当直接与治理层沟通。这些事项包括下列内容：

①管理层已更正的错报。这些错报虽然已经更正，但是，相对于治理层监督财务报告过程的职责而言，知悉这些已更正的错报，对于治理层了解相关情况和采取相应措施避免今后出现类似问题是有积极意义的。此外，发现并要求管理层更正这些错报，是注册会计师执行审计工作的重要成果，有必要让治理层了解。

②对管理层就会计或审计事项向其他专业人士进行咨询的关注。有时，管理层可能会就会计或审计事项向其他专业人士（如其他注册会计师）征询意见。尤其是在管理层与注册会计师就某些会计和审计问题的看法发生分歧时，管理层这么做的可能性更大。注册会计师在审计过程中应当形成自己独立的判断，不应受到这些专业咨询意见的干扰。此外，这类情况一旦涉及其他注册会计师，往往还会牵扯到注册会计师职业道德守则中对同行的责任方面的有关要求。如果出现这类情况，注册会计师应当关注，并就此与治理层沟通。

③管理层在首次委托或连续委托中，就会计准则和审计准则应用、审计或其他服务费用与注册会计师进行讨论或书面沟通。

让治理层了解这些内容，有利于注册会计师更好地开展审计工作，也有利于治理层更好地履行监督财务报告过程的职责。

（五）注册会计师的独立性

如果被审计单位是上市公司，注册会计师应当就独立性与治理层直接沟通。这是因为，在上市公司审计中注册会计师的独立性具有十分突出的重要意义，同时它也是治理层必须密切关注的重要问题。就注册会计师的独立性进行沟通，沟通的适当对象通常是上市公司的审计委员会，沟通的事项包括下列内容：

（1）就审计项目组成员、会计师事务所其他相关人员以及会计师事务所按照法律和职业道德守则的规定保持了独立性做出声明。这种声明有助于治理层了解注册会计师的独立性，明确注册会计师保持自身独立性的责任。

（2）根据职业判断，注册会计师认为会计师事务所与被审计单位之间存在的可能影响独立性的所有关系和其他事项，其中包括会计师事务所在财务报表涵盖期间为被审计单位和受被审计单位控制的组成部分提供审计、非审计服务的收入总额。因为这些服务收费是判断注册会计师与被审计单位之间是否存在损害独立性的利益冲突的重要参考。在就相关收费与治理层沟通时，应将这些收费按照适当的方式合理分类，以便治理层评估其对注册会计师独立性可能产生的影响。

（3）为消除对独立性的威胁或将其降至可接受水平，已经采取的相关防护措施。可能损害独立性的因素包括经济利益、自我评价、关联关系和外界压力等。会计师事务所从整体上维护独立性的措施主要包括：会计师事务所的高级管理人员重视独立性，并要求审计项目组成员保持独立性；制定有关独立性的政策和程序，包括识别损害独立性的因素、评价损害的严重程度以及采取相应的防护措施；建立必要的监督及惩戒机制以促使有关程序的落实；及时向所有高级管理人员和员工宣传有关政策和程序。在承办具体审计业务时，维护独立性的措施主要包括：安排审计项目组以外的注册会计师进行复核；定期轮换项目负责人及签字注册会计师；与被审计单位的治理层讨论独立性问题；向被审计单位的治理层告知服务性质和收费范围；制定确保审计项目组成员不代替被审计单位行使管理决策或承担相应责任的政策和程序；将独立性受到威胁的审计项目组成员调离项目组。当维护措施不足以消除损害独立性因素的影响或将其降至可接受水平时，会计师事务所应当拒绝承接业务或解除业务约定。

如果被审计单位是非上市公司，当可能涉及重大的公众利益，注册会计师应当考虑上述针对上市公司的有关注册会计师独立性的沟通事项是否使用。银行业、非银行金融机构、保险公司、公用事业、公益事业等领域的被审计单位，一般会涉及重大的公众利益。此时，有利害关系的公众可能会十分关注注册会计师的独立性。因此，注册会计师判断，确定是否需要就自身的独立性与治理层进行沟通。当然，如果治理层的全体成员通过参与管理活动已经知悉了相关情况，尤其是在注册会计师及其所在的会计师事务所与被审计单位除了财务报表审计之外没有其他往来时，就没有必要与治理层就注册会计师的独立性进行沟通。

如果出现了违反与注册会计师独立性有关的职业道德守则的情形，注册会计师应当尽早就该情形及已经或拟采取的补救措施与治理层直接沟通，以便治理层了解相关的情况，评价因此可能带来的后果，并决定是否必要采取相应的措施。

（六）要求和商定沟通的其他事项

要求和商定沟通的其他事项包括两类，即法律法规和《中国注册会计师审计准则第1151号——与治理层的沟通》（以下简称与治理层的沟通准则）以外的其他审计准则要求沟通的事项，以及与被审计单位治理层或管理层商定沟通的事项。

1．要求沟通的其他事项

如果法律和其他审计准则要求注册会计师与治理层沟通特定事项，注册会计师应当按照规定的要求予以沟通。

2．商定沟通的其他事项

与治理层或管理层商定沟通的事项是指在法律法规和审计准则的规定之外，注册会计师与治理层或管理层特别商定予以沟通的事项。与治理层或管理层商定沟通的事项可能与治理层对财务报告过程的监督责任相关（例如，治理层可能要求注册会计师单独就其正在使用的会计信息系统设计和使用中的问题进行沟通），也可能与治理层的其他责任相关（例如，治理层可能要求注册会计师单独就销售部门内部控制的执行情况进行沟通）。在某些情况下，可能要求注册会计师实施额外程序识别这些事项。例如，要求注册会计师报告某一高级管理人员越权签批的经费开支，可能要求注册会计师在正常的控制测试之外，专门针对该高级管理人员签批的经费开支单据进行全面的权限控制检查。在其他情况下，可能仅要求注册会计师就财务报表审计中注意到的某些特殊事项进行沟通。

注册会计师与治理层或管理层商定沟通的事项，一般应载入业务约定书中。

（七）补充事项

1．补充事项的内容

通常，如果存在审计准则未作要求但同时符合下列条件的事项，注册会计师应当将其作为补充事项与治理层沟通：

（1）已引起注册会计师注意的事项。注册会计师没有义务专门设计和执行程序去发现和查找补充事项，但应就已经引起注册会计师注意的一些补充事项与治理层进行沟通。

（2）根据职业判断认为与治理层的责任关系重大，且管理层或其他人员尚未与治理层有效沟通的事项。常规性的事项无须沟通，只有那些对于治理层对被审计单位的监督（主要针对被审计单位的战略方面和与被审计单位的经管责任相关的义务）而言很重要的事项才需要沟通。这些事项可能的例子包括：高级管理层未经适当授权做出的重大决策或行动，以及治理结构或过程的重大失效。如果注册会计师通过检查相关的董事会会议记录和纪要，认为管理层就这些事项进行的沟通有效并令人满意，那么就不需要就他们直接与治理层沟通。

2．补充事项的来源

补充事项可能是注册会计师在财务报表审计中发现的，但与治理层对财务报告构成的监督并不直接相关的事项，如在审计过程中发现的未经授权的决策；也可能是通过审计以外的其他方式注意到的事项，如通过媒体注意到的事项。

3．就补充事项进行沟通的特别提示

除非法律法规或协议要求执行审计程序以确定是否发生了补充事项，注册会计师在与治理层沟通这些事项时，应当使其了解下列内容：

（1）识别补充事项只是审计的副产品，注册会计师除为形成审计意见实施必要程序外，没有实施额外程序以确定这些事项。

（2）没有专门实施程序以确定是否还存在与已沟通事项性质相同的其他事项。

（3）除不适合与管理层讨论的事项外，已就补充事项与管理层进行讨论。

这些提示对于治理层确定合理的期望至关重要，也可以避免注册会计师与治理层之间就补充事项的沟通产生不必要的误解。

三、沟通的过程

（一）总体要求

确定沟通过程的主要目的在于确定与治理层沟通的形式和时间。注册会计师应当根据被审计单位的规模、治理结构、治理层的运作方式以及对拟沟通事项重要程度的看法等因素，合理确定沟通过程。

通常，被审计单位的规模越大、公司治理越健全、治理层的运作越规范，对注册会计师与治理层沟通在形式上的重视程度和沟通的频率等方面的要求越高；拟沟通的事项越重要，对沟通的详略程度和及时性等方面的要求越高。当然，注册会计师与上市公司治理层的沟通，通常要比非上市的中小型被审计单位治理层的沟通更为正式和频繁。

（二）取得相互了解

注册会计师应当就沟通的形式、时间和沟通的基本内容与治理层取得相互了解。如何取得这种相互了解，可能会受到被审计单位的规模、治理结构和治理层运作方式的影响。如果注册会计师与治理层难以取得相互了解，可能表明注册会计师与治理层之间的双向沟通是无效的，从而难以实现沟通目的。

注册会计师可能需要与治理层讨论的事项包括下列内容：

（1）沟通目的。如果目的明确，注册会计师和治理层就相关问题以及针对沟通过程拟采取的措施取得相互了解会更加容易。

（2）沟通形式。与治理层就沟通形式进行讨论，有利于合理确定拟采取的沟通形式，或对沟通形式进行必要的调整，同时也有利于得到治理层的理解和配合。

（3）就特定事项拟参与沟通的审计项目组和治理层成员。这方面的讨论有利于双方合理确定参与沟通的人员，以及找到适当的沟通对象。

（4）注册会计师对沟通的期望。这种期望一般包括：期望沟通是双向的，希望治理层愿意就他们认为与审计相关的内容（例如，可能对审计程序的性质、时间和范围产生重大影响的战略决策，对舞弊的怀疑和检查，以及对管理层的诚信或胜任能力的关注）与注册会计师进行沟通。

（5）注册会计师对沟通事项拟采取措施并予以反馈的过程。讨论该事项有利于让治理层了解注册会计师如何对沟通事项作出反应。

（6）治理层对沟通事项采取措施并予以反馈的过程。要使该事项有利于让注册会计师知悉治理层如何对沟通事项作出反应。

（7）除法律和审计准则的规定外商定的其他沟通责任。对于商定的沟通事项而言，双方应就注册会计师所承担的超出法律法规和审计准则规定的其他沟通责任展开讨论并达成共识，以免引起不必要的误解和纠纷。

注册会计师应当考虑是否在审计业务约定书中强调上述事项。如果商定沟通的事项中存在超出法律法规和审计准则规定的其他沟通责任，注册会计师一般应将商定事项和相关责任方面的内容载于业务约定书中。此外，关于上述问题，如果经过讨论达成的结论与常规做法的差别较大，或者达成一致意见以前在讨论过程中出现的分歧或误解较多，一般就有必要在业务约定书中作相应强调。

（三）沟通的形式

注册会计师与治理层沟通的形式涉及口头或书面沟通、详细或简略沟通、正式或非正式沟通。有效的沟通形式不仅包括正式声明和书面报告等正式形式，也包括讨论等非正式形式。

1．确定沟通形式应当考虑的因素

（1）拟沟通的特定事项的重要程度。通常，沟通事项越重要，注册会计师就越倾向于采取书面的、更为详细的和更加正式的沟通形式。

（2）管理层是否已就该事项与治理层沟通。通常，在注册会计师确信管理层已经就拟沟通事项与治理层有效沟通的情况下，如果该事项属于审计准则规定应当直接与治理层沟通的事项，注册会计师在与治理层进行沟通时可以相对简略；如果沟通事项属于审计准则规定的补充事项，注册会计师可能就没有必要就该事项再与治理层进行沟通。

（3）被审计单位的规模、经营结构、控制环境和法律结构。通常，被审计单位的规模越大、经营和法律结构越复杂，注册会计师就越倾向于采取书面的、更为详细的和更加正式的沟通形式。

（4）如果执行的是特殊目的的财务报表审计，注册会计师是否同时审计该被审计单位的通用目的财务报表。在同时审计的情况下，对于已经在财务报表审计中充分沟通的事项，就可以仅作简要沟通。

（5）法律法规的规定。如果法律法规规定对某些特定事项的沟通必须采用书面、正式形式，应当从其规定。

（6）治理层的期望，包括与注册会计师定期会面或沟通的安排。在不违背法律法规和审计准则要求、有利于实现沟通目的的前提下，注册会计师在确定沟通形式时一般会尽可能地尊重治理层的预期和愿望。

（7）注册会计师与治理层保持联系和对话的频率。如果双方彼此有频繁的有效联系和对话，对于一些治理层已经了解的事项，沟通的形式就可以比较简略。

（8）治理层的成员是否发生重大变化。通常，如果治理层成员发生了重大变化，注册会计师对相关事项的沟通就应当更加详细，以便让新接任的治理层成员全面了解相关的情况。

需要强调的是，要想有效地实现沟通目的，注册会计师需要根据实际情况灵活选择适当的沟通形式。对于沟通形式的选择不必拘泥于固定的模式，也没有必要对所有的沟通事项都采取正式、详细和书面的形式，这样做有时反而会影响沟通的实际效果。

2. 应当采用书面形式进行沟通的情形

注册会计师就下列事项与治理层沟通时，应当采用书面形式：①与治理层的沟通准则第二十八条和第二十九条规定的审计工作中发现的重大问题，其中已向治理层提出并得到妥善解决的事项不必包含在书面沟通文件中；②与治理层的沟通准则第四十条规定的注册会计师的独立性。显然，之所以强调这些事项必须采用书面形式进行沟通，与他们的性质和重要程度有关。

除此之外，对于其他事项的沟通，既可以采用书面形式，也可以采用口头形式。具体采用何种形式，取决于注册会计师根据具体情况和审计准则规定所做出的职业判断。

在审计实务中，对于与治理层的沟通准则第二十八条和第二十九条规定的事项，注册会计师一般采用与治理层的沟通函件的方式进行书面沟通，参考格式如下：

××公司董事会（审计委员会）：

根据《中国注册会计师审计准则第1151号——与治理层的沟通》的规定，注册会计师应当就与财务报表审计相关且根据职业判断认为与治理层责任相关的重大事项，以适当的方式及时与治理层沟通。保持彼此的双向沟通关系，有利于注册会计师与治理层履行各自的职责。

必须特别强调的是，除法律法规和审计准则另有规定的情形外，这份书面沟通文件仅供贵公司治理层使用，我们对第三方不承担任何责任，未经我们事先书面同意，沟通文件不得被引用、提及或向其他人披露。

以下内容是我们对贵公司20××年度财务报表进行审计相关的、按规定应予沟通的重大事项：

（一）对贵公司所采用的会计政策、会计估计和财务报表披露的看法

（二）审计工作中遇到的重大困难

（三）尚未更正的重大错报

……

我们发现，贵公司将20××年×月×日向××银行支付的银行借款利息××元计入了××在建工程成本。我们认为，根据使用的会计准则和相关会计制度的规定，该笔利息支出不符合借款费用资本化的条件，应当确认为本年度的财务费用。我们已于20××年×月×日与贵公司管理层沟通并提请更正，但至今尚未得到更正。如不更正，将会导致少计费用从而虚增年度利润的后果，根据该笔业务的性质和重要程度，我们对贵公司20××年度的财务报表将不能出具标准无保留意见的审计报告。现再次提请公司予以更正。

……

（四）其他事项

……

××会计师事务所（盖章）

中国注册会计师：（签名并盖章）

二〇×六年×月×日

3．有关沟通形式的其他注意事项

如果以口头形式沟通涉及的治理层责任的事项，注册会计师应当确信沟通的事项已记录于讨论纪要或审计工作底稿。因为就这些事项所进行的沟通，事关注册会计师是否履行其相关的义务，所以应当作为重要的审计证据进行记录。如果缺乏必要的记录，注册会计师一般可以考虑将口头沟通的事项采用书面形式进行再次沟通。

如果就某一重大事项与治理层的某一成员以非正式形式进行讨论，注册会计师应当考虑在随后的正式沟通中概述该事项，以便治理层的其他成员得到完整和对称的信息。例如，在上市公司审计中，如果注册会计师已经就某些重要的会计处理问题与被审计单位审计委员会主席（或独立董事中的财务、会计专业人士）进行过讨论，注册会计师一般应当在与审计委员会或董事会进行沟通时，对上述已经讨论的事项进行必要的概述，以便让其他治理层成员知悉该事项。

（四）保密

注册会计师应当要求治理层将沟通内容，尤其是书面沟通文件，保持在合理的知悉和使用范围之内。因为注册会计师沟通这些内容和提供这些书面沟通文件的目的仅仅在于履行与治理层沟通的规定或约定责任，一旦他们被不当泄露或不当使用，可能会引起误解或纠纷。当然，保密的要求针对的是治理层和注册会计师双方，即：除法律法规、审计准则规定的情形之外，任何一方未经对方允许，都不得将沟通内容尤其是书面沟通文件泄露或提供给第三方。

为防止治理层未经注册会计师允许将书面沟通文件提供给第三方，注册会计师应当在书面沟通文件中声明：①书面沟通文件仅供治理层使用，如果被审计单位是集团的组成部分，也可供集团管理层和负责集团审计的注册会计师使用；②注册会计师对第三方不承担责任；③未经注册会计师事先书面同意，沟通文件不得被引用、提及或向其他人披露。会计师事务所可以考虑将上述内容作为格式要件，事先印刷在专门用来编写或打印与治理层进行书面沟通内容的纸张的封面或扉页的显著位置上，以达到提醒和警示的目的。

如果法律法规要求注册会计师向监管机构或其他第三方提供为治理层编制的书面沟通文件，注册会计师在提供这些文件前应当事先征得治理层的同意，并对上述声明内容作适当修改。例如，在金融机构等特殊主体的财务报表审计中，可能会存在与银行监管机构沟通的法律法规要求。此时，对于前文所述的声明内容，既可以针对具体的法律法规要求详细说明这种例外情形，也可以笼统地指出“适用的法律法规另有具体要求的除外”。

（五）沟通的时间

注册会计师应当及时与治理层沟通。怎样才算及时并非一成不变的，适当的沟通时间因沟通事项的重大程度和性质以及治理层拟采取的措施等业务环境的不同而不同。通常，沟通事项性质越特殊、影响越大，就越需要立即或尽早进行沟通；越期望治理层采取措施予以解决就越需要尽早沟通。

具体讲，注册会计师确定适当的沟通时间通常所遵循的原则是：①对于计划事项的沟通，通常在审计业务的早期进行，如系首次接受委托，沟通时间随同对业务约定条款的协商一并进行；②对于审计中遇到的重大困难，如果治理层能够协助注册会计师克服这些困难，或者这些困难可能导致出具保留意见或无法表示意见的审计报告，应尽快予以沟通；③对于注册会计师注意到的内部控制设计或运行中的重大缺陷，应尽快与管理层或治理层沟通；④对于审计中发现的与财务报表或审计报告相关的事项，包括注册会计师对被审计单位会计处理质量的看法，应在最终完成财务报表前进行沟通；⑤对于注册会计师的独立性，应在最终完成财务报表前或在对独立性威胁及其防护措施做出重大判断时（如在决定是否认为某项可能危及独立性的非审计服务时）进行沟通；⑥如果同时审计通用目的财务报表或其他历史财务信息，沟通时间应与通用目的财务报表审计的沟通时间相协调。

除了沟通事项的重要程度以外，可能与沟通时间相关的其他因素包括：①被审计单位的规模、经营结构、控制环境和法律结构；②其他法律法规要求的期限；③治理层的期望，包括对注册会计师定期会面或沟通的安排；④注册会计师识别出特定事项的时间。

（六）沟通过程的充分性

注册会计师应当评价其与治理层之间的双向沟通是否足以实现审计目标。如果认为双方之间的沟通不够充分，不足以实现审计目标，注册会计师应当按照要求采取适当的措施。

1. 有助于评价沟通过程充分性的审计证据

注册会计师一般不需要审计专门程序获取审计证据来支持对沟通过程充分性的评价，可以利用为其他目的执行审计程序所获取的审计证据作为评价的依据。一般说来，下列审计证据可能有助于评价注册会计师与治理层之间双向沟通的充分性：

（1）针对注册会计师发现的事项，治理层采取措施的适当性和及时性。如果前期沟通中发现的重大事项没有有效解决，注册会计师应询问为什么没有采取适当的措施，并考虑再次提出该事项。这样能避免治理层产生误解，直至注册会计师觉得该事项已被充分解决或者不再具有重要性而感到满意为止。

（2）治理层在与注册会计师的沟通中所表现出来的沟通意愿和坦率程度。

（3）在没有管理层参与的情况下，治理层与注册会计师解除和会面的意愿及程度。

（4）治理层表现出来的对注册会计师所提事项的全面理解能力。例如治理层进一步调查相关问题以及质疑向其提出的建议的程度。

（5）就沟通的形式、时间和拟沟通的大致内容，与治理层达成相互了解的困难程度。

（6）当治理层全部或部分参与管理时，参与管理的治理层所表现出来的对于注册会计师讨论的事项如何影响其治理责任和管理责任的了解。

（7）注册会计师和治理层之间的双向沟通是否满足适用的法律法规的具体要求。

2. 沟通不充分的应对措施

如果注册会计师无法进行足够的沟通，就可能存在不能获取充分、适当的审计证据的风险。在这种情况下，注册会计师应当考虑沟通不充分对评估重大错报风险的影响，并与治理层讨论这种情况，积极寻求适当的解决措施。

如果这种情况得不到解决，注册会计师应采取下列主要措施：

（1）根据审计范围受到限制的程度出具保留意见或无法表示意见的审计报告。

（2）就采取不同措施的后果征询法律意见。

（3）与治理层结构中拥有更高权利的组织（如股东大会）或人员沟通，或与监管机构等第三方沟通。

（4）解除业务约定。

注册会计师应当记录与治理层沟通的重大事项，包括记录那些对于表明形成审计报告的合理基础、证明审计工作的执行遵循了审计准则和其他法律法规要求而言很重要的事项。

如果以被审计单位编制的纪要作为沟通的记录，注册会计师应当确定这些纪要恰当地记录了沟通的内容，并将其副本形成审计工作底稿，如果发现这些记录不能恰当地反映沟通的内容，且有差别的事项比较重大，注册会计师一般会另行编制能恰当记录沟通内容的纪要，将其副本连同被审计单位编制的纪要一起致送治理层，提示两者的差别，以免引起不必要的误解。

如果根据业务环境不容易识别出适当的沟通人员，注册会计师还应当记录识别治理结构中的适当沟通人员的过程。记录的内容一般包括从被审计单位获取的治理结构和组织结构图、项目组内部就确定沟通对象的讨论、与委托人就沟通对象进行沟通的过程和商定的结构等。它可以记录于注册会计师的工作底稿中，必要时也可以载入业务约定书或记录商定的业务约定条款的其他形式的合约中。

如果治理层全部参与管理，注册会计师还应当记录对沟通充分性进行考虑的过程，即考虑与负有管理责任人员的沟通能否向所有负有治理责任的人员充分传递应予沟通内容的过程。

第三节　前后任注册会计师之间的沟通

前任注册会计师是指代表会计师事务所对最近期间财务报表出具了审计报告或接受委托但未完成审计工作，已经或可能与委托人解除业务约定的注册会计师。

当会计师事务所发生变更时（变更已经发生或正在进行中），前任注册会计师通常包括两种情况：①已对最近一期财务报表发表了审计意见的某会计师事务所的注册会计师。例如，对于执行 2023 年度财务报表审计意见的某 A 会计师事务所而言，前任注册会计师是指执行 2022 年度财务报表审计业务的 B 会计师事务所的注册会计师。②接受委托但未完成审计工作的某会计师事务所的注册会计师。例如，对于执行 2023 年度财务报表审计业务的 A 会计师事务所的注册会计师而言，前任注册会计师是指之前接受委托执行 2023 年度财务报表审计业务但尚未完成审计工作的 B 会计师事务所的注册会计师。而 2022 年度的财务报表，可能是由 B 会计师事务所审计，也可能是由其他会计师事务所审计。

上述两种情况的前提条件基本相同，都是会计师事务所与委托人之间的审计业务委托关系已经终止或有可能终止。对于已对最近一期财务报表发表了审计意见的前任注册会计师来说，当最近一期财务报表的审计工作已经完成后，该前任注册会计师所在的会计师事务所和委托人在审计业务委托关系上一般存在两种可能：①委托人提出不再续聘该会计师事务所，而改聘另一家会计师事务所；②委托人决定续聘该会计师事务所，但该会计师事务所拒绝接受续聘。对于接受委托单位完成审计工作的前任注册会计师及其所在会计师事务所来说，也存在两种可能：①委托人已经解聘或拟解聘该会计师事务所；②该会计师事务所提出辞聘。

值得注意的是，前任注册会计师的定义中包括“可能与委托人接触约定”的情形，即虽然委托人尚未正式与会计师事务所解除业务约定，但业务约定有可能终止。这种情形通常出现在会计师事务所接受委托尚未完成审计工作的情况下。委托人（被审计单位）可能与前任注册会计师在重大的会计、审计问题上存在意见分歧，并试图通过接触其他会计师事务所寻求有利于自己的审计意见，而一旦其他会计师事务所提供了有利于被审计单位的审计意见，被审计单位就会解聘前任注册会计师。这就是通常所说的“购买审计意见”的情况。在这种情况下，如果后任注册会计师通过与前任注册会计师沟通而拒绝接受委托，委托人就不敢轻易解聘前任注册会计师，从而使前任注册会计师的利益得到保护。

在实务中，还可能出现委托人在相邻两个会计年度中连续变更多家会计师事务所的情况（最极端的情况是，不仅在相邻两个会计年度中连续变更多家会计师事务所，而且在当期财务报表审计过程中也变更会计师事务所）。在这种情况下，前任注册会计师是指对于执行当期财务报表审计业务的会计师事务所而言，为最近一期财务报表出具了审计报告的某会计师事务所，以及在后任注册会计师之前接受委托对当期财务报表进行审计工作的所有会计师事务所。

后任注册会计师是指代表会计师事务所正在考虑接受委托或已经接受委托，接替前任注册会计师执行财务报表审计业务的注册会计师。

当会计师事务所发生变更时（正在进行变更或已经变更），后任注册会计师通常包括两种情况：①在签订业务约定书之前，正在考虑接受委托的注册会计师。此时，后任注册会计师对于是否接受委托尚未作出最后决定，正准备与前任注册会计师沟通，待了解有关情况之后再作决定；②已经接受委托并签订业务约定书，接替前任注册会计师执行财务报表审计业务的注册会计师。

由于某些特殊原因或需要，委托人有可能委托注册会计师对已审计财务报表进行重新审计。在这种情况下，之前对已审计财务报表发表审议意见的注册会计师应视为前任注册会计师。这实际上是对前后任注册会计师含义的进一步拓展，即前后任注册会计师并不一定意味着后任注册会计师将取代前任。如被审计单位的财务报表已经审计但需要重新审计时，就不属于后任取代前任的情况。例如，当被审计单位的股东对某会计师事务所的审计报告不满意或不放心时，就可能会再聘请另一家会计师事务所进行重新审计。

需要说明的是，前任注册会计师和后任注册会计师是就会计师事务所发生变更时的情况而言的。在未发生会计师事务所变更的情况下，同处于某一会计师事务所中的不同的注册会计师不属于前后任注册会计师的范畴。

对前后任注册会计师沟通的总体要求是，后任注册会计师应当征得被审计单位的同意，主动与前任注册会计师沟通。沟通可以采取口头和书面等方式进行。前后任注册会计师应当将沟通的情况记录于审计工作底稿。这一总体原则包括以下几层含义：

（1）沟通的发起方。在前后任注册会计师的沟通过程中，后任注册会计师负有主动沟通的义务。其理由在于，如果前任注册会计师与被审计单位解除了业务约定，就不再对之后的财务报表审计承担任何责任和风险，通常也不会关注后任注册会计师的审计计划和审计程序。只有后任注册会计师主动与前任注册会计师进行沟通，才有可能在更大程度上发现财务报表中潜在的重大错报，以降低审计风险。

（2）沟通的前提。尽管后任注册会计师负有主动沟通的义务，但前提是征得被审计单位的同意。这主要是因为，无论是前任还是后任注册会计师，都负有为被审计单位的信息保密的义务。当前后任注册会计师的沟通涉及被审计单位的有关信息时，应当征得被审计单位的同意，这也是注册会计师职业道德的基本要求。

（3）沟通的方式。沟通可以采用口头和书面等方式进行。

（4）对沟通情况的记录。尽管沟通可以采用口头和书面等方式进行，但无论是前任还是后任注册会计师，都应当将沟通的情况记录于各自的审计工作底稿，以便完整反映审计工作的轨迹。

此外，前后任注册会计师应当对沟通过程中获知的信息保密。即使未接受委托，后任注册会计师仍应履行保密义务。

一、接受委托前的沟通

（一）沟通的内容

在接受委托前，后任注册会计师应当与前任注册会计师进行必要沟通，并对沟通结果进行评价，以确定是否接受委托。这是审计准则里注册会计师接受委托前进行必要沟通的核心要求，它包括以下三层含义：

1. 沟通的目的

在接受委托前，后任注册会计师与前任注册会计师进行沟通的目的是为了确定是否接受委托。也就是说，后任注册会计师应在签约之前，了解被审计单位更换会计师事务所的原因以及是否存在不应接受此项业务委托的原因，这一点十分重要。而后任注册会计师只有通过与前任注册会计师直接沟通，才更可能了解更换会计师事务所的真实原因。

2. 接受委托前的沟通是必要的审计程序

与前任注册会计师进行沟通，是后任注册会计师在接受委托前应当执行的必要的审计程序。如果没有必要沟通，则应视为后任注册会计师没有实施必要的审计程序。

3. 评价沟通结果

在进行必要沟通后，后任注册会计师应当对沟通结果进行评价，以确定是否接受委托。为使沟通真正发挥作用，后任注册会计师应当对前任注册会计师提供的信息给予应有的重视，对其进行评价，并对被审计单位提供的信息进行比较。如果前任注册会计师提供的信息与被审计单位提供的更换会计师事务所的原因不符，特别是当被审计单位与前任注册会计师在寻求各自有利于自己的审计意见时，在这种情况下，后任注册会计师应慎重考虑是否接受委托。当出现上述情况时，后任注册会计师一般应拒绝接受委托，以抑制被审计单位购买审计意见的意图，并保护前任注册会计师的利益。

（二）与后任注册会计师沟通的前提

后任注册会计师进行主动沟通的前提是征得被审计单位的同意。这说明，首先，后任注册会计师应当提请被审计单位以书面方式允许前任注册会计师对其询问做出充分答复。其次，对于后任注册会计师提出的请求，被审计单位有两种反应——同意或不同意。如果被审计单位不同意前任注册会计师做出的答复，或限制答复的范围，后任注册会计师应当向被审计单位询问原因，并考虑是否接受委托。实际上，这种情况本身就向后任注册会计师传递出一种信号，即被审计单位可能与前任注册会计师在重大的会计、审计问题上存在意见分歧，或被审计单位管理层存在诚信方面的问题，后任注册会计师应当对此提高警惕，慎重评估潜在的审计风险，并考虑是否接受委托。当这种情况出现时，后任注册会计师一般应当拒绝接受委托，除非可以通过其他方式获知必要的事实，或有充分的证据表明被审计单位财务报表的审计风险水平非常低。

（三）必要沟通的核心内容

如前所述，接受委托前，向前任注册会计师进行询问是一项必要的沟通程序。但后任注册会计师向前任注册会计师询问的内容应当合理、具体。既不能过于宽泛，也不宜于琐碎。必要沟通过程中通常值得关注和询问的事项包括：①是否发现被审计单位管理层存在诚信方面的问题。例如，向前任注册会计师了解被审计单位的商业信誉如何，是否发生管理层存在缺乏诚信的行为，被审计单位是否过分考虑会计师事务所的审计收费维持在尽可能低的水平、审计范围是否受到不适当限制等。②前任注册会计师与管理层在重大会计、审计等问题上存在的意见分歧。例如，在会计政策和会计估计的运用、财务报表的披露方面存在重大的意见分歧，管理层不接受注册会计师的调整建议等。③前任注册会计师曾与被审计单位治理层（如监事会、审计委员会或其他类似机构）沟通过的关于管理层舞弊、违反法规行为以及内部控制的重大缺陷等问题。例如，向前任注册会计师询问其从被审计单位监事会或审计委员会是否了解到管理层的任何舞弊事实、舞弊嫌疑，或针对管理层的舞弊指控，以及违反法规行为，特别是被审计单位是否存在涉嫌洗钱或其他刑事犯罪的行为或迹象等。了解这些信息也有助于对管理层的诚信状况做出判断。④前任注册会计师认为导致被审计单位变更会计师事务所的原因。变更会计师事务所的要求，可能是由客户提出的，也可能是由会计师事务所提出的。变更的原因各式各样，有些原因是正当的，有些原因是不正当的。如果变更会计师事务所的原因可能是由于前任注册会计师在会计、审计问题上与被审计单位管理层存在分歧，管理层对前任注册会计师要谨慎考虑是否接受该项业务委托。

上述事项都属于可能对后任注册会计师执行财务报表审计业务产生重大影响的信息，对后任注册会计师来说，是决定是否接受委托的至关重要的因素。

（四）前任注册会计师的答复

在被审计单位允许前任注册会计师对后任注册会计师的询问做出充分答复的情况下，前任注册会计师应当根据所了解的事实，对后任注册会计师的合理询问及时做出充分答复。当有多家会计师事务所正在考虑是否接受被审计单位的委托时，前任注册会计师应在被审计单位明确选定其中的一家会计师事务所作为后任注册会计师之后，才对该后任注册会计师的询问做出答复。例如，当会计师事务所以投标方式承接审计业务时，前任注册会计师只需对中标的会计师事务所（后任注册会计师）的询问做出答复，而无须对所有参与投标的会计师事务所的询问进行答复。

如果受到被审计单位的限制或存在法律诉讼的顾虑，决定不向后任注册会计师做出充分的答复，前任注册会计师应当向后任注册会计师表明其答复是有限的，并说明原因。

如果从前任注册会计师那里得到的答复是有限的，或未得到答复，后任注册会计师应当考虑是否接受委托。对此，通常可以区分以下两种情况进行处理：①如果得到的答复是有限的，后任注册会计师应当判断这一情况对自己接受业务委托的影响；②如果未得到答复，且没有理由认为变更会计师事务所的原因异常，后任注册会计师应设法以其他方式与前任注册会计师再次进行沟通。如果仍得不到答复，将假设不存在专业方面的原因使其拒绝接受委托，并表明拟接受此项业务委托。

后任注册会计师向前任注册会计师的询问可以采用书面或口头方式进行。通常情况下，后任注册会计师可以通过向前任注册会计师致函的方式进行询问。如果采用口头方式，应当将沟通的情况记录于工作底稿。

二、接受委托后的沟通

接受委托后的沟通与接受委托前有所不同，它不是必要程序，而是由后任注册会计师根据审计工作需要自行决定的。这一阶段的沟通主要包括查阅前任注册会计师的工作底稿及询问有关事项等。沟通可以采用电话咨询、举行会谈、致送审计问卷等方式，但最有效、常用的方式是查阅前任注册会计师的工作底稿。

（一）查阅前任注册会计师工作底稿的前提

接受委托后，如果需要查阅前任注册会计师的工作底稿，后任注册会计师应当征得被审计单位同意，并与前任注册会计师进行沟通。

审计实务中，在接受审计业务委托前，几乎不可能存在前任注册会计师允许后任注册会计师查阅其审计工作底稿的情况。对此，《中国注册会计师审计准则 1331 号——首次接受委托时对期初余额的审计》第七条规定，如果上期财务报表由前任注册会计师审定，后任注册会计师应当考虑通过查阅前任注册会计师的工作底稿获取有关期初余额的充分、适当的审计证据，并考虑前任注册会计师的独立性和专业胜任能力。

（二）查阅相关工作底稿及其内容

根据《会计师事务所质量控制准则第 5101 号——业务质量控制》的规定，审计工作底稿的所有权属于会计师事务所。在收到后任注册会计师查阅工作底稿的请求并征得被审计单位同意后，前任注册会计师所在的会计师事务所可根据情况自主决定是否允许后任注册会计师查阅相关工作底稿以及确定查阅的内容。

如果前任注册会计师决定向后任注册会计师提供工作底稿，一般可考虑进一步从被审计单位（前审计客户）处获取一份确认函，以便降低在与后任注册会计师进行沟通时发生误解的可能性。前任注册会计师应当自主决定可供后任注册会计师查阅、复印或摘录的工作底稿内容，这些内容通常可能包括有关审计计划、控制测试、审计结论的工作底稿，以及其他具有延续性的对本期审计产生重大影响的会计、审计事项（如有关资产负债表账户的分析和或有事项）的工作底稿。

（三）与前任注册会计师就工作底稿达成一致意见

在允许查阅底稿之前，前任注册会计师应当向后任注册会计师获取确认函，就工作底稿的使用目的、范围和责任等预期达成一致意见。

在实务中，如果后任注册会计师在工作底稿的使用方面做出了更高程度的限制性保证，那么，前任注册会计师可能会愿意向其提供更多的接触工作底稿的机会。相应地，为了获取对工作底稿的更多的接触机会，后任注册会计师可以考虑同意前任注册会计师在自己查阅工作底稿的过程中可能做出的限制。例如：①不将查阅工作底稿获得的信息用于其他任何目的；②在查阅工作底稿后，不对任何人做出关于前任注册会计师的审计是否遵循了审计准则的口头或书面评论；③当涉及前任注册会计师的审计质量时，后任注册会计师不用提供任何专家证词、诉讼服务或承接关于前任注册会计师审计质量的评论业务。

（四）利用工作底稿的责任

查阅前任注册会计师工作底稿获取的信息可能影响后任注册会计师实施审计程序的性质、时间和范围，但后任注册会计师应当对自身实施的审计程序和得出的审计结论负责。后任注册会计师不应在审计报告中表明，其审计意见全部或部分地依赖前任注册会计师的审计报告或工作。以下区分两种情形加以阐述。

1. 发生会计师事务所变更的情况

后任注册会计师应当获取充分、适当的审计证据以支持其对财务报表发表的审计意见。根据《中国注册会计师审计准则第 1331 号——首次接受委托时对期初余额的审计》和《中国注册会计师审计准则第 1511 号——比较数据》的规定，注册会计师进行财务报表审计时，由于审计意见是针对包括比较数据在内的本期财务报表整体发表的，因此，通常无须在审计报告中特别提及比较数据。但注册会计师应对本期期初余额实施适当的审计程序，并充分考虑相关审计结论对审计财务报表发表审计意见的影响。相应地，在分析期初余额对当期财务报表的影响时，需后任注册会计师运用职业判断，相关审计证据可能包括最近期间的已审计财务报表、前任注册会计师的审计报告、经询问前任注册会计师得到的答复、通过查阅前任注册会计师提供的与最近期间财务报表审计相关的工作底稿所获得的信息，以及通过实施当期审计程序发现的与期初余额或会计政策一贯性运用相关的信息。

因此，查阅前任注册会计师的工作底稿可能会影响后任注册会计师关于期初余额或会计政策一贯性运用的审计程序的性质、范围和时间安排，但后任注册会计师应当对其实施的审计程序及其结论负责。对此，《中国注册会计师审计准则第 1511 号——比较数据》第十二条规定，如果上期财务报表已经前任注册会计师审计，后任注册会计师应当按照《中国注册会计师审计准则第 1331 号——首次接受委托时对期初余额的审计》的规定对本期期初余额实施审计程序，不得在审计报告中提及前任注册会计师，否则可能会令报告使用者产生后任注册会计师企图推卸责任的印象或误解。

2. 重新审计业务

对于重新审计业务，后任注册会计师应当询问前任注册会计师，并考虑在计划审计工作阶段查阅前任注册会计师的审计报告和工作底稿所获取的信息，但是，这些信息并不足以供后任注册会计师形成审计意见。获取充分、适当的审计证据并形成审计结论完全是后任注册会计师的责任。

三、发现前任注册会计师审计的财务报表可能存在重大错报时的处理

（一）安排三方会谈

如果发现前任注册会计师审计的财务报表可能存在重大错报，后任注册会计师应当提请被审计单位告知前任注册会计师。必要时，后任注册会计师可要求被审计单位安排三方会谈。前后任注册会计师应当就任何在已审计财务报表报出后发现的、对已审计财务报表可能存在重大影响的信息进行沟通，以便双方按照有关审计准则做出妥善处理。

（二）无法参加三方会谈的处理

如果被审计单位拒绝告知前任注册会计师，或前任注册会计师拒绝参加单方会谈，或后任注册会计师对解决问题的方案不满意，后任注册会计师应当考虑对审计报告的影响或解除业务约定。在这种情况下，后任注册会计师应当考虑：①这种情况对当前审计业务的潜在影响，并根据具体情况出具恰当的审计报告；②是否退出当前审计业务。此外，后任注册会计师可考虑向其法律顾问咨询，以便决定如何采取进一步措施。

思考与练习

一、填空题

1. 如果被审计单位设有审计委员会或监事会，审计人员应着重与________或________沟通。

2. 一般认为，公司治理主要解决的是________、________和________之间的关系。

3. 编制财务报告一般是企业________的责任。

4. 关于治理层对________和________的态度、认识和措施，注册会计师可以通过________或其他方式，向治理层进行了解。

5. 有效的沟通形式不仅包括正式声明和书面报告等正式形式，也包括________等非正式形式。

二、判断题

1. 当计划利用内部审计工作时，审计人员应当考虑内部审计的工作计划，并尽早与内部审计人员进行沟通。（　　）

2. 如果被审计单位拒绝告知前任注册会计师，后任注册会计师可以照常签订业务约定。

3. 对于重新审计业务，后任注册会计师应当询问前任注册会计师。（　　）

4. 如果发现前任注册会计师审计的财务报表可能存在重大错报，后任注册会计师应当提请被审计单位告知前任注册会计师。（　　）

5. 查阅前任注册会计师的工作底稿不会影响后任注册会计师关于期初余额或会计政策一贯性运用的审计程序的性质、范围和时间安排。（　　）

6. 有效的内部审计通常有助于审计人员修改或确定审计程序的性质和时间，并缩小实

施审计程序的范围，但不能完全取代审计人员应当实施的审计程序。 (　　)

7. 编制财务报告一般是企业管理层的责任，其具体工作由管理层领导下的财务会计部门承担。 (　　)

8. 对于一些特殊情形或事项酌情与治理层进行讨论，有助于治理层了解计划的审计范围和时间的某些特殊规定。 (　　)

9. 注册会计师应当考虑与治理层讨论未能更正错报的原因及其影响，但不包括对未来财务报表可能产生的影响。 (　　)

10. 注册会计师与治理层或管理层商定沟通的事项，一般不需载入业务约定书。(　　)

三、单选题

1. 注册会计师在与被审计单位治理层进行沟通时，以下不适宜沟通事项是(　　)。

A. 治理层在财务报告过程中的监督责任

B. 应对由于舞弊或错误导致的特别风险的进一步审计程序

C. 被审计单位及其环境

D. 重要性的概念

2. 在确定与治理层沟通的时间时，注册会计师下列做法中不正确的是(　　)。

A. 对于计划事项的沟通，可以随同对业务约定条款的协商一并进行

B. 对于审计中遇到的重大困难，应当尽快予以沟通

C. 对于注意到的内部控制设计或执行中的重大缺陷，应当在审计结束后以管理建议书的形式沟通

D. 对于审计中发现的与财务报表相关的事项，应当在最终完成审计工作前沟通

3. ABC会计师事务所在接受X公司2023年度财务报表审计业务委托之前，决定与前任会计师事务所进行沟通。以下有关这次沟通的说法中，不正确的是(　　)。

A. 所述沟通是必要的审计程序

B. 沟通必须征得X公司的同意

C. 如果X公司不同意沟通，ABC会计师事务所一般应当拒绝接受委托

D. 这个阶段最常用的沟通方式是查阅前任注册会计师的工作底稿

4. ABC会计师事务所正在考虑承接W公司2023年度财务报表的审计业务。假定单独存在以下情况，在签订审计业务约定书之前，以下所列示的会计师事务所的注册会计师中，不属于ABC会计师事务所的前任注册会计师的是(　　)。

A. ABC会计师事务所对W公司2022年度财务报表审计业务实施了审计，原项目合伙人由于人员轮换的需要不能继续对2023年度财务报表实施审计

B. V会计师事务所在执行W公司2023年度财务报表审计业务过程中，因不能保持独立性而解除业务约定

C. U会计师事务所对W公司2023年度财务报表出具审计报告后，W公司主要股东因不满意而要求更换事务所重新实施审计

D. Z会计师事务所审计了W公司2022年度财务报表后决定不再续约

5. 甲公司2022年度财务报表由ABC会计师事务所审计，2024年1月5日甲公司已与EFG会计师事务所签订合同审计其2023年度财务报表，下列关于ABC会计师事务所与

EFG 会计师事务所之间的沟通，说法不正确的是（　　）。

A. 因为已经与甲公司签订了合同，因此在查阅 ABC 会计师事务所的工作底稿前，不需要征得甲公司的同意

B. 沟通可以采用电话询问、举行会谈、致送审计问卷等方式

C. 沟通最常用的方式是查阅 ABC 会计师事务所的工作底稿

D. 沟通并不是必要程序，而是由 EFG 会计师事务所根据审计工作需要自行决定

6. 被审计单位在授权前后任注册会计师沟通时，应当以（　　）方式。

A. 口头 B. 书面 C. 口头或书面 D. 电子文档

7. 关于前后任注册会计师的沟通，以下说法中不正确的是（　　）。

A. 沟通的前提是征得被审计单位的同意

B. 沟通必须是采用书面的方式

C. 在前后任注册会计师的沟通过程中，后任注册会计师负有主动沟通的义务

D. 如果后任注册会计师与前任注册会计师沟通后并未接受委托，其仍应当履行保密义务

8. 甲注册会计师拟承接 A 公司的年度财务报表审计业务，致函前任注册会计师未获得回复，且没有理由认为变更事务所的原因异常，此时甲注册会计师应该（　　）。

A. 拒绝接受委托

B. 接受委托

C. 直接与治理层进行沟通

D. 设法以其他方式与前任注册会计师进行再次沟通

9. 下列有关注册会计师和治理层沟通过程的描述中错误的是（　　）。

A. 被审计单位规模越大、公司治理越健全，那么注册会计师与治理层在沟通的形式和频率等方面要求就越高

B. 注册会计师与治理层沟通的事项越重要，则沟通的详略程度和及时性也应该有高的要求

C. 注册会计师与上市公司治理层的沟通没有与非上市的小企业治理层沟通更为正式和频繁

D. 确定沟通过程的主要目的在于确定与治理层沟通的形式和时间

10. 注册会计师在就计划的审计范围和时间与治理层沟通时，有些事项是应当考虑的，有些事项是可以考虑的，下列不属于注册会计师与治理层沟通中可以考虑的事项是（　　）。

A. 治理层对内部控制和舞弊的态度、认识和措施

B. 治理层对会计准则和相关会计制度以及与财务报表相关的法律法规和其他事项等方面的变化做出的反应

C. 当被审计单位设有内部审计职能时，注册会计师拟利用内部审计工作的范围，以及双方如何更好的协调和配合工作

D. 注册会计师与治理层商定的沟通事项的性质

四、多选题

1. 在审计过程中，注册会计师应当就与财务报表审计相关且根据职业判断认为与治理

层责任相关的重大事项与治理层进行沟通，以下说法中属于沟通目的的有（　　）。

A. 就审计范围和时间以及注册会计师、治理层、管理层各方在财务报表审计和沟通中的责任，取得相互了解

B. 就具体审计计划与治理层进行沟通，以保证达到较好的审计效果

C. 及时向治理层告知审计中发现的与治理层责任相关的事项

D. 共享有助于注册会计师获取审计证据和治理层履行责任的其他信息

2. 为使前任注册会计师愿意向其提供更多的接触工作底稿的机会，后任注册会计师可以考虑同意前任注册会计师在仔细查阅工作底稿过程中可能作出的限制，这些限制条件包括（　　）。

A. 当涉及前任注册会计师的审计质量时，后任注册会计师不应提供任何专家证词、诉讼服务或承接关于前任注册会计师审计质量的评论业务

B. 不将查阅工作底稿的信息告知被审计单位

C. 在查阅工作底稿后，不对任何人作出关于前任注册会计师的审计是否遵循了审计准则的口头或书面评论

D. 不将查阅工作底稿获得的信息用于其他任何目的

3. 以下属于注册会计师应当与被审计单位治理层沟通的事项的有（　　）。

A. 注册会计师与财务报表审计相关的责任

B. 计划的审计范围和时间安排

C. 审计中发现的重大问题

D. 治理层的独立性

4. 以下属于注册会计师可以与被审计单位治理层沟通的事项有（　　）。

A. 财务报表层次重要性水平

B. 对与审计相关的内部控制采取的方案

C. 注册会计师在审计过程中需要与内部审计部门的协调与配合

D. 被审计单位的目标和战略

5. 注册会计师在审计过程中可以就遇到的以下（　　）重大困难与被审计单位治理层沟通。

A. 管理层在提供审计所需信息时出现严重拖延

B. 因为天气原因未能对被审计单位存放在外地的存货实施现场监盘

C. 管理层只同意注册会计师函证部分往来客户

D. 未能收到函证客户的回函

6. 甲会计师事务所接受委托为戊公司（非上市公司）进行财务报表审计，项目组在针对独立性问题与治理层进行沟通时，应当包括的事项有（　　）。

A. 就项目组成员、会计师事务所其他相关人员以及会计师事务所按照相关职业道德要求保持了独立性作出声明

B. 会计师事务所在财务报表涵盖期间为被审计单位和受被审计单位控制的部分提供审计、非审计服务的收费总额

C. 对独立性的不利影响

D. 法律法规和职业规范规定的相关防范措施

7. 下列各项中，注册会计师应当与被审计单位治理层沟通的有（　　）。

A. 注册会计师识别的可能导致对被审计单位持续经营能力产生重大疑虑的事项或情况

B. 导致注册会计师在审计报告中增加强调事项段的事项

C. 含有已审财务报表的文件中的其他信息中存在对事实的重大错报，但管理层拒绝修改

D. 审计工作中发现的与关联方有关的重大事项

8. 接受委托前，后任注册会计师针对前任注册会计师关于沟通的回应，以下做法正确的有（　　）。

A. 如果得到的答复是有限的，后任注册会计师应当判断这一情况对自己接受业务委托的影响

B. 如果未得到答复，且没有理由认为变更会计师事务所的原因异常，后任注册会计师应设法以其他方式与前任注册会计师再次进行沟通

C. 如果未得到答复，后任注册会计师通常应拒绝接受委托

D. 如果未得到答复，且没有理由认为变更会计师事务所的原因异常，后任注册会计师应设法以其他方式与前任注册会计师再次进行沟通。如果仍得不到答复，可以致函前任注册会计师，说明如果在适当的时间内得不到答复，将假设不存在专业方面的原因使其拒绝接受委托，并表明拟接受此项业务委托

9. 如果发现前任注册会计师审计的财务报表可能存在重大错报，后任注册会计师以下处理恰当的有（　　）。

A. 直接告知前任注册会计师

B. 提请被审计单位告知前任注册会计师

C. 必要时，后任注册会计师可要求被审计单位安排三方会谈

D. 无须作出进一步处理，因为在其审计报告中并不体现前任注册会计师审计的财务报表中的相关内容

10. 与治理层沟通注册会计师与财务报表审计相关的责任时，下列说法中，正确的有（　　）。

A. 通常不专门为识别与治理层沟通的补充事项设计程序

B. 承担对财务报表审计的责任可以减轻治理层的责任

C. 应当就注册会计师与财务报表审计的相关责任与治理层沟通

D. 应当和治理层沟通与其履行对财务报告过程监督职责相关的重大事项

五、简答题

1. 简述注册会计师在发现前任注册会计师审计的财务报表可能存在重大错报时应采取的措施。

2. 审计人员为何及如何与治理层、管理层沟通？

3. 审计人员为何及如何与内部审计人员及前任审计人员沟通？

参考文献

[1] 宋常，王玉涛 . 审计学 [M]. 北京：中国人民大学出版社，2022.

[2] 李晓慧 . 审计案例与实训 [M]. 北京：中国人民大学出版社，2012.

[3] 陈丽燕，邢晨，赵婧宏 . 审计学 [M]. 北京：清华大学出版社，2020.

[4] 秦荣生，卢春全 . 审计学 [M]. 北京：中国人民大学出版社，2022.

[5] 李恩媛 . 审计基础与实训 [M]. 上海：上海财经大学出版社，2007.

[6] 盛永志 . 审计学 [M]. 上海：上海财经大学出版社，2013.

[7] 陈淑芳 . 审计学 [M]. 上海：上海财经大学出版社，2013.

[8] 刘勇，徐琦 . 审计学 [M]. 大连：东北财经大学出版社，2022.

[9] 中国注册会计师协会编 . 审计 [M]. 北京：经济科学出版社，2019.

[10] 李冬辉 . 审计学基础 [M]. 北京：中国铁道出版社，2016.

[11] 盛永志 . 审计实务 [M]. 北京：中国铁道出版社，2016.

[12] 李冬辉，曲远洋 . 审计理论与实务 [M]. 上海：上海财经大学出版社，2016.

[13] 杨昌红，赵凌云，降艳琴，等 . 审计学 [M]. 北京：清华大学出版社，2022.

[14] 陈汉文 . 审计理论与实务 [M]. 北京：中国人民大学出版社，2019.

[15] 欧阳华生 . 审计理论与实务 [M]. 北京：中国经济出版社，2018.